Designethnografie

Francis Müller

Designethnografie
Methodologie und Praxisbeispiele

Springer VS

Francis Müller
Zürcher Hochschule der Künste
Zürich, Schweiz

ISBN 978-3-658-21387-9   ISBN 978-3-658-21388-6 (eBook)
https://doi.org/10.1007/978-3-658-21388-6

Die Deutsche Nationalbibliothek verzeichnet diese Publikation in der Deutschen National-
bibliografie; detaillierte bibliografische Daten sind im Internet über http://dnb.d-nb.de abrufbar.

Springer VS
© Springer Fachmedien Wiesbaden GmbH, ein Teil von Springer Nature 2018
Das Werk einschließlich aller seiner Teile ist urheberrechtlich geschützt. Jede Verwertung, die
nicht ausdrücklich vom Urheberrechtsgesetz zugelassen ist, bedarf der vorherigen Zustimmung
des Verlags. Das gilt insbesondere für Vervielfältigungen, Bearbeitungen, Übersetzungen,
Mikroverfilmungen und die Einspeicherung und Verarbeitung in elektronischen Systemen.
Die Wiedergabe von Gebrauchsnamen, Handelsnamen, Warenbezeichnungen usw. in diesem
Werk berechtigt auch ohne besondere Kennzeichnung nicht zu der Annahme, dass solche
Namen im Sinne der Warenzeichen- und Markenschutz-Gesetzgebung als frei zu betrachten
wären und daher von jedermann benutzt werden dürften.
Der Verlag, die Autoren und die Herausgeber gehen davon aus, dass die Angaben und Informa-
tionen in diesem Werk zum Zeitpunkt der Veröffentlichung vollständig und korrekt sind.
Weder der Verlag noch die Autoren oder die Herausgeber übernehmen, ausdrücklich oder
implizit, Gewähr für den Inhalt des Werkes, etwaige Fehler oder Äußerungen. Der Verlag bleibt
im Hinblick auf geografische Zuordnungen und Gebietsbezeichnungen in veröffentlichten Karten
und Institutionsadressen neutral.

Verantwortlich im Verlag: Cori Antonia Mackrodt

Gedruckt auf säurefreiem und chlorfrei gebleichtem Papier

Springer VS ist ein Imprint der eingetragenen Gesellschaft Springer Fachmedien Wiesbaden GmbH
und ist ein Teil von Springer Nature
Die Anschrift der Gesellschaft ist: Abraham-Lincoln-Str. 46, 65189 Wiesbaden, Germany

Dank

Danken möchte ich zuerst der Zürcher Hochschule der Künste (ZHdK), die mir ein Forschungssemester in Mexiko-Stadt ermöglichte, wo ich dieses Buch schrieb. Ein großer Dank geht an die ehemaligen Studierenden aus dem „Master of Arts in Design" der ZHdK, die in diesem Buch ihre Abschlussarbeiten vorstellen: David Duca, Lena Grossmüller, Daniela Gruber, Henriette-Friederike Herm, Larissa Holaschke, Lina Ibnidris, Caroline Kerchof, Sarah Oeschger, Marielle Roth, Beatrice Sierach, Andrea Staudacher, Irene Themann, Aela Vogel und Maria Weiss. Danken möchte ich auch Jens Ossadnik, der diesen Text lektorierte und korrigierte.

Inhaltsverzeichnis

Teil I Methodologie

1 Einleitung 3

2 Der blinde Fleck 9

3 Alltagswelt und Intersubjektivität 15

4 Designforschung 29
  Immersion und Intervention

5 Abduktion 39
  Kartographierte Entdeckungsreisen

6 Methoden und Dimensionen der Feldforschung 45
  6.1   Feldzugang 60
  6.2   Rolle im Feld 63
  6.3   Beobachtung 69
  6.4   Interviews und Gespräche 78
  6.5   Gruppengespräche 85
  6.6   Sinne 88
  6.7   Dinge und materielle Kultur 90
  6.8   Feldnotizen 108

6.9	Skizzen und Illustrationen	110
6.10	Foto und Film	111
6.11	Digitale Ethnografie	119
6.12	Participatory Action Research	125
6.13	Interventionen	134
6.14	Feldrückzug	137
6.15	Ethik	138

7 Analyse ... 143
7.1 Codieren und Texte aufbrechen ... 151
7.2 Visuelle Daten ... 168
7.3 Theoriebezug ... 174

8 Darstellen und Berichten ... 177

9 Transfer ins Design ... 183

10 Epilog ... 185

Bibliografie ... 187

Teil II Praxisbeispiele

Identi.city ... 217
David Duca

Reiseführer des Zufalls ... 227
Lena Grossmüller

„Und, warum bist du immer noch da?" ... 235
„Naja, weil ich gerade mit dir spreche"
Daniela Gruber

I'm so immigrate ... 243
Stylekultur junger türkischer Postmigranten
Henriette-Friederike Herm

Lipstick Tehran 251
Subversive zeichen im Reich der Mullahs
Larissa Holaschke

Wanderdayf 259
Gestaltung eines nutzergerechten Informationssystems für arabische
Touristen in der Schweiz
Lina Ibnidris

Das *Zeitgeist*-Projekt 269
Entstehung einer Zeitschrift für Storytelling und altersgerechte Gestaltung
Carolyn Kerchof

Trend Splitting 277
Urban Gardening als Bausatz zur Erneuerung
des touristischen Profils von Zürich
Sarah Oeschger

„Merksch scho öppis?" 285
Von der Lebensweltanalyse zum Ereignis:
Interventionen während des Drogenrausches
Marielle Roth

Intercultural link 293
Die Rolle von Designern und Designerinnen in sozialen Projekten
Beatrice Sierach

Mmh or hmm 301
Andrea Staudacher

I see what you mean 309
Irene Themann

Genderless Design 317
Eine Sensibilisierung
Aela Vogel

Designmat.ch 325
Pre-kollaborative Phase zwischen Designer und Klein- und Mittelunternehmer
Maria Weiss

*„Jedes Tun ist Erkennen,
und jedes Erkennen ist Tun"*

**Humberto R. Maturana
und Francisco J. Varela**

Teil I
Methodologie

Einleitung 1

Der Begriff „Design" wird heute geradezu inflationär verwendet. Wer ihn auf google.com eingibt, erhält auf die Schnelle 9.510.000.000 Einträge[1]. Er wird unter anderem mit schönen Möbeln, bunten Fingernägeln, Automobilen, Turnschuhen und Sex Toys assoziiert. Design kann sich aber auch auf Systeme, Ereignisse, Interfaces und Prozesse beziehen. Das Wort geht aufs lateinische *designare* zurück, das zum italienischen *disegnare* führt, was zuerst *bezeichnen* und später *entwerfen* bedeutete. Aus einer anthropologischen Perspektive ist Design Ausdruck der Aufwertung des Neuen: Es ist weder Handwerk noch Kunsthandwerk, bei dem herkömmliche Fertigungstechniken zur Herstellung von Artefakten reproduziert werden. Die Tradition kann zwar ein wichtiger Referenzpunkt sein, zumal Design „nie Schöpfung aus dem Nichts" (Latour 2009, S. 361) ist. Aber Design verändert Traditionen. Es sucht das Neue, die Abweichung, was die Disziplin genuin häretisch macht. Design ist eine Disziplin des Wandels, der Bruno Latour gar revolutionäre Kräfte zuschreibt (2009b, S. 358).

Design erfordert und erzeugt zugleich Wissen. Designer stellen Dinge oder Systeme her, die später von Menschen genutzt werden, über deren Lebenswelten bzw. *native point of view* sie wenig wissen (Blomberg et al. 1993, S. 141 ff.). Entsprechend müssen sie sich projektspezifisch immer wieder Wissen aneignen. Die Designtheoretikerin Claudia Mareis bezeichnet Design als „Wissenskultur" (2011). In der Designpraxis ist dieses Wissen oftmals implizit: Designerinnen inkorporieren durch ihre Praxis Wissensbestände, die sie oftmals gar nicht artikulieren (Mareis

---

[1] Zugriff: 28. Juli 2017

2010b: 126 ff.; Schön 1983, S. 51 ff.). Die Folge davon ist ein intuitiver Zugang zum Design, der von einem inkorporierten Erfahrungswissen geleitet wird. Aber das Wissen bleibt so gebunden an die Person und allenfalls noch an das soziale Umfeld, das mit ihr interagiert (Mareis 2010b: 125). Wenn Design eine *anschlussfähige* Wissenskultur werden möchte, dann muss es sich von dieser Personengebundenheit lösen.

Design ist in einem heterogenen Feld von Disziplinen situiert, die auf das Design einwirken (Götz 2010, S. 55 f.): Ingenieurwissenschaften, Naturwissenschaften, Soziologie, Anthropologie, Psychologie, Ökonomie – um einige zu nennen. Design wirkt auch auf andere Disziplinen ein. Zugleich ist Design keine akademische Disziplin, wenn es auch Bestrebungen gibt, es als eine solche zu institutionalisieren. Ob das sinnvoll ist, wird kontrovers diskutiert. Die These in diesem Buch lautet, dass das oftmals implizite Wissen explizit gemacht werden sollte. So wird das Design anschlussfähig an Diskurse anderer Disziplinen (Milev 2011, S. 46; Schultheis 2005, S. 68). Wenn Designwissen artikuliert und reflektiert wird, dann stärkt dies die Position des Designs nach innen – also in der Design-Peer-Group – und nach außen. Mit Letzterem sind in erster Linie andere akademische Disziplinen gemeint, in zweiter eine designaffine Öffentlichkeit. Da Design aber trotzdem eine Praxis ist, kann es nicht eine Wissenschaft im eigentlichen Sinne werden. Eher geht es darum, dass Design eine explorative und forschende Disziplin ist. Design sollte die eigene Wissensgenerierung als „Reflection in Action" verstehen (Schön 1983, S. 76 ff.). Dies erfordert Methoden, was ja aufs altgriechische „Verfolgen" zurückgeht: Methoden sind bestimmte Verfahren, die nicht einfach standardisiert und dogmatisch angewandt werden, sondern die zur Reflexion über das eigene Handeln führen sollten. Erst wenn diese Verfahren expliziert werden, wird es möglich, sie bewusst zu adaptieren, sie zu verändern.

Folgend ein paar einleitende Gedanken zur Ethnografie: Der Begriff geht ebenfalls aufs Altgriechische zurück und bedeutet in etwa „Beschreibung eines fremden Volkes". Nachdem zuerst Handelsreisende und später Missionare ethnografische Berichte schrieben, wurde die Ethnografie im späteren 19. und frühen 20. Jahrhundert zur kultursoziologischen und sozialanthropologischen Methode. Ethnografie setzt grundsätzlich Fremdheit voraus; zwischen der Ethnografin und den Menschen und Lebenswelten, die sie beobachtet. Dies verweist darauf, dass Ethnografie in der Designrecherche eigentlich eine gängige Praxis ist: Sobald Designerinnen die Bibliothek und die Online-Datenbanken verlassen und ins Feld gehen – und das müssen sie tun! –, sind sie ethnografisch tätig. Jede Beobachtung einer noch so trivialen Alltagssituation, die im Zuge eines Designprojekts gemacht wird, ist bereits eine Form der Ethnografie. Dies wird oftmals ohne Bewusstsein gemacht, dass es sich dabei bereits um eine Forschungsmethode – wenn auch sehr

1 Einleitung

simple – handelt. Weil also Ethnografie grundsätzlich nichts anderes bedeutet, als eine fremde Lebenswelt zu beobachten und zu beschreiben, wird in diesem Buch die Position vertreten, dass die Ethnografie *die* Methode schlechthin ist in der Designrecherche, zumal sie *eh* gängige Praxis ist. Wird sie allerdings methodologisch reflektiert und sublimiert, dann eröffnet sie nochmals neue Perspektiven.

Dabei gilt es festzuhalten, dass die Ethnografie keine akademische Disziplin ist, sondern eine Methode, die in unterschiedlichen (teils akademischen, teils angewandten) Disziplinen situiert ist; in der Kultursoziologie, Sozial- und Kulturanthropologie, Organisationsforschung, Betriebswirtschaftslehre, in der Entwicklungshilfe, Pädagogik, Kunst, in den Gender-, Cultural- und Queer Studies – und natürlich im Design. In jeder dieser Disziplinen wird die Ethnografie adaptiert – und entsprechend basiert die Designethnografie zwar durchaus auf kultursoziologischen und sozialanthropologischen Positionen, aber es kommt etwas genuin Designspezifisches hinzu: Während die Ethnografie in der Kultursoziologie und Sozialanthropologie von längeren Immersionen in fremden Lebenswelten lebt, sind Designethnografien – wie in anderen angewandten Disziplinen – aus zeitökonomischen Gründen oftmals von kürzerer Dauer. Entsprechende Ansätze heißen „quick and dirty ethnography" (Hughes et al. 1994, S. 433 ff.; Knoblauch 2001, S. 128 und Plowman 2003, S. 34), „Short-Term Ethnography" (Pink und Morgan 2013) und natürlich „Design Ethnography" (Crabtree et al. 2012, Nova 2014, Salvador et al. 1999).

Im angelsächsischen Sprachraum sind diese Ansätze in den 1980er-Jahren in den so genannten Workplace-Studies (Knoblauch 2000; Knoblauch und Heath 1999; Suchman 1985, 1987) entstanden, bei denen die Ingenieur- und Technikwissenschaften mit anthropologischen und kultursoziologischen Methoden verbunden worden sind. Mit ethnografischen bzw. ethnomethodologischen Methoden wurden damals Arbeitssituationen untersucht, die sich durch technologische Innovationen rasant veränderten. Während sich im englischen Sprachraum die Designethnografie zwar nicht als einheitliche Methode, wohl aber als Begriff für heterogene ethnografische Ansätze etabliert hat, fehlt im deutschen Sprachraum eine entsprechende Auseinandersetzung weitgehend. Dies liegt unter anderem daran, dass die Ethnografie in der Sozialforschung besonders in den USA sehr präsent ist und oftmals mit qualitativer Forschung gleichgesetzt wird (Knoblauch 2001, S. 123). Zurückzuführen ist dies auf die einflussreiche soziologische Chicago School, die in den 1920er-Jahren urbane Diversität und Migrationsmilieus ethnografisch untersuchte (Park und Burgess 1925/1967). Zudem sind in den USA Ansätze wie der (soziologische) Symbolische Interaktionismus, der eine radikale Hinwendung zur empirisch wahrnehmbaren Wirklichkeit fordert (Blumer 1973, S. 117), tief in der Soziologie verwurzelt. Der Symbolische Interaktionismus ist – neben der Phänomenologie – eine der wichtigen soziologischen Referenztheorien in diesem Buch. Beides sind antiessentialistische Ansätze, die auf konstruktivistischen Positionen basieren und welche die ästhetische und empirisch beobachtbare Welt als Ausgangspunkt haben. Die Ethnografie geht vielschichtiger, unstrukturierter und chaotischer vor als die Forschung in den positivistischen, strengen Wissenschaften. Sie braucht keine reduktionistischen Operationalisierungen wie die quantitative Forschung, die so wissenschaftliche Objektivität erzeugt. Die Ethnografie ist eine erfahrungsbasierte und abduktive Forschungsmethode, bei der körperliche Präsenz und die sinnliche Wahrnehmung der Forscherin mitspielen, zumal diese sich (von Online-Ethnografien abgesehen) körperlich in andere Wirklichkeiten begibt (Goffman 1996, S. 263). Zwar untersuchen die Grounded Theory, die ethnosemantische Analyse und die Ethnomethodologie primär sprachliche Daten, aber auch sinnliche (Arantes und Rieger 2014, Pink 2015) und visuelle (Harper 2012, S. 8 ff.; Pink 2013) Dimensionen werden ethnografisch untersucht. Die Designethnografie muss also nicht die strengen Konventionen der positivistischen Wissenschaften imitieren, sondern vielmehr sollte sie den Freiheitsraum, der ihr inhärent ist, spielerisch nutzen, um zu Erkenntnissen zu gelangen – und diese Prozesse intersubjektiv vermitteln.

Dieses Buches ist ein Versuch, die theoretische und methodische Ebene der Designethnografie zu beleuchten, was nur geht, wenn Designtheorien und die Ethnografie in der Sozialforschung behandelt werden. Dabei werden nicht einfach Anweisungen wie in einem klassischen Lehrbuch vermittelt, sondern die behandelten Methoden fungieren eher als Ausgangspunkt, um neue Denkhorizonte und Perspektiven zu eröffnen. Wie es Barney Glaser und Anselm Strauss sagten, ist die von ihnen begründete Grounded Theory keine abgeschlossene Methode (2008, S. 41), sondern eine „Kunstlehre" (Strübing 2008, S. 16), die gerade im Kontext von Designforschung ein Erkenntnis- und Gestaltungspotenzial birgt (Brandes et al. 2009, S. 175; Findeli 2004, S. 45). Die Grenzen zwischen Erkennen, Analysieren und Gestalten sind dabei nicht immer scharf zu ziehen, und sie folgen keinem linearen Verlauf. Was in diesem Buch also linear geschildert wird, bildet nicht unbedingt die Realität in einem Forschungsprozess ab. Diese Diskontinuität ist dem Forschen inhärent: Wer von Anfang an ganz genau weiß, was er sucht, beobachtet das Untersuchungsfeld mit einem Tunnelblick (Blumer 1973, S. 101 ff.). Wenn ein Forschungsprojekt von Anfang an von Hypothesen geleitet wird, die sich während des Prozesses nicht ändern, dann verhindert dies eine wirkliche Exploration, die einen immer wieder ins Ungewisse führt (Malinowski 2007, S. 30 f.). Deshalb ist Forschung genuin riskant (Latour 1998, S. 208): Man verlässt die Komfortzone, was das eigene Weltbild auch mal erschüttern kann. Forschung hat also durchwegs

1 Einleitung

mit subjektiver Erfahrung zu tun (Dewey 2001, S. 30; Reichertz 2013a, S. 22). Diese „Kunst" besteht darin, diese Prozesse zu reflektieren und zu kartografieren und daraus ein „Mosaik" (Prus 1997, S. 27 ff.) der untersuchten Wirklichkeit zu konstruieren.

Erkennen bedeutet nicht, die Welt von einem Logenplatz aus objektiv zu beobachten, sondern es impliziert, dass man in der Welt situiert ist (Maturana und Varela 1987, S. 23; Denzin 2014, S. 70 f.; Haraway 1995). Erkennen ist nicht passiv und objektiv, wie es die Naturwissenschaften suggerieren. Dabei zeigt sich gerade in den Naturwissenschaften ein ausgeprägter Konstruktionscharakter (Dellwing und Prus 2012, S. 206): Das Labor, die Messgeräte etc. sind hochgradig konstruiert und menschgemacht. In ihnen ist ein bestimmter Denkstil materialisiert (Fleck 1983b, S. 161 ff.). Sie sind nicht neutral, sondern sie sind kulturelle Konstruktionen – genauso wie die Idee der Objektivität in der europäischen Philosophie entstanden und keine anthropologische Konstante ist.

Während aber die deduktiv-positivistische Forschung den eigenen Konstruktionscharakter hinter einem ontologischen Objektivitätsglauben verdunkelt, darf und soll die Designethnografie dies offenlegen. Darin liegt ihre Stärke. Sie muss keine Objektivität erstreben. Die Methoden sind auch nicht dogmatisch, sondern spielerisch anzuwenden. Bestehende Methoden sind nicht sakrosankt, sondern sie können fallspezifisch und situativ adaptiert, variiert und transzendiert werden, was gerade Anselm Strauss und Barney Glaser betont haben. Dies zeigen die Zusammenfassungen der Masterarbeiten von ehemaligen Studierenden an der ZHdK, die sich im Kapitel „Praxis" befinden. Die thematische Vielfalt dieser Arbeiten reicht von Sensibilisierung über Freizeit-Drogenkonsum hin zu Experimenten, welche die kulturelle Akzeptanz von In-vitro-Flesch untersuchen. Mindestens so vielfältig sind die methodischen Ansätze: Sie reichen von Couch-Surfing als ethnografische Undercover-Methode im Iran bis hin zum partizipativen Gestalten eines Magazins für ältere Menschen. Diese vielfältigen Feldzugänge in der Designpraxis machen eine Methodendiskussion umso notwendiger, zumindest wenn die Designforschung anschlussfähig an andere Disziplinen werden soll. Dies erfordert Reflexion über die eigene Forschungspraxis und es erhöht den Anspruch, implizite Praktiken zu artikulieren.

Während die Ethnografie in der Sozialforschung in der Regel darauf bedacht ist, „natürliche" Situationen zu untersuchen – also Situationen, die nicht von einer Forscherin evoziert worden sind (Dellwing und Prus 2012, S. 54 ff.) –, ist Design daran interessiert, diese „natürlichen" Situation zu stören. Hier zeigt sich eine Kerneigenschaft der Designethnografie: Sie interveniert, sie gestaltet, sie ist „Recherche durch Design" (Findeli 2004, S. 44). Gestaltung erhält somit eine epistemische Qualität (Ammon und Froschauer 2013, S. 16). Wer der Frage nachgeht, *was* und *wie* Design erkennen kann, macht *designspezifische Erkenntnismodi* sichtbar. Diese liegen in schnellen iterativen Prozessen, in denen Forschung und Gestaltung nicht immer scharf zu trennen sind. Handlung führt also zur Erkenntnis. Oder wie es die zwei chilenischen Erkenntnistheoretiker Humberto R. Maturana und Francisco L. Varela formulieren: „Jedes Tun ist Erkennen, und jedes Erkennen ist Tun" (1987, S. 32).

Der blinde Fleck 2

Im Oktober 1974 setzte sich der französische Literat George Perec für drei Tage in ein Café an der Place Saint-Sulpice in Paris, wo er das Geschehen beobachtete und Notizen machte. Er notierte unter anderem „Asphalt", „eine Art Basset", „ein Brot (ein Baguette)". Er sah den Platz nicht als Ensemble und den Bus nicht als Fortbewegungsmittel, sondern einzelne Lebewesen, Dinge und Zeichen. Er kommentierte nicht, interpretierte nicht. Seine Absicht besteht darin, „das, was man im Allgemeinen nicht notiert, das, was nicht bemerkt wird, was keine Bedeutung hat, das, was passiert, wenn nichts passiert außer Zeit, Menschen, Autos und Wolken" (Perec 2010, S. 9), zu notieren. Er dekomponiert die Wirklichkeit. Er inventarisiert die Dinge und Menschen in der alltäglichen Wirklichkeit, die an ihm vorbeizuziehen scheint. Er scheint weit weg vom Beobachteten zu sein – und gleichzeitig doch seltsam nahe. Sein *Versuch, einen Platz in Paris zu erfassen* gilt als Klassiker der französischen „OuLiPo"-Bewegung, was von „Ouvroir de littérature potentielle" (Werkstätte der potenziellen Literatur) stammt.

Perec übt den fremden Blick. Er möchte Gewissheiten außer Kraft setzen, mit denen wir die alltägliche Wirklichkeit klassifizieren. Das geht natürlich nur bis zu einem gewissen Grad, zumal Perec von „Autos" spricht – und nicht von Metallgehäusen, die sich auf Rädern vorwärtsbewegen (und selbst das wäre erneut ein Bezug auf vorproduzierte Benennungs- und Klassifikationskategorien). Deshalb ist es richtig, von einem *Versuch* zu sprechen, und zwar von einem phänomenologischen; also einem, der die Wirklichkeit so untersucht, wie sie sich uns ästhetisch offenbart – und nicht einer ontologischen. Es ist ja nicht so, dass Perec durch sein Experiment aus Platons Höhle ausstiege. Er dringt nicht vor auf eine höhere Wissensstufe, sondern er sitzt nur in einem Café und spielt bloß ein klein wenig mit der Wirklichkeit, wie sie sich uns darstellt.

Auch wenn Perec wie ein rein passiver Beobachter wirkt – Perec ist aktiv. Er verändert das Geschehen auf dem Platz zwar nicht. Aber das Geschehen verändert ihn. Indem er seinen Blick umschaltet und „andere" Dinge sieht bzw. die gleichen Dinge anders sieht, nimmt er die Welt anders wahr. Perec ist nicht einfach der Besucher eines Cafés; er ist Beobachter, Autor. Er verweilt im Café, um einen literarischen Text zu schreiben. Sein Blick richtet sich dabei auf bestimmte Dinge. Er ist intentional: Indem er etwas sieht, sieht er anderes nicht. Sehen produziert stets „blinde Flecken", welche Maturana und Varela wie folgt umschreiben: „Wir sehen nicht, dass wir nicht sehen" (1987, S. 23). Weil eine Beobachtung immer situiert ist, ist es nicht möglich, die Welt von einem neutralen Ort aus zu beobachten (Denzin 2014, S. 70 f.; Haraway 1995). Es handelt sich beim Experiment von Perec, das natürlich keines im naturwissenschaftlichen Sinne ist, um etwas Niedrigschwelliges und Profanes. Perec zeigt uns: Wir müssen nicht unbedingt an den Amazonas reisen, um uns in eine andere Welt zu begeben. Ein Besuch im nächsten Café an einem Platz in der vertrauten Stadt, ein Stift, ein Notizbuch und etwas Zeit reichen aus. Die andere, fremde Welt ist hier. Wir sind mittendrin.

Indem Perec seine Beobachtungen in eine schriftliche Form bringt, bezieht er sich auf eine bereits angelegte Sprache, die durch Benennung klassifiziert (Strauss 1974: 13 ff.). So bringt Perec eine Welt hervor: einen experimentell-literarischen Text; einen Text der „OuLiPo"-Bewegung. „Kunst bezeichnet einen Vorgang des Machens oder Tuns", schreibt John Dewey (1988, S. 60). Perecs Text fordert uns auf, „selbst Schöpfer zu werden", wie es der Literaturkritiker Stefan Zweifel in der *Neuen Zürcher Zeitung* formuliert hat (2010, S. 65). Zugleich hat sein Text eine noetische Qualität; Perec erkennt etwas – wenn auch möglicherweise nur, dass die Dinge in unserer Alltagswelt kontingent sind. Seine „Erkenntnis" lässt sich nicht verallgemeinern und auch nicht in Hypothesen überführen, die man verifizieren oder falsifizieren könnte. Sie ist singulär und partikular. Perec verweist auf etwas, was letztlich dubios bleibt. Zugleich ist das Verfahren nicht frei von Annahmen: Dass sich mit seinem Verfahren etwas „erkennen" oder ein literarischer Text herstellen lässt, dem liegen bereits Annahmen zugrunde.

Perecs experimentelles Verfahren ist für die Designethnografie, die spielerischer und iterativer ist als in den Sozialwissenschaften, aus den folgenden Gründen relevant: Es ist erstens *fokussiert*, weil Perec einen ganz bestimmten Ausschnitt der Wirklichkeit – die Place Saint-Sulpice – beobachtet. Zweitens ist das Verfahren, was hinsichtlich des ersten Punkts paradox wirken kann, *offen*: Innerhalb des gewählten Ausschnitts beobachtet Perec gewissermaßen „alles". Nun sieht er aufgrund dieser Offenheit nicht unbedingt „mehr" oder gar „die Objektivität", denn

2 Der blinde Fleck

dies wäre ontologisch gedacht. Er sieht einfach etwas anderes – etwas, was im Alltag verdeckt wird. Drittens dauert seine Beobachtung relativ *kurz*: drei Tage, was nicht lange ist im Gegensatz zu herkömmlichen ethnografischen Beobachtungen, bei denen Forschende oftmals Monate oder gar Jahre in anderen Lebenswelten verbringen. Dass aufgrund der drei Tage im Café ein Buch entsteht, setzt viele Notizen voraus. Daher ist seine Beobachtung – viertens – *datenintensiv*. Und fünftens *kommuniziert* Perec seine Beobachtung. Es ist nur möglich, an dieser Stelle Gedanken über Perec und sein Experiment zu machen, weil sein Text vorliegt. Erst diese schriftliche Form macht seine Gedankenwelt intersubjektiv anschlussfähig. Ohne Text wäre das, was Perec beobachtet hat, ein atomisiertes und fluides Geschehen in seinem subjektiven Bewusstsein – ohne kommunikative Anschlussmöglichkeiten. Dieser Text *objektiviert* sein Vorgehen, bildet aber zugleich *keine* Objektivität ab. Der Text ist kein Abbild der Realität, sondern eine *Konstruktion zweiter Ordnung* (Schütz 2004, S. 159 ff.). Wer immer die drei selben Tage im selben Café an der Place Saint-Sulpice verbracht hätte, hätte andere Dinge gesehen, andere Notizen gemacht und einen anderen Text geschrieben.

Anstatt zu fragen, was Perec sieht, könnte man fragen, was er nicht sieht: Perec sieht die alltägliche Wirklichkeit in ihrem Ensemble nicht mehr; zumindest versucht er, sich von ihr zu lösen. *Ensemble* meint in diesem Kontext, dass wir bestimmte Dinge und Zeichen sehen und diese zu etwas Größerem vervollständigen: Wir sehen ein schnell vorbeifahrendes Gefährt – und erkennen, dass es sich um einen Automobil handelt. Wir sehen nicht das Automobil in seiner Gesamtheit; nicht jedes der vier Räder, nicht die Motorhaube, vielleicht auch nicht die Automarke und möglicherweise nicht einmal die Farbe. Wir sehen (oder hören) nur einzelne Elemente – und vervollständigen den Rest. Der polnische Immunologe und Philosoph Ludwig Fleck beschrieb diese alltagsweltliche Vervollständigung wie folgt:

> „Wir gehen durch die Welt und sehen keinesfalls Punkte, Kreise, Kanten, Lichter oder Schatten, aus denen wir durch Synthese oder Schlußfolgerung zusammensetzen, ‚was das ist', sondern sehen das Haus sofort, das Denkmal auf dem Platz, die Abteilung Soldaten, die Auslage von Büchern, die Schar von Kindern, die Dame mit dem Hund: lauter vollendete Gestalten" (Fleck 1983b, S. 154).

Diese Vervollständigung geschieht aufgrund eines impliziten und inkorporierten Wissens. Sie geschieht im individualisierten Bewusstsein, aber sie kommt durch eine soziale und intersubjektive Dimension zustande. Also durch etwas, was wir im Laufe unserer Sozialisation internalisiert haben.

Phänomenologie eines Supermarkts
Die Soziologen Hans-Georg Soeffner und Jürgen Raab schreiben: „Wir nehmen die Welt um uns herum nicht ‚als solche' wahr, sondern ‚schneiden' sie im Sehen für uns zurecht" (2004, S. 266). Um das an einem Beispiel aus unserer alltäglichen Konsumwelt zu illustrieren: Ein Einkauf in einem Supermarkt ist für Menschen in westlichen Gesellschaften eine Alltagshandlung. Wenn wir oftmals in demselben Supermarkt einkaufen, wird er zur reinen Routinehandlung. Wir wissen, was wir suchen und steuern automatisch in Richtung des entsprechenden Bereichs. Wir möchten zum Beispiel ein Sixpack-Bier kaufen; also gehen wir gezielt zur entsprechenden Getränkeabteilung und suchen dort die bevorzugte Biermarke. Den Wein übersehen wir genauso wie die Salate und Milchprodukte – es sei denn, wir lassen uns durch geschickte Verkaufspsychologie dazu verführen, mehr zu kaufen, als wir ursprünglich wollten, aber darum geht es in diesem Zusammenhang nicht. Die Pointe besteht eher darin, dass die Routinehandlung „Bier kaufen" andere Optionen verdeckt. So reduzieren wir aufgrund von einer intentionalen Handlung Komplexität. Wir kaufen schließlich unser Sixpack-Bier und gehen damit zur Kasse. Auch mit diesem komplexen Procedere sind wir vertraut: Wir zahlen bar oder mit Kreditkarte. Wir müssen weder die Monetarisierung der Wirtschaft noch das Kreditwesen verstehen, um diesen Zahlungsakt auszuführen. Es reicht, wenn wir Geld oder eine intakte Kreditkarte haben.

So profan wir den Supermarkt im Alltag erfahren, sosehr ist er doch ein komplexes und voraussetzungsreiches Phänomen: Das beginnt schon bei den Zeichen (wie zum Beispiel ein Logo), die draußen auf der Straße auf das Innen verweisen; also darauf, dass wir drinnen Lebensmittel, Getränke, Haushaltsartikel etc. vorfinden. Dazu gehört eine ganz bestimmte, oftmals etwas kühle Raumgestaltung, eine taxonomische Anordnung der Produkte (die Biersorten sind zum Beispiel alle an einer Stelle). Dazu gehört eine ganz bestimmte materielle Kultur; Regale, Kassen, Einkaufswagen, Einkaufskörbe, Produkte, die mit Preisen und Strichcodes versehen und nach bestimmten Kategorien angeordnet sind. Grob vereinfacht, gibt es in einem Supermarkt zwei Kategorien von Menschen: Mitarbeitende und Besucher. Die ersten erkennt man an einer bestimmten uniformen Kleidung und daran, dass sie andere Tätigkeiten im Supermarkt ausüben und sich anders verhalten. Zu den Zweiten gehören Kunden, aber auch Flaneure und Diebe.

Ein Supermarkt ist eine Objektivation unterschiedlicher Faktoren: Ohne kapitalistische Marktwirtschaft, industrielle Produktion, monetarisierte Wirtschaft, Logistik, Transport und Werbung wäre ein Supermarkt nicht denkbar. Eine Vielzahl von historischen und kulturellen Eigenheiten hat dazu geführt, dass es Supermärkte gibt. Dieses historische und kulturelle Hintergrundwissen brauchen wir im Alltag nicht, um im Supermarkt einzukaufen. Wir brauchen lediglich ein im-

2 Der blinde Fleck

plizites Alltagswissen, ein *knowing-in-action* (Schön 1983, S. 51 ff.) bzw. *skilled practices* (Ingold 2011, S. 60).

Inkorporierung von Alltagswissen

Wir kommen gewissermaßen als Neutrum zur Welt – und entwickeln unsere Identität bzw. unseren Habitus, womit Wahrnehmungs-, Klassifikations- und Weltdeutungsschemata gemeint sind (Bourdieu 1987, S. 277 ff.), durch Sozialisation. Ludwig Fleck stellt fest, „dass unsere Erkenntnisse viel mehr aus dem Erlernten als aus dem Erkannten bestehen" (1983a, S. 46). Wir haben Wissen inkorporiert und müssen es weder reflektieren noch artikulieren, da es in Selbstverständlichkeiten der Alltagswelt untergebracht ist (Soeffner 2004, S. 25). Wir handeln daher im Supermarkt bis zu einem gewissen Grad „blind". Diese Blindheit wird erst durch eine Störung durchbrochen, zum Beispiel durch eine „Krise", also wenn ein „unproblematischer Wirklichkeitsausschnitt" plötzlich „problematisch" wird (Berger und Luckmann 2004, S. 26 f.). Im Kontext des Supermarkts ist das etwa dann der Fall, wenn die bediente Kasse eines Tages durch einen Scanner ersetzt wird. Wenn beide Zahlsysteme parallel existieren, kann ich den Scanner verweigern – im schlimmsten Falle nehme ich dafür längere Wartezeiten in Kauf. Wenn aber die letzte Kasse schließt, dann *muss* ich mich mit dem Scanner auseinandersetzen, auch wenn es mir widerstrebt. Die erste Interaktion mit dem Scanner zwingt mich, die Routinehandlung des Kaufaktes zu reflektieren. Krisen und Störungen können also dazu führen, Situationen, die wir als „normal" erfahren, zu reflektieren (Latour 2002, S. 223; Psathas 1973; S. 275; Schön 1983, S. 59 ff.).

Nun wird man sich vielleicht fragen, was dies alles mit Design zu tun hat? Eine erste Antwort liefert der amerikanische Designtheoretiker, Sozialwissenschaftler und Nobelpreisträger Herbert A. Simon. Seine These im 1969 veröffentlichten Buch *The Science of the Artificial* lautete unter anderem, dass wir in einer künstlichen, also menschgemachten Welt leben: Wir bewegen uns meist in Räumen, die eine künstliche Temperatur von ungefähr 20 Grad Celsius haben, wir fügen künstlich Luftfeuchtigkeit hinzu oder nehmen sie weg. Und wenn wir unreine Luft einatmen, haben wir diese auch selbst produziert (Fischer 2012, S. 91 ff.; Simon 1996, S. 2).

Unsere Welt ist „künstlich", designt. Auch die im deutschsprachigen Raum sehr verbreitete Sehnsucht nach Natur und Authentizität ist etwas Artifizielles bzw. eine kulturelle Konstruktion, die auf die Aufwertung der Natur bei Jean-Jacques Rousseau und der deutschen Romantik zurückgeht. Und diese romantische Aufwertung der Natur ändert wenig bis nichts daran, dass wir Smartphones, Lichtschalter und Kühlschränke benutzen, dass wir Kleidung tragen, uns die Haare schneiden, den Körper pflegen, Fahrräder fahren, in Flugzeuge in andere Städte reisen etc. Wir werden also in eine designte Welt hineinsozialisiert.

So entsteht – durch Sozialisation – unsere *Lebenswelt* bzw. die *Alltagswelt*, die im nächsten Kapitel behandelt wird. *Alltagswelt* meint den Ausschnitt der Wirklichkeit, den wir als „normal" erfahren. Das wäre also die Place Saint-Sulpice in Paris oder irgendein Platz auf dieser Welt, den wir überqueren, ohne uns Gedanken darüber zu machen. Wir sehen nicht jedes Detail, sondern gewisse Elemente – und vervollständigen den Rest. Wir kommen von irgendwoher und gehen irgendwohin. Die Alltagswelt – das ist die Place Saint-Sulpice, die von Menschen überquert wird, während sie über ihre Beziehung oder ihre Arbeit nachdenken. Der Platz ist einfach da – wir schenken ihm keine Aufmerksamkeit. Perec versuchte mit seinem phänomenologischen Experiment, diese inkorporierte Gewissheit für drei Tage aufzuheben.

# Alltagswelt und Intersubjektivität 3

Der Begriff der *Lebenswelt* wurde von Edmund Husserl in die philosophische Phänomenologie, also in die Theorie der ästhetischen Erscheinung, eingeführt. Hintergrund war die Dominanz des von Auguste Comte begründeten Positivismus im 19. Jahrhundert (1994). Der Positivismus forderte, dass die Wissenschaften alles Metaphysische ausschließen und sich aufs Überprüfbare beschränken müssen. Im Zuge dieser Entwicklung ist es zu einer Dominanz der Physik gekommen, die als Universalwissenschaft galt: Adolphe Quetelet wollte mit seiner *Physique Sociale* (2010a, 2010b) die Gesellschaft mit physikalischen Methoden erklären. Diesem Objektivitätsethos warf Husserl einen Mangel an Erfahrbarkeit vor: Was Menschen als *wirklich* erfahren, hat nichts mit mathematischen und physikalischen Formeln zu tun, sondern mit „unserer leiblich personalen Seinsweise" in der Lebenswelt und unserer subjektiven Wahrnehmung derselben (Husserl 1996, S. 54). Husserls phänomenologische Philosophie ist danach von Existenzphilosophen wie Martin Heidegger und im Anschluss daran von Jean-Paul Sartre und Merleau Ponty weiterverfolgt worden. Interessanter als diese philosophische Denklinie ist im ethnografischen Kontext die Einführung der Phänomenologie in der Soziologie. Der Soziologe Alfred Schütz hat die alltägliche Lebenswelt als jenen Wirklichkeitsausschnitt definiert, „den der wache und normale Erwachsene in der Einstellung des gesunden Menschenverstandes als schlicht gegeben vorfindet. Mit ‚schlicht gegeben' bezeichnen wir alles, was wir als fraglos erleben, jeden Sachverhalt, der uns bis auf weiteres unproblematisch ist" (Schütz und Luckmann 2003, S. 29).

Dieses „schlicht Gegebene" ist nicht ontologisch zu lesen, sondern es wird durch Wissensvorräte hervorgebracht: Von der Art und Weise, wie wir unsere Schuhe binden bis zur Bedienung eines Lichtschalters oder des Interfaces eines Smartphones – wir haben ein implizites Wissen angeeignet, auf das im letzten Kapitel bereits verwiesen wurde. Wenn wir uns in unserer eigenen Stadt mit öffentlichen Verkehrsmitteln fortbewegen, tun wir das routiniert. Ein Ticketautomat in Shanghai oder eine Fahrt mit Mikrobussen in die Peripherie von Mexiko-Stadt kann hingegen zur existenziellen Herausforderung werden. Das zeigt: Was wir als „normal" erfahren, ist in bestimmten kulturellen und lebensweltlichen Kontexten entstanden. Es ist Teil und Resultat einer Sozialisation. Diese soziale, intersubjektive Ebene ist die eine Seite der Wirklichkeit, in der wir leben. Die andere ist das individualisierte Bewusstsein.

Aus einer phänomenologischen Sichtweise ist das Bewusstsein von der Welt getrennt (Husserl 1995, S. 66 ff.), zugleich mit ihr verflochten. So ist es etwa nicht möglich, dass wir unser Inneres tatsächlich sprachlich mitteilen, weil jede Mitteilung auf einer bereits gegebenen Sprache basiert. Die Schwierigkeit, Träume mitzuteilen, zeigt dies: Es ist nicht möglich, den Traum eindeutig in eine sprachliche Form zu übersetzen (Berger und Luckmann 2004, S. 28 f.). Worauf sollte man sich beziehen? Auf die Stimmungen und Bilder, die sich sprachlich nicht vermitteln lassen? Auf die Handlungen, die oftmals sehr diffus sind? Wenn wir die Handlung eines Traums erzählen, dann ist diese Erzählung kein Abbild des Traums, sondern etwas, was durch den Akt des Erzählens hervorgebracht wird. Schon die Vertreter des amerikanischen Pragmatismus haben sich mit der Schwierigkeit beschäftigt, genuin Eigenes zu kommunizieren. Der Sozialpsychologe George Herbert Mead sagte: „ Man kann nichts sagen, was absolut partikulär wäre; alles, was sinnvoll gesagt ist, ist allgemein" (1973, S. 189).

In den Religionswissenschaften spricht man von der Problematik der Ineffabilität: Bestimmte Bewusstseinszustände lassen sich sprachlich nicht mitteilen. Dies kommt deutlich bei religiösen Konversionen (Ulmer 1988), mystischen Erfahrungen (James 1997, S. 383 ff.), Zukunftsvisionen (Schnettler 2004) und Nahtoderfahrungen (Knoblauch und Soeffner 1999) zum Ausdruck. Diese bewusstseinserweiternden Zustände können sprachlich nicht mitgeteilt werden, weil die Sprache „typisiert" und „entpersönlicht" (Berger und Luckmann 2004, S. 41).[2] Die Problematik, die bei den bewusstseinserweiternden Zuständen überdeutlich wird, ist der Sprache allerdings allgemein inhärent: Es gibt – um es linguistisch zu sagen – einen Graben zwischen einem Begriff (Signifikant) und einem Vorstellungsbild

---

2   Heidegger sagt, dass die Sprache spreche und nicht mehr der Mensch (1997, S. 143), und Luhmann, dass die Kommunikation kommuniziere (Luhmann 1987, S. 28).

(Signifikat) (de Saussure 2001, S. 78 f.), womit die Sprache arbiträr ist[3]: Wenn fünf Menschen gemeinsam die Augen schließen und an einen Baum denken sollen, werden fünf unterschiedliche Bäume erdacht.

Appräsentation: Abwesendes mitvergegenwärtigen
Die Sprache kann das Hier und Jetzt auch transzendieren: Sie kann die Realität beschreiben („Das ist ein Baum") und negieren (der Satz „Das ist kein Baum" lässt sich auch von einem Baum sagen, wenn es auch nicht viel Sinn macht).[4] In der religiösen Sprache gibt es viele Begriffe, die auf Transzendentes, also auf Abwesendes, verweisen, das sie allerdings – durch die Benennung – der Erfahrung zugänglich machen (Schütz und Luckmann 2003, S. 635). „Paradies", „Hölle" oder „Engel" sind solche Begriffe. Die Phänomenologie bezeichnet dies als *Appräsentation*, die eine „Art des Mitgegenwärtig-Machens" (Husserl 1995, S. 111; Schütz und Luckmann 2003; S. 634 ff.; Soeffner 2000, S. 189 ff.) sind. Der Soziologe Thomas S. Eberle beschreibt die Appräsentation wie folgt: „[…] wir sehen beispielsweise ein ‚Haus', obwohl wir streng genommen nur dessen Fassade sehen" (2017a, S. 23).

In der Designtheorie ist dies ein wichtiger Begriff: Er bedeutet, dass ästhetische Erscheinungen gewisse Bedeutungen und Vorstellungsbilder mitvergegenwärtigen: Wir sehen nachts an einem Haus ein Zeichen mit einem Bier-Logo und hören, dass drinnen Musik läuft – also wissen wir, dass sich darin eine Bar befindet, auch wenn wir gar nicht hineinsehen. Wir wissen sogar, was für eine Bar es ist: eine Hipster-Bar, eine Rotlicht-Bar, eine Jazz-Bar, eine Trinker-Bar. Diese Orte werden durch „Spacing" symbolisch markiert (Löw 2001, S. 158 ff.). Wir müssen also – wie im letzten Kapitel anhand von Ludwig Fleck erläutert – nicht das Ganze sehen, um zu erkennen, worum es sich handelt. Einzelne Zeichen und Elemente reichen aus – und den Rest vervollständigen wir intuitiv aufgrund eines angeeigneten Wissens.

Während der Lebenswelt-Begriff eine Vielzahl von Wirklichkeiten umfasst – also auch die Welt der Träume, der Poesie oder der abstrakten Quantenphysik –, sprechen wir von der *Alltagswelt*, wenn wir jenen intersubjektiven Ausschnitt der

---

3 Nicht arbiträr sind zum Beispiel Piktogramme, bei denen ein Zeichen etwas (visuell reduziert, aber erkennbar) darstellt. Oder auch Begriffe wie „Grrr" oder „Miau", die oftmals in Comics verwendet werden, weil hier der Begriff den Wortlaut ausdrückt.

4 Man denke ans Bild „La trahison des images" von René Magritte, das eine Pfeife und den Satz „Ceci n'est pas une pipe" abbildet. Die Pointe besteht darin, dass es tatsächlich kein Pfeife, sondern nur eine Abbild einer Pfeife ist. „Man kann damit nicht rauchen, man kann das Bild nicht auseinandernehmen, um es zu reinigen, wie es Pfeifenraucher gewöhnlich mit Pfeifen tun." (Hahn 2014, S. 139)

Wirklichkeit meinen, den wir als „normal" erfahren. Ein Beispiel ist ein Vorlesungsraum: Er ist so gestaltet, dass die Aufmerksamkeit der Mehrheit der Anwesenden sich nach vorne richtet, wo eine Professorin referiert. Diese Hierarchie wird materialisiert in der Sitzordnung, der Tische, eines Projektors, einer Leinwand etc. Es ist offensichtlich, dass ein Vorlesungsraum einem Theaterraum gleicht, was ihn zu einer *Vorderbühne* macht (Goffman 1983/2008, S. 99 ff.). Das Design des Vorlesungsraums objektiviert und materialisiert humanistische Bildungsideale und eine Politik, die diesen Idealen Wert zuschreibt und sie umsetzt. Wie bereits erwähnt erzeugt ein Vorlesungsraum ein spezifisches Verhalten und soziale Rollen – und zwar auf der Seite der Dozierenden genauso wie auf jener der Studierenden. Ein Vorlesungsraum ist also eine kulturelle Konstruktion, auch wenn wir ihn im Alltag als gänzlich normal erfahren. Wenn hier von Konstruktion die Rede ist, dann impliziert das nicht etwa postmoderne Beliebigkeit im Sinne von alles sei *nur* konstruiert. Das *nur* kann man gleich streichen. Konstruktion ist etwas Hartes und Verbindliches, zumindest sind es die Folgen davon, worauf William S. Thomas hingewiesen hat: „If men define their situations as real, they are real in their consequences" (zitiert in: Christmann 2007: 27).

Pluralisierung von Lebenswelten
Eine Kritik an der klassischen phänomenologischen Theorie der Lebens- und Alltagswelt lautet, dass der Begriff im Singular formuliert ist, was auf eine *Paramount Reality* verweist, die anderen Wirklichkeiten übergeordnet ist. Die Soziologin Benita Luckmann hat dieses Defizit behoben, indem sie den Lebenswelt-Begriff pluralisiert hat: Der moderne Mensch lebt demnach nicht in *einer* Lebenswelt, sondern in *vielen*, die sich nicht hierarchisieren lassen. Benita Luckmann spricht von *kleinen Lebenswelten*, die oftmals keine Beziehung untereinander haben und die nur zeitlich begrenzt existieren (1978, S. 282 ff.). Es sind *single-purpose-communities*, die eine genuin soziale Dimension aufweisen und die soziale Rollen zuweisen: Eine Studentin zum Beispiel bewegt sich im Elternhaus, in ihrer Wohngemeinschaft, in einer Salsa-Schule, in einer Beziehung, in der Bar, wo sie an Wochenenden arbeitet etc. Diese „Orte" konstituieren spezifische soziale Identitäten: Sie verhält sich im Elternhaus, in der Wohngemeinschaft und an der Universität anders. Sie ist also Tochter, Mitbewohnerin, Studentin, was als *partizipative Identitäten* bezeichnet wird (Bohn und Hahn 1999, S. 37). Selbst an der Uni verhält sie sich unterschiedlich: in einem kleinen Seminar anders als in einer Vorlesung mit 150 anderen Studierenden, gegenüber ihrer Professorin anders als gegenüber ihren Kommilitonen und Kommilitoninnen, in einer Prüfung anders als im Café. Alle diese sozialen „Orte" bzw. Situationen sind designt. Sie bergen ein Skript und führen zu spezifischem Rollenverhalten. Dass diese Lebenswelten

3 Alltagswelt und Intersubjektivität

klein sind, liegt nicht etwa an einer kleinen Anzahl von involvierten Menschen oder an der territorialen Größe des Feldes, sondern daran, dass die Komplexität möglicher Redundanzen auf ein bestimmtes Relevanzsystem reduziert ist (Hitzler 2008, S. 136). Eine kleine soziale Lebenswelt ist also „ein in sich strukturiertes *Fragment* der Lebenswelt, innerhalb dessen Erfahrungen in Relation zu einem speziellen, verbindlich bereitgestellten intersubjektiven Wissensvorrat statthaben" (Honer 2011, S. 23).

Ronald Hitzler spricht in diesem Kontext von *Bewusstseinsexklaven als Erlebniswelten* (2008, S. 135 ff.). Er meint damit Konsumangebote wie legale und illegale Drogen, Radio, Fernsehen, Filme, Internet, Online-Games, Kinos, Nachtclubs, Sportveranstaltungen, Gottesdienste, Kunstausstellungen, Modeschauen etc. Dabei werden individualisierte ineffable Erfahrungen versprochen. Zugleich tritt bei den genannten Beispielen eine soziale Dimension zutage: Hitzler versteht unter kleinen, sozialen Lebenswelten nämlich

„von anderen vordefinierte und in ihrer ‚Zwecksetzung' intersubjektiv gültig gemachte Ausschnitte aus der *alltäglichen* Lebenswelt, die subjektiv als Zeit-Räume der Teilhabe an je besonderen Sinnsystemen erfahren und im Tages- und Lebenslauf aufgesucht, durchschritten oder auch nur gestreift werden" (Hitzler 2008, S. 136).

Man kann diese sozialen Bereiche auch als *Mikrokulturen* (Cranz 2016, S. 40) und *Subuniversen* (James 1921, S. 283 ff.) bezeichnen, wenn sich diese Begriffe auch in unterschiedliche soziologische bzw. sozialpsychologische Theorielinien einordnen. Sie zeichnen sich durch geteilte Interessen, Lebensstile, Symbole, Rituale und durch ein fluides Wesen aus, was im Lebenswelt-Begriff besonders betont wird. Der Begriff des sozialen Milieus (Vester et al. 2001, S. 169) hingegen ist weniger fluide konzipiert und definiert eher festere soziale Zugehörigkeiten. Noch undurchlässiger und statischer sind Klassenmodelle, wie sie neomarxistische Positionen vertreten, die auf ökonomischen Gesichtspunkten basieren.[5]

Die phänomenologische Theorie der Lebenswelt ist eine fruchtbare Ausgangslage für designethnografische Studien, weil sie den Fokus auf die ästhetisch wahrnehmbare Wirklichkeit richtet. Der Religionssoziologe Bernt Schnettler unterscheidet in diesem Zusammenhang zwischen einer theoretischen Mundan-

---

5 Daniel Miller kritisiert die starke Orientierung nach demografischen Kategorien in den Sozialwissenschaften und er fragt, „ob es nicht klüger wäre, Menschen nach ihren Tätigkeiten und Interessen – ob für wissenschaftliche Studien oder Promiklatsch, Gartenpflege oder Musik – zu beurteilen statt nach ihrer Herkunft oder sexuellen Orientierung" (Miller 2010, S. 14).

phänomenologie und einer (ethnografisch) anwendbaren Ethnophänomenologie (2008). Das Charakteristische der lebensweltlichen Ethnografien besteht an der Immersion; also darin, dass die Forscherinnen selbst aktiv und über längere Zeit am Geschehen teilnehmen. In diesem Punkt ähnelt sie den klassischen ethnografischen Studien der Chicago School, bei denen Forschende oftmals über Jahre in eine bestimmte Lebenswelt eingetaucht sind. Der französische Soziologe Loïc Wacquant, der während mehrerer Jahre in einem Box-Club im südlichen Chicago trainierte und darüber einen ethnografischen Bericht verfasste, brachte diese Haltung wie folgt auf den Punkt: „Die Welt des Boxsports versteht nur, wer persönlich in sie eintaucht" (2003, S. 62).

Im Kontext von Designforschung kann das monate- und jahrelange Eintauchen aus zeitökonomischen Gründen oftmals nicht geleistet werden. Deshalb eignen sich hier schnellere Varianten wie die intensive *short term ethnography* (Pink und Morgan 2013), *rapid ethnography* (Bentley et al.; S. 1988; Norman 1999) und *quick and dirty ethnography* (Hughes et al. 1994, S. 433 ff.; Knoblauch 2001, S. 128 und Plowman 2003, S. 34). Damit wird die besonders in der Anthropologie vertretene Position, dass Feldaufenthalte relativ lange dauern müssten, widerlegt. Die Feldaufenthalte dauern oftmals kürzer, erstrebt werden weniger längerfristige Beobachtungen in die Lebenswelten bestimmter Menschen, sondern

> „intensive excursions in their lives, which use more interventional as well as observational methods to create contexts through which to delve into questions that will reveal what matters for those people in the context of what the researcher is seeking to find out" (Pink und Morgan 2013, S. 352).

Identität und looking-glass-self

Dass *kleine soziale Lebenswelten* von Individuen als „normal" erfahren werden, ist „ein Produkt der Intersubjektivität, nicht das eines Einzelnen" (Soeffner 2004, S. 22).

Der Begriff der Intersubjektivität lässt sich mit dem Pragmatismus von George Herbert Mead herleiten (Joas 1985, 1989). Mead unterscheidet in seinem Werk *Geist, Identität und Gesellschaft* zwischen einer personalen (*I*) und einer sozialen Identität (*Me*) (1973, S. 216 ff.). Das *I* ist die spontane Empfindung, während das *Me* gesellschaftliche Muster sind. Diese Produktion von Intersubjektivität basiert auf der Sprache und signifikanten Symbolen, die sich dadurch auszeichnen, dass mehrere Beteiligte darunter dasselbe verstehen: Zwar haben wir alle verschiedene Vorstellungsbilder, wenn wir „Baum" hören, sind uns aber einig, dass ein „Baum" kein „Buch" ist.

3 Alltagswelt und Intersubjektivität

In diesem Kontext spricht Mead vom *verallgemeinerten Anderen* (1973, S. 194 ff.): Er unterscheidet zwischen Spiel (*Play*) und Wettkampf (*Game*): Das Spiel (*Play*) von Kindern zeichnet sich durch Regellosigkeit aus. Die Rollen können situativ und spontan gewechselt werden. Beim Wettkampf (*Game*) hingegen gibt es bestimmte Regeln, zum Beispiel im Boxen: Es sind nur Faustschläge (Gerade, Haken und Aufwärtshaken) gegen den Kopf und den vorderen Oberkörper erlaubt, Tiefschläge nicht, Tritte nicht, Bisse ebenfalls nicht. Gekämpft wird in einem durch einen Ring markierten Ort während einer durch akustische Signale markierten Zeit, nicht während der Pausen. Diese Regeln werden durch einen *verallgemeinerten Anderen* verbindlich gemacht. Der Boxer erwartet das Einhalten der Regeln nicht nur vom Gegner, sondern er hält sie selbst ein und inkorporiert sie, weil der Gegner (und der Ringrichter, die Veranstalter, das Publikum, die Sponsoren, die TV-Stationen, die den Kampf übertragen, die Box-Verbände) dies auch von ihm erwarten. Wenn ein Boxer also seinem Gegner das Ohr abbeißt, dann beschädigt er seine Identität als Boxer nachhaltig. Der *verallgemeinerte Andere* ist also so etwas wie eine abstrakte und normative Identitätsfolie, an welcher der Boxer sich misst und spiegelt. Dies führt einerseits zur Empathie und zugleich zur Verdoppelung der Realität, zumal das eigene Bewusstsein sich am *verallgemeinerten Anderen* und zugleich am situativen Gegner spiegelt. George Herbert Mead zeigt so, wie menschliches Bewusstsein entsteht; nämlich aufgrund der Reflexion zwischen einer personalen und einer sozialen Identität. Ähnliche Ansätze finden sich bei anderen Vertretern im Umfeld des amerikanischen Pragmatismus; etwa bei Charles Horton Cooley, der Sozialforscher mit seiner „sympathetic introspection" zur Empathie gegenüber Kriminellen, Armen, Reichen, Konservativen etc. aufforderte (1909, S. 7) und der vom „looking-glass-self" (1922, S. 184) spricht, bei dem der Andere zum Spiegel des Selbst wird: Wir sehen uns mit den Augen der Anderen, was ein selbstreflexiver Akt ist.

Symbolische Interaktion

Der Mikrosoziologe Herbert Blumer entwickelte aufgrund der Theorie von George Herbert Mead den symbolischen Interaktionismus (Blumer 1973, 2004; Morrione 1988; Prus 1996); eine durchaus designrelevante mikrosoziologische Theorie, die davon ausgeht, dass der Sinn einem „Ding" nicht inhärent ist, sondern in sozialen Prozessen zugeschrieben wird. Unter Ding wird grundsätzlich alles verstanden, was Menschen wahrnehmen können – also Artefakte, Menschen, Gruppen von Menschen, Institutionen, Handlungen, Wertvorstellungen etc. Der symbolische Interaktionismus beruht auf drei Prämissen (Blumer 1973, S. 81):

- Menschen handeln „Dingen" gegenüber aufgrund der Bedeutung, die diese Dinge haben.
- Die Bedeutung dieser Dinge ist aus der sozialen Interaktion, die man mit anderen Menschen eingeht, abgeleitet.
- Diese Bedeutungen werden in interpretativen Prozessen gehandhabt und abgeändert.

Herbert Blumer fordert eine „Rückkehr zur empirischen sozialen Welt", für den „die Welt der alltäglichen Erfahrung die obere Schicht dessen, was wir in unserem Leben sehen und im Leben anderer erkennen können" (1973, S. 117), ist. Der symbolische Interaktionismus fungiert mit seinen antiessentialistischen Positionen oftmals als theoretische Ausgangslage für reflexive ethnografische Feldforschungen (Prus 1996, 1997; Rock 2009). Einen ähnlichen mikrosoziologischen Ansatz vertritt Harold Garfinkel mit seiner Ethnomethodologie, die ebenfalls untersucht, wie Menschen in ihren Alltagswelten Wirklichkeit konstituieren (Psathas 1973, S. 271 ff.; Garfinkel und Sacks 2004, S. 389 ff.). In der (mit der Ethnomethodologie verwandten) Konversationsanalyse (Sacks 1984) werden einzelne Sequenzen von alltäglichen Kommunikationen minutiös detailliert transkribiert und analysiert. Dieses Verfahren möchte auf einer soziolinguistischen Ebene darlegen, wie Alltagswirklichkeit entsteht und als gewiss erfahren wird. Berühmt geworden sind die so genannten „breaching experiments", bei denen Harold Garfinkel (1967, S. 35 ff.) seine Studierenden zu normabweichendem Verhalten aufforderte – zum Beispiel dazu, sich bei den eigenen Eltern wie Gäste zu verhalten (Psathas 1973, S. 275). So wird versucht, mit deviantem Verhalten die Grenzen dessen auszuloten, was als *normal* gilt. Diese Störungen „natürlicher" Situationen entsprechen Interventionen in der Designethnografie (Otto und Smith 2013, S. 11). „Natürlich" sind Situationen dann, wenn sie nicht durch die Forscherin verändert worden sind (Dellwing und Prus 2012, S. 54 ff.). Perec zum Beispiel beobachtet eine „natürliche" Situation, die er durch seine Präsenz nicht verändert. Eine Intervention hingegen oder ein naturwissenschaftliches genauso wie ein psychologisches Experiment sind „künstliche" Situationen, die durch die Forscherin evoziert worden sind (Tuma et al. 2013, S. 36). Beides sollte methodologisch reflektiert werden.

Aufgrund der intensiven Anwendung der Ethnomethodologie in den in den 1980er-Jahren entstandenen „Workplace Studies" (Knoblauch 2000; Knoblauch und Heath 1999; Suchman 1985, 1987), in denen veränderte Arbeitswelten mit Videoaufnahmen untersucht wurden, ist die Ethnomethodologie im Kontext von Design oftmals zu einem Synonym für Ethnografie geworden. Was die Ethnomethodologie als Methode auszeichnet, sind minutiös genaue bzw. phonetische

3 Alltagswelt und Intersubjektivität

Transkriptionen von alltäglichen Gesprächen, bei denen die Intonation, Sprechpausen, Räuspern verschriftlicht werden. Ich behaupte, dass diese sehr zeitaufwändige Genauigkeit und die phonetische Transkription sich nur bedingt mit zeitökonomischen Gegebenheiten der Designpraxis vereinbar ist. Explorative Methoden wie die Grounded Theory sind nicht nur schneller anwendbar, sondern sie verweisen auch – etwa durch das komparatistische Vorgehen und das ständige Schreiben von Memos – auf Phänomene außerhalb des Datenmaterials der empirischen Forschung (Breuer 2010, S. 103 ff.; Charmaz und Mitchell 2009, S. 167 f.). Diese explorative, suchende und auch assoziative Vorgehen ist für die Designforschung relevant.

Erving Goffman, dessen interaktionistische Mikrosoziologie theoriearm, dafür sehr deskriptiv ist (Hitzler 2001a, S. 17 ff.) und der sich nicht eindeutig einer soziologischen Theorie zuordnen lässt (Muri 2016, S. 165), beobachtet alltägliche Situationen der Frage folgend, „Was geht hier eigentlich vor?" (Goffman 1977/1980, S. 16). So möchte er herausfinden, wie es überhaupt so weit kommt, dass wir bestimmte Situationen als normal erfahren. Seine Antwort lautet, dass Situationen bestimmte Rahmungen haben, die „Organisationsprinzipien für Ereignisse" (Goffman 1977/1980, S. 19) sind. So verhalten wir uns in bestimmten Situationen völlig anders, was sich im Umgang mit Körpernähe zeigt: Es gibt in westlichen Gesellschaften gewisse Standards, welche Körpernähe in welcher Situation zugelassen ist, was Goffman mit seinen Studien zu den Territorien des Selbst beleuchtet. In einer Kung-Fu- oder einer Tango-Schule haben wir einen sehr nahen Körperkontakt mit anderen Menschen, zu denen wir außerhalb dieses Ortes möglicherweise *gar* keinen Kontakt haben. Eine derartige Körpernähe wäre außerhalb der entsprechenden Trainingssituation – zum Beispiel bei der Arbeit – tabu. Ein Individuum hat bestimmte Territorien und Räume, die Goffman wie folgt definiert (1974/1982, S. 56 ff.):

1. Der *persönliche Raum* umgibt ein Individuum. In vollen Fahrzügen oder Verkehrsmitteln kann dieser Raum bedroht sein. Folglich gilt es eine maximale Distanz zu anderen einzuhalten, ohne aber den Anschein zu erwecken, dass man die Nähe anderer Menschen meidet.
2. Die *Box* ist der sichtbare, räumlich begrenzte Raum, der einem Individuum zur Verfügung steht. Das kann ein Kinositzplatz, ein Badetuch am Strand oder Barhocker sein.
3. Der *Benutzungsraum* wird von einem Individuum situativ beansprucht; das kann der Raum sein, den ein Individuum in einem Museum beansprucht, wenn es ein Bild anschaut.

4. Die *Reihenposition* bezieht sich auf eine bestimmte Ordnung, wie ein Individuum seine Position gegenüber anderen Individuen einnehmen muss. Das können Warteschlangen im Supermarkt sein oder bestimmte Regeln (,Frauen und Kinder zuerst').
5. Die *Hülle* besteht aus der Haut, die den Körper schützt, und den Kleidern, welche die Haut schützen.
6. *Besitzterritorien* sind Gegenstände, die den Körper umgeben. Das können leicht mitnehmbare Besitztümer wie Jacketts, Hüte, Handschuhe, Zigarettenpackungen, Streichhölzer, Handtaschen samt Inhalt und Päckchen sein.
7. Das *Informationsreservat* besteht aus Informationen über ein Individuum, deren Zugang es in Anwesenheit anderer kontrollieren möchte. Es besteht erstens aus den Gedanken des Individuums, das allzu persönliche Fragen als aufdringlich empfindet. Zweitens aus Teilen seiner Biografie. Drittens aus Inhalten von Taschen, Portemonnaies, Briefen etc. Und viertens aus Informationen, die an der unmittelbaren Erscheinung des Individuums beobachtet werden können.
8. Das *Gesprächsreservat* eines Individuums besteht darin, dass es entscheiden darf, mit wem es wann ein Gespräch beginnt.

Diese Reservate konstituieren Ordnung im Alltag, wobei zu berücksichtigen ist, dass solche Regeln kulturell variieren (Collier 1967, S. 39). Es handelt also um informelle Regeln, deren Nichteinhalten als Verletzung der Privatsphäre verstanden wird. Dies ist abhängig von der Rahmung der Situation: So kann Nacktheit je nach Situation – beim Arzt, in der Öffentlichkeit, in einer erotischen Beziehung oder in einem Malkurs einer Kunstschule – etwas anderes bedeuten: Ein nacktes Modell, so Goffman, sei in einem gewissen Sinne nicht nackt, sondern eine „Verkörperung des Körpers" (1977/1980, S. 91).

Rituale als Ordnungsprinzipien

Ein Ordnungsprinzip sind auch Rituale, die Erfahrungen und Ereignisse kulturell klassifizieren. Arnold van Gennep spricht im Kontext von Ritualen, die bei bedeutenden biografischen Wendepunkten – etwa Geburt, Heirat, Initiationsriten, Bestattung – durchgeführt werden, von „Übergangsriten" (2005). Durkheim betont die kollektive Dimension von Ritualen, bei denen eine gemeinsame Effervenszenz eine kulturelle Form annimmt (1994, S. 283 ff.). „Ritual", stellt die britische Anthropologin Mary Douglas fest, sei in modernen Gesellschaften ein anstößiges Wort geworden, „ein Ausdruck für leeren Konformismus" (2004, S. 11). Diese Ritualkritik geht denkhistorisch auf den protestantischen Antiritualismus zurück, der den Katholizismus für seine „leeren" Rituale kritisierte, die offensichtlich nur noch „Form" und kein „Inhalt" (mehr) waren. Dabei wird allerdings der Fehler gemacht, Form und Inhalt vom Ritual zu trennen und es wird übersehen, „dass wir in Bräuchen und Ritualen den Kultus des alltäglichen Lebens formen" (Soeffner 1992/2016, S. 11). Wenn es um Rituale geht, wird gelegentlich die Dichotomie von traditioneller und moderner Gesellschaft ins Feld geführt, die besagt, dass erstere hochgradig ritualisiert ist, während die zweite keine Rituale mehr kenne. Diese Dichotomie basiert auf einem Reduktionismus, den Soeffner „als „grobschlächtig und ungenau" (2000, S. 205) bezeichnet. Er formuliert die Unterschiede zwischen traditionellen und modernen Gesellschaften wie folgt:

> „Im ersten Fall formiert und tradiert die Gemeinschaft die Rituale, wodurch sie sich selbst stabilisiert. Im zweiten Fall etabliert der Gebrauch von Interaktionsritualen den Möglichkeitshorizont für den Aufbau temporärer Interaktionsgemeinschaften, indem von allen Beteiligten ein eher impliziter und anonymer Ordnungszusammenhang für soziales Handeln aufrechterhalten wird" (Soeffner 2000, S. 205 f.).

Grundsätzlich kann man festhalten, dass Rituale – individuelle genauso wie kollektive – der Kontingenz und Ungewissheit von Situationen entgegenwirken. Soeffner definiert sie als „*durchgeformtes, vorhersagbares, in gewisser Weise kalkulierbares, Orientierungssicherheit gewährleistendes Verhalten*" (2000, S. 207). Unsere Alltags- und Konsumwelt ist durchtränkt von Mikro- und Interaktionsritualen (Goffman 1971/1986). Ein Beispiel sind gemeinsame Zigarettenpausen, die aufgrund der ausufernden Prohibitionskultur in abgesonderten Raucherräumen, auf Balkonen oder vor Bars und Restaurants stattfinden. Dies hat oftmals rituelle Züge, weil die Beteiligten mit ihrem Tabakgenuss eine gegenseitige Solidarität empfinden, weil örtliche und zeitliche Rahmungen vorliegen und sich gewisse Handlungs- und Kommunikationsmuster verfestigen. Ein Ritual kann allerdings auch von einer einzelnen Person durchgeführt werden; das kann sich um morgendliches Joggen oder Yoga handeln. Vilém Flusser etwa beschreibt das Pfeifenrauchen – also das Stopfen, Anzünden, Rauchen, Reinigen etc. der Pfeife – als eine „rituelle Geste", die man zerstört, wenn man sie zu rationalisieren versucht (1997, S. 162).

Professionelle Indifferenz und moralische Armut
Im Kontext der ethnografischen Designrecherche sollten wir uns Herbert Blumer anschließen, der eine Hinwendung zur ästhetisch wahrnehmbaren Welt fordert. Dies erfordert zumindest einmal den Versuch, die von Max Weber geforderte *Werturteilsfreiheit* einzuhalten (2004, S. 49). Diese Werturteilsfreiheit ist ein Ideal, das nur erstrebt, aber nie erreicht werden kann, weil es kein ‚neutrales' und wertfreies

Wissen gibt (Denzin 2014, S. 71 f.). Ein Mensch ist kein Neutrum, sondern geprägt von einem Habitus (Bourdieu 1987, S. 277 ff.), einer sozialen Herkunft, einer Biografie, einem (kulturell konstruierten) Geschlecht etc. Nichtsdestotrotz gilt die Prämisse von Robert E. Park: „A moral man cannot be a Sociologist" (zitiert in Girtler 2001, S. 82). Wer nur richtend durch die Welt geht, wird kaum etwas Neues über eine Lebenswelt bzw. über einen *Native Point of View* (Geertz 1999, S. 50 ff.) herausfinden, sondern allenfalls eigene Vorurteile bestätigen. Bei diesem *Native Point of View* geht es nicht um das subjektive Bewusstsein der Menschen im Feld, sondern um die kulturelle Grammatik, die dieses ordnet und strukturiert. Dazu sind nicht Kategorien und Bedeutungen des Forschers notwendig, sondern jene, mit denen die Menschen im Feld ihre Wirklichkeit herstellen.

Dies zeigt sich exemplarisch an den ethnografischen Forschungen von Sarah Pink über den spanischen Stierkampf (1997, 2013, S. 76 ff.): Würde sie den Stierkampf nur verurteilen oder auch nur affirmativ idealisieren, dann wäre ihre Sichtweise einseitig und sie würde wenig über die Komplexität der Stierkampf-Perzeption herausfinden. Pink eröffnet mit ihrer Untersuchung aber mehrere Sichtweisen auf den Stierkampf, die verschiedene soziale Realitäten repräsentieren: Sie macht drei Gruppen aus, die kontroverse Positionen zum Stierkampf und zu Stierkämpferinnen haben: Erstens Stierkampf-Aficionados, die Stierkämpferinnen befürworten, zweitens Stierkampf-Aficionados, die Stierkämpferinnen ablehnen, und drittens Stierkampfgegner (2013, S. 77). Pink hat mit Menschen dieser drei Gruppen Befragungen zu Fotos (siehe Kapitel *Participatory Action Research*) der Stierkämpferin Cristina Sánchez durchgeführt und so erkannt, dass diese den Bildern der Stierkämpferin unterschiedliche Bedeutungen zuschreiben: Zeigt ein Bild eine schwierige Situation von Cristina Sánchez, dann ist das für die Befürworter der Beweis dafür, dass sie diese als Frau meistern kann. Die Stierkamp-Aficionados hingegen, die Stierkämpferinnen ablehnen, sehen darin ihr Vorurteil bestätigt, dass Frauen ungeeignet sind für den Stierkampf. Die Stierkampfgegner sehen darin die Überlegenheit des Stieres. Was immer die persönliche Haltung von Sarah Pink zum Stierkampf sein mag, das ist nicht weiter relevant. So lassen sich andere intersubjektive Bedeutungswelten und Sinnzuschreibungen erkennen und Perspektiven pluralisieren.

Ebenfalls sehr deutlich wird dies im Kontext der Religionssoziologie bzw. der Religionsanthropologie, wo eine wertende Haltung nicht mit Forschung vereinbar ist. Wenn ich bei meiner ethnosemantischen Studie über eine ghanaische und eine schweizerische evangelikal-charismatische Freikirche in Zürich (Müller 2015) wertend vorgegangen wäre, wäre es kaum möglich gewesen, die Lebenswelten der Evangelikalen zu beschreiben. Es hätte im Feld zu endlosen Diskussionen über diese Religionen und zu einer konfrontativen Stimmung geführt, die Immersion eher verhindert hätte. In diesem Zusammenhang ist auf den methodologischen Agnostizismus zu verweisen, der Wahrheitsgehalte von Religionen ausblendet (Knoblauch 1999, S. 14 ff.; McCutcheon 1999, S. 6 ff.; Schnettler 2004, S. 32 f.).[6] Man kann mit Durkheim festhalten, dass alle Religionen „wahr" sind – als soziale Tatsachen nämlich (1994, S. 9). Über den Wahrheitsgehalt ihrer theologischen Konzepte ist damit selbstverständlich nichts gesagt. Diese philosophische Dimension wird offen gelassen.

Crabtree et al. betonen aus diesen Gründen die „professionelle Indifferenz" (2012, S. 70 ff.) in der Designethnografie. In der Designethnografie geht es dezidiert darum, die Klassifikationen, die im Feld selbst angewandt werden – wie es Pink mit den Stierkampf-Perzeptionen zeigt –, zu ergründen. Ansonsten schleichen sich euro- und andere -zentrische Positionen in die Forschung ein, was kultursoziologisch schlichtweg nicht haltbar ist. Nicht zu moralisieren, dies zählt besonders im Umgang mit Populär- und Alltagskultur, etwa Online-Games, Fast Food, Mode, Kommerz, Plastik, Pornografie, Alkohol, Selfies und natürlich Werbung.[7] Die damit verbundene Wertung geht auf bildungsbürgerliche Ideale und die soziologische Frankfurter Schule zurück, die in eine E- und U-Kultur unterscheidet; also in eine „ernste" und eine „unterhaltende" Kultur, wobei die erste „gut" und die zweite „verwerflich" ist. Dieser normative Diskurs, der – verpackt als Kapitalismuskritik – weiterhin en vogue ist, basiert auf puritanischen Diskursen. In diesem Kontext ist ja bloß auf die Lesesuchtsdebatten im europäischen 18. Jahrhundert zu verweisen, die aktuell in ähnlicher Form in Bezug auf Computerspiele geführt werden. Wer die Wirtschaft ausschließlich als Ausbeutung definiert, übersieht die vielen Potenziale und Chancen, die sich durch sie ergeben – gerade in Ländern wie Nigeria und Kenia.[8] Daniel Miller hat in einer Studie in einer Londoner Straße

---

6   Der Begriff „Agnostizismus" geht auf den Biologen Thomas H. Huxley im 19. Jahrhundert zurück, der vom altgriechischen Begriff „Gnosis" ausging, einer religiösen Bewegung 200 n. Chr., die glaubte, dass sich transzendente Wahrheiten erkennen lassen. Agnostizismus bedeutet demnach, dass der Wahrheitsgehalt theologischer Aussagen nicht eruiert werden kann und deshalb offen gelassen werden muss (McCutcheon 1999, S. 7).

7   Dass normative Moraldiskurse sämtliche Facetten unserer Alltagskultur durchtränken, haben Judith Mair und Bitten Stetter mit ihrer Publikation „Moral Phobia: Ein Zeitgeist-Glossar von Achtsamkeit bis Zigarette" ausführlich dargelegt (2015).

8   In Subsahara-Afrika-Ländern finden aktuell dramatische ökonomische Umbrüche und eine rasante Digitalisierung statt; Lagos und Nairobi gelten als neue Silicon Valleys (vgl. Rajogopal und Saccetti 2015, S. 57), und die Mobiltelefonie transformiert Gesellschaften fundamental (Macamo 2011, S. 3).

bei hundert Menschen an der Wohnung geklingelt und diese etwas über die Dinge darin erzählen lassen. Die Selektion ist zufällig und nicht repräsentativ – und doch kommt Miller zu überraschenden Erkenntnissen. Er schreibt in der Einleitung über seinen mikroanthropologischen Ansatz:

> „So wie wir bisher komplexe Gesellschaften untersucht haben, können wir auch komplexe Mikrokosmen untersuchen. Voraussetzung dafür ist, dass wir ihre Authentizität respektieren und sie nicht von vornherein als Abfallprodukte von Oberflächlichkeit und Individualismus abtun" (Miller 2010, S. 17).

Abgesehen davon, dass eine moralische Haltung einer Feldforschung nicht hilfreich ist, ist es auch ethisch fragwürdig, einer sozialen Gruppe mit missionarischem Eifer zu begegnen. Und eigene Wertvorstellungen einer anderen Gesellschaft, Gruppe oder Gemeinschaft aufzwingen zu wollen, ist eine Form der moralischen Kolonialisierung. Designethnografie sollte daher nicht normativ sein, eher sollte sie lebensweltliche Perspektiven pluralisieren und Handlungsmuster untersuchen, auf die das Design einwirken kann.

# Designforschung 4

Immersion und Intervention

Designerinnen gestalten primär Neues. Sie sehen die Wirklichkeit – und darin Potenziale der Veränderung (Fulton Suri 2011, S. 31). Ein Designprozess fängt nie bei null an: „[...] designen heißt immer redesignen. Stets ist bereits etwas da, das als Gegebenheit, als Sachverhalt, als Problem existiert" (Latour 2009b, S. 361). Was immer Designerinnen tun, es muss sich in irgendeiner Form vom Bestehenden unterscheiden – wenn es das nicht tut, dann ist es traditionell. Tradition ist eine elementare und äußerst wichtige Inspirationsquelle für Designerinnen; aber sie führen sie stets weiter, adaptieren sie. Design ist – ähnlich wie auch die Wissenschaften, die Kunst, die Mode etc. – aus einer anthropologischen Sichtweise als genuin modernes Phänomen zu lesen, das mit der Aufwertung des Neuen in die Welt kam. Bruno Latour schreibt dem Design gar revolutionäre Kräfte zu (2009, S. 358). Design bezieht sich auf etwas, von dem es sich differenzieren muss. Deshalb erfordert und erzeugt Design Wissen. Dies kann ganz praktisch darin bestehen, dass Designer etwas für eine bestimmte Gruppe entwickeln müssen, deren Lebenswelt sie nicht kennen. Sie müssen sich also Wissen aneignen, das sie inkorporieren und das sie in ihrer Gestaltungspraxis reproduzieren. Die Designforschung ist ein Versuch, diese Prozesse explizit zu machen.

In der Regel wird der Designbegriff mit Industrialisierung und Arbeitsteilung assoziiert. Diese wirtschaftshistorischen Prozesse führten zur Entkopplung von Planung und Produktion: Produkte werden entworfen und danach massenindustriell hergestellt. Industriell produzierte Dinge werden „schöner gemacht", es wird ihnen „eine Form gegeben". Designer wurden im deutschen Sprachraum bis in die 1970er-Jahre als „Formgeber" bezeichnet (Krippendorff 2013, S. 29). „Schöner machen" transzendiert damit gewissermaßen die Ästhetik der Funktion. Der Funktionalismus ist ein wichtiger Begriff in der Designtheorie, der im Übrigen auch in der Anthropologie verwendet wird.[9] Der designspezifische Funktionalismus geht aufs späte 19. Jahrhundert zurück: 1896 formulierte der Architekt Louis H. Sullivan von der architektonischen (nicht zu verwechseln mit der soziologischen) Chicago School die berühmte Formel „*form ever follows function*" (1896, S. 408). Dies bedeutet, dass die Form bzw. das Design den Verwendungszweck ästhetisiert, was sich exemplarisch bei einem aerodynamischen Automobil zeigt. Der Funktionalismus wurde im Bauhaus weitergeführt, wo der Verzicht auf Ornamente und Schnörkel und der Fokus auf Praktikabilität im Zentrum stand (Gropius 1996, S. 149 ff.). Der Kybernetiker und Designtheoretiker Klaus Krippendorff kritisiert den Funktionalismus als „Ausdruck blinder Akzeptanz jener Rolle, die den Designern von der Gesellschaft und insbesondere von ihren industriellen Auftraggebern zugewiesen wird" (2013, S. 28).

Krippendorff plädiert für eine *semantische Wende*, die besagt, dass Design nicht nur Formgebung ist, sondern dass Dinge auch *Bedeutungen* haben. Er hält fest: „*Menschen können die physikalischen Eigenschaften von Dingen weder sehen noch auf sie reagieren. Sie handeln stets in Übereinstimmung mit dem, was die Dinge für sie bedeuten*" (2013, S. 75). Diese Unterscheidung von Schönem und Nützlichem wird nicht nur im Designkontext thematisiert: Der amerikanische Philosoph John Dewey unterschied das Schöne vom Zweckdienlichen (1988, S. 36 f.). Und der französische Philosoph Roland Barthes hat in seinem Aufsatz *Semantik des Objekts* auf Funktion und Sinn von Objekten hingewiesen: Ein Telefon löst das Problem der oralen Kommunikation von örtlich abwesenden Menschen, ist aber zugleich auch – durch Form, Farbe, Marke etc. – ein Statement. Dinge haben demnach eine Funktion, die vom Sinn transzendiert wird. „[U]m sinnfreie Objekte zu finden, müsste man sich vollständig improvisierte Objekte vorstellen" (Barthes 1988, S. 190). Aber dies ist nicht möglich, weil jedem improvisierten Objekt gleich neue Bedeutungen zugeschrieben werden (Barthes 1988, S. 190).

Das vorher erwähnte Designverständnis der „Formgebung" wurde auch von anderen Theoretikern kritisiert: In den 1970er-Jahren forderte Bazon Brock ein „Sozio-Design" und eine „Erweiterung des Designbegriffs", der sich von der industriellen Produktion von Gütern emanzipieren und die Gestaltung von Lebensformen, Werthaltungen und sprachlichem Gestus fokussieren soll (1977, S. 446) –

---

9   Anthropologischer Funktionalismus kann einerseits Bedürfnisbefriedigung bedeuten, was beim einfachen Akt des Essens beginnt und bis zur heiligen Handlung führt (Malinowski 1975/2005, S. 29), und andererseits kann er soziale Funktionen – etwa Vergemeinschaftung – bezeichnen (Durkheim 1994).

eine Forderung, die allmählich Realität geworden ist. Brock hat mit Sozio-Design etwas formuliert, was dem Design inhärent ist: Design ist etwas genuin Gesellschaftliches, weshalb Brandes et al. von der „Sozialität von Design" sprechen (2009, S. 90 ff.). Die Kultursoziologin Yana Milev kritisiert, dass „der zweck- und funktionsverbissene Blick auf Design" das Design als Fortschrittmacher für Konsumgüter ideologisiere (2011, S. 46). Sie fordert

> „eine anthropologische und *partizipatorische Designforschung*, die ein ‚Design von unten' verifiziert, den Handlungsimpuls von Menschen und Menschengruppen untersucht, um die Voraussetzungen für eine Designanthropologie zu schaffen, die sich als anschlussfähig an die Diskurse in Kultur-, Geistes-, Sozial-, Kunst-, Bild- und Medienwissenschaften erweist" (Milev 2011, S. 46).

Zweifellos erfährt der Designbegriff seit einiger Zeit eine vehemente „Extension" (Latour 2009b, S. 357), was sich ja in ausdifferenzierenden Disziplinen wie Game Design, Interaction Design, Experience Design, Ereignis Design, Fashion Design, Grafikdesign, Kommunikationsdesign, System Design, Spatial Design, Cultural Design, Knowledge Visualization etc. abbildet.[10] Design emanzipiert sich also vom Dinghaften und von der materiellen Kultur (Latour 2009b, S. 357). Gemäß Claudia Mareis umfasst der Designbegriff „vom Entwurf industrieller Massenwaren über individuell gestaltete Unikate hin zu generalistischen Planungs- und Problemlösungsverfahren ein immenses Spektrum an Diskursen, Methoden, Tätigkeiten und Artefakten" (Mareis 2014, S. 37).

Diese „Kulturtechnik ‚Entwerfen'" (Mareis 2014, S. 152 ff.) ist also zwischen verschiedenen Disziplinen situiert. Gerade deshalb sind innerhalb des Designs Perspektiven einzelnen Disziplinen zuzuordnen. Matthias Götz hält fest:

> „Ob ich ein Designproblem als gesellschaftliches formuliere oder als ökonomisches, als ökologisches oder als politisches, als formales oder als ergonomisches, als technisches oder als atmosphärisches – stets treffe ich damit implizit zugleich eine Aussage darüber, in welcher Richtung wohl Lösungen dafür zu suchen wären" (Götz 2010, S. 55 f.).

An welcher Disziplin ein Designprojekt andockt, hängt nicht zuletzt von der Affinität der Designerin, vom Kontext und Situierung des Projekts und nicht zuletzt

---

10 Schneider verweist in diesem Kontext unter anderem auf Product, Interface, Space, Information, Governmental Design und Cultural Communication (2007, S. 209 f.).

von seiner Finanzierung ab. Diese Diversität zeigt sich auch an der Hochschullandschaft. Grundsätzlich gibt es eine Verzweigung in eine Design-Theorie und -Praxis, die sich auch in den Curriculums der Studiengänge an Designhochschulen abbildet: Gestaltungspraxis und Theorie fungieren gewissermaßen als Gegensätze, was mitunter zu Grabenkämpfen führt.

Disziplinierung des Designs
Der Soziologe Franz Schultheis plädiert für eine Disziplinierung des Designs, damit es sich von einer „,illegitimen Kunst' zu einem legitimen Feld wissenschaftlicher Theorie und Forschung [...] wandeln" (2005, S. 68) kann. Die Anthropologin Lucy A. Suchman fordert, dass Design seinen „Ort" findet: als eine Praxis des Wandels (2011, S. 3). Dies zeigt, dass sich Design gewissermaßen in einer Phase der Desorientierung oder – positiv ausgedrückt: in einer Transformation – befindet. Dass Theorie und Praxis mitspielen, macht diese Ortsfindung des Designs nicht einfacher. Grundsätzlich wird mit Design in der Regel etwas Praktisches assoziiert, zugleich entsteht in dieser Praxis immer auch ein Wissen (und damit auch eine fallspezifische Theorie): „Designpraktiker haben Vorstellungen, wie Menschen leben wollen, Wahrnehmungen machen, denken und fühlen. Je gründlicher sie darüber nachdenken, desto klarer wird ihnen, dass sie als ‚Praktiker' [...] auch ‚Theoretiker' sind" (Schweppenhäuser 2016, S. 13).

Die Unterscheidung Theorie–Praxis ist ein Konstrukt der Theorie, was allerdings nicht bedeutet, dass sie deshalb obsolet ist. Denn Design ist – obwohl grundsätzlich praktisch – nicht frei von Theorie, wobei dieser Begriff ja vom altgriechischen Verb „Beobachten" bzw. vom Substantiv „Überlegung" und „Einsicht" stammt. Dies zeigen wissenschaftliche Journals wie *Design Studies* und *Design Issues*, Plattformen wie *www.designwissen.net*, die *Deutsche Gesellschaft für Designtheorie und -forschung* (www.dgtf.de) und die englische *Design Research Society*. Die Designtheoretikerin Claudia Mareis spricht von *Design als Wissenskultur* (2011) und geht in ihrer gleichnamigen Dissertation den Interferenzen zwischen Design- und Wissensdiskursen seit den 1960er-Jahren nach, als die *Design Methods Movement* entstanden (Gregory 1966a; Jones 1992;

Mareis 2010a, S. 17 ff.; 2011, S. 34 ff., 2014, S. 162 ff.). Sydney A. Gregory definiert Designwissenschaften („Design Science") als Disziplin, die sich mit den Studien, der Forschung und der Akkumulation von Wissen der Designprozesse und ihrer wesentlichen Operationen beschäftigt (1966b, S. 323). Der Designtheoretiker Nigel Cross vertritt in seinem Buch *Designerly Ways of Knowing* die These, dass bereits in den 1920er-Jahren einzelne Figuren wie Le Corbusier die Grundlage für das *Design Methods Movement* der 1960er-Jahre gelegt haben (2007a, S. 119 ff.). Cross unterscheidet drei Kategorien der Designforschung (1999, S. 6, 2007b, S. 48):

- *Designepistemologie* untersucht designspezifische Wissenskulturen
- *Designpraxis* untersucht Praktiken und Prozesse im Design
- *Designphänomenologie* untersucht Formen und Konfigurationen von Objekten

Als empirische Subkonzepte der Designtheorie fungieren Begriffe wie *Designwissenschaften*, *Designforschung* und *Designrecherche* (Romero-Tejedor und Jonas 2010). Der Begriff der *Designwissenschaften* hat möglicherweise den Vorteil, dass er den Zugang zu akademischen Forschungsgeldern und Diskursen erleichtert, zugleich den Nachteil, dass ihm ein positivistisches Objektivitätsethos anhängt. Es gibt keinen wirklich überzeugenden Grund für die Designdisziplin, das Objektivitätsethos der Naturwissenschaften zu imitieren, zumal ja selbst dort von einer *anarchistischen Erkenntnistheorie* (Feyerabend 1976) und *Wissenschaften als Kunst* (Feyerabend 1984) die Rede ist. Das Objektivitätsethos versperrt jene spielerischen und explorativen Zugänge zum Forschen, die im Kontext des Designs möglich sind.[11]

Warm, engagiert und riskant
Bruno Latour umschreibt in seinem Aufsatz *From the World of Science to the World of Research?* Wissenschaft (Science) und Forschung (Research) wie folgt: „Science is certainty; research is uncertainty. Science is supposed to be cold, straight, and detached; research is warm, involving, and risky" (1998, S. 208). Während die Wissenschaften also kalt, linear und weltabgewandt sind, ist die Recherche bzw. Forschung warm, engagiert und riskant. Recherche bzw. Forschung ist damit etwas genuin Unsicheres und sie führt auf unbekannte Terrains. Dabei spielt auch der „Wunsch nach Erfahrung" (Lindner 2007, S. 216 ff.) eine Rolle. So sagte John Dewey: „Die Erfahrung kann uns keine notwendigen Wahrheiten verschaffen, keine Wahrheiten, die vollständig von der Vernunft bewiesen werden. Ihre Schlussfolgerungen sind immer partikular, nicht universal" (2001, S. 30).

Dies gilt besonders für die Ethnografie, die keine Wahrheiten in einem positivistischen Sinne erkennen kann: „Ethnographic truths are thus inherently *partial* – committed and incomplete" (Clifford 1986, S. 7). Gerade im Kontext der Designethnografie birgt diese Emanzipation vom positivistischen Objektivitäts- und Wahrheitsethos schöpferisches Potenzial. Stephen Craig plädiert deshalb im Kontext von Forschung und Gestaltung für Ziellosigkeit: „[...] nur wenn es kein Ziel gibt, kann wirklich zieloffen gearbeitet werden und Unerwartetes entstehen.

---

11 Dies wird auch im Kontext von künstlerischer Forschung diskutiert: Bippus 2015, S. 65 ff.; Dombois 2012; Mingé und Zimmermann 2013, S. 11.

Die Orientierung an Zielen hingegen führt leicht zum vorschnellen Ausschluss von Möglichkeiten." (Craig 2015, S. 131)

Im Gegensatz zu *Designforschung* sagt der Begriff *Designrecherche*, dass bereits vorhandenes Wissen als Referenzpunkt fungiert: *re*-chercher (französisch) bedeutet ja *wieder*-suchen. Dieses Wissen kann ex- oder implizit sein: Auf explizites Wissen greifen wir dann zurück, wenn es bereits artikuliert ist. Etwa dann, wenn wir in Bibliotheken auf sozial- und kulturwissenschaftliche Texte zugreifen. Oder wenn wir in Online-Datenbanken nach E-Papers suchen. Implizites Wissen bedeutet, dass es sich um ein inkorporiertes Praxiswissen handelt – es ist das erwähnte Wissen, mit dem wir uns im Supermarkt bewegen.

Uriel Orlow wiederum operiert mit einer Unterscheidung zwischen Forschung und Recherche, die der vorher erwähnten Begriffsdefinition von Bruno Latour widerspricht:

> „Der Begriff der Forschung impliziert eine extensive, systematische Bemühung um neue wissenschaftliche Erkenntnisse: Großes Wissen. Demgegenüber kann der Prozess des Recherchierens (sowie der des Experimentierens) als ein intensives, assoziatives Erkunden und Ermitteln verstanden werden, das Wissensfragmente, also kleines Wissen, anstrebt" (Orlow 2014, S. 201).

Orlow grenzt also die „große" Erkenntnis der Forschung gegenüber einem Rechercheprozess ab, der kleines Wissen hervorbringt. Zwar teile ich diese Position von Orlow insofern nicht, als dass ich den Forschungsbegriff *gerade nicht* explizit auf im strengen Sinne positivistisch-wissenschaftliche Verfahren reduziere und Designethnografie als forschende Disziplin definiere, „die beständig auf Erkundungstour ist, um den Designprozess zu informieren und Wissen für und über das Design an sich zu formulieren" (Joost 2010, S. 86). Auch wenn man Orlows Begriffsdefinition nicht teilt, so sind seine Überlegungen im Kontext einer Designethnografie sehr relevant und fruchtbar:

> „Es geht also nicht hauptsächlich um ein neues Wissen, das teleologisch angepeilt wird, sondern um ein retikulares, verzweigtes Abtasten von zum Teil bereits vorhandenem, latentem Wissen, das nicht unmittelbar sichtbar oder zu erfassen ist und im Prozess der Recherche neu zugänglich gemacht und kombiniert wird" (Orlow 2014, S. 201).

Die Methode besteht also darin, implizites Wissen (Polanyi 1985), phänomenologisches Alltagswissen (Berger und Luckmann 2004; Honer 2011, S. 11 ff.), Praxiswissen (Schön 1983, S. 50 ff.) bzw. Bourdieus *Doxa* (1993, S. 93) explizit zu

4 Designforschung

machen. Dies folgt der These, dass Menschen mehr wissen, als sie mitteilen können (Schön 1983, S. 51 ff.). Indem wir das Alltags- und Praxiswissen beobachten, artikulieren und in einen Text überführen, machen wir es explizit – und können es reflektieren. Sarah Pink etwa hat in verschiedenen Forschungen ethnografisch untersucht, wie nachhaltige Alltagspraktiken – zum Beispiel in der Küche (2012, S. 48 ff.), bei der Wäsche (2012, S. 66 ff.) oder im Garten (2012, S. 84 ff.) ausgeübt werden und welches spezifische Wissen die entsprechenden Akteure und Akteurinnen haben.

Im Gegensatz zur klassischen Ethnografie in den Sozialwissenschaften hat die Designethnografie mehr Möglichkeiten variabler und auch experimenteller Methoden. Sie muss sich nicht auf klassische ethnografische Methoden wie Beobachtung und Befragung beschränken. Sie kann intervenieren, Situationen stören, Prototypen entwickeln und testen. Ein linearer Forschungsprozess muss nicht eingehalten werden, sondern eher geht es um iterative Prozesse und um „sensibilisierende Konzepte" (Dellwing und Prus 2012, S. 70 ff.). Designer sollten sich in eine reflektierte Praxis begeben (Schön 1983) und schnell zwischen Rollen – zwischen Forscher und Gestalter – wechseln. In der Forschung versuchen sie, die Dinge und Zusammenhänge unserer sozialen und kulturellen Welt aus möglichst vielen Perspektiven zu beleuchten. Dies erfordert Offenheit, Empathie, Sensibilität, Exploration und möglichst auch die kollaborativen Ansätze mit Partizipanten aus dem untersuchten Feld. In der Gestaltung hingegen nehmen sie eine Haltung ein, die sich allerdings möglichst auf einen kleinen, benennbaren und auch veränderbaren Ausschnitt der Wirklichkeit fokussiert. Also einen „Ort", wo Design etwas verändern und bewirken kann. Damit ist auch gesagt, dass Design ein Problem löst; möglicherweise auch eines, das zuvor gar nie als Problem wahrgenommen wurde. Bevor es Smartphones gab, gab es kein Bedürfnis nach ihnen. Heute ist ein Leben ohne sie kaum mehr vorstellbar. Smartphones lösen Probleme, die es vorher nicht gab. Design bezieht sich stets auf etwas, was noch nicht existiert und ist daher – ganz im Gegensatz zur deskriptiven Ethnografie in der Sozialforschung – spekulativ. Design will die Welt verändern. Jede Veränderung wird von Annahmen getrieben, die prospektiv sind: Wie die Architektur richtet sich Design stets in eine (ungewisse) Zukunft und gestaltet diese mit: „Everyone designs who devises courses of action aimed at changing existing situations into preferred ones" (Simon 1996, S. 111). In einer Designethnografie kommen diese beiden Dimensionen – das Deskriptive und Prospektive – zusammen. Joachim Halse betont, dass Designethnografie eine „Ethnografie des Möglichen" (2013) sei.

Während die Sozialforschung bei der Frage von Goffman „Was geht hier eigentlich vor?" bleibt, stellt sich im Kontext der Designethnografie eher die Frage: „What happens if we look at it this way?" (Halse 2013, S. 182). Design denkt in

Varianten. Design ist spekulativ. Spekulieren erfordert, dass man Vorurteile und Urteile vermeidet und versucht, möglichst voraussetzungslos und mit dem fremden Blick soziale Wirklichkeiten zu schauen. Design geht von empirischen Beobachtungen und Hypothesen aus, die das Verhalten, die Interaktionen und auch die Identitäten von Menschen genuin verändern. Design hat ein Menschenbild, das es bis zu einem gewissen Grad hervorbringt. Deshalb ist Design *immer* anthropozentrisch – auch dann, wenn es den Anthropozentrismus kritisiert oder gar glaubt, ihn überwinden zu können (Giaccardi et al. 2016, S. 235).

Recherche durch Design
Im Kontext der Designforschung wird gelegentlich eine Typologie herangezogen, die ursprünglich auf den Kunsttheoretiker Herbert Read (1968) zurückgeht und die Christopher Frayling auf Kunst und Design adaptierte: *research into art and design*, *research through art and design* und *research for art and design* (1993, S. 5). Alain Findeli hat diese Typologie designspezifisch modifiziert, wobei er dabei den kunsthistorischen Fokus durch eine gegenwartsbezogene Populärkultur ersetzte (2004, S. 42). Findeli schlägt drei Typen der Designrecherche vor (2004, S. 41 ff.):[12]

- *Recherche für Design*: Das sind Projekte an Designhochschulen, bei denen Studierende vor der Gestaltung eines Produkts oder eines Systems recherchieren. Sie wird auch in der professionellen Designpraxis angewandt – etwa in Forschungsabteilungen von Designunternehmen. Bei dieser Recherche wird oftmals auf bereits artikuliertes Wissen zurückgegriffen.
- *Recherche über Design*: Diese Kategorie wird hauptsächlich an Hochschulen und Universitäten praktiziert. Dabei wird Design in Zusammenhang mit wissenschaftlichen Theorien gebracht (Ökonomie, Kunstgeschichte, Technologie, Soziologie etc.), die so zu neuen Erkenntnisständen führen.
- *Recherche durch Design*: Diese Forschung ist menschzentriert und aktiv. Design fungiert hier als Methode, um Wissen zu generieren. Dies setzt Exploration, Praxis und Selbstreflexion voraus.

Findeli kritisiert die beiden ersten Ansätze: *Forschung für Design* hat kein Gedächtnis: Sie beginnt mit jedem Projekt von neuem und weil sie sich meist auf bereits bestehendes Wissen bezieht, erfährt sie keine Akzeptanz in den Wissen-

---

12 Diese Typologie, die auch weiterhin diskutiert und adaptiert wird (vgl. Brandes et al. 2009, S. 67 ff.; Dombois 2012, S. 149 ff.; Jonas 2007, S. 187 ff.; Krippendorff 2013, S. 61 f.).

schaften. Anders verhält sich dies bei *Forschung über Design*, die zwar in den wissenschaftlichen Diskurs einfließt, aber keine Relevanz für die Designpraxis hat. Im Weiteren bemängelt Findeli die positivistischen und teils quantitativen Ansätze, die bei *Forschung über Design* angewandt werden. Findeli favorisiert *Recherche durch Design*, die er als „projektgeleitete Forschung" (2004, S. 44) bezeichnet, weil sie humanbezogen und aktiv ist.[13] Er verweist aufs Potenzial von interpretativen (Hermeneutik, Phänomenologie, Lebensgeschichten usw.) und aktiven Methoden (partizipative Forschung, Aktionsforschung, Grounded Theory usw.) (2004, S. 45).[14] *Designethnografie* ist als Methode prädestiniert für das, was Findeli „projektgeleitete Forschung" nennt. Sie ist interpretativ, qualitativ, engagiert, aktiv, konstruktivistisch, interaktionistisch, phänomenologisch, explorativ und abduktiv. Sie ist – mit Bruno Latours Unterscheidung von Forschung und Wissenschaft – eine *riskante* Forschungsmethode. Sie kann Konventionen sprengen, Grenzen ausloten und Denkhorizonte erweitern. Sie darf sich vom Anspruch der Wiederholbarkeit emanzipieren, worauf der Philosoph Dieter Mersch in seiner Antrittsvorlesung über *ästhetische Forschung* am Institut für Theorie der ZHdK hingewiesen hat: Es geht um die „,Er-Forschung' des Singulären" (2014, S. 4). Designethnografie kann bedeuten, soziale Situationen passiv zu beobachten, um sie danach durch Interventionen zu verändern und dies erneut zu beobachten etc. Es handelt sich nicht um ein lineares, sondern eher um ein zyklisches bzw. iteratives Vorgehen, bei dem Beobachtung, Analyse und Gestaltung nicht zu trennen sind (Crabtree et al. 2012, S. 112 ff.):

„Design ethnography offers a powerful way to examine the circulations of meanings, objects, and identities in diffuse time-space and bring these to fruition, not in new description of localities, but in new objects and services that will make sense to these localities" (Salvador et al. 1999, S. 41).

Designethnografie ist Praxis und Theorie in einem. Die Designethnografin beobachtet Handlung – und sie handelt. Sie erzeugt Wissen – durch Praxis. Wir können die Welt nicht als rein passive Beobachter und Beobachterinnen erfassen, sondern wir sind immer in der Beobachtung – und damit in einer genuin subjektiven Perspektive – befangen (Haraway 1995). Wir können die Wirklichkeit nicht objektiv

---

13 Frens zeigt eine Anwendung von Research-through-Design am Beispiel von neuen Kameratypen (2007).
14 Dieses Modell ist verschiedentlich weiterentwickelt worden, zum Beispiel bei Frankel und Racine, die von Research for Design (klinische Recherche), through Design (angewandte Recherche) und about Design (Basisrecherche) sprechen (2010).

beschreiben; es sei denn, wir reduzieren einzelne Ausschnitte auf vorher determinierte, messbare Parameter. Sobald wir unsere Erkenntnis kommunizieren (und wir müssen sie kommunizieren, damit sie zur Forschung wird), konstruieren wir eine zweite Wirklichkeit. Auf Designterminologie umgemünzt bedeutet dies, dass die Ethnografie nicht nur designte – also menschgemachte – Wirklichkeiten untersucht, sondern dass sie selbst designt ist und neue Wirklichkeiten hervorbringt, deren Emergenz aber geerdet („grounded") in der ethnografischen Untersuchung ist.

Abduktion 5

Kartographierte Entdeckungsreisen

Wie im letzten Kapitel festgehalten, ist Forschung nach Bruno Latour etwas genuin Exploratives und Riskantes. Dem können induktive Ansätze nur bedingt und deduktive nicht gerecht werden. Induktion basiert auf der Generalisierung einer singulären Erkenntnis: Wenn ich nur weiße Schwäne sehe, dann kann ich daraus schließen, dass alle Schwäne weiß sind. Der Wissenschaftsphilosoph Karl Popper hat auf Grenzen dieser Verallgemeinerung hingewiesen: „Bekanntlich berechtigen uns noch so viele Beobachtungen von weißen Schwänen nicht zu dem Satz, dass *alle* Schwäne weiß sind" (Popper 1935, S. 1). Wenn ich eine Hypothese aufstelle, die besagt, dass alle Schwäne weiß sind, und diese überprüfe, so handelt es sich um ein deduktives Verfahren. Aber auch die Deduktion hat ihre Grenzen: Die Hypothese, dass alle Schwäne weiß sind, ist nur solange gültig, bis ein grauer Schwan auftaucht; dann ist sie falsifiziert. Wissenschaftliche Hypothesen (Popper spricht in diesem Zusammenhang von „Theorien") lassen sich also nur falsifizieren – und sie sind immer nur bis zu ihrer Falsifikation gültig, nie endgültig (Popper 1935, S. 5 ff.). Diese wissenschaftstheoretischen Überlegungen wurden unter anderem von Thomas Kuhn (1996), Imre Lakatos (2015) und Paul Feyerabend (1976, 1984) weitergeführt.

Dass Deduktion und Induktion in einer Designethnografie – und zwar ganz besonders in der Anfangsphase – nicht angebracht sind, hat mehrere Gründe. Wer induktiv vorgeht, wird eigene Beobachtungen generalisieren – und das, obwohl sie möglicherweise überhaupt keine universale, sondern nur eine fallspezifische Relevanz haben. Wer von Anfang deduktiv operiert, wird – aufgrund eines bestimmten Vorwissens – Hypothesen konstruieren und testen. Die Frage lautet, woher dieses

Vorwissen stammt, zumal am Anfang der Forschung ja noch sehr wenig Wissen über das Untersuchungsfeld vorhanden ist. Einmal abgesehen davon: Wenn jemand einer Szene, die er oder sie untersucht, selbst angehört und so Insider-Wissen hat, stammt dieses Vorwissen meist aus selbstreferenziellen Peer-Group-Diskursen und den Massenmedien (Luhmann 1996, S. 9). Es ist banal, mit medial konstruiertem Vorwissen in eine soziale Lebenswelt zu gehen und dieses dort zu „überprüfen". Wer von Anfang an weiß, was er sucht, betrachtet die Wirklichkeit aus einem Tunnelblick und wird daher sehr viele Phänomene nicht sehen, die sich vielleicht als höchst relevant erweisen würden (Blumer 1973, S. 101 ff., Craig 2015, S. 131). Natürlich ist es nicht so, dass man völlig unvoreingenommen in ein Feld gehen kann – quasi als Schwamm, der die Essenz des Feldes absorbiert. Auch ist dieser Ansatz von naivem Realismus bzw. einem ontologischen Denkansatz geprägt, zumal er auf der Annahme basiert, dass – erstens – das Feld eine Essenz hat und – zweitens – die Forscherin ihre Subjektivität, ihre biografische Sozialisation und ihre Persönlichkeit von ihrer Forschungstätigkeit trennen kann. So gehen jeder Forschung Vorannahmen, Vorwissen und Hypothesen voraus. Ohne sie gäbe es gar keinen Grund, uns einem Feld anzunähern.[15] Allgemein besteht eine Gefahr bei Vorannahmen darin, dass der Blick im Feld verengt wird. Hypothesen sind im besten Falle als Werkzeuge zu verstehen, die einen ins Feld führen, dort aber obsolet werden:

> „Wenn jemand eine Expedition durchführt und dabei entschlossen ist, seine Hypothesen zu beweisen, wenn er unfähig ist, beständig seine Ansichten zu ändern und sie großzügig fallen zu lassen unter dem Druck der Zeugnisse und Belege, dann ist seine Arbeit offenkundig wertlos" (Malinowski 2007, S. 30 f.).

Dies setzt auch voraus, dass man bereit ist, eigene Wertvorstellungen und Denkmuster – zumindest partiell – auszublenden, um Klassifikationskategorien nicht bereits ins Feld zu tragen; diese sollen dort erst entdeckt werden, was der Anthropologe Charles O. Frake wie folgt formuliert: Wenn man ethnographische Beobachtungen nur nach den vorher gefassten Kategorien eines Forschers ordnet, „verdunkelt man den wahren Inhalt einer Kultur: nämlich wie die Menschen ihre Erfahrung begrifflich so ordnen, dass sie als Wissen von Person zu Person, von Generation zu Generation überliefert werden kann" (Frake 1973, S. 336).

---

15 So plädiert Clifford Geertz, der einen hermeneutischen Ansatz verfolgt und Kultur deutend verstehen möchte, dafür, sich vor dem Feldzugang bereits ein Wissen anzueignen (1987, S. 38).

Diese Problematik der Offenheit bzw. Geschlossenheit zeigt sich unter anderem in der Forschungsfrage. In der Designethnografie sollte eine Forschungsfrage offen gestellt werden – und nicht geschlossen. Die Forschungsfrage „Kann Design einen nachhaltigen sozialen Impact haben?" ist wenig sinnvoll, weil sie – falls sie sich mit Nein beantworten sollte – das Forschungsprojekt obsolet macht. Sinnvoller ist es, Forschungsfragen mit einem „Wie" zu beginnen, zum Beispiel so: „Wie wird Design sozial nachhaltig?" – Diese Frage lässt vieles offen. Sie zeugt von einer Grundhaltung, die offen ist für Exploration und Serendipität. Im Übrigen ist es auch so, dass Forschungsfragen sich in einem Forschungsprozess ändern: Die Forschungsfrage bei Projektbeginn lautet meist anders als diejenige in der finalen Dokumentation oder in der Abschlussarbeit.

Kontingenz und Chaos
Die Begründer der Grounded Theory bezeichneten ihre Methode als induktiv (Glaser und Strauss 2008, S. 15), was oftmals übernommen wird (Cranz 2016, S. xiii). Strübing bezeichnet dies als ein „induktivistisches Selbstmissverständnis" (Strübing 2008, S. 51 ff.) und ordnet die Grounded Theory der Abduktion zu (Strübing 2008, S. 44 ff.). Die Abduktion, die auf Charles S. Pierce (2004, S. 209 ff.) zurückgeht, soll zu neuer Erkenntnis führen – und zwar durch Erfahrung und *nicht* auf logisch geordnetem Wege (Reichertz 2007, S. 2008; 2013a, S. 14; Strübing 2008, S. 44 ff.). Der Soziologe Jo Reichertz betont im Kontext der Abduktion das Neue, das als Idee aufblitzt (2013a, S. 18). Es geht also nicht um einen logischen bzw. linearen Prozess, sondern eher um eine Erfahrung, die sich im Individuum abspielt und seine bisherigen Denkschemata revidiert:

> „Abduktives Schlussfolgern ist […] kein logischer Schluss im strengen Sinne, der aufgrund genau angebbarer Schritte zu einem bestimmten Ergebnis kommt, sondern ist Ergebnis einer Einstellung, einer *Haltung*, eines *habitus*, tatsächlich etwas *lernen* zu wollen und nicht Gelerntes anzuwenden" (Reichertz 2013a, S. 121).

Abduktion bezeichnet nicht eine Methode, sondern eine überraschende Erfahrung, die zu Zweifeln an bisherigen Vorstellungen führt (Buurman 2011, S. 17). Der Phänomenologe Thomas S. Eberle sieht in der Abduktion eine Haltung:

> „Die abduktive Haltung, offen und neugierig zu sein, viel und intensiv zu beobachten, bereit zu sein sich überraschen zu lassen, prädikativ gefasste Überzeugungen einzuklammern bzw. außer Kraft zu setzen und vorprädikative Wahrnehmungen neu auszudeuten – diese abduktive Haltung lässt sich gerade auf phänomenologischer Grundlage ausgezeichnet begründen" (Eberle 2011, S. 41).

Reichertz vergleicht die Abduktion mit einem Sprung ins Dunkle: „Man weiß nicht wirklich, was einen erwartet: die Leere oder fester Boden" (2013a, S. 22). Der Designtheoretiker Michael Erlhoff verweist auf das Potenzial der Unschärfe im Kontext von Designforschung: „Unschärfe nämlich formuliert besonders jene so undogmatische Kompetenz des offenen Zugangs zu allen Vorgängen und Problemen, die dem Design zueigen ist" (2010, S. 41). Die phänomenologisch orientierte Soziologin Anne Honer fordert, dass ein Ethnograf „sich einlassen muss auf unerwartete Erfahrungen, dass er bereit sein muss, sich verwirren zu lassen, Schocks zu erleben, eigene Moralvorstellungen (vorübergehend) auszuklammern [...]" (Honer 2008, S. 203). Ein abduktives Vorgehen bedeutet gewissermaßen ein chaotisches Wechselspiel aus Induktion und Deduktion, bei dem laufend Beobachtungen und inkorporiertes implizites Praxiswissen (von Partizipanten in einem Feld) explizit gemacht werden. Es handelt sich um ein iteratives bzw. zyklisches Vorgehen, bei dem man sich für eine Lebenswelt sensibilisiert, bis man etwas über ihre „Kosmologie" (Goffman 1977/1980, S. 37) erfährt. Die Pointe besteht darin, dass der Forscher nicht nur etwas findet in den Daten, sondern ihnen auch etwas *hinzufügt*, was die Abduktion konstruktivistisch macht (Bryant und Charmaz 2007, S. 44 ff.). Das eröffnet besonders im Kontext einer Designethnografie neue Möglichkeiten, weil hier die Gestaltung Teil des Prozesses der Erkenntnisgenerierung ist. Mit der Abduktion lassen sich neue Hypothesen entwickeln (Hasenhütl 2010, S. 104), die eigentlich Annahmen oder Leitsätze sind. Diese fungieren als Annahmen, die in den Transfer ins Design führen.

Methoden müssen also nicht dogmatisch angewandt werden, sondern sie dürfen und sollen adaptiert und weiterentwickelt werden. Ton Otto und Rachel Charlotte Smith betonen das Potenzial von Interventionen und Störungen natürlicher Situationen im Kontext einer Designethnografie (2013, S. 12). Damit die Forschung nicht in eine postmoderne Beliebigkeit gerät, müssen die Methoden transparent gemacht bzw. reflektiert werden. So wird der Anspruch an Intersubjektivität der Forschung gewährleistet. Insofern gleicht eine Designforschung einer Entdeckungsreise; einer allerdings, die sehr gut dokumentiert, kartographiert und reflektiert und somit für Außenstehende stets nachvollziehbar ist. Diese Entdeckungsreise führt im Idealfall zu Diskontinuitäten, zu überraschenden neuen Erkenntnissen und zugleich zu dem, was in der Grounded Theory als *theoretische Sättigung* bezeichnet wird (Glaser und Strauss 2008, S. 68 ff.; Strübing 2008, S. 33 f.).

Serendipität
Im Kontext der Abduktion ist auch auf die Serendipität zu verweisen. Serendipität meint das, was Ludwig Fleck als den „Kolumbus-Effekt" bezeichnet (1980, S. 91):

5 Abduktion

Man sucht eine neue Route nach Indien und findet Amerika. Die Wissenschaftsgeschichte kann viele prominente Beispiele vorweisen, bei denen etwas gefunden wurde, was gar nicht gesucht wurde: etwa Penicillin, LSD und Viagra. Es liegt in der Natur des Suchens, dass man sich auf neues Terrain begibt: „Das Grundproblem dieser Suchbewegung besteht darin, dass sich nicht genau bestimmen lässt, was man nicht weiß" (Rheinberger 2014, S. 232). Der Designtheoretiker Peter Friedrich Stephan fordert aus diesem Grund, „Nichtwissen nicht länger als ausschließlich defizitär, sondern als Ressource" zu betrachten (2010, S. 85). Michael Dellwing und Robert Prus vertreten die These, dass die sehr offene, interaktionistische Ethnografie per se serendipitös ist. Zugleich aber sind – was die historischen Beispiele aus der Wissenschaftsgeschichte mit aller Deutlichkeit zeigen – auch die strengen Naturwissenschaften nicht frei davon:

> „Auch quantitative Forschung ist serendipitös, aber strengere Methoden dürfen ihre zufälligen, kreativen Momente nicht offen zugeben – unter Androhung der Aberkennung von ‚Wissenschaftlichkeit'. Da Ethnografie von dieser Sorge nicht beseelt ist und ‚Kontingenz und Chaos' eine zentrale Rolle zubilligt, darf praktisches Chaos in der Form unerfüllter Erwartungen, spontaner Richtungsänderungen und zufälliger Entdeckungen offen in der Studie thematisiert werden" (Dellwing und Prus 2012, S. 206).

Was in den strengen Wissenschaften also verdeckt wird, das darf und soll in einer Designethnografie offen gelegt und artikuliert werden. Mit Serendipität umzugehen, erfordert in erster Linie Offenheit, Aufmerksamkeit und Sensibilität. So schreibt Daniel Miller in seiner Studie über die Wohnungen in einer Londoner Straße: „Unsere einzige Ausgangshypothese lautete, dass wir nicht wussten, was uns in der Stuart Street erwarten sollte. Sie erwies sich als vollkommen richtig" (Miller 2010, S. 11).

Methoden und Dimensionen der Feldforschung 6

Der Begriff Ethnografie geht aufs Altgriechische *éthnos* (fremdes Volk) und *graphé* (Schrift) zurück. Eine „Beschreibung eines fremden Volkes" setzt zweierlei voraus: Erstens müssen ethnografisch tätige Menschen mobil sein, um überhaupt in Kontakt mit fremden Gesellschaften zu geraten. Zweitens brauchen sie ein Medium wie Schrift, Zeichnungen oder Bilder, um Beobachtungen festzuhalten. Zuerst stellt sich in diesem Kontext die Frage, was eigentlich „fremd" bedeutet.

> „Die Bewohner des Sirius sind uns nicht eigentlich fremd – dies wenigstens nicht in dem soziologisch in Betracht kommenden Sinne des Wortes –, sondern sie existieren überhaupt nicht für uns, sie stehen jenseits von Fern und Nah. Der Fremde ist ein Element der Gruppe selbst [...]" (Simmel 2002, S. 47).

Die ältesten Ethnografien sind naturgemäß Reiseberichte, von denen einige bereits in der griechischen Antike verfasst wurden: Der Geograf Skylax, der Händler Pytheas von Massalia und der Forscher Herodot (Herodot und Hoffmann 2011) berichteten über ihre Reisen in den Vorderen Orient. Im 14. Jahrhundert berichtete der muslimische Forscher Ibn Battûta über seine Reisen nach Mekka, Indien und China (2010). Bekannt sind die China-Reiseberichte von Marco Polo (2003), an deren Authentizität damals übrigens gezweifelt wurde, weil zu wenige Fabelwesen vorkamen. Ein ethnologisch wichtiger Bericht stammt vom deutschen Abenteurer Hans Staden (2006). Staden zog im 16. Jahrhundert mit portugiesischen Eroberern nach Brasilien und geriet dort in Gefangenschaft von Kannibalen. Er hat seine Beobachtungen in der Gefangenschaft inklusive seiner Befreiung durch Portugiesen dicht beschrieben. Später wurden ethnografische Berichte von Missionaren verfasst, die indigene Gesellschaften untersuchten, um sie zu christianisieren. Erst im späteren 19. Jahrhundert wurden diese Forschungen von ihren missionarischen Ambitionen befreit – und so wurde der Weg zu einer eigentlichen anthropologischen Forschung geebnet. Die Ethnografie wurde im späten 19. Jahrhundert zur soziologischen und anthropologischen Methode, wobei der amerikanische Anthropologe Frank Hamilton Cushing mit seinen mehrjährigen Aufenthalten in den 1880er-Jahren bei den indigenen Zuni-Stämmen in New Mexico einer der Ersten war, der ethnografische Berichte in einem sozialwissenschaftlichen Sinne schrieb (1988). Als wichtiger Vertreter der Methode gilt der polnische Anthropologe Bronislaw Malinowski, der längere Zeit auf den Trobriand-Inseln bei Papua-Neuguinea feldforschte. In seiner 1922 erschienenen Studie über die Eingeborenen betont er die Bedeutung der Feldforschung, wobei vorausgesetzt wird, dass der Forscher die Sprache der untersuchten Stämme versteht:

„Der Anthropologe muss seine bequeme Position im Sessel auf der Veranda der Missions- oder Regierungsstation oder einer Plantage aufgeben, wo er, bewaffnet mit Block und Bleistift und zuweilen einem Whisky und Soda, die Erklärungen von Informanten entgegennimmt, Geschichten niederschreibt und Seiten mit Texten […] über die Lebensumstände der Wilden entgegennimmt. Er muss hinausgehen in die Dörfer und den Wilden bei der Arbeit in Gärten, am Strand oder im Dschungel zusehen… Die Information muss aus dem vollen, direkt beobachteten Leben der Eingeborenen kommen und nicht als spärliche Erzählung zögernden Informanten entlockt werden" (Malinowski zitiert in Girtler 2001, S. 67).

Fremde Lebenswelt im nächsten Hinterhof

Ungefähr zeitgleich wurde auch in der soziologischen Chicago School die ethnografische Methode entwickelt, wobei hier die Begegnung mit dem Fremden nicht auf den fernen Trobriand-Inseln, sondern im nächsten Hinterhof stattfand (Deegan 2001/2009, S. 11-25; Schubert 2007, S. 119-164). Robert E. Park, einer der Gründer der Chicago School, sagte seinen Studierenden:

„You have been told to go grubbing in the library, thereby accumulating a mass of notes and liberal coating of grime. You have been told to choose problems wherever you can find musty stacks of routine records based on trivial schedules prepared by tired bureaucrats and filled out by reluctant applicants for aid or fussy do-gooders or indifferent clerks. This is called ‚getting your hands dirty in real social research'. Those who counsel you are wise and honorable; the reasons they offer are of great value. But one more thing is needful; first hand observation. Go and sit in the lounges of luxury hotels and on the doorsteps of the flophouses; sit on the Gold Coast settees and the slum shakedowns; sit in the orchestra hall and in the Star and Garter burlesque. In short, gentlemen, go to get the seat of your pants dirty in real social research" (Park zitiert in Prus 1996, S. 119).

Es kommt nicht von ungefähr, dass Park seine Studierenden auffordert, in Luxushotels und Notlager in Slums zu gehen. Es widerspiegelt einen sozialhistorischen Prozess, der im späteren 19. Jahrhundert im Nordosten der USA begann und der prototypisch für das steht, was wir unter einer modernen Gesellschaft verstehen: Es kam damals aufgrund von Migration zu einer starken Urbanisierung und gesellschaftlichen Pluralisierung. Städte wie Chicago und New York entwickelten sich innerhalb weniger Jahrzehnte zu gigantischen Metropolen, wie es sie menschheitshistorisch vorher nicht gab. Aber nicht nur die quantitative Dimension dieser Urbanisierungsprozesse war neu. Die Zuwanderung veränderte die Gesellschaft auch qualitativ: Die kulturelle und religiöse Vorherrschaft der WASP (White Anglo-Saxon Protestants) im Nordosten der USA wurde unterwandert. Die vorher mehrheitlich protestantische Gesellschaft war nun mit Juden aus der Ukraine konfrontiert, mit Katholiken aus Irland und Italien und Deutschen, die als bierselig und atheistisch galten. Noch heute zeugen die China Towns und Little Italys in Chicago und New York von der damals beginnenden Binnenexotisierung der Gesellschaft. Die Fremden sind so, um es mit Simmel zu sagen, Teil der „Gruppe" bzw. der amerikanischen Melting-Pot-Gesellschaft geworden. Im nächsten Hinterhof, in der nächsten Seitenstraße beginnt eine neue Welt.

Der Stadtanthropologe Rolf Lindner vertritt die These, dass diese Pluralisierung ab Mitte des 19. Jahrhunderts von den rein ökonomisch agierenden Massenmedien in den USA (im Gegensatz zur politischen Gesinnungspresse in Europa) thematisiert wurde, was zu einer Sensibilisierung für kulturelle Vielfalt führte: „Die Penny-Presse entdeckt das Naheliegende, zugleich aber Abweichende und Kuriose als nachrichtenwerten Stoff" (Lindner 2007, S. 19). Die Reporter recherchierten in Leichenhallen, Bordellen, Spielhöllen, Fabrikhallen und Schlachthäusern. Aufgrund der Nähe zu diesen Milieus stand es mit ihrer Reputation nicht zum Besten. Sie galten als Trunkenbolde und Herumtreiber.

Für diese Entwicklung steht exemplarisch der aus Dänemark nach New York ausgewanderte Jacob A. Riis (Harper 2012, S. 24 ff.; Lindner 2007, S. 29 ff.). Der Polizeireporter, der als Gründer der fotografischen Sozialreportage bzw. einer visuellen Ethnografie gilt, fotografierte in den 1880er-Jahren subkulturelle Lebenswelten in Lower Manhattan, die zuerst als Illustrationen in Zeitungen und später schließlich als Fotografien im Buch *How the Other Half Lives* (Riis 1997) erschienen. Riis zeigt soziale Wirklichkeiten, die örtlich nahe, aber kulturell weit weg sind. Sein Werk besteht aus *ethnografischen Lebensweltanalysen*, aus kartografierten Räumen und fotografischen Portraits von Straßenjungen, chinesischen Opiumrauchern, Bohemiens und Juden. Riis war aber nicht nur ein Ethnograf, sondern ein Sozialreformer. Sein Ziel lautete, soziale Missstände aufzuzeigen. Noch radikaler waren die *Girl-Stunt-Reporterinnen*, die Ende der 1880er Jahre in den großen amerikanischen Tageszeitungen Sozialreportagen publizierten (Müller 2009d: 17): Sie gingen im Auftrag von Zeitungen *undercover* in die Gefängnisse, Fabriken und Armenhäuser der Großstädte und berichteten über dortige Missstände (Wagner 2011, S. 162). Elisabeth Cochrane, die unter dem Pseudonym Nellie Bly publizierte, war die berühmteste Vertreterin dieser Frauenbewegung. Sie ließ sich 1887 in eine New Yorker psychiatrische Klinik einweisen. Ihr Bericht *Zehn Tage im Irrenhaus. Undercover in der Psychiatrie* (Bly 2011) zeugt von menschenunwürdigen Verhältnissen und löste einen politischen Skandal aus. Die Reporterin hat so die teilnehmende, verdeckte Undercover-Recherche entwickelt, deren Entstehung im deutschen Sprachraum mit Günter Wallraff in Verbindung gebracht wird, der sich in den 1980er-Jahren als Türke verkleidete und in deutschen Fabriken arbeitete. Sein Bericht *Ganz unten* (1985) zeugte von menschenunwürdigen Arbeitsverhältnissen und sorgte für Furore. Ungefähr zeitgleich arbeitete der österreichische Soziologe Konrad Hofer mit verdeckter teilnehmender Beobachtung. Er arbeitete unter anderem zwei Jahre getarnt als polnischer Schwarzarbeiter (1992) in Wien.

Lindner weist auf einen gegenseitigen Einfluss der urbanen Reportage und Ethnografie hin (2007, S. 115): Beide thematisieren das Fremde, das sich im nächsten Hinterhof befindet; beide sind explorativ, beide erfahrungsbasiert[16]. Diese Entwicklung wurde von den im 19. Jahrhundert aufkommenden Penny Press bzw. den aufmerksamkeitsökonomischen Reportern antizipiert und sie gelangte erst nach einigen Jahrzehnten in die Sozialwissenschaften.

Großstadt als Labor

Angefangen hat die urbane Ethnografie in einem protestantischen Institut für Sozialforschung in Chicago, das die Kulturen von Migranten und Migrantinnen untersuchte, um sie zum Protestantismus zu bekehren. Robert E. Park, William I. Thomas und Ernest W. Burgess befreiten dieses Institut von seinen Missionsambitionen und begründeten so die soziologische Chicago School, die unter sozialökologischen Perspektiven urbane Studien durchführte. Die Großstadt wurde als Labor, Biotop von Mikrokulturen, Traditionen und mentaler Zustand verstanden, in dem sich menschliches Verhalten untersuchen lässt (Park und Burgess 1925/1967, S. 1). Daraus hat sich eine urbane Ethnografie entwickelt, die gesellschaftliche

---

16 „Wer nichts erlebt hat, kann keine Reportage schreiben" (Haller 1997, S. 123).

Randgruppen untersuchte – allerdings säkular und ohne Missionierungsabsicht. Im Umfeld der Chicago School wurden professionelle Diebe (Sutherland 1989), Wanderarbeiter und Obdachlose (Anderson 1998), Ghettos (Wirth 1928/1998), die Goldküste und ein Slum in Chicago (Zorbaugh 1929), das Laster in Chicago (Reckless 1969), ethnisch gemischte Heiraten in Hawaii (Adams 1937/1975) und ein Italienerviertel in Boston (Whyte 1943/1955/1981) untersucht. Wie beim investigativen Journalismus wurden auch verdeckte Rollenrecherchen durchgeführt; etwa von Frances R. Donovan, die für zwei Monate in einem Warenhaus als Verkäuferin arbeitete und darüber einen narrativen Bericht verfasste (1929/1988). Diese Tradition wird seither weitergeführt; zum Beispiel bei James P. Spradley über urbane Nomaden und Alkoholiker (1999), bei Spradley und Spradley über Gehörlosigkeit (1985) und bei Spradley und Mann über Barfrauen (1975).

Als klassischer ethnografischer Text gilt auch die Studie von Pierre Bourdieu über die Kabylen in Algerien (2009, Schultheis 2013, S. 185 ff.): Bourdieu hat die Häuser der Menschen dieser Berbergesellschaften nach deren Vertreibung durch die Franzosen untersucht und darin die Materialisierung einer kosmologischen Ordnung entdeckt. Das Haus unterhält „eine Homologbeziehung mit dem übrigen Universum" (Bourdieu 2009, S. 56). Es verweist Dinge und Menschen an ihren Ort und bringt einen geschlechterspezifischen Habitus hervor. Habitat und Habitus sind also verschränkt, bedingen und reproduzieren einander. Im Gegensatz zu den Strukturalisten, von denen sich Bourdieu abgrenzt, bleibt diese kosmologische Ordnung allerdings nicht ohne innere Widersprüche. Eine ausgezeichnete ethnografische Studie schrieb der bereits erwähnte Bourdieu-Schüler Loïc Wacquants (2003). Er trainierte mehrere Jahre Box-Gym in South Chicago und verknüpft in seinem Buch ganz unterschiedliche Textgattungen wie Interviews, Ausschnitte aus Beobachtungsprotokollen, mitgelauschte Gespräche, theoretische Rahmungen. So verbindet er unterschiedliche Perspektiven und verortet diese theoretisch. Im deutschen Sprachraum war die Ethnografie lange ein Randphänomen, was sich inzwischen allerdings geändert hat.

Als wichtiger Feldforscher gilt der österreichische Kulturanthropologe Roland Girtler. Girtler untersuchte mit seiner theoriearmen und narrativen Ethnografie Stadtstreicher (1996), Prostituierte (2004), Kellner und Kellnerinnen (2008) und Landtierärzte (2010). Girtler bezeichnet epistemologisches Theoretisieren als überflüssig (2001, S. 30) und die entsprechenden Theoretiker als „alte Magier", die eine „geheimbündlerische Tradition" vertreten (2001, S. 28). Anne Honer bezeichnet seine „Rustikal-Ethnografie" als „üppige, lebendige, spannende Geschichten" (2011, S. 28), die ihre Berechtigung haben und die man nicht in Methodenkontroversen zwingen solle. Auch im Umfeld der von Anne Honer entwickelten *lebensweltlichen Ethnografie* (1993, 2008) sind seit den 1990er-Jahren viele ethnografische Studien entstanden; zum Beispiel über Bodybuilding (Honer 1985, 2011, S. 89 ff.), die Techno-Szene (Hitzler et al. 2001), Gothics (Schmidt und Neumann-Braun 2008), virtuelle Gemeinschaften (Deterding 2008) etc.

Kartografie der Wirklichkeitskonstruktion

Die Ethnografie möchte „die Prozesse kartografieren, in und mit denen die Menschen ihre Welt *machen*" (Dellwing und Prus 2012, S. 53). Im Fokus der Ethnografie steht: „What people do, what people know, and the things people make and use" (Spradley 1980, S. 5). Grundsätzlich ist die Ethnografie ein empirisches Verfahren, bei dem sprachliche, mentale, visuelle, sinnliche und körperliche Aspekte mitspielen (Pink 2015, S. 26 ff.). Ethnografisch zu forschen bedeutet,

> „Daten zu erheben, indem man sich selbst, seinen eigenen Körper, seine eigene Persönlichkeit, seine eigene soziale Situation den unvorhersehbaren Einflüssen aussetzt, die sich ergeben, wenn man sich unter eine Reihe von Leuten begibt, ihre Kreise betritt, in denen sie auf ihre soziale Lage, ihre Arbeitssituation, ihre ethnische Stellung oder was auch immer reagieren" (Goffman 1996, S. 263).

Im Gegensatz zu der ethnografischen Feldforschung in der Anthropologie findet die Feldforschung in der Soziologie in der „eigenen" Gesellschaft statt, wobei „eigen" und „fremd" als relationale und nicht ontologische Kategorien zu denken sind. Wir müssen nicht wie Malinowski auf die Trobriand-Inseln reisen, um Fremdes zu erfahren. Eine „Reise" in ein Altersheim, in einen Thaibox-Club oder in eine unscheinbare Kneipe führen uns in „Abenteuer gleich um die Ecke" (Bruckner und Finkielkraut 1981).

In diesem Zusammenhang stellt George E. Marcus die Frage, ob sich Lebenswelten überhaupt noch als geschlossene, mikroskopische Entitäten wie bei Malinowski denken lassen. Marcus schlägt deshalb die *Multi-Sited-Ethnography* vor: Eine *Multi-Sited Ethnography* folgt Ensembles von Menschen, Dingen, Metaphern, Skripten, Biografien und Konflikten (Marcus 1995, S. 106 ff.). Kulturelle Entitäten werden nicht mehr als hermetisch geschlossen und lokal isoliert betrachtet. Um das am Forschungsprojekt zu erörtern, das ich gemeinsam mit der Designerin Bitten Stetter und der Fotografin über Tretminenopfer und körperliche Behinderung in Angola durchgeführt habe (Müller 2016): Die harte Kuduro-Musik, die in den Musekes[17] – den Armenvierteln in Luanda – produziert, gesungen und getanzt

---

17 Der Begriff kommt vom Kimbundu (Mu-seke) und bedeutet so viel wie sandiger Ort, was den nicht asphaltierten Boden in den Slums Luandas bezeichnet (Moorman 2008, S. 32).

wird, ist eine Mischung aus westlichem Techno und angolanischem Kilapanga und Semba. Die langen Fingernägel, die Strassblumen-Ohrringe und die Kniestrümpfe in Flip-Flops, die wir bei jungen Kuduro-Tänzern in Sambizanga – einer Museke in Luanda – beobachtet haben (Stetter 2016, S. 90), sind nicht ein isoliertes Phänomen, sondern sie sind in einem globalen Kontext lesbar: Hier werden Elemente aus einer globalen Popkultur mit angolanischer Kultur vermengt. Viele der jungen Männer und Frauen in Angola, die Kuduro tanzen, haben ein Smartphone und ein Facebook-Profil. Sie kennen die Fußballstars aus Madrid und Barcelona. Sie sind vernetzt mit Studierenden in Rio de Janeiro und mit Dozierenden in Zürich, mit denen sie auch kommunizieren. Weil aber zugleich Sozialisation trotz globaler Medien weiterhin in einem mikrosozialen Kontext geschieht, bleiben Gesellschaften auch nach wie vor unterschiedlich. Eine global einheitliche Kultur, wie das Kulturpessimisten gerne postulieren, ist nicht in Sicht (Tilley 2009, S. 267): Konsumgüter und globale Marken werden inkulturiert, adaptiert und mit neuen Bedeutungen versehen (Miller 1998).

Sarah Pink verknüpft in ihrer Definition von Ethnografie Wissensbestände aus der Feldforschung mit den eigenen Erfahrungen. Sie definiert Ethnografie „as a process of creating and representing knowledge or ways of knowing that are based on ethnographers' own experiences and the ways these intersect with the persons, places and things encountered during that process" (Pink 2013, S. 35). Wenn wir mit Lebenswelten vertraut sind, dann ist es umso anspruchsvoller, die Dinge nicht vorschnell zu klassifizieren und das Vertraute mit einem phänomenologischen Blick zu beobachten. Es gilt also – wie Georges Perec dies versucht – die „Befremdung der eigenen Kultur" (Hirschauer und Amann 1997) oder eine „künstliche Dummheit" Hitzler 2001b) zu entwickeln, was auch als „Defamiliarization" (Bell et al. 2006) bezeichnet wird. Dies fällt uns umso schwerer, wenn wir mit einer Lebenswelt vertraut sind:

> „Das Feld ist nicht so fremdartig und nicht derart weit weg – die Speisen und Getränke sind für seinen Magen überwiegend bekömmlich, die Leute im Feld reden in einer einigermaßen vertrauten Sprache, man kann nachts zumeist im eigenen Bett schlafen. Andererseits verleitet uns diese vermeintliche Ähnlichkeit bzw. Verwandtschaft dazu, vorschnell die Gleichheit von Denk- und Wahrnehmungsschemata, Konzepten, Werthaltungen, Relevanzsystemen auf Seiten des Subjekts und des Objekts zu unterstellen und für mögliche Differenzen und Abweichungsnuancen nicht ausreichend sensibel und aufmerksam zu sein. Erschwerend kann hinzu kommen, dass wir die uns (anscheinend) vertrauten Dinge für so selbstverständlich halten, dass uns ihr (sozialer, kultureller, kognitiver) Voraussetzungsgehalt, ihre spezifische kontextuelle Gemachtheit, gar nicht auffällt und nicht zum Bewusstsein kommt" (Breuer 2010, S. 25 f.).

Fokussierte Ethnografien

Im Kontext der Designforschung ist Ethnografie die Methode schlechthin – und zwar deshalb, weil Designer ohnehin menschliches Verhalten beobachten, dies aber oftmals intuitiv tun. Es geht also nicht darum, unter Designern eine völlig neue Methode zu etablieren, sondern eher darum, eine längst gängige Praxis methodologisch stärker zu reflektieren – und den Irrtum aus der Welt zu schaffen, der besagt, dass dadurch die Kreativität zerstört würde. Allerdings gibt es einige bereits genannte Unterschiede zwischen der Ethnografie in den Sozialwissenschaften und in angewandten Feldern – wie im Design –, die im Folgenden erläutert werden. Grundsätzlich lassen sich die klassische und fokussierte Ethnografie unterscheiden (Knoblauch 2001; Tuma et al. 2013, S. 63 ff.). Die klassische Ethnografie zeichnet sich – wie die Beispiele der Chicago School oder die lebensweltliche Ethnografie – durch langfristige Feldaufenthalte, Offenheit, Deskription von Impressionen und Erfahrungen aus. Sie sind erkenntnisorientiert und in Disziplinen wie der Kultursoziologie oder Sozialanthropologie situiert. Das Ziel besteht darin, einen Forschungsbericht zu schreiben, der Methoden und Erkenntnisse intersubjektiv und nach anerkannten sozialwissenschaftlichen Standards vermitteln soll. Anders die fokussierte Ethnografie. Sie

„[…] beschränkt sich vielmehr auf das Hintergrundwissen hinsichtlich des Ausschnitts, der von den aufgezeichneten Daten abgedeckt wird. Wird etwa der Umgang mit einer bestimmten Technologie untersucht, so wird das Hintergrundwissen hinsichtlich dieser Technologie erhoben" (Knoblauch 2001, S. 133).

Fokussierte Ethnografien werden in Bereichen praktiziert wie Architektur (Cranz 2016), Handel und Marketing (Salvador et al. 1999), Workplace Studies (Knoblauch 2000; Knoblauch und Heath 1999; Suchman 1985, 1987), Human Computer-Interaction (HCI) (Bannon und Bødker 1991; Nardi 1993, Suchman 1985, 1987) und Computer Supported Cooperative Work (CSCW) (Crabtree et. al 2009; Greif 1988; Hughes et al. 1994; Hughes et al. 1995; Shapiro 1994). Im Gegensatz zu den erkenntnisorientierten klassischen Ethnografien besteht das Ziel in den fokussierten Ethnografien in der Implementierung einer neuen Technologie, eines System Designs, eines Artefakts, eines Gebäudes etc. Während die klassischen Ethnografien *erfahrungs-* und *zeitintensiv* sind, sind fokussierte Ethnografien *datenintensiv*, was bedeutet, „dass relativ kurze Zeitspannen in der beobachteten Wirklichkeit durch eine große Menge detaillierter Daten ‚abgedeckt' werden. Diese Datenintensität liegt im Einsatz verschiedener technischer Aufzeichnungsgeräte begründet" (Knoblauch 2001, S. 130).

Entsprechend werden diese *datenintensiven* Ansätze auch als „wired Ethnography", also „verkabelte" Ethnografie, bezeichnet (Knoblauch 2001, S. 127). Gerade weil sie mehr Daten produzieren, dauern sie kürzer: In Business-Kontexten – also zum Beispiel im Innovationsmanagement – dauern ethnografische Untersuchungen teils nur einen oder gar einen halben Tag (Salvador et al. 1999, S. 36).[18] Allerdings sind nur erfahrene Ethnografinnen fähig, in solch kurzer Zeit zu relevanten Erkenntnissen zu gelangen (Plowman 2003, S. 34).

Workplace Studies

Die Workplace Studies sind in den 1980er-Jahren im *Xerox Palo Alto Research Center* in Kalifornien entstanden. Dort kam es zu ersten Begegnungen zwischen Ingenieuren, Anthropologinnen und System Designerinnen. Die Dissertation von Lucy A. Suchman *Plans and Situated Actions: The problem of human-machine communication* brachte Kulturanthropologie zusammen mit Ingenieurwissenschaften (1985, 1987). Suchman vertritt darin die These, dass sich menschliches Verhalten gegenüber Maschinen nicht determinieren lässt, sondern dass es *in situ* – also in spezifischen interaktiven Situationen – entsteht, was sie mit ethnomethodologischen Analysen der Gespräche von Probanden mit einem neuen, technisch relativ komplexen Kopiergerät als Fallbeispiel untersuchte (1985, S. 65 ff.). Sie hat den ethnomethodologischen Begriff der *situierten Handlung* (1985, S. 35 ff.) in technologische Diskurse eingeführt, der besagt, dass Handlungen von Plänen abweichen. Lucy A. Suchman bezog sich dabei auf Harold Garfinkel und seine „Studies of Work" (2014), in denen er inkorporierte Arbeitspraktiken und Wissensbestände untersuchte. Fokus der Workplace Studies sind die sich durch Technologie wandelnden Arbeitssituationen – zum Beispiel durch Personal Computer, Fax- und Kopiergeräte. Im Fokus der Untersuchungen stehen Situationen, in denen meist audiovisuell aufgezeichnet wird, wie Menschen mit einem neuen Gerät in ihrem Arbeitskontext interagieren – und wie dies die Interaktionen zwischen den Menschen verändert. Anhand des audiovisuellen Datenmaterials werden die Interaktionen genau rekonstruiert und analysiert. Der Ansatz hat einen starken Marktbezug, weil viele technologische Innovationen, die von Unternehmen und Behörden für viel Geld erworben werden, von den Benutzern nicht bedient werden können (Knoblauch 2000, S. 161). Zentral dabei ist die These,

---

18 Zur Business-Anthropology: Design Anthropological Innovation Model: https://chokobar. wordpress.com (4. August 2017)

„dass man technologische Systeme nur dann erforschen kann, wenn man sie in ihrem sozialen Verwendungszusammenhang betrachtet. Technologien existieren also nicht außerhalb von Handlungen, sie werden vielmehr erst in und durch menschliche Handlungen gestaltet" (Knoblauch 2000, S. 163).

Lucy A. Suchman hat mit diesem Ansatz den Glauben an einen rationalen Umgang des Menschen mit Mechanik und Maschinen nachhaltig kritisch hinterfragt. Diese vor allem im angelsächsischen Raum geführte Debatte wird – nicht zuletzt aufgrund der Situierung in HCI und CSCW – trotz dieser Kritik noch relativ technisch geführt (zumindest aus einer sozialanthropologischen bzw. kultursoziologischen Perspektive). Inzwischen sind auch phänomenologische und kritische ethnografische Ansätze in die Diskussion eingeflossen, was im Feld des HCI mitunter kritisiert wird (Crabtree et al. 2009). Natürlich haben sich die Technologien gewandelt und längst vom örtlichen Arbeitsplatz emanzipiert. Aber die Grundfrage ist weiterhin aktuell: Auch heute führen neue Technologien zu neuen Kulturpraktiken, die von den Ingenieuren nicht vorgesehen waren. Das Smartphone hat zwar eine Funktion, die Selbstportraits ermöglicht. Dass daraus aber eine derart ausdifferenzierte und kulturell variierende Technik der visuellen Selbstdarstellung und Identität geworden ist, ließ sich kaum vorhersehen.

User-Centered Design und Ethnografie
In den 1980er-Jahren gab es auch Kooperationsprojekte zwischen Anthropologen aus den USA und Designforschern aus Skandinavien (Blomberg und Karasti 2013, S. 87), wo die partizipative Designrecherche bereits in den späten 1960er- und frühen 1970er-Jahren entwickelt wurden, als visionäre Gesellschaftsmodelle und neue Technologien mehr Aufmerksamkeit erhielten (Bjerknes et al. 1987; Kensing und Greenbaum 2013; S. 27 ff.; Mareis et al. 2013). Alison J. Clarke hält fest, dass ab 1968 zunehmend anthropologische Ansätze in die Designdiskurse eingeflossen sind, die zuvor stark an industrieller Produktivität orientiert waren (2016, S. 71). In jenem Umfeld ist die partizipative *Action Research* (Blomberg und Karasti 2013; Reason 2004; Reason und Bradbury 2008) entstanden.

Damals führten Designer Workshops mit Usern durch, sie testeten neue Technologien, entwickelten Mock-ups und konstruierten Zukunftsszenarien. Mit interdisziplinären Teams wurde in CSCW und HCI versucht, die Ethnografie als partizipative Recherchemethode zu etablieren. Die *Designethnografie* hat sich in den 1990er-Jahren in jenem relativ technik- und marktgetriebenen Umfeld etabliert (Blomberg et al. 1993; Nova 2014, S. 29 ff.). Im Artikel *Ethnographic Field Methods and Their Relation to Design* nennen Jeanette Blomberg et al. zentrale Punkte, weshalb Ethnografie wichtig für Design ist, die sich auf die Implementierung neuer Technologien an Arbeitsplätzen beziehen (1993, S. 141 f.):

- Designer gestalten Artefakte für Arbeitssituationen, über die sie je nachdem wenig wissen.
- Wenn Designer wenig wissen über die Arbeitssituationen, dann werden sie von ihren eigenen Erfahrungen und ihren Vorstellungen ausgehen und damit das Risiko eingehen, Technologien zu entwickeln, die eher den eigenen Bedürfnissen entsprechen.
- Es gibt Situationen, in denen Designer Technologien gestalten, deren potenzielle Nutzer ihnen unbekannt sind. In diesen Fällen ist es von Vorteil, wenn sie die Arbeitssituationen von potenzialen Nutzern in etwa kennen.
- Die Erfahrungen der Nutzer sind abhängig von ihren Arbeitskontexten, weshalb es wichtig ist, diese aus einer anderen Perspektive zu betrachten als bei traditionellen Bedienbarkeits-Tests.
- Nutzer sind oftmals nicht fähig, Fragen hinsichtlich neuer Technologien sinnvoll zu beantworten. Sie müssen diese Technologien zuerst in Arbeitskontexten erfahren, um sie anwenden zu können. Designer müssen also etwas wissen über die Arbeitssituationen der Nutzer.
- Die einzelnen Arbeitsaufgaben eines Nutzers zu beobachten, reicht nicht aus für ein vertieftes Verständnis von Arbeitskontexten. Es müssen die sozialen Knotenpunkte und die Systeme beobachtet werden, die über die einzelne Person bzw. Arbeitsaufgabe hinausgehen.

Diese Form der Designethnografie ist eigentlich im *User-Centered Design* situiert, das in den 1980er-Jahren entstanden ist (Gould und Lewis 1985; Krippendorff 2013; S. 65 ff.) und das mitunter als anthropozentrisch kritisiert wird (Giaccardi et al. 2016, S. 235): Im Zentrum steht gewissermaßen die (fremde) Welt der Nutzer und deren *Members Point of View*, der sich die Designethnografen mit Methoden wie Beobachtung vor Ort, informellen Gesprächen und Videoaufnahmen annähern (Blomberg et al. 1993, S. 127 ff.). Seit den 1980er-Jahren haben sich Arbeitssituationen allerdings fundamental verändert, weil der Computer nicht mehr an einen herkömmlichen Arbeitsplatz gebunden ist, was auch methodisch neue Zugänge erfordert. Hughes et al. haben vier Typen von ethnografischen Ansätzen herausgearbeitet (1994, S. 432 ff.)[19], die im CSCW angewendet wurden, die auch Potenzial für andere Designrecherchen haben:

- *Concurrent ethnography:* Die Einführung eines technischen Systems oder eines „rapid prototypes" in die Praxis wird zeitgleich ethnografisch beobachtet.

---

19 Diese vier Typen von ethnografischen Ansätzen werden auch bei Crabtree et al. (2012, S. 77 f.) und Knoblauch (2001, S. 128) behandelt.

Dabei werden iterative Schlaufen wie Feldforschung, Nachbesprechung, Gestaltung eines Prototyps und Feldforschung mehrfach durchgespielt. Die Beobachtung ist fokussiert auf Mensch-Objekt- oder Mensch-Interface-Interaktionen. Diese Forschung dauert meist ein Jahr oder etwas länger.

- *Quick and dirty ethnography:* Damit sind primär schnelle Feldaufenthalte gemeint. „Schmutzig" sind diese Ethnografien, weil sie nicht sehr detailliert sind. Mit dieser Ethnografie kann ein Überblick über einen vorher definierten Bereich erarbeitet werden. Dauer: zwei bis drei Wochen.
- *Evaluative ethnography:* Diese Ethnografie wird nach der Implementierung einer neuen Technologie oder eines System Designs durchgeführt. Sie ist fokussiert. Als Methode fungieren dabei hauptsächlich verschiedene Formen der Befragung. Dauer: zwei bis vier Wochen.
- *Re-examination of previous studies:* Damit sind Analysen von früher erstellten ethnografischen Studien gemeint. Es ist also eine reine Desk-Recherche ohne Feldaufenthalt.

Design Anthropology

Yana Milev bezeichnet die angewandten Designforschungen als „Design Governance", die zur Generierung prosperierender Industriezweige und multipler Labels dient (2015, S. 144). Dagegen setzt die von ihr vorgeschlagene Design-Anthropologie „den komplexen Lebensraum von Kulturen sowie Anthropotechniken der Sinnkonstruktion und des Überlebens ins Zentrum der Theorie und Praxis der Gestaltung" (2015, S. 145). Die Differenzen – aber auch Gemeinsamkeiten – zwischen Ethnografie in der Sozialforschung und im Design werden von Keith M. Murphy und George E. Marcus herausgearbeitet. Als Gemeinsamkeiten zwischen Design und Ethnografie nennen Murphy und Marcus (1993, S. 257 ff.):

- *Prozesse:* Design und Ethnografie erzeugen durch Prozesse einen bestimmten Output; zum Beispiel ein gestaltetes Artefakt oder einen ethnografischen Bericht.
- *Fokussierte Recherche:* Design und Ethnografie beobachten soziale Lebenswelten und menschliches Verhalten sehr genau und beschreiben es entsprechend.
- *Humanzentriert:* Design und Ethnografie fokussieren das Soziale und Humane.
- *Vielschichtig:* Design und Ethnografie sind vielschichtig: Sie verfolgen zugleich mehrere Ziele. Beide möchten erkennen, zugleich aber auch verkaufen (Design) oder ethische Standards einhalten (Ethnografie).
- *Reflexiv:* Design und Ethnografie sind reflexiv: In beiden Disziplinen werden die eigenen Prozesse des Vorgehens thematisiert und durchdacht.

Zugleich kommen deutliche Unterschiede ins Spiel, die nicht zuletzt mit den folgenden Eigenheiten von Design zu tun haben (Otto und Smith 2013, S. 3 f.):

- *Zukunftsorientierung*: Design ist zukunftsorientiert. Design interveniert und verändert Kulturen oder humanes Verhalten – und es gestaltet und entwickelt hierzu notwendige Mittel.
- *Störung:* Design interveniert und „stört" die Natürlichkeit von Situationen. Diese Störung ist ein wesentliches Merkmal der Designethnografie.
- *Kollaboration:* Im Design wird oftmals in interdisziplinären Teams (mit Designern, Anthropologen, Soziologen, Ingenieuren, Psychologen etc.) und mit partizipativen Ansätzen (mit Nutzern) gearbeitet, während in der Anthropologie eher Einzelpersonen ethnografisch recherchieren.

Auf einer abstrakteren Ebene lässt sich auch zwischen „Entwurfsprozessen" und „Wissenschaften" unterscheiden, was Hasenhütl mit den folgenden sieben Punkten tut (2010: 102 ff.):

- „Entwurfsprozesse verlaufen eher von gedanklichen Konzepten hin zur Veränderung materieller Phänomene, wohingegen wissenschaftliche Prozesse von realen Phänomenen gedankliche Konzepte ableiten, um neue Theorien zu gewinnen.
- Entwurfsprozesse schaffen neue Formen, wohingegen empirische Wissenschaften mit logischen Aussagen bestehende Formen erforschen.
- Entwerfer/-innen interessieren sich eher für die Evidenz ihrer Entwurfsansätze, wohingegen Wissenschaftler/-innen ihre Hypothesen an empirischen Materialien überprüfen.
- Entwerfer/-innen verwenden im Vergleich zu Wissenschaftlern/-innen häufig privatsprachliche Argumente und Schlussfolgerungen mit nicht eindeutigem Charakter, was die wissenschaftliche Begründung des Entwurfsvorgangs erschwert.
- Entwurfsprozesse basieren auf Wissensformen, die schwer objektivierbar sind, weil sie auch intuitiv-experimentelle Prozesse beinhalten, die eine logische Betrachtung dieser verwässern.
- Entwurfsprozesse in Architektur, Grafik und Industriedesign lassen sich nicht so leicht auf das Niveau einer wissenschaftstheoretischen Diskussion bringen, wohingegen die Wissenschaft sehr wohl auch als Kunst betrachtet werden kann.[20]

---

20 Hasenhütl bezieht sich in diesem Kontext auf „Wissenschaft als Kunst" (Feyerabend 1984).

- Die Frage, wie Neues entsteht, z. B. ein architektonischer Entwurf, ein musikalisches Thema oder eine Filmhandlung, ist aus der Sicht bestimmter Erkenntnistheorien eher Frage der empirischen Psychologie als der Erkenntnislogik" (Hasenhütl 2010, S. 102 f.).

Zu dieser Darstellung gilt es zu vermerken, dass sie Gestaltung mit streng positivistischen Wissenschaften kontrastiert und deshalb sehr pointierte und scharfe Gegensätze konstruiert. Hasenhütl möchte diesen Gegensatz überwinden, indem das Design bewusster mit expliziten Hypothesen operiert, diese jedoch nicht – wie die strengen Wissenschaften – testet, sondern sie in erkenntnisbringende Entwurfsprozesse überführt (Hasenhütl 2010, S. 101). Und geht man von einem weniger positivistischen Verständnis von Wissenschaften aus – und stärker von phänomenologischer oder interaktionistischer *Forschung* –, dann wird die Grenze zwischen den Bereichen schon viel durchlässiger.

Ein wichtiges Unterscheidungsmerkmal zwischen Forschung und Gestaltung ist die Dimension Natürlichkeit (von Situationen) gegen Störung und Intervention: Die ethnografische Feldforschung ist primär daran interessiert, „naturalistische Hinterbühnen fremder Gruppen" (Dellwing und Prus 2012, S. 54 ff.) zu beobachten und daraus Theorien über Kulturen und menschliches Verhalten zu entwickeln. Deshalb werden strukturierte Interviews, die eben „künstliche" Situationen sind, als Problem empfunden und „Gespräche" bevorzugt (Dellwing und Prus 2012, S. 117). Design hingegen interveniert und richtet sich in die Zukunft, die es bis zu einem gewissen Grad selbst hervorbringt (Yelavich und Adams 2014). Zukunft ist in diesem Kontext weniger als eine lineare Exploration der Gegenwart zu verstehen, sondern als eine Vielzahl von Ideen, Kritiken und Möglichkeiten, die in den Narrativen, den Objekten und den Praktiken unserer Alltagswelt eingebettet sind (Kjærsgaard et al. 2016, S. 1). In der Designethnografie werden Situationen gestört, das Datenmaterial wird schneller ausgelegt, die Prozesse sind iterativ. Zudem sind Feldforschung, Analyse und der Transfer ins Design in der Praxis nicht immer scharf zu trennen (Bratteteig et al. 2013, S. 134 f.):

> „Fieldwork is not about going out and looking of what people do, gathering some 'data', and then analysing it when you get back to the ranch. Analysis is part and parcel of fieldwork. It permeates fieldwork. When you go into a field – into a setting – you should be doing analysis" (Crabtree et al. 2012, S. 130).

Im Kontext der Designethnografie werden in iterativen Prozessen laufend Hypothesen entwickelt, aus denen Prototypen, Workshops, Mock-ups, Zukunftsszenarien etc. entwickelt. Murphy und Marcus gehen davon aus, dass nicht etwa nur

Design von der Ethnografie lernen kann, sondern dass umgekehrt eine Bereicherung stattfindet: Die Ethnografie kann auch vom Design lernen – etwa Iterationen, einen weniger linearen, eher spielerischen Zugang zum Feld und Datenmaterial (2013, S. 253 ff.).

Methodischer Anarchismus
Der Designforscher Nicolas Nova behandelt in seinem Buch *Beyond Design Ethnography. How Designers practice Ethnographic Research* (2014) die Ethnografie nicht einfach normativ – also nicht, wie sie angewandt werden sollte –, sondern er interviewt Designer und Designerinnen, wie sie die Methode *tatsächlich* praktizieren. Als Charakteristika der Designethnografie gegenüber der Ethnografie in den Sozialwissenschaften erwähnt Nova die folgenden Punkte (2014, S. 117):

- Die Feldaufenthalte sind kürzer.
- Der Fokus ist enger.
- Die Analyse des Datenmaterials ist eng verknüpft mit der Designpraxis und mit der Gestaltung von Objekten.
- Das Datenmaterial ist heterogen.
- Die „Resultate" werden in einer Weise dargestellt, bei der nicht klar wird, ob es Erkenntnisse oder Designarbeit ist.
- Die Studien können in formalen und epistemologischen Graden höchst unterschiedlich sein.
- Feldaufenthalte sind nicht immer geplant, die Feldzugänge sind nicht immer linear und gründlich.
- Designer arbeiten mit verschiedenen Leuten und wenden chaotische Taktiken an, um zu registrieren und zu analysieren, was sie wahrnehmen.

Zusammengefasst zeigt dies, dass Ethnografien im Designkontext deutlich kürzer dauern und fokussierter vorgehen als in den Sozialwissenschaften, dass sie mehr und heterogeneres Datenmaterial erzeugen und die Grenzen zwischen Analyse und Gestaltung durchlässig sind. Das Ziel besteht nicht darin, Methoden streng dem Lehrbuch folgend anzuwenden, sondern darin, *tatsächlich* etwas über Lebenswelten, Mikrokultur und Situationen herauszufinden. Es geht in der Designethnografie – was übrigens für die Ethnografie in der Soziologie und Anthropologie zählt – nicht um eine Fixierung auf Methoden oder Theorien, sondern um Immersion in soziale Lebenswelten. Von hoher Bedeutung ist eine neugierige Grundhaltung gegenüber Menschen und sozialen Lebenswelten. Ethnografie ist nichts für reine Theoretiker, die sich in akademischen Elfenbeintürmen verschanzen, und ebenfalls nichts für Misanthropen, die Menschen – also ihresgleichen

– nicht mögen. Es geht um eine radikale Hinwendung zu sozialen Wirklichkeiten, wobei Methoden hierzu – wie auch in den Sozialwissenschaften – ein Mittel und kein Selbstzweck sind (Charmaz und Mitchell 2009, S. 161). Crabtree et al. vertreten sogar die Position, dass eigentlich auf Methoden zu verzichten sei (2012, S. 67). Roland Girtler fordert einen „methodischem Anarchismus" (2001, S. 25). Salvador et al. vertreten die Position, dass es keine fixen Methoden gibt, sondern dass diese immer feldspezifisch zu entwickeln sind und dass auch immer mit neuen Methoden experimentiert werden soll (1999, S. 41). Das sind eigentlich gerade für kreative Forscherinnen gute Neuigkeiten: Methoden entwickeln sich, verändern sich, werden adaptiert und situativ verändert. Trotzdem gibt es gewisse Gegebenheiten – wie zum Beispiel den Feldzugang, die Rolle im Feld etc. –, die bei jeder Form der Feldforschung eine mehr oder weniger ausgeprägte Relevanz aufweisen und die deshalb in den folgenden Kapiteln behandelt werden. Dabei möchte ich darauf hinweisen, dass verschiedene Aspekte der Feldforschung mit der Analyse der Daten und auch mit dem Design selbst verknüpft sind.

6.1 Feldzugang

Statistiken können durchaus ein Ausgangspunkt für ethnografische Studien sein. Das kann sich um soziale Ungleichheit, häusliche Gewalt, Verkehrsunfälle, Abfallbeseitigung etc. handeln. Nach dieser ersten theoretischen Situierung des zu untersuchenden Phänomens folgt die Planung. Danach folgt der eigentliche Feldzugang, mit dem ein Feld erschlossen und als soziale Einheit erfahren wird (Wolff 2008, S. 340). Im Laufe des Projekts ändert sich der Ausschnitt der Wirklichkeiten, der beobachtet wird, oftmals. Zuerst stellt sich die Frage, wie man auf ein Feld zugeht. Wer eine bestimmte Szene untersuchten möchte, geht – neben einer Literaturrecherche (Cramme und Ritzi 2006) – am besten einfach einmal an die Orte, wo diese verkehrt; das können territoriale und virtuelle Orte – also zum Beispiel Facebook-Gruppen – sein. Wie man genau vorgeht, hängt mit den Eigenheiten des gewählten Feldes und dem Forschungsprojekt zusammen. Girtler unterscheidet drei Arten des Feldzugangs (2001, S. 83 ff.):

- *Teilnehmende Beobachtung ohne vorbereiteten Zugang:* Die Ethnografin begibt sich physisch ins Feld und nimmt dort direkt Kontakt mit jemandem der zu untersuchenden Gruppe auf. Wer zum Beispiel Obdachlose beobachten möchte, geht am besten an die Orte und Plätze, wo diese sich tagsüber aufhalten – ein formelles Schreiben wird einen kaum weiterführen; an wen sollte man es auch

adressieren? Dieser Zugang lebt davon, bei der richtigen Person Vertrauen aufzubauen, die als Gatekeeper fungiert.
- *Teilnehmende Beobachtung aufgrund einer Erlaubnis oder einer beruflichen Eingliederung:* Dieser Zugang muss organisiert und autorisiert werden. Das ist relevant bei ethnografischen Forschungen in Krankenhäusern, psychiatrischen Kliniken, Gefängnissen, Unternehmen und nicht-öffentlichen Institutionen.
- *Teilnehmende Beobachtung aufgrund eines Auftrags oder einer Bitte:* Bei diesem Zugang erhält die Ethnografin von einer Organisation einen Auftrag zur Feldforschung.

Girtler empfiehlt in allen drei Fällen, die Forschungsabsicht preiszugeben und die eigene Rolle offen zu legen, was im Übrigen nicht nur eine ethische Frage ist (siehe Kapitel *Rolle im Feld*): Es gibt Fälle, in denen das Recherchieren mit einer verdeckten Identität ethisch legitim ist: Man denke an Nellie Bly, die mit ihrer investigativen Recherche soziale Missstände in einer psychiatrischen Anstalt aufdeckte. Bei Feldforschungen, für die man eine bestimmte Erlaubnis braucht – etwa in Pflegeheimen –, sowie bei Auftrages-Feldforschungen ist darauf hinzuweisen, dass eine Autorisierung von höherer Ebene nicht identisch ist mit der Akzeptanz im Feld (Crabtree et al. 2012, S. 91 ff.). Prus et al. schlagen vier Varianten des Feldzugangs vor (1997, S. 216 ff.):[21]

1. *Utilizing our own experiences:* Die Ethnografin bezieht sich auf eigene Erfahrungen. Das ist ein subjektiver Zugang, der tendenziell in eine autoethnografische Studie mündet.
2. *Accessing mutual settings:* Die Ethnografin nutzt Kontakte zu Menschen im eigenen sozialen Umfeld, um Einblick in deren Lebenswelten zu erhalten. Das ist ein pragmatischer und oftmals sehr fruchtbarer Feldzugang.
3. *Finding sponsors:* Mit Sponsoren sind in diesem Falle Gatekeeper gemeint, also Leute, die einem Zugang zu einem bestimmten Feld verschaffen.
4. *Making „cold calls":* Die Ethnografin geht ohne Vorbereitung und Anmeldung in ein Feld und nimmt dort Kontakt auf.

In der Praxis sind diese vier Punkte nicht immer genau zu trennen: Möglicherweise hat man eigene Erfahrungen in einem Bereich, nutzt Kontakte, findet auf diesem Weg einen Gatekeeper und geht mit diesem „kalt" ins Feld. Wichtig ist immer ein

---

21 Diese vier Punkte werden bei Dellwing und Prus wie folgt übersetzt: 1. Eigene Bindungen verwenden, 2. Sponsoren finden, 3. gemeinsame halböffentliche Räume besuchen und 4. „kalt" ins Feld eintauchen (2012, S. 90).

Gatekeeper; also ein Mensch, der das Feld kennt, dort Vertrauen genießt und dieses auf die Ethnografin überträgt. Entscheidend ist ganz allgemein, welchen Eindruck man beim Feldeinstieg macht. Wirkt man im Feld nicht sympathisch, dann kann dort die Recherche – trotz Autorisierung – boykottiert werden.

In gewissen Gebieten ist ein Zugang ohne Gatekeeper kaum möglich oder auch gefährlich. Als die Designerin Bitten Stetter und ich einen Monat in Angola verbrachten und über Tretminen- und Polio-Opfer forschten, nutzten wir den Kontakt eines halbangolanischen Architekten, den ich persönlich kannte. Dieser Mann begleitete uns während der ersten drei Tage in Luanda und stellte uns wichtige Personen vor, mit denen er zuvor Kontakt aufgenommen hatte, persönlich vor; etwa den Verantwortlichen eines NGO, das sich für Kriegsopfer und Behinderte einsetzt. Mit diesem Verantwortlichen konnten wir ins Feld gehen und in den lokalen Lebenswelten mit Betroffenen Interviews durchführen (Müller 2016, S. 69 ff.).

Die beschriebenen Zugänge unterliegen allerdings klassischer ethnografischer Feldforschung: Eine Forscherin geht auf ein Feld zu und erschließt dieses durch ihren Zugang. Etwas anders sieht die Situation aus, wenn es sich um Experimente, Fokusgruppen und intervenierende Methoden wie Cultural Probes handelt. Dann müssen bestimmte Probanden und Probandinnen im Vorhinein determiniert werden. Dabei stellt sich – gerade bei qualitativen Methoden, bei denen mit kleinen Gruppen operiert wird – die Frage, nach welchen Kriterien diese zusammenzusetzen sind. Oftmals taucht in diesem Zusammenhang der Begriff der Repräsentativität auf: Hierbei muss aber festgehalten werden, dass Repräsentativität ein relativer Begriff ist: Eine bestimmte Auswahl von Probanden kann repräsentativ sein hinsichtlich bestimmter Merkmale; zum Beispiel hinsichtlich Geschlecht, Wohnort (Stadt/Land), Bildung, Einkommen, Alter etc. Bei qualitativen Ansätzen wie etwa Biografieforschung (Denzin 1989; Schütze 1983) und Autoethnografie (Denzin 2014) stehen Singularität im Zentrum. Repräsentativität ist hier überhaupt kein Kriterium.

Nicolas Nova befragte Designer und Designerinnen danach, wie sie bei der Bildung ihrer Probandengruppen vorgehen. Dabei ist er auf die folgenden sieben Selektionsverfahren gekommen (Nova 2014, S. 48 f.):

- *Zufall:* Es werden einfach beliebige Menschen aus der Bevölkerung ausgesucht.
- *Homogenität:* Es wird eine Fokusgruppe mit Personen mit gemeinsamen Merkmalen gesucht.
- *Vergleich:* Es werden unterschiedliche Vergleichsgruppen gemacht.
- *Extrembeispiele:* Es werden deviante Personen bzw. Gruppen gesucht, um extreme Positionen und Handlungsmuster auszuloten.
- *Empfehlung:* Es werden Probanden aufgrund Empfehlungen anderer gesucht.

- *Nicht-User:* Es werden Nicht-User bzw. Abstinente eines bestimmten Phänomens gewählt, um etwas darüber zu erfahren.
- *Analoge Situationen:* Es werden möglichst ähnliche Situationen untersucht, die dem Untersuchungsfeld entsprechen.

Anzumerken ist, dass es sich hierbei hauptsächlich um die Konstruktion von Probandengruppen handelt und weniger um klassische Feldzugänge, bei denen eine Forscherin in eine soziale Lebenswelt eintaucht. Dieses Herstellen von Probandengruppen eignet sich hauptsächlich für Experimente, für das Testen von Prototypen und für partizipative Methoden wie Cultural Probes.

Auf jeden Fall ist bei Feldzugängen und bei kollaborativen Ansätzen zu berücksichtigen, was deren Interessen und Motive der Partizipantinnen fürs Mitmachen sind. Unterschiedliche Motive sind möglich: Bei klassischen Feldforschungen ist je nachdem wenig Verständnis für ein Forschungsprojekt vorhanden: Menschen in bestimmten Lebenswelten werden möglicherweise gar nicht verstehen, dass es so etwas wie ein forschungsspezifisches Interesse an ihnen gibt. Wenn sie also bereit sind für eine Zusammenarbeit, dann hat das wesentlich mit der Sympathie für den Forscher oder die Forscherin zu tun. Oder sie sehen in der Partizipation mögliche ökonomische Vorteile, was offen diskutiert und verhandelt werden sollte. Bei anderen Gruppen wiederum mag es ein mehr oder weniger ausgeprägtes Misstrauen gegenüber Forschern geben, zumal es sich bei diesen auch um Spitzeln handeln könnte. Dies ist besonders bei Diaspora-Gemeinschaften, die in ihren Heimatländern negative Erfahrungen mit staatlicher Repression machten, hie und da der Fall.

6.2 Rolle im Feld

Die Rolle der Forscherin im Feld ist in der Anthropologie verschiedentlich behandelt worden, wobei es nicht an selbstkritischen und mitunter ironischen Urteilen mangelt. Der britische Anthropologe Nigel Barley, der bei den Dowayos in Kamerun forschte, stellt ernüchternd fest: „Das Beste, was man erhoffen kann, ist, dass man als harmloser Irrer angesehen wird, der dem Dorf gewisse Vorteile bringt" (2008, S. 71). Zu ähnlichen Befunden kommt der Anthropologe John van Maanen, der Ethnografen als „dull visitors", „meddlesome busybodies", „hopeless dummies", „social creeps", „anthropofoologists", „management spies" und „governant dupes" bezeichnet (2011, S. 2). Die Anthropologie ist in einigen gesellschaftlichen Milieus fremd – und folglich kann die im Feld präsente Forscherin Befremden auslösen. Folglich ist die Situation im Feld nicht mehr „natürlich", wie die Forscherin sie eigentlich sucht. Ihre Präsenz verändert das Feld.

Designerinnen dürften in den meisten Fällen keine Feldforschung bei den Dowayos in Kamerun durchführen, sondern in Lebenswelten, die ihnen nicht gänzlich fremd sind. Auch wenn sie sich mit Freizeitkletterern, Demenzkranken oder Gamern beschäftigen – deren Lebenswelten werden ihnen, je genauer sie hinschauen, mehr oder weniger fremd sein. Und wenn sie ihnen nicht fremd sind – etwa wenn sie selbst aktive Gamer sind oder einen Demenzpatienten selbst kennen –, werden sie versuchen, sich zu befremden bzw. das vertraute Phänomen nochmals anders zu sehen. Es geht hier also nicht zuletzt um ein Verhältnis zwischen Nähe und Distanz der Ethnografin zum Feld.

Als ich Feldforschungen in einer ghanaischen und einer schweizerischen evangelikalen Gemeinschaft im Großraum Zürich machte (Müller 2015), wurde ich bei beiden offen empfangen. Bei meinem ersten Besuch in der ghanaischen Sonntagszeremonie wurde ich gebeten, nach vorne zu gehen und mich den Anwesenden vorzustellen. Im Laufe meiner Besuche konnte ich den Pastor von der Relevanz meiner Recherchen überzeugen und mich frei in den Räumen bewegen. Allerdings war meine Rolle als Ethnograf offensichtlich nicht allen bewusst. Meine Versuche, bei Zeremonien wie Heilungen und Dämonenaustreibungen Distanz zu halten, wurden oftmals von den Gläubigen sanktioniert, indem sie mich zum Mitmachen aufforderten. Als ich bei einer Taufe dabei war, wollte mich eine Pastorin gleich mit taufen – ich sei ja genügend lange dabei und wisse genug über ihren Glauben. Ich lehnte dies natürlich ab. Diese Distanz/Nähe-Probleme entstehen vorwiegend bei klassischen ethnografischen Feldforschungen, bei denen der Forscher mindestens ein Jahr im Feld verbringt. Bei fokussierten Ethnografien dürfte dies nur in Ausnahmefällen ein Thema sein; am ehesten dann, wenn zuvor schon Beziehungen zum Feld bestanden.

Distanz und Nähe werden unter anderem in der Religionssoziologie thematisiert, was im Zusammenhang des bereits erwähnten methodologischen Agnostizismus behandelt wird. Damit wird eine Haltung verbunden, welche den ontologischen Wahrheitsgehalt der Religion ausklammert, zumal dieser aus einer sozialwissenschaftlichen Perspektive weder verifiziert noch falsifiziert werden kann. Ob zum Beispiel Zeugnisse von religiösen Testimonials – zum Beispiel Konversionserzählungen – „wahr" sind, kann nicht von der Religionssoziologin, sondern nur innerhalb der kleinen sozialen Lebenswelt bestimmt werden. Dort – im Feld – wird „Wahrheit" ausgehandelt und produziert, die im Interesse der Forschung steht: „Aufgabe der ethnografischen Immersion ist es nicht, zu einer epheren Wahrheit zu gelangen, sondern vielmehr zu den verschiedenen Versionen der Darstellung, den verschiedenen Versionen von Innen- und Außen-Reden" (Dellwing und Prus 2012, S. 58).

Ob diese Zeugnisse in einem ontologischen Sinne wahr sind, wird also ausgeblendet bzw. den Philosophen überlassen. „[...] the task of the ethnographer is not to determine 'the truth' but to reveal the multiple truths apparent in others' lives" (Emerson et al. 1995, S. 3). Zugleich bleibt das psychische Innenleben der Menschen im untersuchten Feld verschlossen. Es bleiben daher nur sprachliche „Spuren" (Schnettler 2004, S. 124), die sich empirisch untersuchen lassen.

Nähe und Distanz

Wenn nur noch Nähe – bzw. ein „Übertritt" zur beobachteten Gruppe – erfolgt, dann spricht man in der Anthropologie von *going native*, was auch als „dauerhafte Verkafferung" bezeichnet wird (Knoblauch 2001, S. 97). Damit wird eine hohe Nähe und Intimität zum Feld beschrieben; klassische Beispiele sind Ethnologen, die Stammesgesellschaften untersuchen und sich diesen anschließen, sich einheiraten und eine Familie gründen. Dies wird kontrovers diskutiert: Der Religionswissenschaftler Sigurd Körber fordert „doppelte Distanzbemühung" (1976, S. 303): Einerseits soll sich der Religionswissenschaftler von seinen persönlichen subjektiven Weltanschauungen lösen, zugleich soll er sich dem Religiös-Jenseitigen gegenüber neutral verhalten und Religion nur von ihrem Diesseitsaspekt her verstehen (1976, S. 303). Diese Distanzbemühung ist in der Designethnografie besonders dann von Relevanz, wenn die Designerin Affinität zu der Lebenswelt hat, die sie untersucht; sie muss dann nämlich eine künstliche Distanz herstellen. Diese Konstellationen erfordern es, zwischen teilnehmender Nähe und reflektierender Distanz zu wechseln. Nähe und Distanz sind auch von konkreten Situationen abhängig. Die Ethnografie

> „hat ‚heiße' Phasen der beobachtenden Teilnahme, in denen man involviert ist, auch leidenschaftlich und mit Inbrunst, wo man die Orientierung zum Feld durch und durch mitträgt und damit die Befremdung der soziologischen Erwartungen betreibt, man im Feld aufgeht. Das könnte man ‚situatives going native' nennen, das dann als Werkzeug verwendet wird. Dagegen stehen die ‚kühlen' Phasen der teilnehmenden Beobachtung, in denen man sich eben daran erinnert und damit gelassener und distanzierter Dinge über das Feld bemerkt, die das Feld nicht bemerkt" (Dellwing und Prus 2012, S. 69).

Aber es gibt auch unkritische Positionen betreffend Nähe zum Feld: Für Roland Girtler etwa handelt es sich beim *going native* um ein „Scheinproblem": Er vertritt die Position, dass sich eine Identifikation mit der untersuchten Lebenswelt nützlich und eine distanzlose Forschung nicht möglich ist (2001, S. 78ff.). Hier spielt also Empathie mit, was sich auch bei der folgenden Bemerkung von Erving Goffman zur Feldforschung zeigt:

"Was Sie um sich herum sehen und hören, sollte i[sic]hnen als normal erscheinen. Sie sollten sogar in der Lage sein, mit den Leuten zu spielen und mit ihnen herumzualbern, obwohl das nicht der beste Test ist. Manchmal kann es als ein Anzeichen fürs Dazugehören angesehen werden, wenn man Ihnen strategische Geheimnisse verrät. [...] Ein besseres Indiz ist, wenn Sie das Gefühl haben, dass Sie sich sesshaft machen und vergessen können, dass Sie Soziologe oder Soziologin sind. Die Mitglieder des anderen Geschlechts sollten Ihnen attraktiv erscheinen. Sie sollten in der Lage sein, denselben Körperrhythmus, dieselben Bewegungsabläufe, dasselbe Wippen mit den Füßen – solche Sachen eben – wie die Leute um Sie herum zu beherrschen. Das sind die wirklichen Tests dafür, ob man in einer Gruppe hineingekommen ist" (Goffman 1996, S. 266).

Goffman plädiert nicht für ein *going native*, sondern eher für eine temporäre Immersion und für Empathie, die er an Verhalten und Körpersprache festmacht. Da der Ehnograf aber zugleich reflektiert, schaltet er stets wieder um auf Distanz. Goffman weist mit dieser Nähe/Distanz-Problematik auf eine Ambivalenz hin, die jeder Feldforschung inhärent ist: „Es geht [...] weder um völlig Mimikry einerseits noch um die vollständige Aufrechterhaltung der eigenen Identität andererseits" (Goffman 1996, S. 266). Es kommt so zu einer temporäreren Immersion in bestimmte lebensweltliche Kontexte. Ethnografen passen sich an Situationen an. Sie sind Chamäleons, die sich selbst möglicherweise auch einmal in einem Gegenüber verlieren. Feldforschung verändert sie. Deshalb ist es wichtig, die eigenen Wertvorstellungen zumindest für eine gewisse Zeit abzulegen und sich dem Feld anzupassen (Dellwing und Prus 2012, S. 88 f.). Gerade in interkulturellen Konstellationen können eigene Überzeugungen und Ideologien zur Blockade werden. So sagten Marimar Sanz Abbul und Mariam Bujalil an der „MX Design Conference" in Mexiko-Stadt:

„Als eine Studentengruppe aus Mexiko-Stadt eine vier Stunden entfernte indigene Gruppe in den Bergen besuchte und das Essen wegen des Fleisches nicht anrührte, da viele von ihnen Vegetarier waren, brach das Vertrauen der Zielgruppe zur Klasse unmittelbar ab, worauf das Projekt frühzeitig beendet werden musste" (zitiert in: Sierach 2016, S. 57).

Die Designerin Beatrice Sierach spricht von „kulturellen Missverständnissen": „Dazu zählen das Unwissen über seine eigene Rolle sowie dasjenige des Gegenübers" (2016, S. 54). Ethnografen sollten offen, neugierig, empathisch, lernfähig und bereit sein, ihre Meinungen, Vorurteile und eigene Weltdeutungsschemata zu revidieren. Eine ethnografische Feldforschung kann eigene Wertvorstellung verändern, gar erschüttern. Anne Honer plädiert dafür, die Menschen im Feld ernst zu nehmen und sie nicht mit eigenen Wertvorstellungen zu überschreiben (2011, S. 87). Wer nur urteilt und nicht bereit ist, eigene Meinungen zu überdenken, ist für ethnografische Feldforschung eher ungeeignet. So schreiben Salvador et al. über die Designethnografie: „We will study people. It's their voice, their story, not our own [...]" (1999, S. 41).

Michael Dellwing und Robert Prus kritisieren in diesem Zusammenhang „progressive Moralisten", die ethnografische Feldforschung betreiben, um Ungerechtigkeit und Scheinheiligkeit aufzudecken (2012, S. 86), was vor allem in der amerikanisch-postmodernen und der kritischen Ethnografie verbreitet ist. Dort fungieren Ethnografen als Advokaten der beobachteten Gruppe. Sie identifizieren sich mit ihr und vertreten ihre Interessen. Dellwing und Prus, die für eine pragmatische Ethnografie und „moralische Bescheidenheit" (2012, S. 86 f.) plädieren, ist diese Ausrichtung „äußerst suspekt, da solche offen parteilichen Verurteilungen die Kernziele der Ethnografie verunmöglichen, nämlich sich auf die Realitäten der Anderen einzulassen, egal, wer sie sind und wie man zu den Aktivitäten dieser Gruppe steht" (Dellwing und Prus 2012, S. 86).

Eine pragmatisch orientierte Ethnografie ist keine wertende Disziplin, zumal eine normative Grundhaltung und eine explorative Immersion kaum vereinbar sind. Die Beurteilung, was Gut und Böse ist, ist nicht ihr Anliegen. Sie beobachtet lediglich, *wie* gut und böse im Feld *klassifiziert* werden. Gut und böse sind keine ontologischen, sondern im Feld konstruierte Kategorien. Wenn Roland Girtler in seiner Studie über Prostituierte und Zuhälter (2004) nur moralisch verurteilt anstatt explorativ gefragt hätte, dann wäre er nicht zu relevanten Erkenntnissen gelangt. Die Prostituierten und Zuhälter hätten sich ihm verschlossen. Sein neuntes der zehn Gebote der Feldforschung lautet: „Du sollst dich nicht als Missionar oder Sozialarbeiter aufspielen. Es steht dir nicht zu, ‚erzieherisch' auf die vermeintlichen ‚Wilden' einzuwirken. Du bist kein Richter, sondern lediglich Zeuge" (Girtler 2001, S. 185).

Keine absolute, sondern reflektierte Offenheit
Das impliziert natürlich nicht, dass man zu einem Neutrum mutiert, was auch nicht möglich ist: Jeder Mensch hat einen Habitus, durch primäre und sekundäre Sozialisation angeeignete Weltdeutungs- und Klassifikationsschemata; auch Ethnografin ist man nicht von Geburt an, sondern man wird dazu im Zuge einer akademischen Sozialisation und entsprechender Praxis. Entsprechend sind ethnografische Beobachtungen nicht neutral: Sie werden *von jemandem* gemacht (Coffey 1999, S. 17 ff.), der eine biografische und persönliche Prägung hat. Da eine absolute Offenheit fürs Feld nicht möglich ist, plädiert Breuer für eine „reflektierte Offenheit" (2010, S. 29).

Partizipative Ansätze wie Photovoice (Wang 1999; Wang und Burris 1997; Harper 2012, S. 188 ff.) verleihen marginalisierten Gruppen oder Individuen eine (visuelle) Stimme und sensibilisieren für soziale Schieflagen und Randgruppen – ähnlich wie die ethnografischen Studien der Chicago School. Auch die Cultural Studies, die vom britischen Soziologen Stuart Hall (1994) geprägt sind, widmen sich gesellschaftlicher Marginalität. Ähnlich verhält sich dies in den 1970er-Jahren entstandenen Gender Studies, die sich kritisch mit der kulturellen Konstruktion von Geschlecht beschäftigen, und den Queer Studies, die in den 1980er-Jahren in den USA aus den Gay and Lesbian Studies entstanden sind (Skeggs 2009). Diese Disziplinen können ein Projekt durchaus theoretisch rahmen, aber sie sollten das untersuchte Feld nicht ideologisch kolonialisieren.

Schnelle Rollen- und Perspektivenwechsel
Natürlich verhält sich hier Design anders als klassische Sozialwissenschaften: Während die Sozialwissenschaften in der Regel um Neutralität bemüht sind und auf Probleme aufmerksam machen, die – systemtheoretisch gedacht – danach von der Politik gelöst werden, interagiert Design und sucht eigene Strategien der Problemlösungen zu entwickeln und zu implementieren. Dies führt im Design zu schnell wechselnden Perspektiven: Ein Designer ist ein Hybrid zwischen einem amoralischen Wissenschaftler und einem engagierten Menschen. Ist er nur das Erste, kann er zwar erkennen, aber es fehlt die Empathie, um eine eigenständige Designlösung zu entwickeln. Ist er nur das Zweite, wird er die Komplexität eines Feldes nicht sichtbar machen, was letztlich auch die Variabilität der Lösungen einschränkt.

In der Ethnografie geht es darum, die Kontingenz dieser angeeigneten Werthaltungen zu reflektieren und sie zu *erfahren*, was im Designkontext multiple Perspektiven eröffnet. Wer sich wirklich auf ein soziales Feld und auf andere Menschen einlässt, wird auch die eigene Existenz als kontingent erfahren; er wird realisieren: Ich könnte auch ein ganz anderer Mensch sein. Dieses „Andere" ist der Bezugspunkt der Ethnografie: Wie sieht diese andere Wirklichkeit aus? Wie setzt sich ihre Kosmologie zusammen? Welche Rituale und intersubjektiven Bedeutungen halten diese Wirklichkeit zusammen?

Die Rolle im Feld ist abhängig von der Art und Weise, wie im Feld beobachtet wird: Atteslander nennt die drei folgenden Kernunterscheidungen von Beobachtungen (2003: 94 ff.):

- *Strukturiertheit:* Bei einer hoch strukturierten Forschungsarbeit werden bereits im Vorfeld Hypothesen erstellt und Beobachtungseinheiten definiert. Eine leicht oder nicht strukturierte Beobachtung hingegen ist sehr offen.

- *Offenheit:* Das bezieht sich – wie bereits behandelt – auf die Rolle im Feld: Eine verdeckte Beobachtung bedeutet, dass die Beobachteten nicht wissen, dass sie beobachtet werden. Eine offene Beobachtung ist den Beobachteten transparent.
- *Teilnahme:* Passiv teilnehmend bedeutet, dass sich der Beobachter auf seine Rolle als forschender Beobachter beschränkt und wenig bis nicht an den Interaktionen im Feld teilnimmt, im Gegensatz zu einer aktiven Teilnahme, wo die Beobachterin an den Handlungen im Feld teilnimmt.

Dellwing und Prus sprechen in diesem Zusammenhang von einer *peripheren* und *aktiven* Teilnahme (2012, S. 108). Dies führt dazu, dass Ethnografen ein „merkwürdiges Doppelleben" (Maeder 2008, S. 251) führen. Sie beobachten Menschen in alltäglichen Handlungen, an denen sie teilnehmen. Sie exkludieren sich – durch die Beobachtung und die Reflexion – zu einem gewissen Grad, bleiben aber physisch präsent und erfüllen (zumindest in den meisten Fällen) die sozialen Rollenanforderungen. Diese Distanz macht sie – zumindest aus subjektiver Perspektive – zu Fremden, die sich zwischen zwei Kulturen bewegen (Park 2002, S. 55 ff.); zwischen Alltagshandeln und Ethnografie.

Entscheidend ist, ob wir alleine oder in kleinen Gruppen feldforschen, wobei beides Vor- und Nachteile hat. Man kennt es vom Reisen: Wer alleine unterwegs ist, ist offener und lernt eher neue Leute kennen. Diese Offenheit begünstigt Immersion. Girtler plädiert deshalb dafür, Feldforschungen alleine durchzuführen (2001, S. 20 f.). Als Forschergruppe in ein Feld zu gehen, ist problematisch (Dellwing und Prus 2012: 98): Man wird dort als Gruppe wahrgenommen und folglich kommt es zu weniger Interaktion. Zugleich aber hat die Gruppe den Vorteil, dass sich Perspektiven pluralisieren lassen. Es kann von Vorteil sein, wenn Teams sich auflösen und alle individuelle Feldzugänge wählen: Jemand geht zum Beispiel offen und aktiv teilnehmend ins Feld, jemand loggt sich in Online-Foren ein (Kozinets 2010), jemand beobachtet passiv und verdeckt, jemand führt Interviews, jemand testet Prototypen etc. So wird bei einer fokussierten Designethnografie sehr schnell intensives Datenmaterial erzeugt.

6.3 Beobachtung

Beobachtungen sind intentional. Wir können nicht „alles" sehen. Unsere biologische Konstitution erlaubt es uns nicht, die Welt aus einem 360°-Winkel zu sehen. Schon innerhalb unseres Blickfelds sehen wir nur einen Ausschnitt fokussiert und scharf – den Rest nicht. Maturana und Varela haben auf die epistemologischen Folgen dieser biologischen Konstitution hingewiesen. Sie sprechen von einem „blinden Fleck", den sie wie folgt umschreiben: „Wir sehen nicht, dass wir nicht sehen" (1987, S. 23). Jede Beobachtung basiert auf Selektion: Indem wir etwas sehen, wird anderes verdunkelt. Jeder Blick ist singulär, zumal er von einem atomisierten Bewusstsein eines Individuums ausgeht, dessen Körper an einem bestimmten Ort situiert ist.

Was bedeuten diese epistemologischen Überlegungen für die ethnografische Beobachtung, die Roland Girtler als „Königin der Methoden der Feldforschung" (2001, S. 147) bezeichnet? Zunächst relativieren sie den Glaube an Objektivität: Diese spiegelt nicht primär etwas in der Wirklichkeit wider, sondern es liegen ihr bestimmte Vorannahmen und Operationalisierungen zugrunde. Objektivität basiert auf Reduktion: Ich kann zum Beispiel im Zürcher Hauptbahnhof die Anzahl der Menschen zählen, welche die Rolltreppe zwischen 7 und 8 Uhr und zwischen 19 und 20 Uhr benutzen. Durch diese Vergleichszahlen komme ich zu einer objektiven Aussage: Die Rolltreppe wird zwischen 7 und 8 Uhr früh häufiger benutzt als zwischen 19 und 20 Uhr. Das ist objektiv. Es erfüllt streng wissenschaftliche Gütekriterien wie Reliabilität (Zuverlässigkeit) und Validität (Gültigkeit). Durch das Erreichen von Objektivität wird ein Universum von anderen Wirklichkeitsausschnitten ausgeblendet – zum Beispiel, welches Geschlecht, Alter, welche Ethnizität etc. die Menschen auf der Rolltreppe haben, welche Kleidung sie tragen, ob sie Gepäck oder Taschen mit sich tragen, ob sie sich bewegen, ob sie rauchen, ob sie alleine oder in Gruppen unterwegs sind, ob sie miteinander interagieren, ob sie auf der Treppe stillstehen oder hochlaufen, ob sie die Spielregel einhalten, dass man auf der rechten Seite stillsteht und auf der linken überholt etc. Natürlich kann ich jede dieser einzelnen Phänomene wiederum operationalisieren und in binäre Codes überführen: Ich komme möglicherweise zur Erkenntnis, dass so und so viel Prozent der Menschen männlich und weiblich sind, dass ein bestimmter Prozentsatz raucht, dass die Regel rechts stehen und links überholen zu so und so viel Prozent eingehalten wird etc. Auch hier kommt man zu objektiven Aussagen, überwindet so aber das Grundproblem nicht, das darin besteht, dass die Wirklichkeit operationalisiert wird. Eine Situation „als solche" lässt sich ethnografisch nicht beobachten, weil das „als solche" auf einem ontologischen Denkansatz basiert, der selbst eine kulturelle Konstruktion ist. In einer Designethnografie ist der pragmatische Ansatz, der nicht nach höheren Wahrheiten, sondern nach nützlichen Einsichten strebt, weiterführend (Stappers 2007, S. 82).

Im Weiteren ist darauf hinzuweisen, dass eine Beobachtung im Sinne von Ludwig Fleck immer ein Sehen – und kein Schauen – ist. Fleck vertritt die These, dass dem Sehen immer ein Wissen vorausgeht, womit er John Berger widerspricht, der sagt, dass Kinder erkennen, bevor sie sprechen können (1996, S. 7). Sehen ist also eine Form der Klassifikation. Sehen basiert auf Wissen:

6.3 Beobachtung

„Wir Heutigen sehen sofort einen Bahnhof, eine Gestalt, die der Urmensch nicht sehen konnte: Er würde auf unzähliges Eisen in verwirrenden Leisten schauen, befestigt auf der Erde, auf Häuschen auf Rädern, auf ein keuchendes Ungeheuer, aus dem Feuer und Rauch herausschlägt, und er sähe wahrscheinlich seine Gestalten: einen Drachen, einen Teufel, wer weiß schließlich, was er sähe, aber nicht unsere Gestalt Bahn" (Fleck 1983b, S. 157).

Wenn wir also ethnografisch beobachten, sollten wir versuchen, dieses angeeignete Wissen – zumindest partiell – abzulegen und die Welt mit den Augen des „Urmenschen" von Ludwig Fleck zu sehen: Wir sehen also nicht das Ensemble „Bahnhof", sondern wir *erfahren* seine ästhetischen Komponenten. Bei diesem Verfahren ist besonders das Vertraute problematisch,

„[...] weil es die Gefahr einer vorschnellen Sinneinbettung in sich birgt, weshalb gerade das Bekannte und Alltägliche methodisch in den Zustand des Unvertrauten, Außeralltäglichen überführt werden muss, indem man es dekomponiert, als Neues behandelt, nach denkbaren Sinnzusammenhängen sucht" (Lueger 2000, S. 111).

Dimensionen der Beobachtung
Wir können aus epistemologischen Gründen nicht alles sehen und setzen folglich – bewusst oder nicht – immer einen Fokus. Lueger unterscheidet in drei mögliche Fokussierungen bei Beobachtungen (2000, S. 107 ff.), die in der ethnografischen Praxis nicht immer scharf voneinander zu trennen sind:

- *Akteure und Akteurinnen:* Der Fokus richtet sich auf Personen innerhalb von Gruppen, um Handlungszusammenhänge und Interaktionsmuster beobachten zu können.
- *Ereignisse und Handlungen:* Es werden die Aktivitäten fokussiert – und weniger die Personen selbst, die sie durchführen.
- *Gegenstände und Produkte:* Fokussiert werden einzelne Objekte und Dinge, die soziale Settings organisieren.

Mit diesen drei Dimensionen kann ein Setting oder eine Situation beschrieben werden, zumal wir sie überall finden werden, wo Menschen agieren: Es sind Menschen involviert, die Handlungen ausüben (auch wenn sie passiv meditieren, ist dies eine Handlung), und Gegenstände sind ebenfalls immer vorhanden, zum Beispiel in Form der Kleidung. Und auch an Orten, wo Menschen nackt sind – in Arztpraxen, Swingerclubs und FKK-Stränden –, sind Gegenstände und Dinge vorhanden.

Tabelle 6.1 Descriptive question matrix nach Spradley

	SPACE	OBJECT	ACT	ACTIVITY
SPACE	Can you describe in detail all the *places*?	What are all the ways space is organized by objects?	What are all the ways space is organized by acts?	What are all the ways space is organized by activities?
OBJECT	Where are objects located?	Can you describe in detail all the *objects*?	What are all the ways objects are used in acts?	What are all the ways objects are used in activities?
ACT	Where do acts occur?	How do acts incorporate the use of objects?	Can you describe in detail all the *acts*?	How are acts part of activity?
ACTIVITY	What are all the places activities occur?	What are all the ways acitivities incorporate objects?	What are all the ways activities incorporate acts?	Can you describe in detail all the activities?
EVENT	What are all the places events occur?	What are all the ways events incorporate objects?	What are all the ways events incorporate acts?	What are all the ways events incorporate activities?
TIME	Where do time periods occur?	What are all the ways time affects objects?	How do acts fall into time period?	How do activities fall into time period?
ACTOR	Where do actors place themselves?	What are all the ways actors use objects?	What are all the ways actors use acts?	How are actors involved in activities?
GOAL	Where are goals sought and achieved?	What are all the ways goals involve use of objects?	What are all the ways goals involve acts?	What activities are goal seeking or linked to goals?
FEELING	Where do the various feeling states occur?	What feelings lead to the use of what objects?	What are all the ways feeling affect acts?	What are the ways feelings affect activities?

6.3 Beobachtung

Fortsetzung von Tabelle 1

EVENT	TIME	ACTOR	GOAL	FEELING
What are all the ways space is organized by events?	What spatial changes occur over time?	What are all the ways space is used by actors?	What are all the ways space is related to goals?	What places are associated with feelings?
What are all the ways objects are used in events?	How are objects used in different times?	What are all the ways objects are used by actors?	How are objects used in seeking goals?	What are the ways objects evoke feelings?
How are acts a part of events?	How do acts vary over time?	What are the ways acts are performed by actors?	What are all the ways acts are related to goals?	What are all the ways acts are linked to feelings?
What are all the ways activities are parts of events?	How do activities vary at different times?	What are all the ways activities involve actors?	What are all the ways activities involve goals?	How do activities involve feelings?
Can you describe in detail all the *events*?	How do events occur over time? Is there any sequencing?	How do events involve the various actors?	How are events related to goals?	How do events involve feelings?
How do events fall into time period?	Can you describe in detail all the *times*?	When are all the times actors are „on stage"?	How are goals related to time periods?	When are feelings evoked?
How are actors involved in events?	How do actors change over time or at different times?	Can you describe in detail all the *actors*?	Which actors are linked to which goals?	What are the feelings experienced by actors?
What are all the ways events are linked to goals?	Which goals are scheduled for which times?	How do the various goals affects the various actors?	Can you describe in detail all the *goals*?	What are all the ways goals evoke feelings?
What are the ways feelings affect events?	How are feelings related to various time periods?	What are the ways feelings involve actors?	What are the ways feelings influence goals?	Can you describe in detail all the *feelings*?

James P. Spradley beschreibt die ethnografische Beobachtung wie folgt: „We observe what people do (cultural behavior); we observe things people make and use such as clothes and tools (cultural artifacts); and we listen to what people say (speech messages)" (Spradley 1980, S. 10).

Spradley unterscheidet in die *Grand Tour Observations* und die *Mini-tour Observations* (1980, S. 77 ff.): Er vergleicht die *Grand Tour Observations* mit einer Führung durch ein Wohnhaus, eine Schule oder ein Geschäft, bei denen jemandem der grobe Aufbau eines Gebäudes gezeigt wird. Geht man nun in die einzelnen Räume hinein und schaut diese an, um nochmals bei der Gebäude-Metapher zu bleiben, dann handelt es sich um *Mini-tour Observations*. Spradley betont, dass die Beobachtungen eigentlich identisch verlaufen, dass dabei aber hauptsächlich kleinere Einheiten fokussiert werden. Er unterscheidet neun Dimensionen der Beobachtung (1980, S. 78):

- *Space*: der physische Ort
- *Actor*: die involvierten Akteure und Akteurinnen
- *Activity*: ein Set von verschiedenen Akten
- *Object*: die physischen Dinge
- *Act*: einzelne Akte, die Menschen durchführen
- *Event*: ein Set von Aktivitäten, das Menschen durchführen
- *Time*: die zeitliche Reihenfolge
- *Goal*: die Ziele, welche die Menschen erreichen möchten
- *Feeling*: die ausgedrückten Emotionen

Spradley interessiert sich für die Wechselwirkungen zwischen den neun Dimensionen, die er mit seiner *descriptive question matrix* (1980, S. 82–83) darstellt. Daraus ergeben sich 81 Felder.

Diese 81 Felder bilden ein intaktes Raster, um einerseits für die Komplexität in einem sozialen Setting zu sensibilisieren und sie zugleich zu reduzieren. In der diagonalen Linie der Matrix, wo jeweils dieselben zwei Kategorien aufeinandertreffen, findet eine detaillierte Beschreibung statt: Spradley nennt dies die „grand tour questions" (1980, S. 81), also zum Beispiel: „Kannst du die Orte detailliert beschreiben?" oder „Kannst du die Objekte detailliert beschreiben?". Daneben befinden sich „mini-tour questions" (Spradley 1980, S. 81) in den Feldern, in denen die Interdependenzen zwischen verschiedenen Dimensionen erfragt werden: Bei „Objekte" und „Gefühle" wird zum Beispiel gefragt: „Wie evozieren Objekte Gefühle?". Naturgemäß gibt es auch die umgekehrte Variante: „Welche Gefühle führen zum Umgang mit welchen Objekten?". So werden die Wechselwirkungen von verschiedenen Phänomenen untersucht, womit ein Setting kulturell kartografiert wird.

Ein solches Raster kann einerseits helfen, nach bestimmten Dimensionen zu suchen. Die Idee besteht weniger darin, sich strikt an das Raster zu halten, sondern es eher als einen Ausgangspunkt für die Exploration von einzelnen Spuren zu verstehen. Oder man kann damit einen relevanten Schwerpunkt – zum Beispiel Zeit, Objekte oder Emotionen – genauer ansehen. Dieser Schwerpunkt kann sich während der Feldforschung ergeben – oder er kann bereits im Vorfeld determiniert werden: Wenn das Designprojekt darin besteht, ein neues Objekt zu gestalten, liegt es nahe, allen Fragen, die mit Objekten verknüpft sind, intensiv nachzugehen.

Vorder- und Hinterbühnen
Auf weitere für die Beobachtung relevante Dimensionen hat Goffman hingewiesen, die eine Unterscheidung im Feld betreffen: Ein Setting hat eine Vorder- und Hinterbühne (Goffman 1983/2008, S. 99 ff.), die als relationale und nicht als substantielle Einheiten zu denken sind: Das klassische Beispiel ist das Theater. Während die Schauspieler und Schauspielerinnen auf der Vorderbühne eine bestimmte Rolle spielen und einer hohen Aufmerksamkeit ausgesetzt sind, verhalten sie sich auf der Hinterbühne entspannter, machen Witze oder ruhen sich aus. Bei teuren Restaurants ist es ähnlich: Dort verhalten sich Kellner gegenüber den Gästen nach bestimmten Regeln, während in der Küche ein rauer Umgang herrscht: Die Kellner und Kellnerinnen wechseln ihr Verhalten je nach Raum, in dem sie sich aufhalten. Sie sprechen eine andere Sprache, benutzen andere Wörter, haben andere Körperhaltungen etc. Kurz: Der Ort determiniert ihre soziale Identität. In einer gewissen Hinsicht lässt sich die Vorderbühne ohne die Hinterbühne nicht denken, denn: „Die Hinterbühne kann definiert werden als der zu einer Vorstellung gehörende Ort, an dem der durch die Darstellung hervorgerufene Eindruck bewusst und selbstverständlich widerlegt wird" (Goffman 1983/2008, S. 104).

Die erwähnten Beispiele sind eindeutig, da es sich ja tatsächlich um soziale Bühnen handelt. Diese eindeutigen Beispiele bergen die Gefahr, dass Vorder- und Hinterbühnen als essentialistisch gefasst werden: Doch handelt es sich – wie erwähnt – um relationale Kategorien. Wenn wir einen Gottesdienst als Vorderbühne definieren, dann kann die Bibelgruppe als Hinterbühne definiert werden. Auf der Vorderbühne werden mit Predigten normative Identitäten erzeugt, während auf der Hinterbühne Introspektion und Selbstexploration praktiziert werden (Müller 2015, S. 146 ff.). Dort – in der Bibelgruppe – gibt es wiederum Vorder- und Hinterbühnen; die Vorderbühne kann zum Beispiel der gemeinsame Raum sein, in dem man sich austauscht. Die Hinterbühne ist die Küche, in der die Snacks zubereitet werden, oder das Büro, wo die Bibelgruppe organisiert wird. Die Theatermetapher suggeriert, die Identität auf der Vorderbühne als „gespielt" und jene auf der Hinterbühne als „echt" zu betrachten. Aber es gibt im amerikanischen Pragmatismus und Symbolischen Interaktionismus keine „echte" Identität. Identität entsteht immer durch Benennung und Klassifikation (Strauss 1974, S. 13 ff.) – und ist deshalb kontingent. Die Sprache hängt – wie das Beispiel der Vorder- und Hinterbühnen im Restaurant zeigen – nicht nur vom Milieu ab, sondern vom „Ort" bzw. von der Situation: Der Kellner benutzt vor den Gästen andere Worte als in der Küche, er spricht mit einer anderen Tonalität, hat eine andere Körperhaltung. Seine soziale Identität hängt von der Situation ab. Goffman untersucht entsprechend nicht „Menschen und ihre Situationen, sondern eher Situationen und ihre Menschen" (1971/1986, S. 9).

In der Designethnografie ist es vorteilhaft, Situationen nicht vorschnell zu klassifizieren – und bestehende Klassifikationen stets wieder von Neuem zu verwerfen. So werden in einem iterativen Prozess Beobachtungen ausgeführt, kleine Hypothesen erstellt, in Gestaltung überführt und getestet. Das Ziel besteht darin, in der Art eines Mosaiks (Prus 1997, S. 27 ff.) ein Bild einer Wirklichkeit zu (re) konstruieren und ihre Grammatik zu entschlüsseln. Hierzu ist auch Kontextwissen erforderlich, das über die Situation, wie sie sich phänomenologisch präsentiert, hinausgeht: Eine beobachtete Situation an sich muss ja nicht schlüssig sein, was Goffman – erneut am Beispiel des Theaters – erläutert:

> „Gelächter aus dem Publikum als Reaktion auf einen gelungenen Spaß einer Bühnenfigur wird bei Schauspielern und Publikum klar unterschieden von dem Gelächter über einen Schauspieler, der steckenbleibt, stolpert oder sonst wie ,aus der Rolle fällt'. Im ersten Fall lacht man als Zuschauer, im zweiten als Theaterbesucher" (Goffman 1977/1980, S. 150).

Das heißt: Das Gelächter lässt sich beobachten und beschreiben, aber zu erkennen, ob das Publikum als Zuschauer oder Theaterbesucher lacht, erfordert kulturelles Wissen über das Theater. Aus der Beobachtung alleine wird nicht schlüssig, weshalb allfällige Unklarheiten in Gesprächen geklärt werden können:

> „Während sich die Beobachtungen, ob sie nun verdeckt oder offen, ob sie mehr oder weniger teilnehmend stattfindet, ausgezeichnet dafür eignet, Handlungsschemata zu registrieren, lassen sich durch Interviews vor allem subjektiv verfügbare (abrufbare) Wissensbestände rekonstruieren" (Honer 2011, S. 31).

Dass eine Beobachtung an Grenzen stoßen kann, möchte ich mit einem Beispiel aus meiner Feldforschung illustrieren: Dabei handelt es sich um einen Besuch der Sonntagszeremonie bei einer ghanaischen evangelikalen Gemeinschaft in Zürich (Müller 2015, S. 122). Es war Pfingstsonntag, und die Stimmung in der Gemein-

6.3 Beobachtung

schaft war von Anfang an erregt. Der Pastor beschwor das Wirken des Heiligen Geistes. Er forderte alle Anwesenden – also auch mich – auf, nach vorne zu kommen, wo wir alle eng beieinander in einem Halbkreis standen. Er ging von einem zum anderen und legte seine Hand auf die Stirn. Eine erste Frau fiel zu Boden und begann in Zungen zu reden, weitere Frauen folgten. Die Stimmung war ekstatisch. Dann ging eine junge Frau ganz ruhig nach vorne – sie wirkte völlig unberührt von der ekstatischen Stimmung. Sie fiel nach dem Handauflegen des Pastors nicht auf den Boden, sondern sie legte sich sachte und langsam hin. Schließlich lag sie reglos auf dem Bauch, während eine andere Frau ihr ein weißes Tuch auf den Rücken legte. Ich konnte diese Handlungen beschreiben – aber die kulturelle Bedeutung war nicht schlüssig. Wieso gibt es offensichtlich unterschiedliche Reaktionen auf das Wirken des Heiligen Geistes? Wieso wirkt er bei den meisten ekstatisch, während sich die junge Frau kontemplativ verhielt? Ich frage zu einem späteren Zeitpunkt den Pastor zu dieser Situation. Er erklärte mir, dass sich der Heilige Geist unterschiedlich manifestiert. Wenn eine Person nach dem Handauflegen stark zucke, wie dies die meisten Frauen taten, dann deute dies auf einen Konflikt zwischen bösen Geistern und dem Heiligen Geist hin, der sich in ihr abspiele. Die junge Frau, die sich ruhig hinlegte, habe keine bösen Geister in sich – entsprechend manifestiere sich der Heilige Geist sanft. Der Heilige Geist könne auch dann wirken, wenn jemand tief schlafe. Jetzt erst wurde die Beobachtung schlüssig, die ich schon lange machte: Ich sah Menschen in den Gottesdiensten schlafen. Dies wäre aus der reinen Beobachtung nicht schlüssig geworden.

Sprache ist relevant in der Beobachtung, weil einerseits im Feld Sprache verwendet wird, indem Dinge mit native terms bezeichnet werden – und weil andererseits die Beobachtung selbst (zumindest unter anderem) in Sprache „übersetzt" wird. Dabei handelt es sich tatsächlich um eine Übersetzung, bei der ja nicht einfach eine Beobachtung in Sprache überführt wird, sondern bei der nach entsprechenden Worten gesucht werden muss, zumal unterschiedliche Sprachen unterschiedliche Begriffe kennen. Beschreibungen bilden die soziale Wirklichkeit demnach nicht ab, sondern sie konstruieren eine zweite Wirklichkeit. Sie sind *Tales of the Field* (Van Maanen 1988/2011) und haben deshalb stets eine narrative Qualität; wie im Übrigen alle soziologischen – gar alle wissenschaftlichen – Studien, was sie allerdings nicht offenlegen. Sie sind eine *Konstruktion zweiter Ordnung* (Schütz 2004, S. 159 ff., 1971, S. 51 ff.), während die fluiden Situationen in der sozialen Wirklichkeit die Konstruktionen erster Ordnung sind. Diese „Krisis der Repräsentation" (Clifford und Marcus 1986; Geertz 1993; Van Maanen 1995) behandelt in der Anthropologie vorwiegend den Text, allerdings trifft dasselbe auch für visuelles Datenmaterial – also Skizzen, Fotos und Film – zu. Das Ziel der Designethnografie besteht darin, Ausschnitte von Lebenswelten aufgrund von Beobachtungen mit unterschiedlichen Datentypen (Text, Foto, Film, Skizzen etc.) zu (re)konstruieren und diese in iterativen Prozessen in Gestaltung zu transferieren.

6.4 Interviews und Gespräche

Wie im vorherigen Kapitel dargelegt, gibt es Situationen und Handlungen, deren Bedeutung aufgrund von Beobachtung nicht schlüssig wird. Hier bieten sich Interviews oder Gespräche als Methode zur Klärung an. Ich führe bewusst beide Begriffe auf, denn es handelt sich um zwei verschiedene Gattungen der Face-to-Face-Kommunikation. Das Interview ist im 19. Jahrhundert in der amerikanischen Presse entstanden. Polizeireporter haben sich bei aufkommenden *Human Interest Stories* am Polizeiverhör orientiert und Zitate in die Texte einfließen lassen (Haller 2001, S. 21 ff.). Die neue Recherchemethode sorgte damals nicht nur für Begeisterung: Das Interview sei das „vereinte Produkt aus dem Humbug eines Politikers und dem anderen Humbug eines Zeitungsschreibers", schrieb 1869 die New Yorker *Nation* (zitiert in Haller 2001, S. 21). Die Massenmedien haben so etwas antizipiert, das erst ein paar Jahrzehnte danach als sozialwissenschaftliche Methode etabliert wurde. Heute unterteilt man in qualitative und quantitative, offene und standardisierte Interviews, in denen hart oder weich gefragt werden kann (Atteslander 2003, S. 120 ff.). Eine weitere Unterteilung betrifft *klassische* und *idealistische* Interviews, wobei in den ersten Probanden und Probandinnen ihre realen Lebens- und Erfahrungswelten darlegen, in den zweiten hingegen Wünsche und andere denkbare Wirklichkeiten skizzieren (Byrne 2012, S. 208).

Frage-Antwort-Situationen liegen Wissensdisparitäten zugrunde (wären sie nicht vorhanden, gäbe es keinen Grund, zu fragen). Im Weiteren ist das sozialwissenschaftliche Interview eine künstliche Situation, die so in der Alltagskommunikation nicht stattfindet – ähnlich wie die Beichte, das psychoanalytische Gespräch oder das Polizeiverhör. Sie alle unterliegen bestimmten Rahmungen und Machtverhältnissen, die mehr (Polizeiverhör) oder weniger explizit (Psychoanalyse) sind. Das wirft Fragen auf: Was erhofft sich die interviewte Person? Was sind ihre Ziele und Motivationen, um beim Interview mitzumachen? Weiß die befragte Person, als wer sie im Interview angesprochen wird? Ist die interviewte Person einverstanden, dass das Interview akustisch aufgenommen wird? Jedes Interview hat ein bestimmtes Setting: Es findet – teils unter Vereinbarung (Experteninterview), teils unter Zwang (Verhör) – statt. Das Setting hat einen wesentlichen Einfluss aufs Gespräch. Und dies entscheidet sich gleich am Anfang:

6.4 Interviews und Gespräche

„Der Interviewer muss in den ersten Minuten eine Situation herstellen, die so entspannt und offen ist, dass Menschen darin ohne Befürchtungen die unterschiedlichsten Aspekte ihrer Person und ihrer Lebenswelt zeigen können" (Hermanns 2008, S. 363).

Von Videoaufnahmen wird in der Regel eher abgeraten, weil diese die Gesprächsatmosphäre negativ beeinträchtigen können. Selbstverständlich müssen Interviews immer akustisch aufgenommen werden. Das Einschalten des Aufnahmemodus im iPhone führt übrigens oftmals zu einem Bruch: Ab diesem Moment werden Gespräche oftmals plötzlich formal und „künstlich", was sich nach kurzer Zeit wieder behebt. Ich habe in Interviews oftmals die Erfahrung gemacht, dass eine befragte Person nach Deaktivierung der akustischen Aufnahme nochmals richtig zu erzählen beginnt, sobald der formale Teil vorüber war. Das sind interessante Situationen, die zeigen, wie sehr die Technologie auf unser Verhalten einwirkt. Auf jeden Fall braucht der Interviewer die Kompetenz, „*Rollen zu verstehen*, zu erfassen, ‚als wer' er selbst gesehen wird, ‚als wer' sein Gegenüber handelt und spricht" (Hermanns 2008, S. 364). Harry Hermanns bezeichnet das Interview als ein Drama, das von der Interviewerin wesentlich gestaltet wird. Er gibt die folgenden Regieanweisungen (2008, S. 367):

- Rahmen und Ziele des Interviews sollten der interviewten Person mit einem Briefing transparent gemacht werden.
- Während des Interviews sollte eine angenehme Atmosphäre geschaffen werden.
- Die interviewte Person sollte den Raum erhalten, um mehrere Aspekte der eigenen Person zu zeigen. Wenn ihr etwas peinlich sein sollte, sollte die Interviewerin zeigen, dass sie das aushält, und dem Thema nicht ausweichen.
- Das Drama soll sich entwickeln können. Das wird begünstigt, indem kurze und leicht verständliche Fragen zur Lebenswelt der befragten Person gestellt werden. Dabei sollte keine Milieusprache oder Jargon imitiert werden.
- Im Gespräch sollen keine theoretischen Konzepte, sondern die Lebenswelt der befragten Person exploriert werden. Dies impliziert, dass die Interviewerin nachfragt, wenn etwas unklar ist, und sich Situationen genau erläutern lässt.

Leitfaden- und Experteninterviews

Das Spektrum von Interviews reicht von schwach strukturiert (narrative Interviews, ethnografische Interviews, Gespräche) bis zu stark strukturiert (quantitativ basierter Fragebogen und Multiple-Choice-Befragungen). Leitfaden- und Experteninterviews sind Mischformen, in der die Interviewerin dem Interviewleitfaden oder der Themenliste folgt, zugleich aber Folgefragen stellt. Beides – ein Leitfaden mit ausformulierten Fragen oder eine Themenliste – kann im Interview Orientierung leisten und als Gedächtnisstütze fungieren. In der realen Interviewsituation werden ohnehin oftmals spontane Anschlussfragen gestellt.

Eine gute inhaltliche Vorbereitung ist bei Experteninterviews zwingend notwendig: Es hat kaum einen Sinn, bei Expertinnen genau jene Wissensbestände abzufragen, die sie schon in wissenschaftlichen Texten publiziert haben. Dazu kann man genauso gut die Texte lesen, was bereits zur Vorbereitung eines Experteninterviews gehört. Der Interviewer sollte kompetent auftreten und die Thesen und Theorien der Expertin kennen und dieses Wissen als Grundlage fürs Erstellen des Interviewleitfadens nutzen (insofern er benutzt wird, was bei Experteninterviews zu empfehlen ist). Eine gute Vorbereitung ist einerseits Ausdruck des Respekts gegenüber der Expertin und wird andererseits einem konstruktiven Gespräch förderlich sein. Michaela Pfadenhauer spricht deshalb von einem „Gespräch zwischen Experte und Quasi-Experte" (2002). Zugleich allerdings sollte die Interviewerin nicht besserwisserisch auftreten: Dies könnte die Gesprächsatmosphäre negativ beeinflussen und eine konfrontative (und nicht explorative) Stimmung schaffen. In diesem Zusammenhang ist darauf hinzuweisen, dass längst nicht alle Experten über ihr Wissen publizieren. In modernen, funktional differenzierten Gesellschaften bilden sich ganz unterschiedliche Wissenskulturen heraus. Viel Wissen basiert nicht auf formalen Ausbildungen und ist entsprechend nicht artikuliert. Man denke etwa an „Social Media Influencer", „Tutorial-Betreiber" oder an Protagonisten der „Makers-Szene". Die Fragen können sich folglich – und dies macht das Interview für die befragte Expertin interessanter – auf eine fallspezifische Anwendung einer bestimmten Theorie bzw. eines Expertenwissens beziehen. Experteninterviews sind daher nicht einfach als ein Abfragen von Fachwissen zu verstehen, sondern sie haben einen genuin explorativen Charakter und führen im Idealfall auch die befragte Expertin zu neuen Reflexionen, Überlegungen und möglicherweise gar Einsichten.

Experteninterviews haben einen relativ formalen Charakter, was schon daran liegt, dass man einen Termin von idealerweise einer Stunde vereinbaren muss. Da Expertinnen oftmals stark beruflich eingebunden sind und wenig Zeit haben, kann ein Leitfaden helfen, in einer begrenzten Zeit sämtliche wichtigen Themen zu behandeln – möglicherweise ist die Weiterführung des Kontakts danach nicht möglich. Deshalb müssen Experteninterviews oftmals relativ zielorientiert und fokussiert sein – und hier hilft der Leitfaden, weshalb auch vom „leitfadengestützten Experteninterview" (Liebold und Trinczek 2009, S. 32) die Rede ist. Zugleich birgt der Leitfaden die Gefahr, dass das Gespräch nicht offen geführt wird (Bogner et al. 2014, S. 3). Schließlich sind Experteninterviews zugleich explorativ: Entsprechend sollten sie – trotz Leitfaden und trotz formaler Interviewsituation – einen Gesprächscharakter aufweisen. Dies zeigt, dass Experteninterviews ambivalent sind: Liebold und Trinczek sprechen von einer „geschlossenen Offenheit" (2009, S. 53). Entsprechend lassen sich diese Interviews deduktiv, also entlang der Themen des Leitfadens, oder abduktiv im Stile der Grounded Theory auswerten (Liebold und Trinczek 2009, S. 71 ff.). Wichtig während der Interviewführung ist, dass offen und nicht geschlossen gefragt wird; dass die Antworten neue Horizonte eröffnen und sich nicht einfach mit Ja oder Nein beantworten lassen (Liebold und Trinczek 2009, S. 38). Ein absolutes Muss besteht darin, Experteninterviews akustisch aufzunehmen: Niemand kann Notizen machen und gleichzeitig ein Gespräch führen.

Ob man Experteninterviews vollständig und nur stellenweise transkribiert (und den Rest paraphrasiert), ist – wie bei allen anderen Interviews und Gesprächen – abhängig von der Forschungsfrage und nicht zuletzt von der Relevanz, die das Interview innerhalb der Forschung hat: Falls es die Hauptmethode ist, empfiehlt sich eine vollständige Transkription. Ist es eine komplementäre Methode, dann können nur wichtige Sequenzen transkribiert werden. Experteninterviews sollten im Übrigen – ganz besonders bevor sie publiziert werden – der befragten Person zum Gegenlesen zugeschickt werden. So können allfällige Missverständnisse behoben werden. Oder es können Indiskretionen, welche die befragte Person im Gespräch zwar preisgab, doch nachträglich bereut, korrigiert werden. Ob man diesem Wunsch entgegenkommt, liegt natürlich daran, ob das Gespräch anonymisiert wird oder nicht und ob es einer Öffentlichkeit zugänglich gemacht wird. Wenn zu genau transkribiert wird, kann Gegenlesen dazu führen, dass die befragte Person sich gegen eine Publikation wendet, da die wörtlichen Formulierungen sie in kein gutes Licht setzen. Allerdings muss man anfügen, dass gerade bei Experteninterviews in den allermeisten Fällen eine Transkription in die Standardorthografie (Kowal und O'Connell 2008, S. 441) ausreicht, denn: „Experten interessieren nicht als Personen, sondern als Träger von Wissen, an dem der Sozialforscher interessiert ist" (Liebold und Trinczek 2009, S. 37).

Narratives Interview
Ganz anders verhält sich dies beim *narrativen Interview*, das im Umfeld des symbolischen Interaktionismus in den USA entstanden und von Fritz Schütze (1983, 1984) in den deutschen Sprachraum eingeführte wurde. Dort wird besonders die Initialfrage gewichtet: Sie soll einen möglichst freien Erzählfluss evozieren, worauf sich die Interviewerin zurückhält, um diesen nicht zu stören. Das narrative Interview ist in drei Phasen gegliedert (Küsters 2009, S. 54 ff.; Schütze 1983, S. 285):

- *Erzählaufforderung:* Die autobiografisch orientierte Erzählaufforderung kann sich auf die gesamte Biografie oder auf eine bestimmte Lebensphase – zum Beispiel eine religiöse Konversion, Krankheit oder längere Arbeitslosigkeit – fokussieren. Dieser „Erzählstimulus", der im Idealfall einen Erzählfluss in Gang setzt, soll offen formuliert und nicht suggestiv sein. Die interviewte Person markiert mit Bemerkungen wie „so, das war es" das Ende dieser Sequenz.
- *Immanentes Nachfragen:* Hier nimmt die Interviewerin bestimmte Aussagen der ersten Erzählung auf und fragt vertieft nach. Es ist wichtig, dass auch diese Fragen offen formuliert sind und neue Erzählflüsse evozieren.
- *Exmanentes Nachfragen:* Hier wird die Interviewerin eigene Themen ins Interview einbringen, die nicht zwingend einen Bezug zum bereits Erzählten haben müssen. Diese Fragen können sich auf andere Interviews oder auch auf theoretisches Wissen beziehen.

Ein narratives Interview dauert mindestens eine Stunde. Ob die Initialfrage tatsächlich reicht, um einen Erzählfluss in Gang zu setzen, ist von verschiedenen Faktoren abhängig; von der gegenseitigen Sympathie zwischen den zwei Gesprächspartnern (man sollte ein narratives Interview alleine durchführen, zumal man sich einer Person deutlich besser öffnen kann), vom Vertrauen des Interviewten in die Interviewerin, von der Situation und vom Ort, wo das Interview stattfindet, von der ausgehandelten Zeit, von der vereinbarten Anonymisierung und von kulturellen Prägungen. Ob nämlich jemand bereit ist, aufgrund einer Initialfrage Züge seiner Autobiografie zu schildern, ist nicht nur eine Frage des Vertrauens, sondern auch der Kultur.

Autobiografisches Erzählen ist keine anthropologische Konstante. Die Autobiografie ist im Zuge der Modernisierung in Europa entstanden, was sich unter anderem in den Bekenntnissen von Rousseau (1985) und im aufkommenden Roman abbildet, bei dem Introspektion literarisch objektiviert wurde. Es handelt sich dabei um „institutionalisierte Bekenntnisse" (Hahn 1982, S. 407 ff.), bei denen das Individuum über sich selbst als Gesamtheit spricht (Krech und Schlegel 1998, S. 169). Indem diese Gespräche wörtlich transkribiert werden, entstehen Datentexte,

> „welche die Ereignisverstrickungen und die lebensgeschichtliche Erfahrungsaufschichtung des Biographieträgers so lückenlos reproduzieren, wie dies im Rahmen systematischer sozialwissenschaftlicher Forschung überhaupt nur möglich ist. Nicht nur der ‚äußerliche' Ereignisablauf, sondern auch die ‚inneren Reaktionen', die Erfahrungen des Biographieträgers mit den Ereignissen und ihre interpretative Verarbeitung in Deutungsmustern, gelangen zur eingehenden Darstellung" (Schütze 1983, S. 285 f.).

In diesem Zusammenhang ist darauf zu verweisen, dass Interviews nicht Wirklichkeiten abbilden, sondern sie narrativ rekonstruieren. Es handelt sich also nicht um Spiegelungen (Hahn 1995, S. 140). Das narrative Interview ist der soziale Ort, „an dem biographische Identität zum Ereignis wird" (Bohn und Hahn 1999, S. 35). Schütze weist darauf hin, dass sich auch schriftliche Kommunikationsformen, die sich an nicht bekannte Adressaten des Textproduzenten richten (zum Beispiel Tagebücher, Online-Blogs etc.), stets für ein potenzielles Publikum geschrieben werden, womit die Autoren potenzielle Reaktionen antizipieren (1976, S. 10 f.).

Das narrative Interview nach Fritz Schütze ist auf Biografie-Forschung angelegt, es können damit aber auch einzelne lebensgeschichtliche oder persönliche Befunde oder biografische Schwerpunkte erfragt werden wie zum Beispiel Berufsbiografien, biografische Diskontinuitäten (religiöse Konversionen, Traumata, Trennungen, Berufswechsel etc.) und jegliche Formen der Lebensstile und -entwürfe. Das narrative Interview wird zwar offen geführt, hat aber mit dem dreiteiligen Aufbau und dem sechsteiligen Analyseverfahren doch eine Struktur. In diesem Kontext ist festzuhalten, dass biografische Interviews auch mit anderen Ansätzen ausgewertet werden können; zum Beispiel mit dem offenen Codier-Verfahren der Grounded Theory (siehe Kapitel *Analyse*).

Gespräche
Roland Girtler kritisiert das narrative Interview, weil der Forscher den Befragten mit der Initialfrage unter Zugzwang setze. Zudem seien Interviews darauf angelegt, möglichst schnell und gezielt an bestimmte Informationen zu gelangen, was Druck auf den Befragten ausübe (2001, S. 147 f.). Sein Vorschlag besteht im *ero-epischen Gespräch*, „bei dem es um Erzählungen und Geschichten geht, die sich so ziemlich auf alles einer Kultur oder Gruppe beziehen können" (Girtler 2001, S. 147). Das *ero-epische Gespräch* zeichnet sich durch eine hohe Offenheit aus: „Der Feldforscher weiß zu Beginn noch gar nicht, wie die betreffende Welt aussieht, über die er etwas erfahren will. Er muss sich erst an diese herantasten, aber dies geschieht eben nicht durch plumpe Eingangsfragen, sondern eben im Gespräch" (Girtler 2001, S. 149 f.).

Girtler kritisiert die Machtsituation, die Interviews zugrunde liegt, und er fordert, dass sich beide Parteien ins Gespräch einbringen sollen und beide Lernende seien (2001, S. 147). Anne Honer wiederum spricht vom *explorativen Interview*, das „möglichst weite, ‚unbekannte', auch latente Wissensgebiete der Befragten" (Honer 2011) erschließen soll. Ähnlich offen wird das *ethnografische Interview* (Maeder 1995, S. 66 f.; Schlehe 2008; Spradley 1979) geführt. Es zeichnet sich dadurch aus,

„*dass der Forschende von seinen Informanten zuerst überhaupt lernen muss*, die richtigen Fragen zu stellen. Erst nach und nach, wenn in den Auswertungsphasen außerhalb des Feldes der begründete Verdacht auf die Wichtigkeit von bestimmten Kategorien fällt, wird das Gespräch in einem nächsten Feldaufenthalt entlang den daraus generierten ‚Hypothesen' eingeengt" (Maeder 1995, S. 66).

Ethnografische Interviews beginnen offen und werden zunehmend geschlossen. So werden in einem abduktiven Prozess während eines Interviews Hypothesen entwickelt, die in neue Fragen eingeflochten werden. Idealerweise findet dies in einem iterativen Forschungsprozess mit mehreren Feldaufenthalten statt, was selbstverständlich nicht immer möglich ist.

Die relativ formalen Interviews, die an einem bestimmten Ort und zu einer vereinbarten Zeit stattfinden, unterscheiden sich von Gesprächen, die eine alltägliche Kommunikationsform sind: „‚Gespräch' betont die Natürlichkeit der Situation, in der Interviewer und Interviewter keine festen Rollen sind, sondern sich Gespräche ergeben, wie sie sich ergeben – und damit den starren [...] Interviewstrukturen entkommen können" (Dellwing und Prus 2012, S. 117). Gespräche haben den Vorteil, dass sie informell geführt werden; also ohne „künstliche" Interviewsituationen. Dies kann den Nachteil haben, dass akustische Aufnahmen nicht erwünscht oder nicht möglich sind und deshalb verdeckt gemacht werden müssen. Letzteres kann ethisch fragwürdig oder gefährlich sein; etwa dann, wenn es von den Abgehorchten aufgedeckt wird und wenn diese zugleich gewaltbereit sind. Sind akustische Aufnahmen nicht möglich, dann verunmöglicht dies eine genaue Analyse des Datenmaterials. Notizen können selbstverständlich helfen während eines Gesprächs, aber viele *native terms* gehen dabei verloren.

Grashütten- und Laborgespräche

Wichtig ist der Ort, wo ein Gespräch bzw. Interview stattfindet: Findet es in der untersuchten Lebenswelt – also in „Grashütten" (Knoblauch 2001, S. 133) oder in einem „Labor" –, also zum Beispiel in einem Seminarraum einer Universität statt? Die Befürworter der Laborsituation argumentieren damit, dass durch diese „neutrale" Umgebung Zusammenhänge präziser erläutert werden. Es stellt sich allerdings erst einmal die Frage, wie „neutral" ein Labor – etwa ein Seminarraum – überhaupt ist. Ein Seminarraum ist ja – wie schon erwähnt – eine Materialisierung von gewissen Bildungsidealen und Hierarchien. Es gibt daher wohl „keine dekontextualisierten, d. h. ‚reinen' Interviewsituationen" (Liebold und Trinczek 2009, S. 40). Man begibt sich nicht als ein Neutrum in ein Interview, sondern man hat einen Habitus, eine biografische Herkunft etc. Auch das Geschlecht kann – je nach Interviewsituation und -kontext – eine sehr wichtige Rolle spielen (Bogner et al. 2014, S. 55). Und ebenso vermitteln Kleidung, Frisur, Stil und Habitus bestimmte Informationen und soziale Identitäten, die durchwegs Einfluss auf die Gesprächsführung haben.

Ein Gespräch in „Grashütten" ermöglicht eine direkte Bezugnahme auf vorhandene Dinge. Daniel Miller hat dies mit seiner Studie über Dinge in 100 Wohnungen in einer Londoner Straße und deren biografischen Bedeutungen für deren Bewohner gezeigt (2010). Dieses Verfahren wäre in einem Labor bzw. einem „neutralen" Raum nicht möglich. Es setzt voraus, dass die Dinge in einer bestimmten Lebenswelt vorhanden sind und dass man in einem Gespräch auf sie Bezug nehmen kann. Zugleich allerdings können in solchen Situationen auch Mitmenschen anwesend sein, welche die Schilderung des Interviewten möglicherweise beeinflussen. Der Befragte wird möglicherweise gewisse Befindlichkeiten nicht artikulieren, wenn Menschen seiner persönlichen Umwelt anwesend sind und zuhören. Zumindest wird er oder sie kaum etwas über zwischenmenschliche Spannungen in diesem Umfeld berichten. Bei unserer Feldforschung über Menschen mit Behinderung in Angola war es für uns einigermaßen befremdend, mit Betroffenen über Intimitäten in Anwesenheit ihrer Familien und Freunde zu sprechen. Unsere Vorstellung von Privatsphäre wurde so widerlegt.

Ein Treffen in der Lebenswelt der Befragten hat grundsätzlich eine ganz andere Atmosphäre. Ein Gespräch entwickelt sich ganz anders, wenn man gemeinsam trinkt oder isst. Schon die Frage, ob man gemeinsam an einem Tisch sitzt oder sich bewegt – zum Beispiel durch eine kleine Führung durch ein Gebäude oder eine Wohnung oder einen gemeinsamen Spaziergang –, erzeugt ein anderes Gespräch. Ein Spaziergang mit einer Person auf einem ihr vertrauten Territorium zeigt, wie Menschen sich Räume aneignen (Lee und Ingold 2006). Sarah Pink schlägt die visuelle Methode „Walking with Video" vor, bei dem die Befragten durch ihre lokalen Territorien spazierten, während sie gefilmt werden. Pink geht von der Annahme aus, dass Wege und Routen nicht einfach funktional Orte verbinden, sondern dass sie eine sensuelle und imaginative Raumaneignung darstellen (2007, S. 240 ff.; Holliday 2007, S. 256). Indem sie ihre Partizipanten direkt beim Spazieren filmt und erzählen lässt, erhält sie Datenmaterial über deren subjektive Sinnwelten (siehe Kapitel *Foto und Film*).

6.5 Gruppengespräche

Wie im folgenden Kapitel zu partizipativen Forschungsansätzen erläutert wird, sind Gruppengespräche und Gruppendiskussionen sinnvoll, um Datenmaterial gemeinsam zu generieren, zu interpretieren und auszuwerten. Der Ansatz lautet dann, Gespräche mit Partizipanten und Partizipantinnen durchzuführen, sie auditiv aufzunehmen, um Kernaussagen zu transkribieren und zu analysieren. Gegenüber der audiovisuellen Aufnahme von Gruppengesprächen gibt es berechtigte Vorbehalte: Die Präsenz einer Kamera kann eine offene Diskussion hemmen. Deshalb werden Gruppengespräche oftmals nur auditiv aufgenommen. Dabei sollten die Gruppen nicht zu groß sein, da sich sonst die einzelnen Sprechsequenzen kaum mehr zuordnen lassen. Es gibt zahlreiche Ansätze, wie solche gemeinsamen Gespräche gestaltet und durchgeführt werden können. Folgend werden drei erläutert: *Brainstorming, Gruppendiskussion* und *Fokusgruppen*.

Brainstormings sind ein etablierter Ansatz, der in unterschiedlichen Feldern – im Management, Design, in den Wissenschaften etc. – praktiziert wird, um Themenfelder zu explorieren. Entsprechend steht das Brainstorming in den meisten Fällen am Anfang eines Forschungs- bzw. Designprozesses. Deshalb handelt es sich dabei um eine Sammlung von Phänomenen zu einem Thema. Das Vorgehen ist assoziativ und explorativ. Aus diesem Grund ist es wichtig, dass besonders in der ersten Phase die Phänomene nicht kommentiert und bewertet werden. Sie müssen einfach gesammelt werden, wobei zuerst Quantität und nicht Qualität erstrebt wird (Gogus 2013, S. 138). In einer zweiten Phase wird selektioniert und qualitativ vertieft. Ähnlich funktioniert übrigens das auf die Surrealisten zurückgehende *Brainwriting*, bei dem es darum geht, das rationale Denken auszuschalten und zu einem Thema während einer kurzen Zeit Ideen zu formulieren (Brandes et al. 2009, S. 167 f.).[22] Ein Brainstorming wird in der Regel – im Gegensatz zu den zwei folgenden Ansätzen – nicht auditiv aufgenommen, denn erstens geht es hier um die Sammlung der Ideen, die ja jeweils von jemandem aufgeschrieben werden, und zweitens könnte eine audiovisuelle Aufnahme die Teilnehmer und Teilnehmerinnen hemmen, auch Unreflektiertes und Unüberlegtes zu sagen.

Gruppendiskussionen werden sehr offen geführt. Dabei stehen „von vornherein *kollektive* Phänomene – Erfahrungszusammenhänge, Prozesse und Orientierungen – im Vordergrund" (Liebig und Nentwig-Gesemann 2009, S. 104). Es kann sich um „Realgruppen" handeln, die bereits vor dem Forschungsprojekt Kontakt haben oder um künstlich zusammengestellte Gruppen (Liebig und Nentwig-Gesemann 2009, S. 105). Ideal sind Gruppen von zwei bis maximal zehn Personen, „um ein Auseinanderfallen der Gruppen und eine in der Transkription nicht mehr zu rekonstruierende Verschachtelung mehrerer Diskurse zu vermeiden" (Liebig und Nentwig-Gesemann 2009, S. 105). Es kann von Vorteil sein, wenn die Gruppe eine

---

22 In eine ähnliche Richtung geht das 1984 entwickelte „Ideen-Marathon-System", eine Kreativitätstechnik, bei der während mehrerer Tage Ideen zu einem bestimmten Thema aufgeschrieben werden (vgl. Higuchi 2013, S. 871 ff.).

gewisse Homogenität aufweist, weil Themen so vertieft behandelt werden können. Die Konstellation soll nicht zur Konfrontation führen, sondern zur Exploration und „zu ‚übergemeinschaftlichen' konjunktiven Entstehungszusammenhängen kollektiver Orientierungen" (Liebig und Nentwig-Gesemann 2009, S. 105). Es ist von Vorteil, wenn die Interviewerin nicht zu stark steuert und interveniert, sondern sich eher passiv verhält. Ähnlich wie beim narrativen Interview soll in der Gruppendiskussion eine eigene Erzähldynamik entwickelt werden – nur eben im Austausch mit mehreren Personen. Die Gruppendiskussion beginnt also sehr offen, mit der Zeit werden bestimmte Themen fokussiert, bis ein *exmanentes* Nachfragen der Interviewerin erfolgt, bei der auch die demografischen Angaben der Partizipanten erfasst werden (insofern das nicht vorher schon gemacht worden ist). Aus einer soziologischen Perspektive sind Gruppendiskussionen „kommunikative Konstruktionen von Wirklichkeit" (Reichertz 2013b, S. 8).

Fokusgruppen sind zielgerichteter. Sie sind weniger offen und eignen sich daher eher für spätere Phasen in einem Forschungsprozess, in der Hypothesen zur Diskussion gestellt werden. Sie sind „ein moderiertes Diskursverfahren, bei dem eine Kleingruppe durch einen Informationsinput zur Diskussion über ein bestimmtes Thema angeregt wird" (Schulz 2012, S. 9). Dabei nehmen in der Regel zwischen sechs bis zwölf Personen teil, die im Idealfall einen ähnlichen Hintergrund bzw. Bezug zum Thema haben und die soziodemografisch relativ homogen sind. Dies begünstigt eine offene Diskussion. Die Zeitdauer beträgt meist zwischen anderthalb und drei Stunden. Hier darf die Diskussionsleiterin durchwegs stärker in den Vordergrund treten und die Gesprächssituation aktiver lenken als in der Gruppendiskussionen.

Alle drei Typen der Gruppendiskussion sollten von einer möglichst neutralen Person moderiert werden, die Antworten weder kommentiert noch bewertet. Dies würde die Gesprächskultur hemmen. Wo man Gruppendiskussionen in einem Forschungsprojekt verortet, ist abhängig vom Kontext: Sie können am Anfang des Projekts situiert werden, um Themenfelder zu explorieren, oder am Ende, um Hypothesen oder Prototypen zu diskutieren und abzuwägen. Tendenziell sind Gruppendiskussionen eher am Anfang und Fokusgruppen im fortgeschrittenen Forschungsprozess zu verorten. Ähnlich verhält es sich mit der Frage, ob es sich dabei um eine Hauptmethode oder komplementäre Methoden handelt. Partizipative Ansätze, Fotobefragungen und Gruppengespräche sind in der Forschungspraxis oftmals ineinander verflochten und nicht zu trennen. Wie bereits erwähnt, werden besonders Gruppendiskussionen und Fokusgruppen meist auditiv aufgenommen. Die Gespräche bzw. ihre Schlüsselsequenzen werden transkribiert und fungieren als Datenmaterial für eine Textanalyse mittels offenem Codieren. Die Ergebnisse können natürlich auch visualisiert werden (Pelz et al. 2004).

6.6 Sinne

In westlichen Gesellschaften geht man davon aus, dass wir fünf Sinne haben: Sehen, Hören, Riechen, Schmecken und Tasten. Diese Klassifizierung, die auf Aristoteles zurückgeht (Arantes 2014, S. 24), ist allerdings nicht universal. Kathryn Linn Geurts fand bei ihren Forschungen bei den Ewe in Ghana Begriffe, die psychische und zugleich körperliche Wahrnehmung bezeichnen, womit die Dualität von Geist und Körper, die das westliche Denken prägt, nicht existiert (2002, S. 197). Werden Sinne in anderen Gesellschaften kulturell anders klassifiziert, dann hat dies Folgen für die Wahrnehmung (Pink 2015, S. 59 ff.). Dies macht auf ein Problem aufmerksam, dass jeder Auseinandersetzung mit sinnlicher Wahrnehmung inhärent ist: Wir erfahren die Welt sinnlich, können diese Wahrnehmungen aber nicht direkt ausdrücken, sondern beziehen uns dabei immer auf kulturelle Klassifikationsmuster. Sinne kann man auch nicht messen (Pink 2015, S. 136). Man kann lediglich versuchen, sie zu beschreiben – und begibt sich dabei ins Feld der Hermeneutik.

Es sind vermutlich diese epistemologischen Schwierigkeiten im Umgang mit der sinnlich wahrnehmbaren Welt, die dazu beigetragen haben, dass eine „Anthropology of the Senses" (Howes 1991) nach wie vor ein marginales Phänomen ist. Zugleich ist Feldforschung eine genuin körperliche und sinnliche Erfahrung (Coffey 1999, S. 59 ff.). Wenn wir die Lebenswelten westlicher Gesellschaften verlassen, sehen wir Zeichen und Symbole, die wir nicht dechiffrieren können. Wir sehen andere Farbtöne im Alltagsleben. Wir hören – je nachdem – eine Sprache, die wir nicht verstehen. Der Lärmpegel ist möglicherweise deutlich höher als in zentraleuropäischen Städten. Diese Differenzen werden wir mehr oder weniger bewusst an Orten des öffentlichen Lebens wahrnehmen: auf Märkten und Plätzen, in Restaurants, Bars und Bibliotheken. Wenn wir dazu noch in die Häuser oder Wohnungen der Menschen gehen, werden wir uns nochmals in ganz anderen Welten wiederfinden.

Unterschiedliche Orte haben spezifischen Duft- (Low 2005) und Geräuschwelten (Vokes 2007). Ein Spital, eine Kirche, ein Kneipe an der Ecke, ein Boxkeller, ein irisches Pub, eine mexikanische Taqueria. Auch Dinge haben Gerüche – nicht etwa nur Nahrungsmittel, sondern auch Bücher, Möbelstücke, Wäsche, ein Autoinnenraum. Dinge haben ihre eigene Haptik, die wir tastend erfahren (Classen 2005). Im Kontext von anthropologischen „Sound Studies" (Schlüter 2014) wirft dies unterschiedliche Problematiken und Fragen auf: Zweifellos sind Gerüche, Düfte und Gestank wesentliche alltagsweltliche Erfahrungen (Low 2005, S. 407), mit der Kategorien wie sauber/schmutzig, weiblich/männlich, alt/neu, natürlich/künstlich etc. klassifiziert werden. Das Problem besteht darin, dass sich sinnliche

6.6 Sinne

Erfahrungen nicht in Sprache übersetzen lassen. Zugleich stellt die intersubjektive Sprache Begriffe bereit, mit denen Empfindungen von „dreckig" und „sauber" klassifiziert werden (Douglas 1985). Insofern muss eine Beschreibung von subjektiven sinnlichen Wahrnehmungen im Kontext einer ethnografischen Studie weniger als ein Abbild einer Erfahrung verstanden werden, sondern als Teil eines kulturellen Klassifikationssystems, in das die Forscherin selbst verwoben ist. Die Annahme lautet, dass die entsprechenden Klassifikationen ein elementarer Teil der Kultur sind. Zur Erforschung der „Sensory Categories" (Pink 2015, S. 148 ff.) sind interaktive und partizipative Verfahren geeignet, in die sich die Forscherin selbst einbringt.

Sarah Pink spricht in diesem Kontext von einem „multisensory approach" (2011), „Digital-Visual-Sensual-Design Anthropology" (2014) und von „sensory ethnography" (2015); Arantes und Rieger von sinnlicher Ethnografie (2014).[23] Die sinnliche Erfahrung, die in diesem methodischen Ansatz explizit wird, ist Teil jeder ethnografischen Feldforschung. Pink macht darauf aufmerksam, dass in einer ethnografischen Feldforschung eine subjektive genauso wie eine intersubjektive Sinnlichkeit ihre Relevanz haben (2015, S. 62): Subjektiv meint die persönliche Wahrnehmung der Forscherin. Intersubjektiv bedeutet, dass diese Erfahrung der Forscherin in einem kulturellen Kontext und in sozialen Beziehungen mit anderen vernetzt ist. Da die „Übersetzung" von sinnlicher Erfahrung in Text die bereits genannten Schwierigkeiten in sich birgt, schlägt Pink vor, Interventionen durchzuführen (2015, S. 7). Damit meint sie Ereignisse wie die gemeinsame Produktion eines Filmes, eines Kochrezeptes oder eines Songs mit den Partizipanten.

In diesem Zusammenhang sind nochmals die „breaching experiments" von Harold Garfinkel zu erwähnen, mit denen alltagsweltliche Normen irritiert und so sichtbar werden: Der Soziologe Kelvin E. Y. Low hat sich im Anschluss an diese Tradition in einer Studie über Geschlecht und Duft Frauenparfüms angesprüht und sein soziales Umfeld darüber befragt (2005, S. 407). Inga Reimers schlägt auf einer methodologischen Ebene drei Ansätze vor, um sinnliche Erfahrungen zu erforschen:

- *Ethno-Mimesis:* Die von Maggie O'Neill und Phil Hubbard entwickelte Methode „Ethno-Mimesis" (2010) möchte mit künstlerischen Ansätzen sinnliches Wissen hervorbringen. O'Neill und Hubbard haben diesen Ansatz mit Asylbewerbern durchgeführt, mit denen sie durch Städte gelaufen sind und mit denen sie zugleich über deren Empfindungen gesprochen haben.

---

23 Siehe hierzu auch das Sensory Ethnography Lab der Harvard University (Cambridge/MA): https://sel.fas.harvard.edu (5. April 2017).

- *Experimentelle Verfahren:* Forscherinnen planen und realisieren gemeinsam bestimmte Settings. Das kann sich etwa um ein Essen handeln, in dem Ess-Praktiken untersucht werden, bei dem Empfindungen artikuliert und ausgetauscht werden. Mit diesem ergebnisoffenen und experimentellen (nicht im naturwissenschaftlich-deduktiven Sinne) Verfahren sollen inkorporierte Klassifikationsmuster expliziert werden.
- *Situative Gruppendiskussion:* Forscherinnen realisieren multisensuelle Settings – etwa ein Essen – und sie involvieren bestimmte Probandengruppen, mit denen danach Gruppengespräche geführt werden. Die Hierarchien zwischen Forscherinnen und Probanden sollen möglichst flach sein (Reimer 2014, S. 85 ff.).

Die drei Vorschläge von Inga Reimers zeigen, dass die rein sprachliche Ebene verlassen und versucht wird, in Gruppen situativ implizites Wissen explizit zu machen. Auch Sarah Pink betont die Relevanz des gemeinsamen Kochens und Essens: „The practice of eating food prepared by people with whom one is doing research (or preparing food with or for them) is an obvious way to participate in their everyday lives" (Pink 2015, S. 108).

In eine ähnliche interventionistische Richtung geht Übertragung des *photo-elicitation*-Prinzips auf andere Ebenen der Wahrnehmung (Pink 2015, S. 88 ff.): zum Beispiel auf Geräusche und Düfte. Man stellt also Geräusche oder Düfte zur Disposition, worauf ausgetauscht wird, welche Assoziationen diese erwecken. Das ähnelt einer *performativen Ethnografie* (Geimer 2011), bei der Situationen ebenfalls künstlich verändert werden.

6.7 Dinge und materielle Kultur

Ob wir in einer Bibliothek, Bar, einem Büro, Box-Club, Taxi oder Museum verweilen – wir sind umgeben von menschgemachten und designten Dingen, die auf unser Verhalten einwirken. Wir haben uns implizites Wissen über die Praktiken mit diesen Dingen angeeignet, wir haben es inkorporiert. Unser Umgang mit Dingen ist komplex und variabel: Wir kaufen sie, benutzen sie, konsumieren sie, reparieren sie, verändern sie, werfen sie weg, zerstören sie. Das kann sich um sehr einfache, aber auch hochkomplexe technologische Dinge handeln. Technisch einfach ist zum Beispiel Besteck, allerdings nur auf den ersten Blick, was Hartmut Böhme an der Gabel zeigt:

6.7 Dinge und materielle Kultur

> „Ist ein halbwegs konstanter funktionaler Kern entwickelt und wird er, was wichtig ist, historisch stabil gehalten, dann variieren Gabeln nach kulturellen Standards. Eine Gabel ist mindestens ebenso eine Angelegenheit der Etikette, der sozialen Distinktion als ihrer funktionalen Perfektionierung. Spezielle Gabeln für Oliven, Austern, Gewürzgurken, Früchte, Schildkröten aus Dosen, Fisch, Kuchen, in der es auf ostentative *performance* der eigenen Person oder der Klasse und auf all die mit den ‚feinen Unterschieden' vermachten Demarkierungen derjenigen ankommt, die zum vornehmen Stil ‚nicht dazugehören' und folglich ‚draußen bleiben müssen'". (Böhme 2012, S. 102)

Technologisch komplex hingegen ist die Benutzung von Computern, Plottern, Smartphones: Diese haben in gerade einmal einer Dekade die Art und Weise, wie wir kommunizieren, interagieren, uns im privaten und öffentlichen Raum verhalten, wie wir *leben*, fundamental verändert. Fast niemand, der ein Smartphone benutzt, weiß, wie es technologisch funktioniert. Das ist auch nicht notwendig, zumal das Anwendungswissen für den Alltag völlig ausreicht. Erst in der Krise – also wenn das Smartphone nicht mehr funktioniert – offenbart sich seine Komplexität, die im Alltag vom smarten Interface verdeckt wird (Berger und Luckmann 2004; S. 26 f.; Latour 2002, S. 223; Schön 1983, S. 59 ff.). Dass auch ein trivialer Toaster höchst komplex ist, hat Thomas Thwaites mit seinem „Toaster Project" (2011) gezeigt[24]: Er hat Rohstoffe selbst gesucht, bearbeitet und daraus einen massenindustriell produzierten Toaster von Hand nachgebaut: So hat er die Komplexität von massenindustriellen Produktprozessen sichtbar gemacht. Das ist bei einem Toaster bereits ein sehr zeitaufwändiges Verfahren, bei einem Smartphone wäre es schlichtweg nicht möglich.

Jede Gesellschaft hat ihre materielle Kultur, die in der Anthropologie verschiedentlich behandelt wird (Appadurai 1986; Balke et al. 2009; Böhme 2012; Habermas 1999; Hahn 2014, 2015, Miller 2009a, 2010; Tietmeyer et. al. 2010; Tilley 2009; Tilley et. al. 2013). Innerhalb von kleinen sozialen Lebenswelten finden wir unterschiedliche Dinge: In einem buddhistischen Tempel sind andere Dinge vorhanden als in einer katholischen Kirche oder einer Moschee – wenn auch in allen Orten heilige und profane Dinge vorhanden sind. In einer Kung-Fu-Schule befinden sich andere Dinge als in einem Box-Gym. In einem Labor andere Dinge als in einer Anwaltskanzlei. In einer Bar andere als in einem Vorlesungssaal einer Universität. Im Badezimmer andere Dinge als in der Küche. Zugleich gibt es Dinge, die mit an all diesen Orten vorhanden sind: zum Beispiel Schrauben, Glühbirnen, Lichtschalter etc. Dies alles kann in der ethnografischen Forschung bedeutend sein (Lueger 2000, S. 141).

---

24 http://www.thetoasterproject.org (1. September 2017).

Dinge haben eine bestimmte materielle Beschaffenheit; sie können hart, weich, elastisch, rau, glatt, matt, bunt, leicht, schwer etc. sein. Sie sind unter bestimmten Umständen und in bestimmten Kontexten hergestellt worden. Sie haben Funktionen und Bedeutungen, wobei besonders Letztere nichts mit ihrer materiellen Beschaffenheit zu tun haben, sondern auf sozialen Zuschreibungen beruhen. Entscheidend dabei ist, dass nicht alle Dinge gleich bedeutend sind: In einer Kung-Fu-Schule zum Beispiel gilt die Holzpuppe als bedeutender als ein Spiegel, was sich unter anderem daran zeigt, dass man – zumindest in gewissen Schulen – relativ lange trainieren muss, bis man an der Holzpuppe üben darf. Der Spiegel hingegen ist einfach da. Es wird ihm keine besondere Bedeutung zugeschrieben. Und trotzdem ist der Spiegel als „selbstobjektivierendes Gerät" (Habermas 1996, S. 261) fürs Training mindestens so wichtig wie die Holzpuppe, weil vor dem Spiegel die Körperbewegungen praktiziert und verfeinert werden. Die Wichtigkeit des Spiegels wird erst dann bewusst, wenn er – etwa beim Kampftraining – in die Brüche gegangen ist. Insofern ist zu unterscheiden „zwischen solchen Artefakten, die offenbar für die Organisationsmitglieder selbst einen hervorgehobenen Stellenwert einnehmen, und solchen, die gleichsam unterschwellig ihre Bedeutung entfalten" (Froschauer 2009, S. 331).

Wir besitzen Dinge, die für uns eine besondere Bedeutung haben, und andere, deren Vorhandensein wir nicht zur Kenntnis nehmen. Sie sind also einfach da. Sie sind – phänomenologisch gesprochen – in unserer Alltagswelt situiert, wo wir sie nicht reflektieren. Wir schenken nicht allen Dingen dieselbe Aufmerksamkeit: einem Smartphone deutlich mehr als einer Schraube, obwohl Schrauben durchaus elementar sind. Deshalb fordert Bruno Latour ein „Parlament der Dinge" (2009), in dem nicht nur die Dinge thematisiert werden, die in unserer Aufmerksamkeit stehen, sondern auch die anderen: die Dinge, die wir nicht wahrnehmen, die aber trotzdem auf uns einwirken.

Persönliche Dinge und Lebensstile
Einige Dinge sind Teil unserer ganz persönlichen Privatsphäre – und entsprechend teilen wir sie nicht gerne mit anderen Menschen. Habermas bezeichnet diese Dinge als „identity-kid" und er meint damit

> „Hygieneartikel wie eine eigene Zahnbürste, Handtuch und Kamm, eigene Kleidung und Schuhe, gegebenenfalls medizinische Hilfsmittel wie Brillen, Prothesen und Hörgeräte, eine Schlafstelle, eigenes, jedenfalls nicht zugleich von Fremden Bettzeug, eine Handtasche oder ein ähnliches Behälter mit Ausweis und Geld" (Habermas 1996, S. 122 f.).

6.7 Dinge und materielle Kultur

In Wohnräumen sammeln sich persönliche Dinge von Menschen an, die einen bestimmten Lebensstil und Individualität materialisieren. Eine Exkursion in die Nachbarswohnungen im eigenen Wohnblock dürfte einen in ganz andere Welten führen (Miller 2010). Hartmut Böhme erläutert, was wir beim Betreten einer fremden Wohnung empfinden:

> „Das Ich ist da, ohne anwesend zu sein, die Dinge erzählen dem aufmerksamen Besucher von ihrem Besitzer. Sie können dies insofern, als sie nicht nur passive Gefäße für die Aufnahme von Ich-Expressionen sind, sondern auch Speicher und performative Organe ebendieses Ich, das hierin in anderer, metamorphisierter Form und in der spezifischen Morphologie der Dinge selbst präsent ist. Wenn dies nicht so wäre, wäre das Ich präsent nur im nackten Körper-Ich. Doch im Nacktsein ist das Ich am allerwenigsten" (Böhme 2012, S. 99).

Identität ist eingebettet in ein Geflecht aus einer Biografie, einer sozialen Umwelt, einer Kultur und vielen Dingen, deren Anzahl in der Moderne signifikant zugenommen hat. In der modernen Gesellschaft hat, wie dies Peter Berger mit Verweis auf Marion Levy zeigt, vor allem das Verhältnis zu unbelebten Dingen signifikant zugenommen (Berger 1992, S. 16).

Wir besitzen Dinge, die aufgrund biografischer Bezüge eine besondere emotionale Bedeutung haben – so genannte Erinnerungsobjekte (Hahn 2014, S. 37 ff.). Exemplarisch gehören in diese Kategorie Souvenirs, die eine außeralltägliche Erfahrung materialisieren und die Übernahme einer zeitlich oder geografisch entfernten Perspektive evozieren (Habermas 1996, S. 285, 291 ff.) und die eine symbolkommunikative Funktion erfüllen (Nyffenegger 2015, S. 22). In ähnlicher Weise transzendieren Erbstücke das Hier und Jetzt. Sie „verleihen eine soziale (Familien-)Identität (Distinktion und Zugehörigkeit sowie eine historische Identität" (Habermas 1996, S. 292).

Was wir emotional aufwerten, ist nicht nur vom ökonomischen Wert abhängig, sondern auch vom Habitus und Kulturmilieu, in dem wir uns bewegen, von unserem Alter, von der historischen Epoche, in der wir leben etc. Zugleich kann das persönliche Verhältnis zu den Dingen nicht alleine mit soziologischen Faktoren erklärt werden, da diese Beziehungen, die ein Mensch mit den Dingen unterhält, höchst individuell sind. Diese Beziehungen zwischen einem Menschen und seinen Dingen ergeben ein bestimmtes Muster, das Daniel Miller als „Ästhetik" bezeichnet (2010, S. 15). Kleidung und Wohnraum sind „Orte", wo diese Ästhetik materialisiert wird.

In der Alltagswelt erfahren wir die materielle Welt als eindeutig. Eine sozialwissenschaftliche Perspektive hingegen relativiert diese Eindeutigkeit schnell, weil unterschiedliche Ebenen der Funktion, der Wahrnehmung, der Bedeutung etc. dazukommen. Zunächst einmal ändert sich die materielle Kultur – und zwar in modernen Gesellschaften sehr rasant: Dinge werden gestaltet, produziert, adaptiert, weiterentwickelt, zweckentfremdet, wobei Letztes als „Non-Intentional-Design" bezeichnet wird (Brandes und Erlhoff 2006): Sie werden zu etwas benutzt, was die Designer nicht beabsichtigt haben: Das ist etwa dann der Fall, wenn ich in einem Bierglas Bleistifte aufbewahre. Im Weiteren können Gegenstände auch dazu dienen, persönliche Reservate zu markieren: „So signalisieren Sonnenbrillen oder Sonnenöl den Anspruch einer Person auf einen Liegestuhl am Strand, eine Tasche den Anspruch auf einen Sitz in einem Flugzeug, oder ein Getränk auf der Theke einen Anspruch auf einen Barhocker davor" (Goffman 1974/1982, S. 71). Auch kann man als eine Form von informellem Design betrachten, was auf einem demokratisierten Designverständnis beruht, demnach grundsätzlich alle Menschen designen und folglich auch über Designwissen verfügen (Cross 2007b, S. 47).

Die technologische Entwicklung seit der Entwicklung des ersten Computers in den 1940er-Jahren in den USA bis zur neusten Generation von smarter Technologie hat die Gesellschaft fundamental verändert (Berger 1992, S. 18 ff.) – und zwar global. Die Dinge ändern sich physisch, zugleich ändern sich ihre Funktionen: Mit ihnen lassen sich neue bzw. andere Probleme lösen. Ein klassisches Ding, das Probleme löst, ist die Prothese. Sie vereinigt sich mit dem Körper und geht in dieser Funktion auf – anders etwa als das Piercing, das ebenfalls inkorporiert wird, das aber eher Bedeutungen hat (Soeffner 1992/2016, S. 84). Zweitens ändern sich die Bedeutungen der Dinge: Die Jeans, einst eine Arbeiterhose, ist in den 1950er-Jahren zu einem subversiven Freiheitssymbol und später zu einem Massenprodukt geworden, wobei sich die Jeans auch von der Hose emanzipiert hat.[25] Ein Fernseher und ein Automobil waren in westlichen Gesellschaften in den 1950er-Jahren Ausdruck von Wohlstand und wirtschaftlicher Prosperität. Heute sind – zumindest in westlichen Gesellschaften – beide deutlich negativer konnotiert: Das Auto wird oftmals zum Symbol für Umweltverschmutzung und ungezügelten Individualismus und der Fernseher für seichte Unterhaltung gemacht. Wie Automobil und Fernseher bewertet werden, hängt also einerseits von der sozialhistorischen Epoche, aber ebenso sehr von den sozialen Lebenswelten ab, in denen man sich bewegt.

---

25 Dies zeigt sich etwa in der Jeans-Accessoire-Kultur – den so genannten „Jeansdingen" (Hohmann und Tietze 2013).

6.7 Dinge und materielle Kultur

Objekte und ihre Biografien

Dinge haben Biografien – so genannte „Objektbiografien". Sie sind nicht bloß im Hier und Jetzt existierende Artefakte, sondern „*fixierte Ausdrucksformen historisch-genetischer Prozessstrukturen, die in einem komplexen Handlungssystem produziert, gehandhabt, verändert oder auch zerstört werden*" (Lueger 2000, S. 147). Dies zeigt sich bei der Ware, also bei massenindustriell produzierten und vermarkteten Dingen, sehr deutlich: „Die Objekteigenschaft ‚Ware' ist ein zeitlich begrenzter Kontext vieler Dinge und muß als Teil von Objektbiografien verstanden werden" (Hahn 2014, S. 42). Bevor Dinge überhaupt zu Waren werden, werden sie konzipiert und designt. Es werden Entwürfe und Prototypen gemacht – noch bevor das physische Ding vorhanden ist. Das wirft die Frage auf, ab welchem Zeitpunkt ein iPhone eigentlich ein iPhone ist. Ist es dies bereits, wenn es lediglich konzipiert ist und die zahlreichen Einzelteile noch nicht im Gehäuse zusammengefügt sind?

Irgendwann erreichen Dinge den Zenit ihrer Biografie. Der Zenit eines iPhones besteht möglicherweise in dem Moment, in dem der CEO das neuste Modell präsentiert. Oder in jenem, bei dem ein Käufer das Exemplar einer neuen Serie in einem Apple Store wie eine Trophäe in der Hand hält (Müller 2014, S. 68 ff.). Jetzt ist es heiß begehrt. Dass Menschen eine Nacht lang vor einem Apple Store – möglicherweise bei Kälte und Regen – auf das neuste iPhone warten, mag auf den ersten Blick absurd erscheinen, zumal es tags darauf ja eh erhältlich ist. Dieser „Fetischcharakter der Ware" (Marx 2003, S. 689) entsteht durch soziale Dimensionen; durch Markenkommunikation, gemeinsames Warten vor dem Shop, Konkurrenzsituation und affirmative Medienberichterstattung gegenüber solchen kommerziellen Ereignissen. Danach wird das iPhone benutzt, es altert, verliert an ökonomischem Wert, möglicherweise gewinnt es zugleich an emotionalem. Ist das iPhone alt, überholt oder nicht mehr funktionsfähig, dann reduziert sich sein Wert auf die darin verarbeiteten Ressourcen wie seltene Erden oder Gold. Der Rest wird Abfall. Andere Dinge – zum Beispiel Einwegplastiktüten – werden nach einem einmaligen Gebrauch bereits Abfall. Was Abfall ist, ist abhängig von verschiedenen Faktoren, was Hans Peter Hahn am Beispiel von Dosen und Gummireifen zeigt:

> „In Gesellschaften des Massenkonsums sind diese Dinge [Dosen und Gummireifen] einfach ‚Abfall'. In vielen Gesellschaften mit geringerem Sachbesitz sind sie dagegen Ausgangspunkt für andere Geräte und Haushaltsobjekte, die zum Teil länger benutzt werden als die ‚ursprünglichen' Dinge" (Hahn 2014, S. 43).

Wiederum andere Dinge – etwa Kunstgemälde, archäologische Funde – überdauern Jahrhunderte. Die Wertigkeit ist diesen Dingen nicht inhärent, sondern wird ihnen zugeschrieben, was mitunter zu Karrieren mit dramatischen Diskontinuitäten führen kann. Stefanie Samida zeigt dies am Beispiel der „Himmelsscheibe" von Nebra (2014, S. 89 ff.): Diese Bronzescheibe, auf der Sterne und der Mond dargestellt sind, wurde in der frühen Bronzezeit – also vor ungefähr 4000 Jahren – hergestellt. 1999 wurde sie von zwei Raubgräbern bei Nebra in Sachsen-Anhalt entdeckt, die sie kurz darauf für 31.000 DM verkauften, später wechselte sie für 200.000 DM den Besitzer. In Basel wurden die Hehler von der Polizei entdeckt, die Himmelsscheibe wurde Eigentum von Sachsen-Anhalt, wo sie sich seither in der Dauerausstellung eines Museums befindet. Über den Ursprung und den einstigen Verwendungszweck dieses archäologischen Fundstücks kann man nur spekulieren, zumal es in verschiedenen Phasen abgeändert wurde, bevor es vergraben wurde. Nachvollziehbar ist die Objektbiografie, seitdem die Himmelsscheibe gefunden wurde:

> „Je nach Kontext wechselte dabei auch ihre Bedeutung. Von den Raubgräbern wurde sie als Ware gesehen, die sich zu Geld machen ließ. Für den Sammler, der sie kaufte, war sie ein Objekt, mit dem er seine Leidenschaft für alte Dinge befriedigen konnte. Die Wissenschaft betrachtet sie als ein Zeugnis der Vergangenheit und damit als Objekt der Erkenntnis. Als Museumsding erlangt sie schließlich ‚Unsterblichkeit' und wird zur Semiophore" (Samida 2014, S. 94).

Angenommen, eine Gesellschaft kennt keine Archäologie und keine Aufwertung von alten, knappen Dingen, dann wäre die Himmelsscheibe Abfall geblieben. Museumsobjekte sind „*Medien*: Sie sind die materiellen Vermittler der Erinnerung" (Böhme 2012, S. 363). Sie gelten als archäologisch relevant für eine bestimmte historische Epoche. Sie werden musealisiert, das heißt, sie werden aus dem alltäglichen Verwendungskontext herausgenommen und mit einer wissenschaftlichen Bedeutung aufgeladen. Es werden also Selektionen getroffen, die dazu führen, ob ein Ding archäologisch bedeutungsvoll ist oder nicht.[26]

Solche Selektionen treffen allerdings nicht nur Archäologinnen: Wer umzieht oder die Wohnung eines verstorbenen Verwandten ausmistet (Böhme 2012, S. 121 ff.), muss bei verschiedenen Dingen entscheiden, ob sie *noch* Gebrauchsgegenstände oder *schon* Müll sind. Oder ob es sich um Gegenstände handelt, die man zwar nicht mehr braucht, aber die doch noch zu viel Wert haben, um sie als Müll zu klassifizieren. Diese Gegenstände landen dann – wenn es sich um Textilien

---

26 Dass es auch einen anderen Umgang mit alten Kulturgütern gibt, zeigten unter anderem Taliban in Afghanistan, als sie im März 2001 die Buddha-Statuen von Bamiyan zerstörten.

6.7 Dinge und materielle Kultur

handelt – auf Flohmärkten, in Second-Hand-Shops, sie werden auf Internetplattformen zum Verkauf angeboten, sie wechseln an Tausch-Events die Besitzer oder sie landen bei karikativen Kleidersammlungen. Das bedeutet, dass ein Kleidungsstück möglicherweise in Italien designt, in Thailand produziert, in Deutschland gekauft und getragen und schließlich im Süd-Sudan jemandem gegeben wird, der es vielleicht trägt, vielleicht verkauft, tauscht oder verändert. Dinge zirkulieren um die globale Welt. Wo und unter welchen Umständen sie genau hergestellt wurden, das bleibt oftmals im Dunkeln – auch deshalb, weil die oftmals ausbeuterischen Produktionsbedingungen intransparent sind. Diese Entscheidungen, welchen Wert Dinge haben, werden nicht nur von einem atomisierten Individuum gefällt, sondern es spielt stets eine sozialökonomische Dimension mit: Wenn Vinyl-Schallplatten plötzlich wieder en vogue sind, dann wird man die alte Plattensammlung eher behalten oder verkaufen. Ansonsten kann sie sich in Müll verwandeln.

Kontingenz der Dinge

Anselm Strauss schreibt: „Ein Objekt, das wie eine Orange aussieht – das in der Tat eine Orange ist –, kann Mitglied einer unbegrenzten Zahl anderer Klassen sein" (1974, S. 18). Eine Orange kann die Frucht einer Zitruspflanze in der Familie der Rautengewächse sein. Sie kann ein vitaminreiches Nahrungsmittel sein. Sie kann als Produkt in einem Supermarkt oder einem informellen Straßenmarkt verkauft werden. An einer Kunsthochschule kann sie als Gegenstand eines Stilllebens fungieren, an der Basler Fasnacht ist sie mitunter ein Wurfgeschoss und am Día de los Muertos in Mexiko eine Opfergabe für die Toten. Eine Orange kann also Gegenstand der Biologie, der Ernährung, der Ökonomie, des Rechts oder von religiösen Ritualen sein. Ihre Identität ist kontingent, was dem Identitätsbegriff widerspricht, der ja besagt, dass eine Sache eins ist. Die Eindeutigkeit der Benennung bringt also die Kontingenz in die Welt, die sie überwinden möchte.

Zugleich hat die Orange eine Materialität, deren Existenz nicht zu leugnen ist. Sobald wir diese Materialität allerdings näher beschreiben, macht sich wiederum ein Feld von Vieldeutigkeit auf: Beschreiben wir die Orange nur aufgrund ihrer äußeren Erscheinung? Beziehen uns dabei ausschließlich auf Größe, Farbe und Form? Schneiden wir die Orange auf, was wiederum ein anderes Bild erzeugt? Beschreiben wir die Orange als Nahrungsmittel? Beschreiben wir nur die isolierte Orange oder berücksichtigen wir die Tatsache mit, dass sie an einem Baum wächst, der Wasser, Licht und Luft braucht? Die Fragen ließen sich fortführen. Dies zeigt, dass die materielle Kultur vieldeutiger ist, als sie uns alltagsweltlich erscheint. Oder wie es Böhme formuliert: „Dinge sind uns tief vertraut. Wenn wir wissen wollen, was sie sind, werden sie uns fremd" (2012, S. 35).

Materialisierung von Transzendenz

Wie vorher bereits erwähnt, gibt es in unserer Alltagswelt Dinge, die für uns eine hohe Bedeutung haben, und andere, deren Existenz wir kaum wahrnehmen. Die Bedeutungszuschreibung zeigt sich exemplarisch an sakralen Dingen (Habermas 1996, S. 275). Der französische Soziologe Emile Durkheim zeigt in seinem Werk der *elementaren Formen des religiösen Lebens* am Beispiel von australischen Ureinwohnern, wie profane Dinge sakralisiert werden.[27] Die australischen Ureinwohner, auf die er sich bezieht, leben in zwei Phasen (1994, S. 295 ff.): In der einen Phase gehen sie ökonomischen Tätigkeiten wie Jagen und Sammeln nach. Ihr Leben gleitet gleichförmig dahin. In der zweiten Phase – dem so genannten Corrobori – kommt es zu einer kollektiven Effeveszenz: Die Menschen verkleiden sich, tragen Masken, tanzen und singen, geraten in Ekstase und in eine gemeinsame Elektrizität. Normen werden außer Kraft gesetzt, Inzesttabus aufgehoben. Sie fühlen sich in eine andere Welt versetzt.

„Da sich aber zur gleichen Zeit auch seine Genossen auf die gleiche Weise verwandelt fühlen und ihr Gefühl durch ihre Schreie, ihre Gesten und ihre Haltung ausdrücken, so geschieht es, dass er sich wirklich in eine fremde, völlig andere Welt versetzt glaubt als die Welt, in der er gewöhnlich lebt, in eine Umwelt voller intensiver Kräfte, die ihn überfluten und verwandeln" (Durkheim 1994, S. 300).

Diese zweite Wirklichkeit wird also als real erfahren. Es kommt zu einer Verdoppelung der Welt; in eine profane und eine sakrale Sphäre (Durkheim 1994, S. 300). Die kollektive außeralltägliche Erfahrung wird mit einem Totem materialisiert und objektiviert, das ein Tier oder eine Pflanze darstellt. Mit diesem Totem bleibt die kollektive Effeveszenz auch in der ersten Phase der ökonomischen Tätigkeit präsent. Sie objektiviert die kollektive Selbstsakralisierung und markiert Grenzen zwischen immanenten und transzendenten Sphären. „Da die religiösen Kräfte nichts anderes sind als die kollektiven und anonymen Kräfte des Klans und da diese Kräfte nur in der Form des Totems vorstellbar sind, wird das Totemzeichen so etwas wie der sichtbare Körper Gottes" (Durkheim 1994, S. 304).

Durkheims These lautet also einerseits, dass die Religion so etwas wie der Kitt der Gesellschaft ist, die durch diese Selbstsakralisierung eine Differenz zu einer (nicht weiter bestimmten) Umwelt definiert – weshalb Durkheim den entsprechenden Gesellschaftstypus auch als segmentär beschreibt (1992, S. 403). Seine Theorie wird oftmals makrosoziologisch gelesen (Casanova 2004, S. 278).

---

27 Durkheim hat keine Feldforschung betrieben, aber er bezieht sich auf ethnografische Texte aus dem 19. Jahrhundert.

6.7 Dinge und materielle Kultur

Der Interaktionist Randall Collins hingegen betont – und das ist im Kontext von Ethnografie relevant – das mikrosoziologische Potenzial seiner Theorie: Sie sei geeignet, um zu untersuchen, wie Menschen in kleinen Gruppen gemeinsame Bedeutungen und Symbole herstellen (Collins 2005, S. 14 f.). Wenn man diesem mikrosoziologischen Ansatz folgt, wird man – gerade im Kontext von Religion und materieller Kultur – fündig werden: Eine religiöse Gemeinschaft mag noch so weltabgewandt sein, sie wird eine bestimmte materielle Kultur entwickeln. Ihre Mitglieder werden sakrale Orte – Tempel, Kirche, Moschee, Synagoge, Meditationsräume, Pilgerstätten etc. – besuchen, wo es sakrale Dinge gibt: Kruzifixe, Flaggen, Kelche, Kerzen, Gebetsteppiche, Schwerter, Bücher bzw. heilige Schriften, Altare und Schreine. Diese Dinge markieren alle eine Differenz zwischen einer profanen und einer sakralen Sphäre. Sie appräsentieren Transzendenz und materialisieren diese zugleich. Daher ist ihnen immer eine Paradoxie inhärent.

Abbildung 6.1 Materialisierung von Transzendenz: In Mexiko-Stadt sind Schreine der Patronin Virgen de Guadalupe allgegenwärtig, womit im profanen urbanen Kontext bestimmte Orte und Dinge sakral markiert werden. Die originale Figur der Patronin befindet sich in der Basilica de Santa Maria de Guadalupe im Norden der Stadt. © Fotos: Francis Müller

Symbolische Kommunikation

Selbstverständlich haben nicht nur Dinge in religiösen Sphären symbolische Bedeutungen, sondern auch Dinge des Alltags. Dies kann man exemplarisch am Piercing aufzeigen: Körpermutationen sind als eine anthropologische Konstante zu lesen, die Ausdruck von zunehmendem Bewusstsein und Imagination sind (Rush 2005, S. 8 f.). Sie sind in fast allen Gesellschaftstypen aufgetreten: Das Piercing markiert in segmentären Gesellschaften einerseits einen hierarchischen Rang innerhalb des Clans, zugleich eine Differenz nach außen – also gegenüber anderen Clans. Es besiegelt kollektive Identität und macht sie sichtbar. Durch die Kolonialisierung wurde das Piercing – ähnlich wie Tätowierungen – in Subkulturen in Hafenstädten angesiedelt. In den 1970er-Jahren versetzten sich Personen im Umfeld der Bodymodification-Subkultur in Kalifornien Gesicht und Genitalien exzessiv mit Piercings. Erst im Laufe der 1980er- und 1990er-Jahre wurde das Piercing von der Popkultur aufgenommen und popularisiert, bis es seine einst subkulturelle und subversive Bedeutung verlor, diese Subversion aber gleichzeitig zitiert (Müller 2012b, S. 124 f.). Bedeutungen des Piercings können hochgradig individualisiert sein; sie können – wie auch Tätowierungen – bestimmte Lebensabschnitte oder biografische Ereignisse objektivieren und so Erinnerungen externalisieren (Miller 2010, S. 121). Es geht hier also um Bedeutungen und darum, mit einer bestimmten Ästhetik die Individualität zu betonen, indem Dinge inkorporiert wird. Das verhält sich bei Ohrringen ähnlich, nur haben diese in westlichen Gesellschaften eine viel höhere Akzeptanz.

Ähnlich verhält sich dies bei der Ernährung, die Mary Douglas als *Informationssystem* bezeichnet (2011, S. 82 ff.). Wir definieren uns durch Essen: von *Veganismus* bis zu *from-nose-to-tail*. Ob man sich asketisch-selbstdisziplinierend oder hedonistisch und lustorientiert ernährt – man macht eine gesellschaftliche Aussage und pflegt sein Image. Man benutzt also gewisse Dinge und verzichtet auf andere, um sich darzustellen und zu kommunizieren. Um es mit dem weit über die Sozialwissenschaften bekannten Aphorismus von Watzlawick et al. zu sagen: „Man kann nicht nicht kommunizieren" (1969, S. 51). In diesem Zusammenhang ist darauf zu verweisen, dass in westlichen Gesellschaften seit Jahren ein konsumkritischer Diskurs vorherrscht. Dabei wird Konsum in geradezu protestantischer Manier dämonisiert (Müller 2013, S. 21). Zygmunt Bauman etwa konstatiert, dass von der „festen" Moderne und einer Gesellschaft der Produzenten ein Wandel zu einer „fluiden" Moderne und einer Gesellschaft der Konsumenten stattgefunden habe (2007, S. 42 ff.), in denen unterschiedliche materielle Kulturen aufgewertet werden. In der „festen" Moderne versprachen sperrige Besitztümer – Villen, antike Möbel, große Gemälde – eine gesicherte Existenz und Zukunft. Die „fluide" Moderne hingegen ist geprägt von Konsumismus, bei dem nicht mehr Bedürfnisse, sondern eine ständige Zunahme und Intensivierung von Wünschen im Zentrum steht (Bauman 2007, S. 44). Dieses konsumkritische, idealtypische Verfahren macht Zusammenhänge auf einer Makroebene sichtbar, aber auf Mikroebenen produziert es blinde Flecken. Neue Technologien begünstigen nicht nur Konsum, sondern auch Produktion; zum Beispiel in den „Makers"-Kulturen (Anderson 2014).

Zudem stellt sich die Frage: Was ist eigentlich genuin schlecht an Konsum? Mit Recht weist Daniel Miller darauf hin, dass die Entstehung des Massenkonsums auch viel zum Verschwinden von Armut beigetragen hat (2006, S. 341). Hans Peter Hahn, zeigt, dass diese „Wasserscheide der Konsumkritik" (2014, S. 72), die meist zwischen den 1920er- und 1960-Jahren angesiedelt wird, historisch nicht haltbar und eurozentrisch ist: Eine derartige Diskontinuität, wie sie etwa Bauman idealtypisch herstellt, gab es schlichtweg nicht in der Geschichte.

Kleidung ist nicht oberflächlich

Ein wichtiges Argument bei konsumkritischen Diskursen betrifft die Unterscheidung von (notwendigen) Grund- und (überflüssigen) Luxusbedürfnissen. Dies ist ein genuin protestantisch-puritanisches Anliegen (Hahn 2014, S. 78 ff.; Campbell 1998, S. 238), bei dem ostentativer und exzessiver Konsum diszipliniert und kontrolliert werden soll. Der Konsum soll sich aufs Wesentliche reduzieren, wovon Luxusgüter natürlich abweichen. Diese Unterscheidung in begrenzte Grund- und Luxusbedürfnisse ist nicht nur normativ und protestantisch geprägt (Douglas 2004, S. 37), sondern sie lässt sich auch empirisch nicht nachweisen.

Daniel Miller spricht in diesem Zusammenhang von der *Armut des Moralismus* (Miller 2011). Denn wer einen Lebensstil als „falsch" beurteilt, hält einen anderen implizit für „richtig". Konsumkritischen Positionen geht es daher oftmals weniger darum, einen Sachverhalt zu analysieren, sondern eher darum, Konsum zu brandmarken (Hahn 2014, S. 83). Doch gerade die vermeintlich universalen falsch/richtig-Kategorien sind stark westlich geprägt: Sie sind die Folge einer protestantischen Wertorientierung, die säkularisiert reproduziert wird. Die Ziele sind dieselben: Loslösen von Äußerlichkeit, Ritualen, Dekoration, Vordergründigem und Form, dafür Aufwertung des Inneren und des „Echten". Mary Douglas schrieb bereits in den 1960er-Jahren über diese neue Askese: „Dass wir am Ende der Bewegung, nach der Säuberung der alten Rituale, einfacher und ärmer dastehen, gleichsam als rituelle Bettler, entspricht der Absicht" (Douglas 2004, S. 37).

Hans Peter Hahn verweist in diesem Zusammenhang auf Studien, die zeigen, dass es „begrenzte Bedürfnisse" (2014, S. 76 ff.) in vielen Gesellschaften nicht gibt: Auch in ärmeren Gesellschaften wird verschwenderisch mit notwendigen

Dingen umgegangen. Und auch wenn die Dinge zur Befriedigung von Grundbedürfnissen fehlen, kann Selbstverwirklichung erstrebt werden, was meine Untersuchung über Tretminenopfer und Behinderung in Angola gezeigt hat: Tretminen- und Polio-Opfer, die in bitterer Armut und von medizinischen Leistungen exkludiert leben, zeigen oftmals einen hohen Drang nach kreativen Tätigkeiten oder nach einer individualisierten Religion (Müller 2016, S. 83 ff.). Dies widerlegt die Pyramide von Maslow und das damit verbundene mechanische Menschenbild, das besagt, dass Selbstverwirklichung erst erstrebt wird, wenn materielle, rudimentäre und soziale Bedürfnisse befriedigt sind. Hans Peter Hahn hält fest:

> „Jeder Versuch einer Abgrenzung zwischen einem bedürfnisorientierten Konsumwandel und dem durch Luxus motivierten Konsumwandel ist – wenigstens aus anthropologischer Perspektive – zum Scheitern verurteilt. Einerseits unterliegt die Grenze zwischen Luxus und Bedürfnis einer emischen, kulturabhängigen Definition; andererseits ist der europäische Begriff von Bedürfnis von einer ganz bestimmten Rhetorik beeinflusst […]" (Hahn 2014, S. 81).

Hervorzuheben sind diesem Zusammenhang die Studien des bereits erwähnten Daniel Miller, der über Dinge in Wohnungen in einer Straße im Süden Londons (2010), über Limonaden (1998) und Mode in Trinidad (2009b) forschte. Sein Ansatz basiert nicht zuletzt darauf, dass er, erstens, mikroskopisch genau hinschaut und, zweitens, weder moralisiert und noch bewertet. Anstatt die Konsumkultur zu dämonisieren, betrachtet Miller sie als anthropologische Gegebenheit, die Gesellschaften verändert und die kulturell variiert. Sein Mode-Artikel mit dem treffenden Titel „Why Clothing is not Superficial" (2009b) zeigt, dass Alltags- und Konsumkultur in einem hohen Maße identitätsstiftend und damit alles andere als trivial ist, wie es die Frankfurter Schule predigte. Miller entzaubert die besonders im deutschen Sprachraum verbreitete Annahme, dass Oberflächlichkeit von etwas Tiefem ablenke: In Trinidad gilt *gerade* die äußere Erscheinung als die „wahre" Person. Eine Person, die sich über ihr Inneres oder über Tiefe definiere, gelte als unehrlich (2009, S. 18). Sein Artikel über Limonaden in Trinidad (1998) zeigt, dass globale Marken wie Coca Cola nicht zwingend zu einer globalen Einheitskultur führen, sondern dass sie inkulturiert und in mikrosozialen Kontexten uminterpretiert werden. So widerlegt Daniel Miller mit seinen empirischen Forschungen das, was George Ritzer als „McDonaldisierung" (2015) bezeichnet: nämlich eine kulturelle Homogenisierung und globale Vereinheitlichung aufgrund westlicher Konsummuster. Globale Produkte werden in lokalen Kontexten neu aufgeladen; sie werden umgestaltet, umbenannt, umgewandelt, inkorporiert und indigenisiert

6.7 Dinge und materielle Kultur

(Hahn 2014, S. 104 f.). Auch Christopher Tilley stellt fest: „Global processes organize diversity rather than produce homogeneity" (2009, S. 267).[28] Konsumgüter befriedigen nicht einfach Bedürfnisse, sondern sie transportieren symbolische Aussagen: Sie sind Angelpunkte im Sozialen. Sie führen zu Vergemeinschaftungen und ermöglichen soziale Differenzierung und Distinktion. Mary Douglas und Baron Isherwood haben der aus der Ökonomie stammenden These der Bedürfnisbefriedigung, die in Suffizienz-Diskursen unkritisch übernommen wird, fundamental widersprochen:

> „Instead of supposing that goods are primarily needed for subsistence plus competitive display, let us assume that they are needed for making visible and stable the categories of culture. It is standard ethnographic practice to assume that all material possessions carry social meanings and to concentrate a main part of cultural analysis upon their use as communicators" (Douglas und Isherwood 1978).

Wer Essen, Trinken, Kleidung etc. nur als Bedürfnisbefriedigung definiert, geht von einem mechanischen Menschenbild aus und verdunkelt symbolische Kategorien und Bedeutungen. Die meisten unserer Handlungen werden nicht reflektiert, sondern beziehen sich auf einen durch Sozialisation angeeigneten Habitus. *Genau deshalb* lässt sich an der von der Frankfurter Schule verachteten Alltags- und Populärkultur viel über Gesellschaften ablesen. Mary Douglas stellte fest:

> „Es gibt nichts im großen Fundus der Bekleidung, Nahrung und anderer Dinge des praktischen Gebrauchs, das wir nicht als wirkungsvolles Requisit einsetzen, um unser Verständnis von der eigenen Rolle und von dem Stück, in dem wir spielen, wirkungsvoll zur Geltung zu bringen. Alles, was wir tun, hat eine Bedeutung, nichts ist ohne bewussten symbolischen Gehalt" (Douglas 1985, S. 132).

Über die Art und Weise, wie wir uns kleiden, baut sich wesentlich unsere soziale Identität auf, weshalb Kleidung auch als „social skin" (Turner 1980) bezeichnet wird. Wir sind ein anderer Mensch, wenn wir in vergammelten Jeans oder in einem Anzug durch die Straße laufen. Wir wirken anders und erfahren die Welt anders. Entsprechend sagt Habermas, dass Kleidung als Teil der eigenen Person erfahren wird, welche Körpergrenzen festigt (1996, S. 67).

---

28 In diesem Zusammenhang ist auch auf die Glokalisierung zu verweisen (Robertson 1998).

Kulturelles Kapital

Die Dinge, mit denen wir uns umgeben und die wir konsumieren, tragen zur Bildung unseres Habitus bei, der unsere soziale Identität objektiviert und materialisiert (Bourdieu 1987, S. 277 ff.). Habitus meint eine soziale Identität, die inkorporiert wird; die übergeht in Fleisch und Blut und in die materielle Welt.[29] Dabei spielt auch das kulturelle Kapital von Bourdieu eine Rolle, das in den drei Formen *inkorporiert*, *objektiviert* und *institutionalisiert* auftreten kann (2005, S. 49 ff.). *Inkorporiertes* kulturelles Kapital meint den erwähnten Habitus, den sich jemand durch primäre oder sekundäre Sozialisation aneignet und der nicht nur die körperliche Identität, sondern auch Bewertungs- und Wahrnehmungsschemata bezeichnet. *Institutionalisiertes* kulturelles Kapital sind Zeugnisse und Diplome. Im Kontext der materiellen Kultur ist vor allem das *objektivierte* Kulturkapital relevant; darunter gehören unter anderem Bücher, Kunstwerke, Musikinstrumente, Antiquitäten etc. Im Gegensatz zum institutionalisierten Kulturkapital, das man sich nicht einfach durch Geld aneignen kann (sieht man einmal von dubiosen Universitäten ab, wo Doktortitel sich kaufen lassen), ist das objektivierte kulturelle Kapital erwerbbar, womit ökonomisches in kulturelles Kapital transformiert wird (Bourdieu 2005, S. 59). Ein Habitus wird mit einer dinghaften Kultur materialisiert und objektiviert. Statussymbole ändern sich in verschiedenen historischen Epochen, in unterschiedlichen Gesellschaften und Milieus. Herkunfts- und Leistungseliten haben unterschiedliche Statussymbole. In protestantisch geprägten Gesellschaften reproduziert sich – trotz einer voranschreitenden Säkularisierung – eine Understatement-Kultur, die ostentativen Konsum verpönt.

Dinge sind in Handlungszusammenhänge verwoben, die reguliert sind. Das zeigt sich deutlich am Geschenk: Wie es Marcel Mauss am Beispiel des *Potlatsch* – einem Schenkritual bei indigenen Stämmen im Nordwesten Amerikas – gezeigt hat, gibt es beim Schenken drei Verpflichtungen: Geschenke müssen *gegeben*, *angenommen* und *erwidert* werden (1990, S. 91 ff.). Schenkakte erzeugen temporär ökonomische Disparitäten und damit soziale Abhängigkeiten, was die involvierten Parteien so lange stabilisiert, bis Gegengeschenke erfolgen. Dann wird von Neuem geschenkt. Auch in modernen Gesellschaften gibt es beim Schenken implizite verbindliche Normen: Geschenke werden nach Möglichkeit nicht direkt erwidert. Es ist tabu, ein Geschenk mit seinem ökonomischen Preis zu erwidern, weil dies den Schenkakt in einen Kaufakt verwandeln würde. Schenken soll sich ja jenseits vom

---

29 Bourdieus Kritik an der französischen Gesellschaft lautet, dass diese – trotz „Egalité" als Grundwert – aristokratische Strukturen reproduziere, indem Kinder aus „besseren" Familien (also mit höherem kulturellem Kapital) bessere Zugangschancen zu Eliteuniversitäten und damit Karrierechancen haben.

ökonomischen System abspielen; und trotzdem gibt es Regeln, die den ökonomischen Wert eines Geschenks betreffen: Ein zu günstiges Geschenk kann für den Schenker und den Beschenkten peinlich sein. Ein zu teures kann – je nach Situation – als versuchte Korruption ausgelegt werden. Geldgeschenke sind heikel: Sie sind nur innerhalb von klaren hierarchischen Verhältnissen legitim: Zum Beispiel von der Großmutter zum Enkelkind oder vom Geschäftsführer zum Angestellten. Diese Beispiele zeigen auch, dass Schenken immer Machtverhältnisse voraussetzt und reproduziert: Man erzeugt durchs Schenken ökonomische Disparität, die eine soziale Beziehung über eine gewisse Zeit stabilisiert (Godelier 1999, S. 22).

Menschen und Dinge als Kollektive
Die Art und Weise, mit denen wir mit den Dingen verwoben sind, ist Ausgangspunkt für die Akteur-Netzwerk-Theorie, die von Bruno Latour vertreten wird und die auf der Annahme basiert, dass die Welt sich aus Netzwerken verschiedener Akteure – womit Menschen und Dinge gemeint sind – zusammensetzt. Eine Kernthese lautet, dass Ding und Mensch nicht als separate Entitäten gedacht werden können, sondern dass sie Kollektive bilden, womit Latour die in der europäischen Philosophie hoch bewertete Dichotomie zwischen Subjekt und Objekt aufhebt. Latour erläutert seine These am Diskurs, der in den USA über den liberalen Waffenerwerb geführt wird (2002, S. 214 ff.). Er sagt, dass die Gegner des liberalen Waffenerwerbs materialistisch argumentieren, indem sie behaupten, dass Waffen Menschen töten: Die Waffe verwandelt aufgrund ihrer Materialität den gesetzestreuen Bürger in einen gewalttätigen Schützen. Die Befürworter des liberalen Waffenerwerbs hingegen argumentieren soziologisch: Die Waffe sei im Grunde genommen „neutral". Nicht sie töte, sondern die moralische Gesinnung des Menschen, der sie benutze. Latour lehnt beide Positionen ab und sucht einen dritten Weg: „Mit der Waffe in der Hand bist du jemand anderes, und auch die Waffe ist in deiner Hand nicht mehr dieselbe. Du bist ein anderes Subjekt, weil du die Waffe hältst; die Waffe ist ein anderes Objekt, weil sie eine Beziehung zu dir unterhält" (Latour 2002, S. 218).

Durch die „Verquickung von Menschen und nicht menschlichen Wesen" (Latour 2002, S. 213 ff.) entsteht etwas Neues. Die „nicht menschlichen Wesen" – also Dinge – bezeichnet Latour auch als „Aktanten" (2002, S. 219). Er schlussfolgert, dass die Menschen nicht mehr unter sich seien: „Wir haben schon zu viele Handlungen an andere Aktanten delegiert, die nun unsere menschliche Existenz teilen" (2002, S. 231). Dabei nehmen wir Dinge als Entitäten wahr, wobei sie eigentlich aus einer Vielzahl von hochkomplexen Einzelteilen – unterschiedlichen Blackboxes – zusammengesetzt sind. Latour zeigt dies am Beispiel des Overheadprojektors: Wir nehmen das Gerät, das „ganz in seiner Funktion aufgeht" (2002, S. 223), in der Alltagswelt nicht wahr. Erst wenn es eine Panne hat, offenbart sich seine Komplexität:

> „Während Techniker herumschwirren und es zu reparieren versuchen, hier eine Linse justieren, dort eine Birne festschrauben, wird uns wieder klar, dass der Projektor ja aus ganz verschiedenen Einzelteilen besteht, von denen jedes seine eigene Rolle, Funktion und relativ unabhängige Zwecke hat. Eben war der Projektor noch mit einer eigenen Existenz begabt, und nun hat sogar jedes seiner Teile sein Eigenleben – jedes ist zu seiner eigenen ‚black box' geworden" (Latour 2002, S. 223).

Wir sind – so Latour – umgeben von Dingen und Artefakten, in die Ingenieure Handlungsprogramme eingeschrieben haben, die nicht nur auf uns einwirken, sondern noch mehr: mit denen wir neue Entitäten – also Kollektive von Menschen und Dingen – bilden (2002, S. 226 ff.). Sehr deutlich zeigt dies Latour am Beispiel der Bodenschwelle – dem „schlafenden Gendarm" – auf dem Campus einer Universität, die Autofahrer zwingt, langsamer zu fahren; nicht, um keine Studenten zu gefährden, sondern in erster Linie, um die eigenen Stoßdämpfer zu schonen (2002, S. 226). Dabei kommt ein Delegationsprinzip[30] zum Ausdruck:

> „Der ‚schlafende Gendarm' ist natürlich kein Gendarm und ähnelt nicht im geringsten einem solchen. Die Verschiebung ist [...] räumlicher Art: Die Straßen auf dem Campus werden nun von einem neuen Aktanten bewohnt, der Autos langsamer macht (oder sie gar beschädigt). Und schließlich ist die Verschiebung auch noch eine zeitliche: Ob Tag oder Nacht, die Schwelle ist immer da. Derjenige, der diesen technischen Akt ‚geäußert' hat, ist dagegen schon längst von der Szene verschwunden – wo sind die Ingenieure, wo die Polizisten? – während jemand, während etwas als ihr Stellvertreter handelt und verläßlich Wache hält" (Latour 2002, S. 229).

Gewiss, wenn anthropozentrisch veranlagte Kultursoziologen Latour lesen, dann werden sie sich mitunter die Frage stellen, wo da eigentlich neben dem Austausch zwischen Menschen und Dingen die soziale Ebene, also die Interaktion zwischen Menschen, bleibt. Aber genau hier knüpft seine durchaus eigenwillige Perspektive an, die etwas sehen lässt, was im Alltag verdeckt bleibt: Ein Fokus auf Dinge, der

---

30 Das lässt sich exemplarisch beim disziplinierenden Design ablesen, bei dem zum Beispiel Bänke im öffentlichen Raum durch das Anbringen von „Armlehnen zu einzeln angeordneten schmalen Kompartiments und Stühlen umfunktioniert worden sind, damit sich niemand längs darauf niederlassen oder sich gar stationär darauf hinlegen kann" (Litscher 2014, S. 4).

das Soziale annähernd ausblendet und der Dingen gewissermaßen ein Wesen zuschreibt.

Affordances
Das führt natürlich auch zur Frage, ob in Dingen so etwas wie universelle Affordances, also Handlungsprogramme, angelegt bzw. objektiviert sind – oder ob diese immer die Folge einer Sozialisation sind. Folgt man Klaus Krippendorff, dann sind solche Handlungsaufforderungen in gewisse Dinge eingeschrieben: „Ein Baseballschläger ist so geformt, dass selbst jemand, der noch nie von Baseball gehört hat, ihn auf der ‚richtigen' Seite anfassen wird und ihn schwingen oder mit ihm schlagen kann" (Krippendorff 2013, S. 150).

In diesem Zusammenhang ist es natürlich entscheidend, zwischen Funktionen und Bedeutungen von Dingen zu verweisen, wobei hier Habermas zwischen Gebrauchsgegenständen und symbolischen Objekten differenziert (1996, S. 180 f.): Während die Form der Gebrauchsgegenstände auf den Verwendungszweck verweist, haben symbolische Objekte – wie Embleme, Schilder und ästhetische Dinge – primär eine Bedeutung. Natürlich gibt es auch bei Gebrauchsgegenständen symbolische Bedeutungen: Das Telefon ist ein Objekt, das in seiner Funktion aufgeht: Es ermöglicht Kommunikation unter physisch Abwesenden. Zugleich aber hat es eine symbolische Bedeutung – etwa als Statussymbol (Barthes 1988, S. 189 f.; Habermas 1996, S. 318 f.). Dies zeigt sich etwa dann, wenn Smartphones mit bunten Hüllen versehen werden. Sie ermöglichen nicht nur Kommunikation mit Abwesenden, sondern sind selbst Objekte symbolischer Kommunikation. Heather spricht aufgrund von Studien in der Dominikanischen Republik und auf Jamaika von „mobilen Intimitäten" und einer „mobilen Ästhetik" (2016, S. 160 ff.), die bei der Smartphone-Hülle und bei Acryl-Nägeln vereint wird, womit in Verbindung mit bestimmten Körperposen eine R&B-Ästhetik gestaltet wird (2016, S. 171 ff.). Dies zeigt auch, dass digitale Sphären mit realen Dingen in einer Beziehung stehen und miteinander verflochten sind (Pink et al. 2016a, S. 6 ff.). Das Smartphone ist im Übrigen auch ein intimes Objekt, das wir nicht gerne ausleihen (Miller 2014, S. 215; Schnettler 2017, S. 246).

Ding-Perspektiven
Giaccardi et al. gehen einen Schritt weiter. Sie schlagen vor, Dinge als „Co-Ethnographers" bzw. „Autographers" einzusetzen (2016, S. 235 ff.). In ihrem Forschungsprojekt „Thing Tank" haben sie an drei alltäglichen Gegenständen – einem Wasserkocher, einem Kühlschrank und einer Teetasse – kleine Kameras angebracht, die automatisch Fotos machen. Die „Autographers", also die Gegenstände, deckten dabei blinde Flecken auf; zum Beispiel den Kontakt bzw. die Interaktionen, die sie

mit anderen Gegenständen haben. „A thing perspective opens up possibilities for understanding the limits of human action on time and space and the ways in which non-human things are directly informing and creating the everyday realities in which people live" (Giaccardi et al. 2016, S. 243).

So wird die Wirklichkeit quasi durch die Perspektive der Dinge rekonstruiert. Die so erzeugten visuellen Daten wurden mit Interviews von vier Bewohnern der untersuchten Haushalte ergänzt. Einen fürs Design inspirierenden, anderen Einblick in Haushalte verfolgt Daniel Miller in der bereits erwähnten Studie über hundert Wohnungen in einer Londoner Straße, in der er sich von den Bewohnern und den Bewohnerinnen den persönlichen Bezug zu den vorhandenen Dingen schildern lässt – und so auch Biografien derselben ergründet. Im Grunde genommen funktioniert das ähnlich wie die „photo-elicitation": Durch die Dinge werden biografische Erzählungen hervorgelockt, wobei die Annahme lautet, dass Menschen und Dinge miteinander verflochten sind: „Jede Wohnung ist ein mal mehr, mal weniger gewolltes Selbstportrait ihres Besitzers" (Miller 2010, S. 11). Der Ansatz von Miller fokussiert Dinge, die von ihren Besitzern mit Bedeutung aufgeladen werden, und nicht denjenigen, denen sie keine oder wenig Aufmerksamkeit schenken; also den Bildern, die an der Wand hängen – und *nicht* den Schrauben, an denen sie aufgehängt sind. Latours Gedankenspiel über die innere Komplexität von Dingen (am Beispiel des Hellraumprojektors) wäre in diesem Kontext nicht weiter relevant, weil sich die Bedeutungszuschreibung auf die gesamte Entität des Dings bezieht. Was innerhalb von solchen Objekten passiert, ist für Ingenieure relevant, aber nicht für die Menschen, die sie täglich nutzen.

6.8 Feldnotizen

Die Beobachtung basiert, wie im entsprechenden Kapitel behandelt, stets auf Selektionen: Wir treffen Entscheidungen, teils bewusst, teils intuitiv. Teils werden wir vom Zufall geleitet. Weitere Selektionen treffen wir, wenn wir Notizen machen: Was notieren wir? Wann notieren wir? Schreiben wir unsere Notizen mit Stichworten? Oder ganzen Sätzen? Was bedeutet es eigentlich, eine Beobachtung in eine sprachliche Notiz zu „übersetzen"? Ist es tatsächlich eine Übersetzung? Oder ist es eine Konstruktion von etwas Neuem? Und wozu machen wir überhaupt Notizen, wenn wir die Situationen im Feld auch einfach mit dem Smartphone fotografieren oder filmen können (insofern das möglich und erlaubt ist)? Worin besteht der Unterschied zwischen Feldnotizen und visuellem Bildmaterial?

Vorerst gilt es festzuhalten, dass sich das Arbeiten mit visuellen Datenträgern fundamental vom Verfassen von Notizen unterscheidet. Für welchen Ansatz man

6.8 Feldnotizen

sich entscheidet oder ob man mehrere davon kombiniert, ist abhängig vom Forschungsprojekt und -kontext und selbstverständlich von den persönlichen Affinitäten und Präferenzen. Zu reflektieren ist, dass Notizen Handlungen nicht nur beschreiben, sondern das Schreiben von Notizen selbst Handlung ist (Emerson et al. 1995, S. 15). Michael Dellwing und Robert Prus sprechen von Gekritzel und sie meinen: „Stichworte, die eine für relevant gehaltene Interaktion, eine Wortwahl oder einen bemerkenswerten Wortlaut, eine Gestik oder sonstige spannende Interaktion vorläufig festhalten" (Dellwing und Prus 2012, S. 178).

Emerson et al. bezeichnen dieses Gekritzel als *jottings*, welche die Grundlage für *full notes* bilden (1995, S. 51). Spradley nennt dieses Gekritzel „condensed accounts", die aus Stichworten und nicht zusammenhängenden Sätzen bestehen (1980, S. 69). Er empfiehlt, direkt nach der Feldforschung „expanded accounts" zu verfassen, bei der detaillierte und ausführliche Beschreibungen gemacht werden, und ein „fieldwork journal" zu führen; also ein Forschungstagebuch bzw. Forschungslogbuch, in dem nicht nur Beobachtungen und Deskriptionen, sondern auch Gefühle, Assoziationen und Impressionen artikuliert werden. Schließlich folgt das Schreiben der „analyses and interpretation", was der finale ethnografische Bericht ist (Spradley 1980, S. 69 ff.). Der Prozess verläuft über mehrere Stufen: Von der Beobachtung zur Notiz, von der Notiz zum Forschungsprotokoll bzw. zum Forschungsbericht. Girtler macht die Sache einmal mehr einfacher: Er macht auf dem Feld Stichworte und schreibt danach ein Protokoll (2001, S. 133 ff.).

Das Schreiben von Notizen kann die Menschen im Feld irritieren. Wenn wir eine Notiz machen, signalisieren wir, dass wir eine Situation oder eine Aussage als wichtig erachten, was die Menschen im Feld möglicherweise anders sehen. Goffman empfiehlt deshalb: „[...] schreiben Sie Notizen nicht zu der Aktion, die Sie gerade beobachten; denn sonst wissen die Leute, was Sie da aufzeichnen" (Goffman 1996, S. 267). Es stellt sich die Frage, ob solche Täuschungsmanöver überhaupt notwendig sind. Letztlich hängt die Akzeptanz natürlich wesentlich vom Feld selbst ab: Wer zum Beispiel Hooligans aktiv teilnehmend beobachtet, wird Mühe haben, während der Nahkämpfe Notizen zu machen. Ich hatte bei meinen Feldforschungen in der ghanaischen evangelikalen Gemeinschaft in Zürich mehr Glück: Dort machen viele der Teilnehmenden während der Sonntagszeremonien Notizen zu den Predigten des Pastors. Insofern verhielt ich mich konform – derart konform allerdings, dass viele der Anwesenden mich für einen Konvertiten hielten.

Auf der inhaltlichen Ebene können Notizen sich auf die neun Dimensionen von Spradley beziehen; den Raum, Akteure, Aktivitäten, Objekte, Akte, Ereignisse, Zeit, Ziele und Gefühle beschreiben. Besonders in der Anfangsphase empfiehlt es sich, die Sinne zu öffnen, weil man dann noch sensibilisiert ist für Fremdes (Goffman 1996, S. 267). Diese Offenheit sollte sich in den Feldnotizen abbilden: „Zu einseitige und damit zu zielstrebige analytische Rahmungen verhindern spätere Verwendung für neue Ideen und verhindern auch das Aufkommen neuer Ideen" (Dellwing und Prus 2012, S. 176).

6.9 Skizzen und Illustrationen

Für Designer und Designerinnen ist es naheliegend, eine Beobachtung nicht nur in Notizen festzuhalten oder sie als Foto oder Film aufzuzeichnen, sondern Skizzen zu machen. Skizzen werden oftmals so selbstverständlich gemacht, dass sie gar nicht als Methode in der Feldforschung wahrgenommen werden. Dabei ist skizzieren – „Graphic Anthropology" (Tondeur 2016) genannt – ein durchwegs nützlicher Ansatz in der Feldforschung; gerade in Feldern, in denen Fotografieren und Filmen nicht möglich sind. Der Designer Franz James etwa hat diese Methode in einer Untersuchung in Gefängnissen in Südafrika eingesetzt, wo das Fotografieren nicht erlaubt ist (2016, S. 163). Das Skizzieren hat sich bei ihm auch als eine Hilfe erwiesen, um in Gespräche zu kommen. Skizzieren hat verschiedene Vorteile (Tondeur 2016, S. 666): Erstens sind ein Stift und ein Notizblock günstig. Zweitens führt es – deutlich im Gegensatz zu elektronischen Medien – zu kontemplativen Formen der Beobachtung. Drittens ist es deutlich weniger aufdringlich als Fotografieren und Filmen, und viertens führt es – wie beim genannten Beispiel – oftmals zu Gesprächen und neuen Formen der Begegnung im Feld. Der Anthropologe Michael Taussig hat in einem Buch „I swear I saw this" seine Skizzen, die er über vierzig Jahre in Kolumbien führte, zum Ausgangspunkt für autoethnografische und literarische Rekonstruktionen gemacht. Taussig schreibt: „[...] photography is a *taking*, the drawing a *making* [...]" (2011, S. 21). Dieses aktive Element beim Skizzieren führt zu einem Dialog mit der Umwelt (Taussig 2011, S. 30) – und folglich zu mehr Sensibilität und Offenheit in der Wahrnehmung. Skizzen und Zeichnungen können von den Forscherinnen selbst oder – in einem partizipativen Ansatz – von den Menschen in einem bestimmten Feld (Pink 2015, S. 89 f.) gemacht werden.

Dass Illustrationen ein Medium der Dokumentation sind, das gerade im Zuge der ubiquitären audiovisuellen Aufnahmemedien eine Aufwertung erfährt, das liegt auf der Hand. Die in Basel gegründete Vereinigung „Illustrationalisierung" hat sich etwa darauf spezialisiert, mit ihrem Netzwerk BALSAM Ereignisse, Anlässe und Themen zu skizzieren und zu illustrieren.[31] Die Illustratorinnen doku-

---

31 BALSAM wurde im Oktober 2016 von den drei Illustratorinnen Anna Weber, Annina Burkhard und Cora Meyer sowie vom Ökonom und Kulturaktivist Daniel Wernli gegründet: http://balsam.cc/a/ (Zugriff: 26. September 2017).

mentieren neben Auftragsarbeiten oftmals alltägliche Situationen: Sie verweilten jeweils für ein paar Tage in einer Bäckerei, einem Box-Club, einem Quartier-Coiffeur, in einem Jugendzentrum, auf der Rhein-Fähre und beobachteten dort das Geschehen vor Ort. Dabei geht es darum, Alltagssituationen und Geschichten festzuhalten, wie der Ökonom und BALSAM-Mitbegründer Daniel Wernli erläutert (Gregoris 2016). Sie erzählen die Geschichten mit visuellem Storytelling, mit Illustrationen, Skizzen und mitunter auch mit Comics (siehe Kapitel: Schreiben und Darstellen). „Illustrationalisierung" nennt sich das Verfahren, das eigentlich ein Hybrid aus visueller Ethnografie und stadtsoziologischer Recherche darstellt. Der Verzicht auf audiovisuelle Technologien führt zu einer gänzlich anderen Beobachtung und anderen Formen der Interaktion im Feld. Das Verfahren begünstigt Empathie und Exploration – und es entzieht sich dem routinierten Umgang des Fotografierens. Diese Illustrationen können, wie bei Taussig, Ausgangspunkt für nachträgliche intellektuelle Reflexionen oder auch ein Medium ethnografischer Dokumentation sein. Die folgenden zwei Illustrationen stammen von der Illustratorin Julia Wäckerlin und sie basieren auf Beobachtungen in einem Döner-Kebab-Laden im Kleinbasler Rotlicht-Viertel. Die erste zeigt das Geschehen im Tag, die zweite in der Nacht.

Abbildung 6.2 Die Illustratorin Julia Wäckerlin von ‚Balsam' hat diese visuelle Reportage im ‚Star Grill' – einem Döner-Kebab-Laden in Kleinbasel – gemacht: einmal am Tag, einmal in der Nacht. © Julia Wäckerlin

6.10 Foto und Film

Mit den ubiquitären Smartphones entsteht täglich eine enorme Menge an visuellen Daten, die im Internet geteilt, bewertet, kommentiert, adaptiert, gefiltert, gelöscht oder archiviert werden. Schätzungen gehen davon aus, dass weltweit täglich 1,8 Milliarden Fotos ins Internet geladen werden; auf Snapchat 700 Millionen und auf

Facebook 350 Millionen (Stamm 2015). Gemäß dem deutschen Portal ‚statistica' haben im Jahr 2017 weltweit 2,32 Milliarden Menschen ein Smartphone, 2020 sollen es 2,87 Milliarden sein.[32] Viele Gesellschaften, die nie eine Infrastruktur für Festnetztelefonie hatten, schwappen direkt von oraler Face-to-Face- in digitale Kommunikation. Smartphones werden in Zukunft kostengünstiger und global weiter verbreitet werden, was die Produktion von Fotos und Filmen weiterhin drastisch erhöhen wird. Das Smartphone verändert schließlich nicht nur unsere Interaktions- und Kommunikationskultur, sondern die Präsenz und Bedeutung der Visualität in unserer Alltagswelt:

> „Erstens ist das Smartphone dank der stetigen Qualitätsverbesserungen von Kamera und Bildverarbeitung eine echte Alternative geworden. Zweitens werden die Bilder, die ich auf dem *iPhone* mache, automatisch auf meine Fotodatenbank auf dem Server übertragen. Drittens habe ich das *iPhone* immer griffbereit und überall dabei. Viertens ist es viel weniger intrusiv: Da es ein Multifunktionsgerät ist, hat man sich allgemein daran gewöhnt, dass viele Menschen es fast überall in ihren Händen halten und auf den Bildschirm starren – jedoch weiß man selten, was sie gerade tun" (Eberle 2017b, S. 111).

Diese Entwicklung verleiht bildtheoretischen Positionen und dem *Iconic Turn* (Boehm 1994) eine neue sozialwissenschaftliche Relevanz. Die technologischen Entwicklungen erfordern neue methodische Zugänge. Sozialwissenschaftliche Journals wie die *Visual Ethnography*[33] oder die *Visual Studies*, die von der *International Visual Sociology Association*[34] (IVSA) herausgegeben wird, behandeln diese visuellen Ansätze. Trotz der Bilderflut stehen visuelle Daten in der Soziologie aber nach wie vor im Schatten von Texten. Abgesehen von Douglas Harper und seiner visuellen Soziologie (2012) und der Videographie[35] (Knoblauch 2006, Schnettler und Raab 2012, Tuma et al. 2013) haben visuelle Daten besonders in der Soziologie oftmals nur eine dokumentarische Funktion: Sie ergänzen Texte, die weiterhin im Mittelpunkt stehen. Thomas S. Eberle führt dies auf die Dominanz von positivistischen Grundpositionen in der Soziologie zurück, die durch eine Hinwendung zum Bild hinterfragt werden müssen. Er weist darauf hin,

---

32 https://de.statista.com/statistik/daten/studie/309656/umfrage/prognose-zur-anzahl-der-smartphone-nutzer-weltweit/ (Zugriff: 12. Juli 2017).
33 http://www.vejournal.org/index.php/vejournal (Zugriff: 1. Dezember 2016).
34 http://visualsociology.org (Zugriff: 15. August 2017).
35 Siehe hierzu auch das Videoanalyse-Labor der Universität Bayreuth: http://www.soz.uni-bayreuth.de/de/research/video-laboratory/ (Zugriff: 6. August 2017).

6.10 Foto und Film

„dass Bilder von Rezipienten interpretiert werden müssen und aufgrund ihrer offenen Auslegungshorizonte gegenüber verbalen Beschreibungen immer einen Bedeutungsüberschuss aufweisen; Bilder sind daher durch Texte nie vollständig darstellbar und substituierbar. Umgekehrt enthalten Bilder aufgrund ihrer Vieldeutigkeit und ihres Interpretationsbedarfs auch keine eindeutigen Aussagen, die intersubjektiv nachgeprüft werden könnten" (Eberle 2017a, S. 20).

Die Auseinandersetzung mit Bildern führt im Kontext von Sozialwissenschaften, was Thomas Eberle mit seinem Zitat andeutet, zu hermeneutischen Ansätzen. Es ist daher wenig erstaunlich, dass die grundsätzlich sehr qualitative Sozialanthropologie im 20. Jahrhundert offener für den Umgang mit Bildern war als die positivistische Soziologie: Der Anthropologe Bronislaw Malinowski machte während seiner Studien auf den Trobriand-Inseln intensiv Fotos. Gregory Bateson und Margaret Mead haben mit ihrer Studie über den „Balinesischen Charakter" eine visuelle Ethnografie etabliert (1942). In der Anthropologie hat sich seither längst eine visuelle Traditionslinie entwickelt (Harper 2012, S. 5). Doch die visuellen Wirklichkeiten wären für Soziologie, gerade im Zuge der technologischen Entwicklung, ebenfalls höchst relevant. Harper bezeichnet sie als eine Einladung, „to open the eyes of the discipline to a wider and infinitely more interesting perceptual world than a computer screen filled with numbers" (2012, S. 4). Es versteht sich von selbst, dass die Designrecherche von positivistischen Konventionen befreit ist und daher viel freier mit visuellen Daten umgehen kann. Es gibt mehrere Ansätze aus der Sozial- und Kulturanthropologie, die sich im Designkontext als höchst relevant erweisen. Einige davon werden in diesem Kapitel behandelt. Diejenigen, die von stark partizipativen Ansätzen ausgehen, werden im Kapitel „participative action research" thematisiert.

Objektivierte Subjektivität

Als die Fotografie aufgrund technologischer Reproduktionsmöglichkeiten im späten 19. Jahrhundert in die Medien geriet, ging das mit einem neuen Glauben an Objektivität einher: Das Foto galt damals als Abbild der Wirklichkeit – im Gegensatz zum Text, bei dem eine Autorin das Geschehen durch Erzählung „formt". Diese Annahme ist inzwischen längst überholt – und zwar nicht nur aufgrund neuer technischer Möglichkeiten der Bildbearbeitung. Jedes Bild wird aus einer bestimmten Perspektive gemacht, zumal Menschen – und nicht Kameras – Fotos machen, die daher immer eine arbiträre Komponente aufweisen (Ball und Smith 2009, S. 305). Fotos sind „durch den Fotografen subjektiv überformt" (Baur und Budenz 2017, S. 93). Sie sind keine objektiven Repräsentationen (Berger 1996, S. 10). Fotos sind „gleichermaßen Formen subjektiver Objektivität (als Bildkomposition) und objektivierter Subjektivität (als verfügbares Photo)" (Lueger 2000, S. 170). Wenn man Howard S. Becker folgt, dann besteht der Unterschied von journalistischen, soziologischen und dokumentarischen Fotos einzig im Kontext (1995, S. 12): Dasselbe Foto kann also in einer sozialwissenschaftlichen Publikation oder einer Zeitung erscheinen, es kann in soziologischen oder journalistischen Kontext situiert sein – und diese Kontexte entscheiden, was für ein Bild wir sehen.

Diese bildtheoretischen Überlegungen sind für eine Fotografie in der Ethnografie genauso wie in der fotografischen Reportage wichtig. Zum Beispiel beim bereits erwähnten Jacob A. Riis (1997): Der Polizeireporter war im späteren 19. Jahrhundert im südlichen Manhattan in New York unterwegs, wo damals durch Migration die Melting-Pot-Society mit ihren Vierteln wie Little Italy, China Town und der jüdischen Lower East Side entstand. Riis setzte als Erster nachts Blitzlicht ein, um die andere Seite – das Leben der Randständigen – auszuleuchten und darzustellen. Er stellte „night-time people in a surreal visual universe" (Harper 2012, S. 24). Seine Fotos sind Hybride aus journalistischer und ethnografischer Fotografie. Der Fotograf und visuelle Ethnograf Camilo Jose Vergara, der unter anderem Fotodokumentationen über neue Ghettos in den USA machte, bewegt sich in einer ähnlichen Tradition (1995, 2014).

Im späten 19. und frühen 20. Jahrhundert wurden Filme zunehmend bei Feldforschungen eingesetzt (Tuma et al. 2013, S. 24 ff.). Auch dort stand – im Gegensatz zum gleichzeitigen Unterhaltungsfilm – die Dokumentation im Zentrum.[36] Als Klassiker des ethnografischen Films gilt der in den frühen 1920er-Jahren erschienene *Nanook of the North* von Robert J. Flaherty, der mehrere Monate bei den Eskimos lebte und ihr Alltagsleben dokumentarisch darstellte. Der Dokumentarfilm zeigt, dass das Genre nicht ohne erzählende Elemente auskommt: Der Film erzeugt mit dramaturgischen Mitteln und Musik ein bestimmtes Bild der Eskimo-Lebenswelt. Der Glaube, dass Bilder und Filme die Realität objektiv abbilden, basiert also auf naivem Realismus.

In der qualitativen Sozialforschung sind Fotos, aber auch Filme aus vier Gründen interessant (Lueger 2000, S. 163 f.): Sie dokumentieren Sachverhalte, Situationen und Interaktionen in bestimmten Lebenswelten. Sie sind in großen Mengen als Zeugnisse ganz unterschiedlicher Lebenszusammenhänge verfügbar. Sie zeigen einen gesellschaftlichen Blick auf bestimmte Phänomene und zeigen so, was Menschen als relevant betrachten. Und sie können – durch den Akt des Fotografierens – als Türöffner bei der ethnografischen Feldforschung wirken.

---

36 Reichert weist darauf hin, dass das Kino, der Film und die Humanwissenschaften eng miteinander verflochten sind und sich gegenseitig beeinflussen (Reichert 2007, S. 11).

6.10 Foto und Film

Filme und Fotos sind – wie Texte – *Konstruktionen zweiter Ordnung* im Sinne von Alfred Schütz. Genauso wie im Text Worte und Sätze benutzt werden, werden im Film bewegte Bilder ausgewählt und in einen dramaturgischen Aufbau gebracht, womit eine bestimmte Wirklichkeit erzeugt wird. Es handelt sich um „Transformationen lebensweltlicher Situationen" (Schnettler und Knoblauch 2009, S. 277), wobei Produzenten und Produzentinnen des Filmmaterials in diese Prozesse involviert sind. Ein Mensch mit einer Kamera ist nicht neutral, sein Verhalten wird wesentlich durch die Technologie determiniert, in der Know-how inkorporiert ist (Eberle 2017a, S. 28, 2017b, S. 100 ff.; Fleck 1983b, S. 161 ff.; Latour 2002, S. 216 ff.). Das Fotografieren selbst ist ein körperlicher Akt, in dem der Fotograf (inter)agiert: „Für die Wahl der ‚richtigen' Perspektive bewege ich mich als Fotograf dauernd im Raum und erprobe verschiedene Positionen; ich bücke mich, knie mich hin oder lege mich auf den Boden, oder ich strecke mich nach oben oder klettere zu höher gelegenen Standorten" (Eberle 2017b, S. 108). Und wie jeder Beobachtung geht auch jeder Kameraaufnahme eine Selektion voraus: „Bereits die Entscheidung, wann die Erkundung abgeschlossen ist und eine Kamera ausgepackt wird, stellt eine Selektion dar – genauso wie deren Fokus und Aufnahmedauer" (Tuma et al. 2013, S. 12). Aber auch eine fix installierte Kamera (etwa Überwachungskameras) liefert kein objektives Abbild der Realität, sondern sie hat einen ganz bestimmten Fokus, eine Perspektive und eine spezifische Ästhetik.

Im Kontext der kontingenten Produktionsbedingungen von visuellem Datenmaterial sollte auch die *Reaktanz* reflektiert werden, die darin besteht, dass Menschen im Feld auf die Präsenz der Forscherin reagieren (Pink 2015, S. 48; Tuma et al. 2013, S. 13). Der Konstruktionscharakter von Filmen zeigt sich schon in der Art und Weise, wie wir mit der Kamera umgehen: Ob wir die Kamera im Feld mit einem Stativ aufbauen und ob wir alleine mit einem Smartphone filmen, erzeugt nicht nur eine andere Reaktanz im Feld, sondern auch unterschiedliche ästhetische Repräsentation vom sozialen Geschehen im Feld.

Künstliche Situationen
Grundsätzlich kann man festhalten: je künstlicher eine Situation, desto ausgeprägter die Reaktanz. Wenn Probandinnen in künstlichen Laborsituationen agieren und gefilmt werden – wie zum Beispiel beim *Stanford-Prison-Experiment*[37] –,

---

37 Der Psychologe Philip Zimbardo (2001) führte dieses Experiment 1971 in der Stanford University in Kalifornien durch: Mit 24 Studenten wurde im Keller der Universität eine Gefängnissituation simuliert. Die eine Hälfte der Studenten waren Wärter, die andere Gefangene. Die Wärter wurden mit Sonnenbrillen, Uniformen und Gummiknüppeln ausgestattet, die anderen trugen Gefangenenkleidung. Schon am ersten Tag kam es zu Spannungen und nach drei Tagen zur Eskalation: Die Gefangenen machten

dann sind dies höchst künstliche Situationen. Hier setzt die Kritik an künstlichen Forschungssettings an: Würden die Menschen in alltäglichen Situationen auch so reagieren? Sind die Settings dieser Experimente suggestiv? Am anderen Ende des Spektrums befinden sich visuelle Daten natürlicher Situationen, bei denen die Menschen im Feld gar nicht wissen, dass sie beobachtet werden oder es aufgrund von Dauerüberwachung vergessen – zum Beispiel durch Überwachungskameras im öffentlichen Raum oder durch Reality-TV-Formate.

Zugleich kann eine Kamera ein Türöffner für erste Kontakte im Feld sein: Die Frage, ob man fotografieren dürfe, ist – je nach Feld – geeignet zur Kontaktaufnahme und möglicherweise für ein spontanes Interview. In unserer Feldforschung über Tretminen- und Polio-Opfer in Angola hat die Präsenz der Kamera oftmals dazu geführt, dass die Betroffenen posiert haben. Das hat sich bei einer Exkursion in eine Muzeke als fruchtbar erwiesen, wo die Designerin Bitten Stetter und die Fotografin Flurina Rothenberger bei einer Kuduro-Produktion dabei waren und audiovisuelles Datenmaterial produziert haben. Daraus wurde später ein Videoclip geschnitten, das wiederum Teil der Ausstellung „Sometimes people in Luanda shine" war und das sie den Kuduro-Künstlern in Angola zur Verfügung stellten.[38] Dabei ist darauf zu verweisen, dass ein herkömmlicher Fotoapparat deutlich mehr Aufmerksamkeit erregt als ein Smartphone (Eberle 2017b, S. 111). Hier ist grundsätzlich Sensibilität gefragt: Nicht in jedem sozialen Feld sind die Menschen offen für fotografische und filmische Aufnahmen. Das Fotografieren und Filmen in Milieus, die sich im Graubereich der Illegalität befinden, erfordert Vorsicht.

Tuma et al. haben drei Faktoren herausgearbeitet, welche die Produktion von visuellen Daten beeinflussen. Die Autoren beziehen sich dabei auf die Produktion von Videofilmen, aber die drei Faktoren sind bei Fotos ebenso relevant (Tuma et al. 2013, S. 37 ff.):

- *Forschungssituation*
Diese Dimension behandelt die bereits erwähnte Dichotomie von natürlichen und künstlichen Situationen: Wird eine Situation gefilmt, die auch ohne Präsenz des Forschers oder der Forscherin stattfinden würde? Wissen die Men-

---

Aufstände, die Wärter entwickelten sadistische Verhaltensweisen. Nach sechs Tagen musste das Experiment abgebrochen werden.

38 Die von Bitten Stetter und Flurina Rothenberger kuratierte Ausstellung „Sometimes people in Luanda shine. About landmines, disability and creativity in urban landscapes" wurde vom 9. bis 16. März 2015 im Aktionsraum Toni-Areal der Zürcher Hochschule der Künste gezeigt. Das Videoclip „Thrombose", das von der Ethnologin Sandra Gysi geschnitten wurde, ist abrufbar auf: http://www.bittenstetter.com/sometimes-people-in-luanda-shine/ (Zugriff: 20. September 2016)

schen im Feld, dass sie gefilmt werden? Reagieren sie gar in einer bestimmten Weise auf die Präsenz der Kamera bzw. der Forscherin?
- *Kameraführung*
Im Zentrum steht die Art und Weise, wie die Kamera verwendet wird: Wird eine statische Kamera verwendet, die einen bestimmten Ausschnitt über eine längere Zeit filmt? Filmt die Forscherin mit einer subjektiven bzw. bewegten Kamera, bei welcher der Film ihre Perspektive repräsentiert? Oder wird Filmmaterial herangezogen, das unabhängig von der Forschung von den Menschen im Feld produziert wurde? Im letzten Fall würde unter anderem auch die Ästhetik untersucht, mit der die Menschen im Feld ihre Filme produzieren.
- *Nachbearbeitung*
Die Nachbearbeitung ist bei visuellen Daten relevant, die unabhängig von der Forschung produziert werden. Dabei spielt nicht nur eine Rolle, welche Ereignisse, Dinge und Handlungen gefilmt oder fotografiert werden, sondern auch, wie diese danach bearbeitet werden. Das kann sich um Schnitte, Farbfilter, Zeitraffer, Vertonung etc. handeln. Mit solchen Stilmitteln wird eine milieu-, gruppen- oder szenespezifische Ästhetik sichtbar.

In diesem Kontext ist zwischen Filmen als *Forschungsmedium* und als *mediales Produkt* zu unterscheiden (Tuma et al. 2013, S. 46 ff.), was sich natürlich auch auf Fotografien bezieht: Beim Ersten handelt es sich um eine *Videografie*, beim Zweiten um eine *Videoproduktanalyse*. Tuma et al. definieren die Videografie wie folgt: „Forschende gehen ‚ins Feld' und fokussieren die Videokamera auf alltägliche Situationen, in denen Akteure handeln, und analysieren, wie sie es tun" (Tuma et al. 2013, S. 10). Dieses Datenmaterial – ob Fotos oder Film – hat primär einmal eine dokumentarische Funktion. Während Feldnotizen rekonstruktiv sind, zumal eine Beobachtung ex-post schriftlich artikuliert wird, handelt es sich bei Foto- und Filmaufnahmen um eine technische Aufzeichnung eines fluiden Augenblicks oder einer Zeitspanne, die beweist, dass etwas tatsächlich stattgefunden hat. Im Gegensatz zu Notizen sind visuelle Daten – insbesondere vertonte Bewegtbilder – höchst komplex:

> „Für die Ethnografie sind Videodaten von Bedeutung, weil sie eine größere Komplexität von Wahrnehmungsaspekten (Bild, Ton, Bewegung etc.) beinhalten, als dies bei rekonstruktiven Aufzeichnungsmethoden wie etwa Feldnotizen, Interviews oder Tagebüchern der Fall ist. Außerdem werden für die Interaktionsforschung bedeutsame ‚mikroskopische' Analysen einzelner Details von Handlungsabläufen möglich, die mit klassischen rekonstruktiven Erhebungsmethoden nicht zum Datum gemacht werden konnten" (Schnettler und Knoblauch 2009, S. 276).

Die Produktion von Filmen ist technologisch einfacher und niedrigschwelliger geworden. Während einst Foto- und Kamerateams mit Stativen und technischem Material ins Forschungsfeld gingen, dort als Kollektiv auftraten und das Feld gewissermaßen kolonialisierten, kann heute eine singuläre Forscherin mit einem Smartphone Filmmaterial produzieren. Sie ist beweglicher – körperlich und mental –, empathischer und sie stört eine Situation weniger, weil Smartphones inzwischen weitgehend allgegenwärtig sind. Zugleich kann dies dazu führen, dass enorm viel Filmmaterial produziert wird, was wiederum die Analyse erschweren kann. Die Ethnologin Barbara Keifenheim sieht deshalb im Arbeiten mit 16-mm-Filmen etwas Disziplinierendes: Man weiß, dass die Aufnahmezeit beschränkt und die Entwicklungskosten hoch sind, was beim Anschalten der Kamera einen gezielten Blick erfordert (2008, S. 278 f.).

Participant produced images
Der Film als *mediales Produkt* wird hingegen nicht von den Forschenden, sondern von dem Menschen im Feld produziert – und zwar nicht unbedingt aufgrund von Aufforderung der Forscherin, sondern möglicherweise unabhängig vom Forschungsprojekt (siehe Kapitel: *participant action research*). Der Forschungsansatz lautet dann – wie vorher erwähnt – *Videoproduktanalyse*. Dabei sind die Entstehungsbedingungen von Filmen und die durch Bildbearbeitung und Filter editierte Ästhetik natürlich sehr bedeutend (Tuma et al. 2013, S. 47).

Sarah Pink spricht in diesem Kontext von „participant produced images" (2013, S. 86 ff.). Das können Filme oder Fotos sein, die von einer bestimmten Szene (öffentlich, halböffentlich oder privat) auf Instagram, Facebook, Tumbler etc. geteilt werden. Hochzeitsfilme, Filme von Box-Kämpfen, Beauty- und Mode-Tutorials, Reisefotos, Familienbilder, Fotoalben, Portraitfotos, Amateur-Pornos etc. gehören zu dieser Gattung. Es gibt heute kaum noch einen lebensweltlichen Bereich, von dem es keine Bilder und Filme gibt. In diesem Zusammenhang ist darauf zu verweisen, dass Bilder und Filme in vielen Foren und auf sozialen Medien bewertet, kommentiert und verhandelt werden. Dies sind also „natürliche" Kommunikationen, die entstehen, ohne dass die Forscherinnen sie hervorrufen. Dieses im Feld produzierte visuelle Datenmaterial kann auch als intakte Grundlage für vertiefende Interviews in Einzelgesprächen, in Fokusgruppen oder für Gruppengespräche fungieren, worauf im Kapitel *participant action research* (Unterkapitel: *photo elicitation*) noch vertieft eingegangen wird. Sarah Pink etwa hat bei ihren ethnografischen Untersuchungen über Stierkampf auch Interviews über Fotos geführt, die in Bars und Clubs von Stierkampf-Aficionados aufgehängt sind (2013, S. 95 ff.). Aber es kann sich natürlich auch um Bilder handeln, die durch Aufforderung der Forscherin von den Partizipanten produziert und bearbeitet werden.

Die App-Fotografie verändert Bildpraktiken fundamental. Sie ermöglicht neue Formen der Filterung, der Bildgestaltung und -bearbeitung: Nina Baur und Patrick Budenz erwähnen in diesem Kontext die folgenden Gestaltungstechniken (2017, S. 77 ff.): *Inszenierung und Retusche, Wahl des Ausschnitts, Brennweite des Objekts, Tiefenschärfe und farbliche Gestaltung*. Eisewicht und Grenz bezeichnen die App-Fotografie als *interpretative Konservierung* und nennen in diesem Kontext die drei folgenden Ebenen (2017, S. 121 f.):

- *Kamera-Software zur Aufnahme:* Tools zur Verbesserung der Aufnahmequalität, Tools, die bestimmte Aufnahmemodi bereitstellen, und Tools mit speziellen Auslösemechanismen.
- *Kamera-Software zur Bearbeitung von bereits gemachten Bildern:* Bildbearbeitung am vorhandenen Material, Bearbeitung durch Hinzufügen und durch Arrangieren.
- *Kamera-Software zum Verwalten von Bildern:* Teilen von Fotos, Vergessen und Ordnen und Sichern.

Mit den verschiedenen Bearbeitungstechnologien kommen also nochmals neue ästhetische Dimensionen ins Spiel, die vor allem dann relevant sind, wenn visuelles Datenmaterial analysiert wird, das von den Partizipanten im Feld produziert worden ist.

6.11 Digitale Ethnografie

Der Buchdruck, der zuerst in China und erst später in Europa entwickelt wurde, revolutionierte Europa ab dem 15. Jahrhundert. Dass er sich in China nicht durchsetzte, liegt übrigens daran, dass die zentralistische Herrschaftsbürokratie die Kontrolle darüber ausübte, während im föderalistisch geprägten Europa der freie Markt spielte und dort gedruckt wurde, wo es erlaubt war. Die Reformatoren, die noch glaubten, dass es mit der ins Deutsche übersetzten Bibel zu einer Verbreitung der heiligen Botschaft käme, täuschten sich: Vielmehr kam es zur Verbreitung von häretischen und bibelkritischen Texten (Luhmann 1998a, S. 296 f.), zumal alles, was geschrieben wird, genau analysiert und widerlegt werden kann. Im Gegensatz zur mündlichen Kommunikation, die oftmals in der konkreten Situation befangen bleibt (Soeffner 2004, S. 95), führt die Schriftsprache zur Reflexion. Die europäische Gesellschaft wurde aufgrund der Verbreitung von schriftlichen Texten völlig umgekrempelt.

Mit dem Internet, das in den späten 1960er-Jahren vom Verteidigungsministerium der USA entwickelt wurde, etwas später für Studenten als Plattform fungierte und schließlich 1989 am CERN in Genf zum World Wide Web wurde, ist es zu einem ähnlichen Umbruch gekommen: Nur krempelt das Internet seither die ganze Welt um. Dabei ist – wie im letzten Kapitel behandelt – eine Flut von neuen sprachlichen und visuellen Daten entstanden. Und das Tempo hat drastisch zugenommen: Jede „Wahrheit", die im Internet verbreitet wird, wird im Nu durch „Gegenwahrheiten" widerlegt.

Religion-Online und Online-Religion

Nicht nur die Quantität von Daten hat extrem zugenommen, auch ihre Qualität hat sich fundamental verändert, was neue Rechercheansätze wie *Online-Ethnography* (Boellstorff et al. 2012; Hine 2000, 2015), *Netnography* (Kozinets 2010), *Digital Ethnography* (Pink et al. 2016b) und *Armchair Anthropology* (Ge 2017) verlangt. Die Emergenz neuer Daten und Kommunikationskulturen kann man exemplarisch an der Religion im Internet darlegen: Wie über alle anderen Lebensbereiche des modernen Lebens wird in Internet-Foren und Facebook-Gruppen intensiv über Religion – also zum Beispiel über Transzendenzerfahrung – diskutiert. Wenn man die Religion wie in der Systemtheorie als ausschließlich kommunikatives Phänomen beschreibt (Luhmann 1998b, S. 137), das mit der Unterscheidung Transzendenz/Immanenz operiert (Luhmann 2002, S. 77), dann entstehen im Internet neue Religionen (Müller 2012a).

Dies lässt sich an der Unterscheidung von „Religion-Online" und „Online-Religion" von Cowan und Hadden herleiten (2004, S. 120), die den „Online Communities" und „Communities Online" von Kozinets entsprechen (2010, S. 63 ff.). Bei „Religion-Online" handelt es sich um religiöse Institutionen, die im Internet eine Plattform haben. „Online-Religion" hingegen ist eine religiöse Kommunikation, die online praktiziert wird. Was damit gemeint ist, zeigt etwa der charismatisch evangelikale Prediger Mensa Otabil aus Ghana[39], der jeden Montag auf Facebook eine religiöse Botschaft platziert, die bis über 12.000
Likes und teils über 4000 Kommentare erhält. Auch neue Formen der religiösen Zeremonien entstehen; etwa „Twitter- und Facebook-Gottesdienste" (Herbrik 2012, S. 148).

Die Religion ist ein Beispiel von vielen. Jede noch so skurrile Special-Interest-Community tauscht in Foren, Chat und Facebook-Gruppen Erfahrungen aus. Man findet Kommunikationen über Krankheiten, Süchte, Extremsportarten, Politik, Angstzustände, Süchte, sexuelle Praktiken, Pfeifentabake. Dies kann sich um

---

39 http://www.facebook.com/mensaotabil (Zugriff: 30. November 2016).

sprachliche oder visuelle Daten handeln – oder auch um die Verschränkung von beidem, was etwa dann der Fall ist, wenn Bilder kommentiert werden.

Selfies und visuelle Identitäten
Im Internet der technologischen Entwicklung entstehen neue Formen der visuellen Identität. Ähnlich wie der aufkommende Roman ab dem 18. Jahrhundert (als Folge des Buchdrucks) Subjektivierung und Individualisierung begünstigte, führt auch das Internet zu neuen Ausdrucksformen der Individualität. Die Kulturanthropologin Gabriela Muri hat untersucht, wie Jugendliche mit Migrationshintergrund im Großraum Zürich sich selbst auf digitalen Medien darstellen, welche (nationalen) Symbole auftauchen und welche Bedeutung diesen zugeschrieben wird. Symbole und Zeichen werden dabei als Ressourcen verstanden, mit denen virtuelle Identitäten konstruiert werden. Digitale Wirklichkeiten werden so zu einem Ort, wo „Ausdruck und Wahrnehmung des Selbst auf spezifische Weise vorstrukturiert, aber auch gestaltbar sind" (Muri 2010a: S. 87). Da in Foren die visuellen Erscheinungen bewertet und kommentiert werden, werden so Normen ausgehandelt. Das ergibt natürlich sehr ergiebige Daten für ethnografische Untersuchungen. Relevant ist dies besonders bei der Bildung von Szenen im digitalen Raum, zumal sich Szenegänger (im Gegensatz zu Gruppen) nicht zwingend persönlich kennen, sondern sich an typischen Zeichen, Emblemen, Inhalten, Kommentaren und Attributierungen erkennen (Hitzler und Niederbacher 2010, S. 20). Selfies zeigen standardisierte Muster und sie objektivieren normative Muster der Selbstdarstellung. Das kann die Körperpose, die soziale Konstellation (Selfies mit Freunden und Freundinnen), den Gesichtsausdruck („Duckface") oder auch etwa einzelne Körperteile („Belfies" von Hintern) betreffen. Zugleich aber werden diese normativen Muster immer wieder subjektiv überformt, Stil und Ästhetik werden mit Filtern bearbeitet, womit genau die Objektivierung immer wieder Adaption und neue Interpretationen begünstigen (Baur und Budenz 2017, S. 93). Das Selbstportrait, das einst sehr elitär war, ist mit dieser neuen Kulturtechnik demokratisiert worden, was zu immer neuen Adaptionen der Darstellung des Selbst führt. Neumann-Braun spricht im Kontext von Selfies davon, dass Fotograf und Feedbacks „Teil eines glokalen Peer Review Systems" seien (2017, S. 345). Pink hält fest:

„Moreover, the rapid rise in popularity on the 'selfie' practice of photographing oneself with a smartphone, indicates the closeness that these technologies have to the ways people view and represent their own identities, thus suggesting that the personalization, closeness and affective qualities of the smartphones create potential to similarly create empathetic and corporal connections with audiences through sensory ethnography media" (Pink 2015, S. 165).

Ähnlich verhält sich dies bei Partyfotos[40]: Auf Partyfotos werden szenespezifische Dinge und Identitäten dargestellt und mediatisiert. Mit Posen, Zeichen, Symbolen, Kleidung, Schmuck, Accessoires, Frisuren etc. werden normative Identitäten erzeugt, wobei pop- und subkulturelle Ressourcen eingesetzt werden. Eine vergleichende Untersuchung von Partyfotos von drei Zürcher Clubs – vorwiegend der albanischen, der lateinamerikanischen und der schweizerischen Szene mit Affinität für elektronische Musik – hat signifikante Differenzen gezeigt: Die Akteure und Akteurinnen in den Clubs nehmen unterschiedliche und innerhalb der Clubs relativ homogene Körperposen ein. Es wird clubspezifisch bzw. szenespezifisch erotisches Kapital (Hakim 2011) gezeigt oder nicht gezeigt, es werden clubspezifisch nationale, religiöse oder hybride symbolische Dinge zur Schau gestellt (Müller 2017, S. 314 ff.). Aus einer ethnografischen Perspektive sind die Fotos „natürliche" Daten, die nicht durch eine Forscherin evoziert worden sind. Partyfotos werden unter bestimmten Umständen produziert: Die Fotografinnen bewegen sich mit einer Kamera in einem Partyclub und sind als solche erkennbar. Sie fragen Besucher und Besucherinnen, ob diese für ein Foto bereit sind, die dann wiederum bestimmte Posen einnehmen. Diese Posen sind eingeübt und normativ. Sie zeigen einen *verallgemeinerten Anderen* (Mead 1973, S. 194 ff.) und eine *Vorderbühne-Identität* (Goffman 1983/2008, S. 99ff.). Ein normabweichendes Foto würde nicht publiziert oder es würde (im Falle einer Publikation) das Image der dargestellten Person beschädigen. Die Posen beziehen sich daher auf bereits etabliere Körperstandards (Raab 2008, S. 122). Diese Fotos weisen „weniger Dokumentationsfunktion (z. B. ‚So ist es tatsächlich im Feld') als vielmehr eine Inszenierungsfunktion (im Sinne von: ‚So möchten wir einen Ausschnitt der Wirklichkeit darstellen') auf" (Kirchner und Betz, 2015, S. 182). Bei diesen spielt eine dem Foto eigene Paradoxie mit: dass nämlich das Portraitfoto einerseits ein Festschreiben von Identität ermöglicht, zugleich aber dazu führt, dass diese Identität umgestaltet und hybridisiert wird (Bronfen 2009, S. 237). Diese Bilder illustrieren Soziales nicht einfach, sondern sie führen zu einem „ikonischen Vergesellschaftungsprozess" (Kanter 2013, S. 107). Sie erzeugen Inklusion und Exklusion, indem sie Szenen und Szenegrenzen symbolisch markieren. Sie sind in „Identitätsräumen" (Tillmann 2006, S. 39) bzw. „dritten Räumen" (Bhabha 2012) verortet. Im Zuge dieser technologischen Entwicklung und den damit verbundenen soziokulturellen visuellen Ausdrucks- und Darstellungsformen sind mehrere Forschungsansätze virtueller Welten entwickelt worden. Dabei wird der virtuelle Raum als eine Materialisierung von Lebenswelten verstanden, in denen interagiert und kommuniziert

---

40 Zum Beispiel auf: z. B. auf Club-Webseiten, auf Facebook und auf Partyportalen wie http://www.partyguide.ch und http://www.usgang.ch (Zugriff: 21. August 2017)

wird. Diese Daten können visueller (Bilder, Filme, Symbole, Emoticons etc.) und sprachlicher Art sein.

Netnography und Mediated Sensory Ethnography
Im Designkontext sind vor allem zwei online-ethnografische Ansätze zu erwähnen: die *Netnography* (Kozinets 2010) und die *Mediated Sensory Ethnography* (Pink 2015, S. 117 ff.) – und zwar weil beide über das passive Beobachten bzw. Sammeln von Online-Daten hinausgehen. Zum ersten Ansatz: Philip Kozinets definiert Netnography als „participant-observational research based in online fieldwork. It uses computer-mediated communications as a source of data to arrive at the ethnographic understanding and representation of a cultural and communal phenomenon" (Kozinets 2010, S. 50). In einem weiteren Schritt arbeitet Kozinets das Spezifische seines Ansatzes heraus, das – wie in der herkömmlichen Ethnografie auch – in der Interaktion der Forscherin mit den Partizipanten im Feld besteht (2010, S. 50). Das bedeutet, dass die Forscherin aktiv in Foren mitdiskutiert, Bilder platziert, um Kommentare hervorzurufen, und auf diese reagiert: „Online interaction forces the learning of additional codes and norms, abbreviations, emoticons, sets of keystrokes and other technical skills in order to transfer the emotional information vital to social relations" (Kozinets 2010, S. 69).

So entsteht ein Dialog. Das Prinzip der teilnehmenden aktiven Beobachtung wird auf digitale Wirklichkeiten übertragen. Wie gesagt ist das besonders im Designkontext interessant und relevant, weil Störungen naturalistischer Situationen ja erkenntnisbringend sind (siehe Kapitel *Interventionen*). Kozinets schlägt das folgende Forschungsverlaufsmodell vor (2010, S. 51):

1. Definition of Research Questions, Social Sites or Topic to Investigate
2. Community Identification and Selection
3. Community Participant-Observation (engagement, immersion) and Data Collection (Ensure Ethical Procedures)
4. Data Analysis and Iterative Interpretation of Findings
5. Write, Present and Report Research Findings and/or Theoretical and/or Policy Implications

In der Forschungspraxis fließen diese Schritte iterativ ineinander; zum Beispiel lassen sich Forschung und Analyse nicht minutiös genau trennen. Im Weiteren schlägt Kozinets eine „blended ethnography" vor, bei der Online-Recherche mit Forschung in realen Situationen kombiniert wird (2010, S. 55 ff.). Dabei lässt sich Folgendes herausfinden:

- *Integration vs. Separation of Social Worlds*: Worin bestehen Ähnlichkeiten und wo Unterschiede der Verhaltensmuster im Internet und in Face-to-Face-Situationen?
- *Observation vs. Verbalization of Relevant Data*: Wie ist das Verhältnis zwischen Beobachtung von körperlichem Verhalten und der artikulierten Beschreibung desselben? Gibt es Abweichungen?
- *Identification vs. Performance of Members*: Wie relevant sind demografische Merkmale wie Alter, Ethnizität, Geschlecht etc. von Mitgliedern einer bestimmten Gemeinschaft? Oder profilieren sich diese allein durch bestimmte Leistungen oder Handlungen?

Hier geht es darum, virtuelle und reale Lebenswelten zu kontrastieren und Widersprüche zwischen den beiden sichtbar zu machen. Mit der Grounded Theory kann die Verschränkung der Daten von virtuellen und lokalen Forschungsfeldern der „theoretischen Sättigung" (Glaser und Strauss 2008, S. 68 ff.; Strübing 2008, S. 33 f.) dienen.

Das Interessante am zweiten Ansatz – an der von *Mediated Sensory Ethnography* von Sarah Pink – besteht darin, dass die kommunikative Interaktion in digitalen Medien nicht auf die virtuelle Realität reduziert wird, sondern dass sie auch sinnliche Züge einbezieht:

> „When we consider that contemporary technologies involve forms of corporeal and sensory engagement – which bring together touch, vision and sound – in ways that were not afforded by analogue media, then it is clear that their use in sensory ethnography calls for further theoretical development and practical experimentation" (Pink 2015, S. 117).

Es werden also visuelle, akustische, taktile und sinnliche Erfahrungen, die bei digitalen Praktiken gemacht werden, fokussiert (Pink 2006, S. 44 ff.). Das kann sich einerseits um Atmosphären in digitalen Welten – etwa einem Film –, andererseits um taktile Erfahrungen handeln. Wenn man die Geschichte des Computers ansieht, erkennt man eine Tendenz in Richtung Entmaterialisierung: Aus gigantischen Großrechnern sind innerhalb weniger Jahrzehnte kleinste Chips geworden. Doch trotzdem erscheinen uns digitale Technologien nach wie vor dinghaft – so lassen sich Tablets etwa als neue Form der antiken Schrifttafeln interpretieren (Freyermuth 2012). Es findet (noch) irgendeine körperliche Interaktion mit einem Gerät statt; zum Beispiel mit einem Touchscreen, einer Tastatur, einem Mikrofon etc. Wir interagieren also körperlich mit Dingen, die uns mit digitalen Sphären verbinden. Man könnte hier also mit Bruno Latours Thesen argumentieren, dass ein (lebendiger) Mensch nicht einfach ein (totes) technisches Objekt benutzt, sondern dass durch die Interaktion von beiden etwas Neues entsteht (2002, S. 231)

6.12 Participatory Action Research

Das Spektrum dessen, was als partizipativer Ansatz bezeichnet wird, ist breit. In einem gewissen Sinne ist die Ethnografie ohnehin partizipativ, weil die Forscherin ja mehr oder weniger aktiv im Feld teilnimmt. Zugleich haben die meisten Designprozesse partizipative Elemente, zumal Designerinnen nicht nur im Labor tüfteln, sondern ihre Lösungen in Interaktion mit einer bestimmten Gruppe entwickeln. Dies trifft letztlich wohl heute für jedes Designverständnis zu, ist aber besonders für Felder wie „Social Design" oder „Design for Social Impact" relevant.[41] Es würde jedoch zu einer Verwässerung der Begriffe führen, wenn man jede Forschung und jedes Design als partizipativ bezeichnen würde. Um dies zu vermeiden, werden im Folgenden Methoden als partizipativ bezeichnet, bei denen Forscherinnen gemeinsam mit Partizipanten ethnografisches Datenmaterial und/oder Designlösungen produzieren – oder diese dazu briefen, dieses selbst zu produzieren. Grundsätzlich gilt für partizipative Forschung: „Good research is research conducted *with* people rather than *on* people" (Heron und Reason 2006, S. 179).

Ein partizipativer Ansatz besteht bereits darin, wenn ein Forscher mit Partizipanten ins Feld geht, was Margarethe Kusenbach als „Go-Along" bezeichnet (2008). Damit bezeichnet sie „[...] Situationen, in denen Feldforscher Informanten auf ‚natürlichen' Ausflügen (outings) begleiten und – durch Fragen, Zuhören und Beobachten – aktiv den Fluss ihrer Erfahrungen und Handlungen zu begreifen versuchen" (2008, S. 352). Dabei werden keine standardisierten Interviews, sondern Gespräche geführt (siehe Kapitel *Interviews und Gespräche*). So werden teilnehmende Beobachtung, Gespräche und Interventionen verschränkt, zumal ein Go-Along ja keine natürliche Situation ist. Der Problematik, dass Forscher euro- und andere zentrische Blickwinkel ins Feld einbringen und diese den Menschen aufzwingen, soll so entgegengewirkt werden. Dabei werden die Probanden im Feld in die Produktion der empirischen Daten genauso wie in Design- und Gestaltungsprozesse einbezogen.

---

41 Das Departement Design der Zürcher Hochschule der Künste definiert den Schwerpunkt „Design for Social Impact" wie folgt: „‚Design for Social Impact' stellt den ursprünglichen Gedanken des Designs – die Verbesserung der Lebensumstände aller Menschen – in den Vordergrund und betrachtet diesen im Kontext sozialer und globaler Brennpunkte." https://www.zhdk.ch/index.php?id=73089 (Zugriff: 19. Dezember 2016)

Partizipative Recherche und Designansätze sind in Skandinavien in den späteren 1960er- und in den 1970er-Jahren entstanden (Bjerknes et al. 1987; Blomberg und Karasti 2013, S. 87; Kensing und Greenbaum 2013, S. 27 ff.); „Design Partizipation" lautete etwa das Thema der Jahreskonferenz der *Design Research Society* in Manchester im Jahr 1971 (Robertson und Simonsen 2013, S. 2). Vom theoretischen Hintergrund her orientieren sich partizipative Ansätze an einer marxistisch ausgerichteten Gesellschaftskritik (Rahman 2008, S. 49) und einer Kritik an positivistischen Wissenschaften (Gergen und Gergen 2008, S. 159). Die marxistische Idee lautet, dass unterprivilegierte Menschen und Gesellschaften ihre Situationen in Kooperation mit Forschern verbessern können (Rahman 2008, S. 49). Als Ausgangslage fungiert dabei ein Problem – und die Annahme lautet, dass dieses am besten gemeinsam gelöst wird. Robertson und Simonsen definieren Participatory Design als

„a process of investigating, understanding, reflecting upon, establishing, developing, and supporting mutual learning between multiple participants in collective 'reflection-in-action'. The participants typically undertake the two principal roles of users and designers where the designers strive to learn the realities of the users' situation while the users strive to articulate their desired aims and learn appropriate technological means to obtain them" (Robertson und Simonsen 2013, S. 2).

Robertson und Simonsen betonen also die Rollenteilung: Die Partizipanten sind Designer *und* Nutzer – und indem sie ihre Anliegen und Ziele artikulieren, erlernen sie, diese zu erreichen. Dabei sollen alle involvierten Parteien einen Nutzen vom Forschungsprojekt haben: Designerinnen entwickeln Gestaltungsansätze, Anthropologen kommen zu Erkenntnissen, und Partizipanten lösen ihre Probleme durch Kollaboration. In der Praxis bedeutet dies, dass privilegierte Akademiker mit unterprivilegierten Menschen zusammenarbeiten, was ethisch reflektiert werden sollte. Auch wenn von Begegnung auf gleicher Augenhöhe die Rede ist (Girtler 2001, S. 147), sind die Forscher meist in einer privilegierten Lage.

Castillo-Burguete et al. bezeichnen Partizipation in lokalen Gemeinschaften als eine Form des *kulturellen Kapitals* im Sinne von Pierre Bourdieu, das man inkorporieren und gemeinsam aktivieren müsse (2009, S. 532). Das bedeutet nicht, dass betroffene Gesellschaften kolonialisiert werden, sondern eher, dass ein Ideenaustausch stattfindet, was in unserer globalisierten Welt ja sowieso passiert.

Partizipative Fotografie und photo-elicitation
Bei partizipativer Ethnografie erzeugen nicht nur Forscherinnen Datenmaterial, sondern auch die Partizipanten im Feld. Das wird in gemeinsamen Interpretati-

6.12 Participatory Action Research

ons-, Analyse-, Arbeits- und Gestaltungsprozessen geleistet. Es kann sich auch um Aufgaben bzw. Handlungsanforderungen handeln, die von den Forscherinnen den Partizipanten im Feld ausgehändigt werden. Letzteres wird bei der partizipativen Fotografie geleistet. Diese geht historisch auf die Foto-Befragung bzw. „photo-elicitation" (Harper 2002, 2012, S. 155 ff.; Pink 2015, S. 92 ff.) zurück, bei der Fotos nicht einfach vom Forscher analysiert werden, sondern als Grundlage für Interview mit Partizipantinnen im Feld dienen (Litscher 2015, S. 81 ff.; Lueger 2000, S. 175 ff.). „Photo-elicitation" wurde von John Collier in den 1950er-Jahren entwickelt (1957, S. 846 ff.; 1967, S. 46 ff.). Collier führte in einer dreijährigen Studie über die Lebenswelten von Arbeitern in Kanada Interviews mit und ohne Fotos durch. Er kam zum Fazit, dass Antworten bei den Interviews mit Fotos präziser ausfielen, weil diese „sprachliche Brücken" bilden (Collier 1957, S. 858). Die Idee der „photo-elicitation" besteht darin, „Fotografien als ‚Schlüssel zum Unsichtbaren' einzusetzen, also als Mittel für die Eröffnung des Zugangs zu den subjektiven Bedeutungen und Werten, mit denen objektive Kultur geladen ist" (Wuggenig 1989, S. 815).

Die treibende Annahme lautet, dass Bedeutungen Fotos nicht inhärent sind, sondern dass sie ihnen zugeschrieben werden (Harper 2002, S. 13; Pink 2013, S. 92). Mehrere Perspektiven auf ein Bild eröffnen mehrere Interpretationsschemata. Diese Interpretationen sind allerdings nicht als rein subjektive Prozesse zu verstehen, zumal auch intersubjektive und kulturelle Deutungskategorien mitwirken. Durch photo-elicitation kommt es zu einer neuen Definition des soziologischen Interviews, „because it centers an object in a photo that boths parties are looking at and trying to make sense of" (Harper 2012, S. 157). Wie es Sarah Pink in ihren empirischen Untersuchungen über den Stierkampf in Spanien zeigt, interpretieren Stierkampf-Gegner und -Aficionados Bilder anders. Diese Befragungen, in deren Zentrum Bilder stehen, versuchen also, Perspektiven zu pluralisieren:

> „Photo-elicitation relies on the idea of the photograph becoming a visual text through which the subjectivities of researcher and participant intersect. It can evoke memories, knowledge and more in the research participant, which might have otherwise been inaccessible, while simultaneously allowing the researcher to compare her or his subjective interpretation of the image with that of the research participant" (Pink 2015, S. 88).

Sarah Pink betont den Austausch zwischen Forscherin und Partizipanten. Das Bild fungiert als Ausgangslage für eine Suche nach neuen Sinnzusammenhängen und Deutungsmustern. Dies kann in unterschiedlichen Settings geschehen: Forscher und Forscherinnen können ihre Partizipanten auffordern, Fotos schriftlich zu kommentieren bzw. zu bewerten. Fotos können als Grundlage für Face-to-Face-Interviews, Gruppendiskussionen und Fokusgruppen fungieren. Im Kontext einer Netnography können Fotos online gestellt werden, wo sie kommentiert, bewertet und/oder verändert werden. Dasselbe funktioniert natürlich auch mit Film. Dabei wird einem Partizipanten

> „ein sorgfältig gefilmtes und editiertes Beispiel eines Vorganges oder eines Gegenstandes aus der untersuchten Kultur vorgezeigt. (Dasselbe Verfahren kann natürlich auch mit akustischen Artefakten durchgeführt werden, wie etwa Musik). Mit verschiedenen (möglicherweise auch standardisierten) Fragen versucht man herauszufinden, wie die untersuchte Person selbst den Ausschnitt deutet und strukturiert, wie sie ein Beispiel mit anderen vergleicht, was sie unterscheidet und als ähnlich ansieht" (Knoblauch 2003: 160).

Partizipatives Fotografieren und Filmen bedeutet auch, Kameras auszuhändigen und die Menschen im Feld selbst filmen zu lassen. Dieser Ansatz wurde von Ruth Holliday umgesetzt, die ihre Partizipanten aufforderte, „Videotagebücher" zu produzieren (2000). Holliday hat so auch Queer-Identitäten untersucht, indem sie Kleidungspraktiken von 15 Personen aus der Queer-Szene zuhause, im Ausgang und bei der Arbeit fotografieren ließ (2007, S. 257 ff.). Ähnlich sind Eric Michaels und Francis Kelly (1984) vorgegangen, die an Aborigines Kameras verteilten und sie Bilder produzieren ließen (Tuma et al. 2013, S. 27). In unserem Projekt in Angola haben wir Einwegkameras an Studierende der Rehabilitationsmedizin verteilt, die diese körperlich behinderten Menschen weitergegeben haben, die aus ihren Lebenswelten fotografiert haben. Der Rücklauf war relativ gering, was auch daran lag, dass wir die Kameras nicht direkt, sondern über einen sozialen Knotenpunkt verteilt hatten. Dies erschwerte die Kommunikationswege deutlich. Viel produktiver war es, als wir einen der Studenten selbst ins Projekt einbezogen: Domingos João Pedro Bernardo, selbst ein Polio-Opfer, hat ein Gedicht (Bernardo 2016, S. 35) und Fotos aus seiner Lebenswelt produziert, die in unsere Publikation „Mit Behinderung in Angola leben. Eine ethnografische Spurensuche in einer von Tretminen verletzten Gesellschaft" (Bernardo 2016, S. 1 ff.) eingeflossen sind. Dabei hat Domingos João Pedro Bernardo die Bilder visuell bearbeitet, so dass einige davon eine Ästhetik erhielten, die wir relativ häufig auf Facebook-Profilen gesehen haben: Bilder werden bunt gerahmt, mit Symbolen oder Sprache ergänzt und farblich gefiltert. Domingos João Pedro Bernardo hat uns unter anderem die folgenden Fotos zurückgeschickt:

6.12 Participatory Action Research

Abbildung 6.3 Der Angolaner Domingos João Pedro Bernardo hat Ausschnitte seiner Lebenswelt fotografiert. © Foto: Domingos João Pedro Bernardo (Müller 2016: S. 1 ff.)

Auch wenn die Forscherin während der Briefings physisch abwesend sein kann, ist sie durch die Briefings selbst – auch wenn diese sehr offen formuliert sind – doch präsent (Pfadenhauer 2017, S. 136 f.). Diese Briefings können unterschiedliche Bereiche der Alltagswelt fokussieren: zum Beispiel Dinge in der eigenen Wohnung, die als schön, störend, sauber oder schmutzig betrachtet werden. Dabei geht es nicht nur darum, was die Menschen filmen bzw. als relevant betrachten, sondern auch, *wie* sie filmen:

„Die Wahl von ungewöhnlichen Kameraeinstellungen und -bewegungen, andere Höhen der Kamerapositionierung, eine dezentrierte Betonung von Bildausschnitten etc. gehen nicht automatisch auf das Konto ungeschickten Umgangs mit der Technik, sondern verweisen unter Umständen auf kulturspezifische Sehgewohnheiten und Repräsentationsmuster [...]" (Keifenheim 2008, S. 282 f.).

Da Bildbearbeitungsprogramme und die Fähigkeit, mit ihnen umzugehen, durch Smartphones enorm verbreitet werden, kann man die Partizipanten auch auf dieser Ebene in Produktionsprozesse einbeziehen – und Partizipanten zum Beispiel selbst Filme bearbeiten, schneiden und editieren lassen; oder sie Filmmaterial, das die Forscherin selbst produziert hat, bearbeiten lassen, was wir bei unserem Forschungsprojekt in Angola versucht haben (wobei wir den Film leider nicht zurück erhalten haben, da wir den Kontakt zum Partizipanten nicht aufrechterhalten konnten).

Anna Brake weist auf mehrere Faktoren hin, die bei der fotobasierten Befragung eine relevante Rolle spielen, was sich auf die Produktion des visuellen Datenmaterials genauso wie auf die Art und Weise beziehen kann, wie die Interviews geführt werden (2009, S. 376 f.). Dies bezieht sich auf Fotos und Film:

- *Fotomaterial:* Das Fotomaterial kann vom Forscher oder von Menschen im untersuchten Feld stammen. Dort wiederum kann es explizit für die Forschung produziert werden oder auch bereits vorhanden sein (wie zum Beispiel Familienfotos, Reisefotos, Portrait-Fotos auf Facebook, themenspezifische Bilder auf Instagram etc.).
- *Interviews:* Das Fotomaterial kann ganz unterschiedlich in den Interviews eingesetzt werden: Bei strukturierten Vorgehen sind Reihenfolge, Zeitfenster und Fragestellungen von vornherein definiert. Bei offenen Vorgehen können die Befragten die Fotos, die selbst auswählen, und die Dauer der Kommentare selbst bestimmen.
- *Soziale Konstellation:* Die Befragung kann in unterschiedlichen Konstellationen durchgeführt werden; in Zweier-Konstellationen (ein Interviewer und eine befragte Person) und Gruppen.
- *Medien:* Das Bildmaterial kann über unterschiedliche Medien gezeigt werden; als Ausdrucke, auf Bildschirmen, an eine Wand projiziert. Schließlich kann das Medium variieren: von Fotos, Skizzen, Tagebücher, Gestaltungsaufgaben bis zu Filmen.
- *Text- und Bildanalyse:* Die Kommentare der Befragten werden aufgenommen und transkribiert, wobei die Transkriptionen und die visuellen Daten interpretiert und analysiert werden. Mit der Gewichtung von text- und bildbasierten Daten kann variiert werden.

Digitale Medien eröffnen natürlich gerade bei partizipativen Ansätzen eine Vielzahl von neuen Möglichkeiten, Partizipanten in die Produktion von visuellem Material einzubauen. Dabei spielen natürlich auch ökonomische Faktoren mit: Das Filmen mit Smartphones ist deutlich niederschwelliger und kostengünstiger geworden, was die Zugänge und die Transfers der Daten erleichtert. Die Grounded Theory leistet mögliche Ansätze zur Analyse des Datenmaterials.

Photovoice, Walking with Video und Cultural Probes

Brake unterscheidet drei Ansätze der partizipativen Fotografie, welche die Produktion und die Interpretation des Fotomaterials betreffen (2009, S. 376):

- *Autodriving*: Dieser Ansatz stammt aus der Marktforschung. Konsumenten und Konsumentinnen werden in ihren Alltagswelten fotografiert und gefilmt und danach dazu bewegt, dieses Fotomaterial zu kommentieren und zu interpretieren.
- *Photovoice*: Im Zentrum steht bei diesem Ansatz die Idee, einer gesellschaftlich marginalisierten Gruppe oder Menschen eine (visuelle) Stimme zu geben und sie in ihren lebensweltlichen Kontexten Bilder produzieren zu lassen.
- *Reflexive Fotografie*: Ähnlich wie bei Photovoice werden auch hier die Bilder von Menschen in ihren lebensweltlichen Kontexten produziert. Der Schwerpunkt liegt dann allerdings auf den Interviews, die danach anhand der Bilder geführt werden.

Die drei Beispiele zeigen, dass die Anwendungskontexte der partizipativen Fotografie variabel sein können: von marktorientierten Ansätzen (Autodriving) bis hin zur sozialpolitischen Sensibilisierung für Randgruppen (Photovoice). Dies entspricht dem breiten Spektrum, in dem sich Designprojekte bewegen.

Photovoice ist von Caroline Wang entwickelt worden, die in einer ländlichen Gegend Chinas Frauen dazu ermunterte, Bilder von ihren alltäglichen Arbeitskontexten und in Bezug auf ihre gesundheitliche Situation zu machen.[42] Treiber war die Hypothese, dass dort Mängel im Gesundheitssystem bestünden. Das Verfahren verfolgt drei Ziele: Erstens soll es die Frauen zur Selbstermächtigung bewegen und dazu, die persönlichen und gemeinsamen Stärken und Sorgen darzustellen und zu reflektieren. Zweitens sollen die Fotos einen kritischen Dialog über die persönlichen und gemeinsamen Probleme evozieren. Drittens soll die Politik erreicht und

---

42 Als Forschungsprojekt mit einem ähnlich partizipativem Ansatz nennt Douglas Harper den Film „Navajo Film Themselves", bei dem Sol Worth und John Adair 1966 Navajos Filme produzieren ließen (Harper 2012, S. 188).

in den Dialog eingespannt werden (Wang 1999, S. 185). Der Methode liegt die Annahme zugrunde, dass Fotos zeigen, wie wir leben und wie wir uns gegenüber der Welt definieren. Das methodische Verfahren wird wie folgt beschrieben (Wang 1999, S. 187 ff.):

- *Bestimmung der Adressaten:* Hier steht die Überlegung, wer überhaupt mit der Studie erreicht werden soll. Dies müssen Menschen sein, die über Macht oder Einfluss verfügen, um soziale Schieflagen – in diesem Falle die mangelnde Gesundheitsversorgung von Frauen – korrigieren zu können. Das können Politiker, Stadträte, Journalisten, Behörden etc. sein
- *Bestimmung der Teilnehmenden:* Ideal für die Produktion und Diskussion der Fotos ist nach Wang eine Gruppe von sieben bis zehn Personen. Diese Gruppe kann nach demografischen Merkmalen (Alter, Geschlecht, Ethnizität, Gesundheitsstatus) zusammengesetzt werden. Eine andere Möglichkeit besteht darin, das Projekt auszuschreiben und freiwillige Teilnehmerinnen zu suchen.
- *Einführung der Methode:* Projekt, Methode und Ziele müssen den Teilnehmerinnen erläutert werden. Diese Einführung betrifft auch den Umgang mit dem Fotoapparat, der – je nach untersuchter Gemeinschaft – nicht vorausgesetzt werden kann. Anfügen muss man allerdings, dass diese Kompetenz als Folge der Smartphones aktuell global enorm zunimmt.
- *Einverständnisabklärungen regeln:* Es sind Fälle denkbar, in denen sich Partizipanten durch die Anwendung der Methode bestimmten Risiken ausliefern. Dies muss vorweg geklärt werden. Die Partizipanten dürfen sich jederzeit aus dem Projekt zurückziehen und selbst bestimmen, welche Fotos an eine Öffentlichkeit gehen und welche nicht.
- *Erstes Thema setzen*: Zu Beginn setzt die Forscherin ein bestimmtes Thema, das dann in der Gruppe diskutiert wird. Mit einem Brainstorming wird erarbeitet, welche Fotos überhaupt möglich und sinnvoll sind.
- *Kameras verteilen und Know-how abklären:* Hier stellt sich die Frage, mit welchen Fotokameras gearbeitet wird. Einwegkameras? Autofocus-Kameras? – Heute verfügen global beträchtlich viele Menschen über ein Smartphone mit eingebauter Kamera, was natürlich viel kostengünstiger ist und den Transfer der Bilder deutlich vereinfacht. Wichtig ist, dass die Diskussion nicht zu technisch geführt wird.
- *Zeit fürs Fotografieren:* Die Partizipanten sollten genügend Zeit haben fürs Fotografieren. Zwischen der Abgabe der Kamera bzw. der ersten Themensetzung und der Diskussion sollte mindestens eine Woche vergehen.
- *Treffen für Diskussion:* In dieser Phase wählen die Partizipanten eines oder zwei Fotos aus, die eine besondere Bedeutung haben oder die sie am meis-

6.12 Participatory Action Research

ten mögen. Diese Fotos werden dann besprochen, wobei in der Gruppe gefragt wird, was darauf eigentlich zu sehen ist und was das mit dem eigenen Leben zu tun hat. Dann werden alle Fotos thematisch kodiert, also bestimmten Themen zugeordnet.

- *Format entwickeln für Austausch mit Politik:* In diesem Schritt wird gemeinsam mit den Partizipanten ein Format entwickelt – zum Beispiel eine PowerPoint-Präsentation –, mit dem die Fotos den Adressaten, also zum Beispiel den Politikern, gezeigt werden.

In eine andere Richtung geht auch das von Sarah Pink vorgeschlagene „Walking with Video" (2007, 2015, S. 111), bei dem die Forscherin die Partizipanten bei Spaziergängen begleitet und sie zugleich filmt. Die Methode basiert auf der Annahme, dass Wege und Routen nicht einfach funktional Startpunkte mit Zielen verbinden, sondern subjektive Sinnuniversen darstellen. Indem die Forscherin direkt filmt, kann sie Bezug nehmen auf gegenwärtige Dinge und diese direkt zum Gegenstand des Gesprächs machen: „Walking with video, I suggest, can generate a more involved approach to the question of how places and identities are constituted" (Pink 2007, S. 250).

Eine Weiterführung des partizipativen Ansatzes sind die Cultural Probes (Gaver et al. 1999, 2004; Brandes et al. 2009, S. 168 ff.), die von Bill Gaver in den späteren 1990er-Jahren entwickelt wurden. Hintergrund bildete eine Studie über Senioren und Seniorinnen in Oslo, Amsterdam und in der Nähe von Pisa. Gaver et al. verteilten den Partizipanten Sets mit mehreren Postkarten, auf denen Fragen zu Wünschen, Alltagswelten und Dingen gestellt wurden. Weiter waren darin Karten enthalten, auf denen poetische sowie sehr direkte Fragen formuliert waren – zum Beispiel, wo die älteren Partizipanten am liebsten Leute treffen, wo sie alleine sind oder wo sie gerne hinmöchten, aber nicht können. Die Partizipanten erhielten Einwegkameras und wurden aufgefordert, ihr Zuhause, etwas Erwünschtes und etwas Langweiliges zu fotografieren. Weiter erhielten sie ein Fotoalbum, in dem sie mit sechs bis zehn Bildern ihr Leben erzählen sollten. Und schließlich ein Medientagebuch, in dem sie ihren Medienkonsum festhalten sollten; also, welche Zeitungen sie lesen, welche Radiosendungen sie hören und welche TV-Programme sie ansehen – und mit wem sie dies tun (Gaver et al. 1999, S. 22 ff.). Das von den Partizipanten produzierte Datenmaterial sollte in erster Linie inspirieren und nicht zu objektiven Aussagen führen (1999, S. 25). Wichtig ist, dass die Methode einen spielerischen und intuitiven Zugang ermöglicht. Die Cultural Probes sind als Methode offen gedacht und lassen sich beliebig erweitern, ergänzen und verändern (Gaver et al. 2004).

6.13 Interventionen

Die Ethnografie in der Sozialforschung hat ein Interesse an naturalistischen Lebenswelten fremder Gruppen. Zugleich bringen die Forscherinnen – wie bereits erläutert – die Welt, die sie beobachten und erkennen, hervor. So bezeichnen Dellwing und Prus den „Wissenschaftler als ‚Macher'" (2012, S. 19), der die Welt nicht von einem neutralen Ort aus sieht, sondern selbst Teil davon ist. Jede menschliche Handlung weist eine körperliche bzw. mechanische und zugleich eine intellektuelle Dimension auf (Gatt und Ingold 2013, S. 139). Im Gegensatz zur deskriptiven Ethnografie interveniert und verändert Design Situationen. Designethnografie basiert auf iterativen Schritten zwischen Deskription, Interpretation und Intervention:

> „These include interventionist forms of fieldwork and design that work through iterative cycles of reflection and action, and employ methods and tools such as video feedbacks, scenarios, mock-ups, props, provo- and prototypes, tangible interactions, and various forms of games, performances and enactment" (Otto und Smith 2013, S. 11).

Kollaborative Ansätze – etwa wie das gemeinsame Produzieren eines Filmes, das gemeinsame Entwickeln eines Kochrezeptes, das gemeinsame Schreiben eines Songs oder das partizipative Designen von Prototypen – sind Interventionen (Pink 2015, S. 7). Diese sind dem Designprozess inhärent: Ein Designobjekt ist ja während eines Designprozesses noch nicht vorhanden, weshalb es sich nicht mit einem herkömmlichen ethnografischen Forschungsansatz untersuchen lässt (Halse 2013, S. 282). Der „natürliche" Anwendungskontext eines neuen Designobjektes kann empirisch nicht untersucht werden. Es lassen sich allenfalls Studien mit bereits existierenden, ähnlichen Designobjekten durchführen. Oder aber es werden Prototypen entworfen, mit denen in alltäglichen Situationen interveniert wird. Diese Interventionen kann man in einem weiteren Sinne als Experimente bezeichnen, womit ergebnisoffene und explorative Experimente gemeint sind – und nicht solche, die binär verifiziert oder falsifiziert werden. Joachim Halse und Laura Boffi sprechen von „Design Interventions as a Form of Inquiry" und definieren die Methode wie folgt:

> „In short, we propose that design interventions can be seen as a form of inquiry that is particularly relevant for investigating phenomena that are not very coherent, barely possible, almost unthinkable, and consistently under-specified because they are still in the process of being conceptually and physically articulated" (Halse und Boffi 2016, S. 89).

Halse und Boffi sprechen in diesem Zusammenhang von spekulativen Interventionen, die mit Interventionen mit Deskriptionen vermengt werden. Treiber sind spekulative Fragen wie „what if?" und „what could be?" (2016, S. 89). Mit elementaren Designmethoden wie Prototyping und Skizzen wird interveniert, um lebensweltliche Kontexte und Ausschnitte der Wirklichkeit in einem neuen Licht zu sehen. Nach Peter Friedrich Stephans Meinung übernehmen Designerinnen „die Rolle der kreativen Zerstörung von Gewissheiten und suchen Anlässe für Irritationen, die neue Passungen erfordern und ermöglichen" (2010, S. 86). Gatt und Ingold schreiben, dass „anthropolology-by-means-of-ethnography" eine Praxis der Deskription sei, anthropolology-by-means-of-design" hingegen eine Praxis der Korrespondenz und der Vermittlung (2013, S. 144). Barbara Tedlock schreibt von „from Participant Observation to the Observation of Participation" (1991).

Subversive Strategien
Im Kontext von Ereignis- oder Experience-Design werden auch künstlerische Strategien angewandt. Historisch führt dies unter anderem auf die Surrealisten und die Situationisten in den frühen 1960er-Jahren zurück, die marxistische Positionen vertraten, aber ein parteipolitisches Engagement ablehnten. Subversive Strategien wurden von der „Kommunikationsguerilla" der autonomen Gruppe *a.f.r.i.k.a.* durchgeführt (Blissett und Brünzels 2012). Mit ähnlichen Ansätzen operieren *Cultural Jamming* und das 1989 von Kalle Lasn in Vancouver gegründete Magazin *Adbusters*, das Werbung parodiert (DeLaure und Fink 2017; Lasn 1999). Im Gegensatz zum Protest, bei dem ein Unbehagen artikuliert und die Öffentlichkeit getragen wird, sind diese Ansätze subversiv: Sie verfremden Zeichen und die Grammatik der Alltagswelt. Sie folgen Roland Barthes, der fragte, ob es nicht subversiver sei, Codes zu entstellen anstatt sie zu zerstören (1989, S. 123). Umberto Eco hat dieses Vorgehen als „semiotische Guerilla-Kriegsführung" bezeichnet (1990, S. 135 ff.).

Mark Terkessidis bezeichnet Subversion als die „Aktivität eines Schwächeren in einem Verhältnis, das geprägt ist von einem definierbaren politischen Raum, [...] von stabilen Routinen und einem dominanten Kollektiv" (2008, S. 29). In diesem Kontext lassen sich die Aktionen von Pussy Riot aus Moskau lesen: Das feministische Künstler-Kollektiv hat Putin und die orthodoxe Kirche wiederholt kritisiert und sich für die Rechte sexueller Minderheiten engagiert. Eine hohe Aufmerksamkeit löste die Aktion in der orthodoxen Christ-Erlöser-Kathedrale in Moskau am 21. Februar 2012 aus: Die Musikerinnen betraten in bunten Sturmhauben die Kirche und sangen ein Punk-Gebet, mit dem sie Putin und seine Allianz mit der Kirche kritisierten. Der Auftritt dauerte keine Minute, und schon wurden die Musikerinnen verhaftet. Die Bilder gingen um die Welt. Spätestens seitdem werden Pussy Riot im Westen als Künstlerinnen mit einem ernsten politischen Anliegen gefeiert.

Bei diesen subversiven Praktiken werden, was die bunten Sturmhauben von Pussy Riot zeigen, Dinge benutzt, umgestaltet und adaptiert, was für den Designkontext relevant ist. Die Ausstellungen *Object Demonstration*[43] in Hongkong und *Disobedient Objects* im Victoria and Albert Museum in London zeigten Objekte, die aus Protestbewegungen und damit aus mehr oder weniger informellen Designpraktiken hervorgegangen sind. Diese Dinge sind in der Publikation zu *Disobedient Objects* (Flood und Grindon 2014) wie folgt klassifiziert worden:

- *World Making:* Das sind Dinge, mit denen eine bessere Welt erstrebt wird. Ein Beispiel sind die selbstgemachten Gasmasken der Aktivisten bei den Protesten 2013 in Istanbul (Flood und Grindon 2014, S. 44 ff.).
- *Direct Action:* Mit diesen Dingen werden Normen gestört. Ein Beispiel sind Postkarten, mit denen die Opfer von Hypothekarschulden in Spanien gegen eine Bank protestierten (Flood und Grindon 2014, S. 60 ff.).
- *Speaking Out:* Hierbei werden mit Kommunikationsmedien Proteste artikuliert. Ein Beispiel sind Geldscheine, die mit politischer Kritik versehen werden, was zum Beispiel im Iran praktiziert wird (Flood und Grindon 2014, S. 86 ff.).
- *Solidarity:* Hier werden Dinge zur Solidarität eingesetzt. Ein Beispiel sind die Puppen, die an die Zapatisten-Aufstände 1993 im Bundesstaat Chiapas im südlichen Mexiko erinnern (Flood und Grindon 2014, S. 110 ff.).
- *A Multitude of Struggles:* Dies ist eine Sammelkategorie für unterschiedliche Dinge; zum Beispiel die Puppen der Serie „Top Goon: Diaries of a little Dictator", mit der die syrische Künstlergruppe Masasit Mati[44] Assad kritisiert – und dank denen sie anonym blieb (Flood und Grindon 2014, S. 118 ff.).

Eine andere Klassifikation von Protestdesign stammt von Yana Milev, die zwischen *Burning Protest Design, Occupy Protest Design, Femen Protest Design, Social Media Protest Design, Refugee Protest Design, Citizen Protest Design, Adbuster Protest Design* und *Scholars + Creative Protest Design* unterscheidet (2014, S. 283). Terkessidis erläutert – am Beispiel eines Auftretens als Redner auf einer akademischen Tagung – die folgenden subversiven Taktiken (2008, S. 33 ff.): *Sinnzersetzung, Verkleidung/Maskierung, Übertreibung und Parodie, Umkehrungen, Stellvertreteraktion* und *Hybridität*. Diese Irritation von erlernten Normen geschieht durch körperliches Verhalten und Sprache, aber auch durch

---

43 http://www.aaa.org.hk/Collection/Details/725 (Zugriff: 29. November 2016).
44 https://www.youtube.com/user/MasasitMati (Zugriff: 29. November 2016).

nicht-konforme Verwendung von Objekten wie Masken oder Frauen- statt Männerkleidung. Dinge müssen also nicht zwingend transformiert oder umgestaltet werden; bereits ihre Situierung am „falschen Ort" verändert die Grammatik der Alltagswelt. Das Ziel dieser Interventionen besteht in der Regel in aufmerksamkeitsökonomischen Zielen; also darin, auf bestimmte Misszustände aufmerksam zu machen – und nicht primär im Erkenntnisgewinn. Doch Interventionen haben auch epistemische Qualitäten und können zu Erkenntnissen führen. Sie stellen „Teste oder Experimente mit offenem Ausgang dar, die sich allerdings, anders als wissenschaftliche Laboruntersuchungen, nicht unbedingt wiederholen lassen" (Frahm 2015, S. 166) – und sie entsprechen den „activemia" (Cisneros Puebla 2016, S. 173 ff.): einer Kombination aus Aktivismus und akademischem Wissen. Wichtig ist, dass Interventionen und Störungen gut beschrieben und dokumentiert werden, also – falls möglich – audiovisuell oder fotografisch aufgezeichnet oder ansonsten mit Beobachtungsprotokollen beschrieben werden. Dieses (heterogene) Datenmaterial kann mit der Grounded Theory analysiert werden.

6.14 Feldrückzug

Ganz besonders während längerer und aktiv teilnehmender Feldforschungen entstehen auch Beziehungen und möglicherweise Freundschaften zwischen den Forschern und den Partizipanten. Es kommt zur gegenseitigen Empathie und Vertrautheit: Während der Forscher zu Beginn des Prozesses im Feld möglicherweise noch Irritation auslöst, haben sich die Partizipanten dort an seine Präsenz gewöhnt. Doch jedes Forschungsprojekt kommt zu einem zeitlichen Ende, womit sich der Forscher – zumindest in seiner Rolle als Forscher – vom Feld zurückzieht. Bleibt der Forscher hingegen emotional und sozial mit den Menschen der untersuchten Lebenswelt verbunden, dann wird das als „Verkafferung" (Knoblauch 2003: 96 ff.) bezeichnet: Der Forscher identifiziert sich mit den untersuchten Menschen und hat dort eigentlich eine sekundäre Sozialisation erfahren, was im Englischen als „going native" bezeichnet wird: Die für die Forschung notwendige Reflexion und innere Distanznahme wird damit obsolet, womit der Forscher im Feld eine andere Rolle eingenommen hat. Im Kontext von klassischen Ethnografien in der Anthropologie ist dieses „going native" verschiedentlich thematisiert worden, in der Designethnografie hingegen, die fokussierter agiert und in der laufend schnell zwischen Nähe und Distanz gewechselt wird, ist dies weniger ein Thema. Aber auch wenn der Forscher nicht zur untersuchten Gruppe „konvertiert", entstehen doch andere Formen der Beziehung; zum Beispiel moralische: Der Forscher hat eine sozial benachteiligte Gruppe untersucht und engagiert sich danach politisch für diese, was der Kombination von akademischer Tätigkeit und Aktivismus entsprechen kann, die im Kapitel vorher erwähnt wurde. Ein ethisch wichtiger Punkt besteht natürlich auch darin, wenn ein Forscher über eine untersuchte Gruppe publiziert: Roland Girtler empfiehlt in diesem Zusammenhang, das Datenmaterial und die Texte vor der Publikation den Partizipanten und Partizipantinnen vorzulegen und es gemeinsam zu besprechen (2001: 128 ff.). Das ist ein eigentlich partizipativer Ansatz, zumal die Feedbacks zum Datenmaterial und zu den Texten auch als weitere Form der Forschung betrachtet werden können. Girtler glaubt, dass diese Partizipation den Feldrückzug des Forschers deutlich einfacher mache. Er rät:

> „Der Rückzug aus der sozialen Lebenswelt, die man studiert hat, muss überhaupt dann einigermaßen taktvoll sein, wenn die betreffenden Menschen einer unterprivilegierten Schicht angehören. Es entspricht nicht der Ethik des Forschers, die Personen, auf die sich die Beobachtung bezogen hat, wie ‚heiße Erdäpfel' fallen zu lassen, nur weil man sie nicht mehr benötigt" (Girtler 2001: 129).

Das Zitat von Girtler zeigt, dass der Feldrückzug verschiedene ethische Fragen aufwirft, auf die im nächsten Kapitel eingegangen wird.

6.15 Ethik

Ethnografische Forschung wirft verschiedene ethische Fragen auf, die vereinzelt schon behandelt wurden. Zuerst gilt es festzuhalten, was Ethik eigentlich ist: Im Gegensatz zur Moral, bei der gesellschaftlich konstruierte Konventionen unhinterfragt übernommen werden, ist die Ethik reflexiv: Die Ethik setzt also erst ein, wenn Moralvorstellung ihre Verbindlichkeit verloren haben. Die Ethik ist daher gewissermaßen die Reflexionsinstanz der Moral.[45] Im Kontext von ethnografischer Feldforschung tauchen verschiedene ethische Fragen auf, die oftmals Disparitäten verschiedener Art zwischen den Forschern und den Partizipanten im Feld betreffen. Solche Disparitäten sprechen übrigens überhaupt nicht gegen ein Projekt, allerdings sollten sie reflektiert werden. In den meisten Fällen ist es ja so, dass die Forscher gegenüber den Menschen in ihren Untersuchungsfeldern in irgendeiner Form privilegiert sind. Das können ökonomische Disparitäten sein. Besonders drastisch waren die Ungleichgewichte bei unserer erwähnten Feldforschung über Behinderung in Angola, weil dort Gegensatzpaare wie arm/reich, körperlich

---

45   Luhmann über die Ethik: „Sie hat nie recht begriffen, dass es zu ihren Aufgaben gehören könnte, vor Moral zu warnen" (Luhmann 2008, S. 372).

behindert/nicht behindert, europäisch/angolanisch und akademisch gebildet/ohne formale Bildung vorhanden waren, welche Interaktionen oftmals – wenn auch nicht immer – überschattet haben. Ganz besonders ist das auch ein Problem bei Arbeiten im Kontext von *Design for Social Impact* (Sierach 2016). Diese Art von Projekten wird – ähnlich wie Entwicklungshilfe – mitunter als „westlich hegemonial" kritisiert. Anne McClintock stellt in diesem Zusammenhang die sehr kluge Frage, ob postkolonialistische Theorien nicht genau jenen Eurozentrismus, den sie kritisieren, reproduzieren, indem sie die Präsenz Europas in anderen Gesellschaften zu einem Ereignis von weltgeschichtlichem Ausmaß machen (1992, S. 85 f.). Ist Europa in der modernen, globalen Welt tatsächlich noch so wichtig?

Natürlich lässt sich nicht leugnen, dass eine Disparität – also Machtverhältnisse – vorhanden sind (wie bei der Entwicklungshilfe), aber ist das tatsächlich ein Grund, auf solche Projekte zu verzichten? Wäre die Folge nicht – zumindest, wenn man jene Kritik zu Ende denkt –, dass man nur noch die eigene Peer-Group untersuchen darf, zumal bei anderen Gruppen immer Disparitäten bestehen? Gäbe es nicht auch bei der eigenen Peer-Group Machtkonstellationen, zumal Forschung immer auf einem Wissensvorsprung und somit auf Macht basiert? Und im Weiteren stellt sich ganz pragmatisch die Frage, was mit einem Verzicht auf *Design for Social Impact* eigentlich gewonnen wäre.

Ethische Fragen sind besonders in der medizinischen Forschung relevant, wo mit sensiblen Daten umgegangen wird und Partizipanten körperlichen Gefahren ausgeliefert sein können. Dass Partizipanten körperliche Schäden davontragen, ist im Kontext der sozialwissenschaftlichen Ethnografie kaum der Fall, weil hauptsächlich natürliche Situationen untersucht werden. Bei Designforschungsprojekten kann das jedoch ein Thema sein: Natürliche Situationen werden gestört, es werden Dinge und Systeme verändert, womit körperliche und mentale Risiken für Partizipanten und Partizipantinnen abgewogen werden müssen. Ethikkommissionen wägen solche Risiken bei Projekten ab und autorisieren sie. Doch können die teils hohen ethischen Anforderungen wichtige Forschung erschweren oder gar verunmöglichen: Tuma et al. weisen in diesem Zusammenhang auf Großbritannien, wo die sozialwissenschaftliche Forschung in medizinischen Einrichtungen durch Ethik-Kommissionen stark verkompliziert wurde, obwohl sie eigentlich Aspekte darin verbessern möchte (2013, S. 70).

Großzügigkeit und Unvoreingenommenheit
Ist ein Projekt einmal ethisch autorisiert, so ist man legitimiert zu seiner Durchführung. Dann kommt eine zweite Ebene hinzu, die ethische Aspekte in der tatsächlichen Feldforschung betrifft. Hier geht es um Überlegungen, welche das eigene Verhalten im Feld und die Darstellung portraitierter Personen betreffen. Zur

eigenen Rolle im Feld wurde in einem vorherigen Kapitel schon einiges geschrieben. Bedeutend ist hier, nicht mit normativen Ideen in ein Feld zu gehen und dort nicht zu missionieren. Entsprechend fordert Roland Girtler im zweiten seiner zehn Gebote der Feldforschung: „Du sollst zur Großzügigkeit und Unvoreingenommenheit fähig sein, um Werte zu erkennen und nach Grundsätzen zu urteilen, die nicht die eigenen sind [...]" (Girtler 2001, S. 184).

Erving Goffman, der Ethnografen als „Spitzel" beschreibt (1996, S. 262), vertritt betreffend Offenlegung der eigenen Rolle eine andere Position: „Man kann sich durchaus ein oder zwei Jahre als jemand anders ausgeben und damit gut durchkommen" (Goffman 1996, S. 264). Wichtig sei, dass man im Feld eine gute Geschichte erzähle, die auch dann noch glaubwürdig sei, wenn die dortigen Menschen die Forschungsabsicht herausgefunden haben (1996, S. 264). Spitzeln und Täuschung gehen historisch auf die Polizeireporter im früheren 19. Jahrhundert in den USA zurück, die damals begannen, investigative Methoden anzuwenden. Die Muckraking-Reporter recherchierten in Schlachthäusern und Unternehmen und deckten dort Missstände auf (Lindner 2007, S. 40 ff.). Diese Form des Journalismus richtet sich gegen die ökonomisch Mächtigen. Dass dabei ethisch fragwürdige Methoden – etwa das Unterdrucksetzen von Informanten – angewandt werden, legitimiert sich durch ein höheres Ziel; nämlich Missstände aufzudecken. Zudem spielen natürlich aufmerksamkeitsökonomische Dimensionen mit: Eine Enthüllung bringt den Journalisten Ruhm. In der Ethnografie verhält sich dies anders: Dellwing und Prus sagen, dass die Ethnografie eigentlich gar kein Interesse an den einzelnen Menschen habe. Die „Ethnografie interessiert sich nicht für konkrete Personen und ihre Verantwortungen, sondern nur für *Rollen* in Feldern und die Prozesse, die zwischen ihnen ablaufen" (Dellwing und Prus 2012, S. 139). Es gibt keine Patentlösung, sondern das Offenlegen oder Verdecken der eigenen Rolle muss abhängig von den Eigenheiten des Feldes, vom Kontext der Forschung und mitunter auch mal situativ gehandhabt werden.

Diese ethischen Fragen hängen von unterschiedlichen Faktoren ab. Einige davon wurden bereits im Kapitel „Feldzugang" behandelt, zumal ein spontaner Feldzugang, ein Feldzuggang aufgrund einer formalen Erlaubnis und einer aufgrund eines Auftrags zu anderen ethischen Fragen führen. Es versteht sich von selbst, dass Forschung in „totalen Institutionen" (Goffman 1961) wie Gefängnissen, psychiatrischen Kliniken, Spitälern etc. nur mit einer formaler Erlaubnis möglich ist und dass der Umgang mit dem Datenmaterial in höchstem Maße vertraulich sein muss.

Datenmaterial anonymisieren
Die konkreten ethischen Fragen betreffen zuerst einmal Persönlichkeitsrechte. Denn im Gegensatz zu quantitativer Forschung, wo Forschungsberichte hauptsächlich auf statistischen Angaben basieren, werden in der Ethnografie Lebenswelten und Biografien einzelner Menschen oder Gruppen von Menschen skizziert. Die Partizipanten erzählen Lebensgeschichten, geben Einblick in Lebens- und Alltagswelten und möglicherweise intime und peinliche Details preis. Wenn diese Angaben veröffentlicht werden, dann kann dies den Betroffenen schaden, was *zwingend* zu vermeiden ist. Die damit verbundenen Fragen müssen ethisch abgewogen werden, was besonders bei Forschungen mit Kindern oder mit Menschen mit geistiger Behinderung oder eingeschränktem Urteilsvermögen gilt. Hier müssen Einwilligungen von den Eltern oder entsprechenden Instanzen eingeholt werden.

Ein wesentlicher Punkt betrifft die Art und Weise, in welcher Form das Datenmaterial der Forschung einer Öffentlichkeit zugänglich gemacht wird. Wenn es sich um Texte handelt, gibt es verschiedene Grade der Anonymisierung des Datenmaterials. Bei Interviews bietet sich eine Anonymisierung – wie bereits erläutert – in den meisten Fällen an, weil die Ethnografie ja sowieso kein Interesse an der konkreten Person hat. Anders sieht das bei Experteninterviews aus, die naturgemäß nicht anonymisiert werden sollten, weil die interviewte Person hier für ein bestimmtes Wissen steht. Bei visuellem Datenmaterial verhält sich dies nochmals anders (Pink 2015; S. 67 ff.; Schnettler und Knoblauch 2009; S. 279; Tuma et al. 2013, S. 67 f.). Sobald wir mit Fotografien oder Film arbeiten, erhalten wir visuelles Datenmaterial mit (oftmals) identifizierbaren Menschen. Auch dann, wenn die Erkenntnisse der Forschung losgelöst sind von individuellen Personen, wird dieser Personenbezug wieder hergestellt, sobald Portraits vorhanden sind. Es ist zwingend notwendig, Einwilligungen der abgebildeten Personen einzuholen (Schnettler und Knoblauch 2009, S. 279).

Ethik der Stille
Sarah Pink empfiehlt, die Menschen der untersuchten Lebenswelten in den Forschungsprozess einzubinden – und sie nicht als Objekte zu definieren (2015, S. 68). Dieses Vorgehen ist kollaborativ und partizipativ. Allerdings ist es nicht in allen Fällen möglich, einen Kontakt zu Partizipanten und Partizipantinnen nach dem Feldaufenthalt weiterzuführen. In totalen Institutionen kann dies genauso erschwert sein wie bei großen geografischen Distanzen zu den Partizipanten. Letzteres war in unserer Angola-Forschung der Fall: Wir haben dort zahlreiche Interviews geführt, aber lediglich mit drei Interviewten konnte ich den Kontakt im Nachhinein – meist durch Facebook-Chat – aufrechterhalten. Einige der interviewten Personen haben gar keinen Zugang zu Kommunikationstechnologien.

Die American Anthropological Association vertritt die folgenden sieben Punkte zur Ethik[46]:

1. Do No Harm
2. Be Open and Honest Regarding Your Work
3. Obtain Informed Consent and Necessary Permissions
4. Weigh Competing Ethical Obligations Due Collaborators and Affected Parties
5. Make Your Results Accessible
6. Protect and Preserve Your Records
7. Maintain Respectful and Ethical Professional Relationships

Als wichtigster Punkt ist bestimmt der erste zu nennen: Schade niemandem. Dellwing und Prus sprechen in diesem Zusammenhang von der Ethik der Stille, die darin besteht, nur das zu kommunizieren, was niemandem schadet – und die anderen Informationen geheim zu halten (2012, S. 137 ff.). Diese Geheimhaltung ist wichtig: Das Datenmaterial empirischer Forschung ist vertraulich zu behandeln – unabhängig davon, ob es physisch (ausgedruckte Fotos) oder digital vorhanden ist. Das betrifft die Art und Weise, wie man selbst damit umgeht – und natürlich auch, wie man Dritte – zum Beispiel Assistierende – instruiert.

---

46 http://ethics.americananthro.org/category/statement/ (17. Januar 2017).

Analyse 7

Zwischen der Beobachtung fluider Situationen bis zur Analyse vergehen mehrere Schritte, in denen Datenmaterial produziert, selektioniert, bewertet, diskutiert und interpretiert wird. Eine wichtige Frage in der Designrecherche lautet, *wie* dieses Datenmaterial ausgewertet wird, wobei kein Konsens darüber besteht, was eine Analyse ist und ob eine solche überhaupt sinnvoll ist. Gelegentlich sieht man in Designforschungsprojekten, dass qualitativ geforscht und dann quantitativ ausgewertet wird (Hahn und Zimmermann 2010, S. 271): Das erzeugt zwar – durch Tabellen und Kuchendiagramme – den Anschein von Objektivität und Wissenschaftlichkeit, aber genau diesen Ansätzen entgeht die intensive Auseinandersetzung mit dem Datenmaterial selbst, wie es zum Beispiel eine Grounded Theory einfordert.

Gaver et al. etwa möchten sich durch ihre Cultural Probes nur inspirieren lassen und lehnen eine Analyse kategorisch ab (1999, S. 27). Dieser Ablehnung von Analyse liegt eine positivistische Vorstellung von Forschung zugrunde, die besagt, dass ein rationaler Umgang mit den Daten deren inspirative Qualität zerstört. Das ist natürlich Unsinn. Analyse – zumindest wenn es sich nicht ums Erbsenzählen in der quantitativen Forschung handelt – ist ein interpretatives und hermeneutisches Verfahren. Sie ist kein Verifizieren bzw. Falsifizieren von vorab konstruierten Hypothesen (Deduktion). Sie muss auch nicht den Einzelfall generalisieren (Induktion), sondern darf ein singuläres Fallbeispiel behandeln und dies offenlegen (Mersch 2014, S. 4). Analyse bedeutet ja „Auflösung" und ist nichts anders als ein Versuch, die Gesamtheit der Daten aufzusprengen, sie zu zerstören und darin eine neue Kosmologie zu suchen, die auf den ersten Blick nicht sichtbar ist. Das ist ein exploratives, abduktives Verfahren. Denn „ein spielerischer Umgang mit Materialien und Bedeutungsvarianten begünstigt ein Klima, das abduktive Schlüsse fördert, die ihren Ausgangspunkt in unerwarteten Ereignissen bzw. Beobachtungen nehmen" (Lueger 2000, S. 83).

In einer Analyse im Kontext von Designrecherche kann es besonders bei visuellen Daten von Vorteil sein, diese räumlich auszulegen. Die Fotos, Skizzen und Illustrationen – und möglicherweise auch Textsequenzen – werden ausgedruckt und an Wänden und auf Tischen ausgelegt. Im Gegensatz zum Analysieren am Bildschirm, bei dem man durch die Bilder hindurch blättern muss, begünstigt großflächig ausgelegtes Datenmaterial Quervergleiche. Genau darum geht es in einer Analyse: um die Suche nach semantischen Beziehungen, also nach Ähnlichkeiten und Unterschieden inner- und außerhalb der Daten. Es geht – um es mit der Grounded Theory zu sagen – um ein komparatistisches Vorgehen (Glaser und Strauss 2008, S. 107 ff., Strübing 2008, S. 18 f.), bei dem maximal oder auch minimal verglichen wird: Beim ersten werden Phänomene aus unterschiedlichen Bereichen verglichen, beim zweiten Phänomene innerhalb eines bestimmten Forschungsfeldes.

Das Ziel besteht darin, die sichtbaren Phänomene auf den Daten nicht vorschnell nach gängigem Alltags- und Common-Sense-Wissen zu klassifizieren, sondern darin neue Sinnzusammenhänge zu suchen und entdecken. Das zerstört ihre inspirative Qualität auf keinen Fall. Im Gegenteil: Eine Analyse ist eine inspirierende, explorative und spielerische Auseinandersetzung mit den Daten, die in iterativen Schlaufen mit dem Designprozess verwoben ist. Dies zeigt sich an explorativen Verfahren wie der Grounded Theory und der ethnosemantischen Analyse, die im Folgenden noch behandelt werden. Anzumerken ist, dass sich mit diesen beiden Ansätzen Texte analysieren lassen, dass die Grounded Theory durchwegs ein Ansatz sein kann, um nichtsprachliche Bereiche einzubeziehen; zum Beispiel *Geographic Information Systems* (Knigge und Cope 2006) und Artefakte (Lueger 2000, S. 163). Dabei werden die Geographic-Information-System-Daten bzw. Artefakte auch codiert bzw. mit Begriffen versehen, die danach analysiert werden. Bei Artefakten werden unter anderem Materialität, Bestandteile, Oberflächen, Farben, Geruch, Festigkeit, die interne Differenziertheit – gibt es Haupt- und Nebenelemente? – etc. beschrieben (Lueger 2000, S. 140 ff.). Ähnlich vorgehen kann man bei visuellem Datenmaterial, dessen Analyse an späterer Stelle noch vertieft behandelt wird.

Im Kontext sozialwissenschaftlicher Analyse gelten die Beobachtung fluider Situationen oder das Führen von Interviews als *Primärdaten*, die akustischen oder filmischen Aufnahmen als *Sekundärdaten* und ihre Transkriptionen als *Tertiärdaten* (Kowal und O'Connell 2008, S. 440). Grundlage für die Analyse sind Tertiärdaten; also Texte. Die fluide und singuläre Situation lässt sich nicht analysieren, weil sie zum Zeitpunkt der Analyse Vergangenheit ist und weil jede Beschreibung derselben eine Rekonstruktion ist, die Tertiärdaten erzeugt. Visuelle Sekundärdaten – also Fotos und Filme – lassen sich analysieren, erzeugen so aber, sobald artikuliert und geschrieben wird, ebenfalls Texte. Im Entstehungsprozess von Primär- zu Tertiärdaten sind also zahlreiche Selektionen und Übersetzungen im Spiel, was die Tertiärdaten kontingent macht. Die Daten sind nicht objektiv, sondern von *jemandem* gemacht worden (Maturana und Varela 1987, S. 32). Ein Forschungsprojekt kann grundsätzlich unterschiedliche Textgattungen erzeugen:

- Transkriptionen von Interviews, Gesprächen und Fotobefragungen
- Feldnotizen, Beobachtungprotokolle, Memos und Forschungslogbücher
- Transkriptionen von Gruppendiskussionen und Fokusgruppen
- Online-Datensätze: Kommunikationssequenzen aus Internet-Foren und Chat, Texte von Webseiten, Bilder, Filme
- Dokumente wie Zeitungsartikel, Flyers, Werbeanzeigen, Geschäftsberichte, Magazine
- Aufsätze, Briefe, Texte aus Cultural Probes und Brainwritings
- Beschreibungen von Bildern, Filmen und Artefakten

Diese Daten können „natürlich" entstehen (Dellwing und Prus 2012, S. 54 ff.) – wie zum Beispiel Kommunikationen in Online-Foren, Werbeanzeigen, Geschäftsberichte, Zeitungsartikel, Bedienungsanleitungen, aber auch Artefakte und Dinge, die unabhängig von der Präsenz der Forscherin in einem Feld existieren und Teil von Mikropraktiken sind. Oder sie können „künstlich" sein, was meint, dass sie durch die Forscherin hervorgerufen werden; zum Beispiel durch Interviews, Online-, Offline-Interventionen, Cultural Probes und Brainwritings. Die Analyse besteht – stark verkürzt – darin, die Komplexität dieses Materials auf signifikante Kategorien zu reduzieren, die als Startpunkt für den *Transfer ins* Design fungieren. Es geht darum, die kulturelle Grammatik in einem Feld zu entschlüsseln und Zusammenhänge sichtbar zu machen, die auf den ersten Blick nicht ersichtlich sind. Das ist kein mechanisches, sondern ein genuin interpretatives Procedere.

Transkriptionen
Grundlage für Analysen in der Grounded Theory und der Ethnosemantik sind also Texte verschiedener Art, was sich durchaus auch um Stichworte oder transkribierte Sprechsequenzen handeln kann, die aufgrund von Fotobefragungen oder in Fokusgruppen über bestimmte Artefakte geäußert wurden. Die Entstehungskontexte können sehr variabel sein, und umso wichtiger ist es, sie mit zu reflektieren: Hat die Forscherin auf bereits bestehende Texte, etwa Kommunikationssequenzen im

Internet, zugegriffen oder hat sie diese selbst erzeugt – etwa durch Interviews? Im Falle von klassischen Interviews, aber auch im Kontext von audiovisuellen Daten – etwa Filmsequenzen von „natürlichen" Situationen bzw. Interaktionen (Tuma et al. 2013, S. 85 ff.) – bedeutet dies, dass Sprechsequenzen transkribiert werden müssen. Transkribieren kann – je nach Detailtreue – enorm zeitaufwändig sein. Transkriptions-Software wie „f4"[47] oder die Windows-App „Record and Transcribe" reduziert diesen Zeitaufwand. Selbst zu transkribieren kann wiederum den Vorteil haben, dass es eine erste intensive Auseinandersetzung mit den Daten ist. Besonders wenn Interviews nicht ganz, sondern nur selektiv transkribiert werden, dann beruht die Selektion stets auf Interpretation: Welche Stellen sind wichtig? Welche nicht?

Wie viele Sequenzen man transkribiert – ein ganzes Interview oder nur zentrale Aussagen –, hängt von Forschungsfrage und -kontext ab. In der Grounded Theory werden oftmals die ersten Interviews ganz und die folgenden selektiv transkribiert, was die Folge der axialen und selektiven Schließung ist. Ebenso kontextabhängig ist die Frage, wie man transkribiert. Kowal und O'Connell schlagen vier Grundvarianten vor (2008, S. 441): Die *Standardorthografie* (1) ist die normale Schriftsprache – wie dieser Text hier –, in der Umlaute nicht betont werden. Die *literarische Umschrift* (2) erfasst Betonungen leicht: Aus einem „gehen" wird ein „gehn". Der *eye dialect* (3) bildet die Lautsprache möglichst exakt ab: aus „ask you" wird „askedche". Die *phonetische Umschrift* (4) stellt die mündlichen Äußerungen „in phonetisch-phonologischen Kategorien dar, z. B. ‚[ge:n]' für ‚gehn'". Ob man prosodische Merkmale (laute und leise Betonung), Dialektfärbungen, unverständliche Aussagen, parasprachliche Merkmale (Gestik, Mimik, Lachen und Körperbewegungen) beschreibt, liegt ebenfalls am Forschungsziel. Wird Face-to-Face-Kommunikation untersucht – zum Beispiel in Arzt-Patient-Interaktionen –, dann bietet es sich an, zeitliche Überlappungen von Redezügen niederzuschreiben. Grundsätzlich ist eine pragmatische Haltung angebracht: Es hat wenig Sinn, jedes Räuspern und jede Denkpause aufzuschreiben, was einen enormen Zeitaufwand verursacht, wenn dies nicht interpretiert wird. Daher gilt die pragmatische Transkriptionsregel: „[…] so fein wie nötig, aber immer einen kleinen Schritt feiner als erforderlich" (Knoblauch 2003, S. 149). Dabei können zum Beispiel die folgenden Transkriptionsregeln angewandt werden:

[]   Einsetzen bzw. Ende einer Überlappung von Redezügen
(1.0)   Pause in Sekunden

---

[47] Die Software lässt sich auf www.audiotranskription.de (Zugriff: 20. August 2017) herunterladen.

7 Analyse

(-)	Kurze Pause
LAUT	laut
‚leise'	leise
betont	betont
=mal	schneller Abschluss
(mal)	unsichere Transkription
((laut))	Anmerkung des Transkribierenden

Im Zentrum der Textanalyse steht das Codieren von Texten, wie es die Grounded Theory und die ethnosemantische Analyse vorschlagen.[48] Charakteristisch für diese Art des Codierens ist, dass sie grundsätzlich einem abduktiven „buttom-up"-Ansatz folgt – also in den Daten nach signifikanten Begriffen sucht, aus denen Klassifikationsmuster konstruiert werden. Anders verhält sich dies zumindest teilweise bei der Analyse der behandelten Leitfaden- und Experteninterviews, wo teils auch mit einem eher deduktiven „top-down"-Ansatz operiert wird (Liebold und Trinczek 2009, S. 73). Die Grounded Theory und die ethnosemantische Analyse basieren auf der Annahme, dass Mikrokulturen oder kleine soziale Lebenswelten eine gemeinsame Sprache entwickeln, was Anselm Strauss wie folgt formuliert: „Jede menschliche Gruppe mit einer bestimmten Lebensdauer entwickelt eine ‚Spezialsprache', Kauderwelsch oder Jargon, die ihre besondere Art und Weise, die für das Gruppenhandeln wichtigen Objekte zu identifizieren, repräsentiert" (Strauss 1974, S. 19). Dies folgt der bereits ausgeführten Position, dass ein menschliches Bewusstsein sich nicht direkt ausdrücken kann, sondern sich stets auf eine arbiträre, kulturell bereits existierende Sprache beziehen muss (Heidegger 1997, S. 143; Husserl 1995, S. 66 ff.; Luhmann 1987, S. 28), die mikrokulturell und lebensweltspezifisch aufgeladen ist.

In der Designrecherche sind Methoden der Kultursoziologie und Kulturanthropologie etablierte und verbreitete Praktiken, die unter anderem von der global tätigen Designfirma IDEO angewandt werden (Hasenhütl 2010, S. 101). Auch die Grounded Theory (Brandes et al. 2009, S. 175 f.; Findeli 2004, S. 45) und die ethnografische Semantik (Cranz 2016, S. 6 ff.) werden als empirische Methoden angewandt. Durch das explorative Vorgehen unterscheiden sich beide Methoden grundlegend von deduktiven Methoden, die in einem linearen Prozess vorab kons-

---

48 Ein alternativer Ansatz ist die von Clifford Geertz vorgeschlagene „dichte Beschreibung" (1987), die Kultur hermeneutisch untersucht und die auf sehr langen, klassischen ethnologischen Feldaufenthalten basiert, was im Übrigen nicht bedeutet, dass die Grounded Theory und die ethnosemantische Analyse frei von Hermeneutik sind. Die dichte Beschreibung von Geertz ist im Kontext der Designethnografie ein allzu zeitaufwändiges Verfahren.

truierte Hypothesen verifizieren oder falsifizieren. Beide Methoden entsprechen mehr oder weniger einer in der Designrecherche etablierten und intuitiv gehandhabten Praxis, Datenmaterial der empirischen Recherche zu strukturieren und zu kategorisieren. Nur tun sie das sehr reflektiert. Beide Ansätze reduzieren das Geschehen auf die Sprache und damit auf einen sehr spezifischen Ausschnitt der Wirklichkeit (Soeffner 2004, S. 93), was im Kontext der Designethnografie zuweilen auch kritisiert wird (Crabtree et al. 2009, S. 882). Hierzu gilt es anzufügen, dass eine Analyse *immer* auf Sprache basiert und nur auf Sprache basieren *kann*. Das beginnt schon bei Bildinterpretationen: Wir können ein Bild ansehen und es auf uns wirken lassen, sobald wir es aber deuten und möglicherweise noch mit jemandem darüber sprechen, begeben wir uns die Welt der Sprache, denn „Beschreibungen sind immer sprachlich" (Eberle 2017a, S. 37). Erst wenn diese Gedanken artikuliert und niedergeschrieben werden, transzendieren sie Zeit und Raum. Erst so werden sie kommunikativ und intersubjektiv anschlussfähig.

Ich möchte partiell die Grounded Theory und vor allem die ethnosemantische Analyse am Datenmaterial einer Studie darlegen, die ich über eine schweizerische und eine ghanaische charismatisch evangelikale Gemeinschaft in Zürich durchgeführt habe (Müller 2015). Zwischen Juni 2010 und Dezember 2011 habe ich als – möglichst passiver – Beobachter die religiösen Zeremonien, Taufen, Dämonenvertreibungen und Kleinbibelgruppen beider Gemeinschaften besucht. Dabei habe ich informelle Gespräche und einige formelle Interviews geführt (die jedoch nicht ausgewertet wurden). Das analysierte Datenmaterial besteht aus Beobachtungsprotokollen und aus Transkriptionen von Predigten und Erfahrungsberichten von Testimonials. Die akustischen Aufnahmen habe ich meist an Zeremonien gemacht; teils fungierten Predigten und Testimonials-Berichte auf Online-Archiven als Grundlage. Zuerst ist der Kontext zu berücksichtigen, in dem diese „natürliche" Kommunikation stattfindet: Testimonials werden in evangelikalen Zeremonien auf die Bühne geholt, wo sie kurz ihre Lebensgeschichten und Konversionen erzählen. Dabei stehen in der alten Biografie Probleme im Vordergrund – Drogenabhängigkeit, Delinquenz, psychische und körperliche Krankheiten etc. –, die durch eine Hinwendung zum Glauben gelöst werden (Lofland und Stark 1965; Ulmer 1988, 1990). Die biografischen Wendepunkte – etwa Transzendenzerfahrungen, Selbstmordversuche und Wunderheilungen – werden mit bestimmten Dramaturgien erzählt. Die Testimonials liefern in der Regel eine „reine" und subjektive Erzählung, die von den Pastoren im Anschluss daran religiös gedeutet und mit Bibelzitaten verknüpft wird. Evangelikale Pastoren wiederum beziehen ihre religiöse Autorität nicht primär aufgrund einer formalen theologischen Ausbildung, sondern aufgrund von Berufung, was dazu führt, dass sie oftmals von subjektiven Erfahrungen erzählen und diese mit religiösen „Wahrheiten" verbinden. Sie unterscheiden zwischen Gut und Böse, zwischen Vergangenheit und Zukunft, sie erläutern, wie man zu einem *Born-again-Christen* wird. Sie inkorporieren das Prinzip der Selbsttransformation und der radikalen Diskontinuität. Sie etablieren mit ihren Predigten ein erzkonservatives, manichäistisches Weltbild, das ein Kernmerkmal des charismatischen Evangelikalismus ist (Meyer 2010, S. 117 f.). Ihre Botschaften sind normativ. Sie erstellen und verkörpern einen moralischen Wertekanon, dessen Referenz die Bibel ist. „Sie sind ‚Modelle', ‚Führer' und ‚Vorbilder' für das Verhalten sämtlicher Mitglieder" (Buchard 2014, S. 146). Sie etablieren ein narratives „master attribution scheme" (Snow und Machalek 1983, S. 265) und eine normative Identität im Sinne des *verallgemeinerten Anderen* (Mead 1973, S. 194 ff.). Erkenntnisse dieser Forschung über schweizerische und ghanaische Evangelikale (2015: 181 ff.) werden im Unterkapitel zur ethnosemantischen Analyse noch differenziert dargelegt, womit auch exemplarisch gezeigt wird, wie eine Datenanalyse aussehen kann.

Grounded Theory
Anselm Strauss und Barney Glaser haben die Grounded Theory (Böhm 2008, S. 474–485; Bryant und Charmaz 2007; Charmaz 2014; Glaser und Strauss 2008; Strauss 2004; Strübing 2008) in den 1960er-Jahren entwickelt, wobei erste Untersuchungen unter anderem in Spitälern und psychiatrischen Kliniken stattfanden. Mit ihrem interaktionistischen, mikrosoziologischen Ansatz stellt sie einen theoretischen Gegenentwurf zum damals dominierenden Strukturfunktionalismus dar. Nicht von ungefähr bezeichnet Jörg Strübing die Grounded Theory als „Kunstlehre" (2008, S. 16). Sie ist kein mechanisches Verfahren, das unabhängig von der Forscherin zu einheitlichen oder gar objektiven Erkenntnissen führt, sondern die Forscherin produziert aktiv Daten – zumindest in einer interaktionistisch-pragmatischen Grounded Theory, die hier vertreten wird.[49] *Gerade weil* sie der Forscherin viel Freiheit lässt, ist sie eine sehr anspruchsvolle Methode. Sie „führt" einen nicht eindeutig durch den Prozess, sondern macht einem eher immer wieder bewusst,

---

49 Die zwei Begründer der Grounded Theory haben sich in den frühen 1990er-Jahren in einen Methodenstreit begeben, mit der Folge, dass heute zwei Ausrichtungen dieser Methode existieren: die von Anselm Strauss vertretene interaktionistische, pragmatische und die von Barney Glaser vertretene kritisch-rationalistische Version. Während Strauss die konstruktivistische Dimension betont, bei der Forschende Daten hervorbringen, geht Glaser davon aus, dass sich mit einer theoretischen Sättigung unabhängig vom Forscher bestimmte Kategorien aus den Daten herauskristallisieren. Dieser Bruch geht auf eine kleine Publikation von Glaser namens „Emerging vs. Forcing. Basics of Grounded Theory" (1992) zurück, in der Glaser Strauss massiv kritisierte. (Strübing 2008, S. 65 ff.).

wie kontingent und chaotisch das Datenmaterial ist. Insofern verunsichert die Methode – und das ist gewissermaßen ihr Ziel. Die „Kunst" besteht nicht zuletzt darin, im Datenmaterial etwas Relevantes zu erkennen und den Anspruch an Intersubjektivität und Explikation der Forschung zu gewährleisten. Die Position der Grounded Theory ist nicht logisch, sie ist phänomenologisch (Glaser und Strauss 2008, S. 16).

Die Hypothesen bzw. Theorien werden aus dem Datenmaterial entwickelt; sie werden darin geerdet, also „grounded". Es handelt sich im Übrigen tatsächlich um ein *Entwickeln* bzw. ein *Machen*, was dem konstruktivistischen Ansatz dieser Methode inhärent ist (Charmaz 2014): Durch dieses Machen entsteht *Neues* (Knoblauch 2011), weshalb die Grounded Theory auch emergenztheoretisch als ein bemerkenswerter Ansatz betrachtet werden kann. Charmaz und Mitchell charakterisieren die Merkmale der Grounded Theory wie folgt:

1. "simultaneous data-collection and analysis;
2. pursuit of emergent themes through early data analysis;
3. discovery of basic social processes within the data;
4. inductive construction of abstract categories that explain and synthesize these processes;[50]
5. integration of categories into a theoretical framework that specifies causes, conditions and consequences of these processes" (Charmaz und Mitchell 2009, S. 160).

Wesentliche Merkmale bestehen in den Iterationen zwischen Erhebung und Analyse der Daten, im Entdecken von Spuren in den Daten, in der Ordnung dieser Spuren durch Kategorien und eine daraus resultierende theoretische Kontextualisierung. Dies geschieht in iterativen Schlaufen. Glaser und Strauss gehen davon aus, „dass die Angemessenheit einer soziologischen Theorie heute nicht (mehr) von dem Prozess, in dem sie generiert wird, getrennt werden kann" (2008, S. 15). Die Grounded Theory interpretiert und kategorisiert Daten, die schon im Feld – in realen Situationen – interpretativ hergestellt worden sind. Es kann sinnvoll sein, die Perspektiven – etwa durch partizipative Ansätze – zu pluralisieren.

Ein zentrales Element der Grounded Theory ist das Schreiben von *Memos* (Charmaz und Mitchell 2009, S. 167 f.). Dabei geht es in gewisser Hinsicht darum, Fragen an die Daten zu formulieren und Gedanken aufzuschreiben, womit

---

50 Hier wird die Methode wieder – wie bereits erwähnt – als induktiv beschrieben, obwohl sie eher der Abduktion zuzuordnen ist (Strübing 2008, S. 44 ff.).

eine reflexive Distanz zu ihnen hergestellt wird. Diese Gedanken können assoziativ, interpretativ und spekulativ sein (Lempert 2007, S. 247). Dabei geht es

> „nicht um den Endbericht, sondern um einen vorläufigen Versuch, das Festhalten vager Ideen, die später, wenn sie sich als brauchbar erwiesen haben, weiter ausgebaut, detailliert und mit anderen Aspekten der Theorie zusammengefügt, allenfalls aber verworfen werden können und sollen" (Strübing 2008, S. 35).

Memos ähneln Post-it-Zetteln. Sie begleiten den gesamten Forschungsprozess. Sie artikulieren spontane Gedanken und Assoziationen. Sie sind subjektiv, ohne Anspruch auf Objektivität. Sie dienen – vor allem in Analysephasen – der Erinnerung. Sie ähneln einem Forschungsprotokoll oder -logbuch, bei dem aber die Chronologie eher betont wird. Charmaz und Mitchell betonen: „Memos are preliminary, partial and correctable" (2009, S. 167).

7.1 Codieren und Texte aufbrechen

Das heterogene Datenmaterial wird in den drei Schritten *offen*, *axial* und *selektiv* codiert. In der *offenen* Codierung (Holton 2007, S. 275 ff.) werden „In-vivo-Codes" (also: *native terms*) gesucht, „die als umgangssprachliche Deutungen der Phänomene direkt aus der Sprache des Untersuchungsfeldes stammen" (Böhm 2008, S. 478). Beim offenen Codieren werden signifikante Begriffe markiert und zugleich mit anderen Bereichen (innerhalb und übrigens auch außerhalb des Datenmaterials) verglichen; denn die Grounded Theory ist ja eine komparatistische Methode. Beim offenen Codieren werden folgende Fragen ans Datenmaterial gestellt:

- „Was? Worum geht es? Welches Phänomen wird angesprochen?
- Wer? Welche Personen, Akteure sind beteiligt? Welche Rollen spielen sie dabei? Wie interagieren sie?
- Wie? Welche Aspekte des Phänomens werden angesprochen (oder nicht angesprochen)?
- Wann? Wie lange? Wo? Wie viel? Wie stark?
- Warum? Welche Begründungen werden gegeben oder lassen sich erschließen?
- Wozu? In welcher Absicht, zu welchem Zweck?
- Womit? Welche Mittel, Taktiken und Strategien werden zum Erreichen des Ziels verwendet?" (Böhm 2008, S. 477 f.).

Mit diesen Fragen wird die Ganzheit des empirischen Datenmaterials gewissermaßen aufgesprengt, zugleich beginnt eine Sensibilisierung fürs Thema (Böhm 2008, S. 476). Konkret besteht das Verfahren darin, dass die signifikanten Begriffe in den Texten markiert bzw. hervorgehoben werden, wobei die Auswahlkriterien semantischer und nicht syntaktischer Art sind: Die Codierung bezieht sich auf Bedeutungen – und nicht auf formale Einheiten wie ein Wort (Kuckartz 2010, S. 63). Ebenfalls geht es nicht um Häufigkeiten; wenn es auch durchaus relevant sein kann, wenn ein Begriff oftmals verwendet wird. Folgend eine Sequenz aus einer codierten Sequenz aus einem Beobachtungprotokoll und aus einer transkribierten Predigt eines Pastors der ghanaischen Gemeinschaft:

	Textsequenz	Codes
Beobachtungsprotokoll von Besuch an Zeremonie	so (-) our fathers went to church but still don't know god (-) our fathers went to church but still have their shrines (-) our fathers went to church but they brought fetish (-) and fetishism into THE HOUSE and some of you are coming from fetish rootS	fathers fetishism roots
	‚there are people here who are suffering inside us (…) and when they come around (-) hello =hello =hello =hello (-) they are smiling over the place (-) with lip gloss (-) lips shining =hello =hello =hello = hello (-) BUT YOU ARE SUFFERING INSIDE YOU	suffering inside lipgloss

7.1 Codieren und Texte aufbrechen

	Textsequenz	Codes
Transkribierte Predigt von Pastor	[...] In Europa und in den USA, so der Gastpastor, gäbe es sehr alte Häuser, die immer noch stehen. Dies sei eine Folge der „Foundation". Man könne ein noch so schönes Haus bauen, mit schönen Inneneinrichtungen und Dekorationen, aber wenn die „Foundation" nicht gut sei, dann bringe das nichts. Dann kommt er auf die afrikanische Tradition zu sprechen, die keine gute „Foundation" sei. Ihm sei eine Frau bekannt, deren Mutter im Alter von 32 Jahren starb. Diese Frau erhielt mit 30 Jahren ein Kind und starb zwei Jahre darauf. Das sei die Folge des Traditionalismus: Das Übel reproduziere sich. Christen müssten sich von der afrikanischen Tradition lösen. Er kenne jemanden in Afrika, der sein Kind nach Namen der Ahnen benannt habe. Dies sei Magie und Zauberei. Er habe seinen Kindern westliche Vornamen gegeben. Man solle Europäern, die nach Afrika kommen, nicht zu Medizinmännern führen, dies sei das falsche Fundament. Als Christ gehöre man zu einer anderen Familie, die Vorfahren seien nicht afrikanische Zauberer, sondern Abraham und Isaac. „We build a new foundation", donnert er [...]	alte Häuser afrikanische Tradition Tod mit 32 Namen der Ahnen westliche Vornamen falsches Fundament Abraham

Aufgrund der markierten Codes werden Kategorien gebildet. Kategorien sind erste übergeordnete Themen, die ähnliche Codes subsumieren. Sie werden in der Regel abstrahiert. Mit dieser *offenen Codierung* wird das Textmaterial also exploriert und aufgebrochen, es werden bestimmte Schwerpunkte determiniert und erste

Annahmen getroffen. Die Textsequenzen können mehrmals codiert werden, die Codes können sich auf einzelne Begriffe genauso wie auf Sätze und Abschnitte beziehen. Mit dem zweiten Schritt – dem *axialen Codieren* – fokussiert die Analyse bestimmte Achsen; also thematische Schwerpunkte. Dabei werden die in der offenen Codierung formulierten Hypothesen an weiterem Datenmaterial überprüft und es wird versucht, offene Fragen und Unklarheiten zu beantworten. Im dritten Schritt – dem *selektiven Codieren* – werden einzelne Lücken geschlossen und thematische Schwerpunkte gesättigt, wobei es sinnvoll ist, neue Beobachtungen, Gespräche oder Interviews im Feld zu tätigen und das entsprechende Material einzubauen. Dieses mehrfache und zyklisch-iterative Codieren wird als „theoretisches Sampling" definiert (Breuer 2010, S. 57 f.; Glaser und Strauss 2008, S. 53 ff.; Strübing 2008, S. 30 ff.), womit eine theoretische Sättigung erstrebt wird. Letztere ist dann erreicht, wenn eine weitere Analyse der Daten mit hoher Wahrscheinlichkeit zu keinen neuen Einsichten oder Erkenntnissen führen würde. Insofern gleicht der Prozess der Grounded Theory einem Trichterprinzip: Er beginnt offen und wird zunehmend entlang den gefundenen Konzepten geschlossen, bis im Datenmaterial geerdete Theorien und Hypothesen entwickelt und überprüft werden. Insofern beginnt der Prozess abduktiv und entwickelt sich zunehmend in Richtung Deduktion. Dabei sind zahlreiche subjektive Selektionen im Spiel, weshalb die Grounded Theory „keinen Weg zu objektiver Erkenntnis, auch keinen Weg zu reproduzierbarer Erkenntnis, sondern lediglich einen Weg zu interessanten, gegenstandsbezogenen, aber dennoch unvermeidlich kreativ-interpretativen ethnografischen Einsichten" (Dellwing und Prus 2012, S. 153) ermöglicht. Im Weiteren ist darauf zu verweisen, dass die Grounded Theory nicht nur offen vorgeht, sondern dass sie selbst offen ist: Ihre Begründer haben sie nicht als abgeschlossene Methode betrachtet, sondern in permanenter Entwicklung begriffen (Glaser und Strauss 2008, S. 41).

Ethnosemantische Analyse
Ähnlich verhält sich das Verfahren bei der ethnografischen Semantik bzw. ethnosemantische Analyse (Spradley 1979, 1980; Maeder 1995, 1997, 2002, 2003; Maeder und Brosziewski 1997; Müller 2015), die ein alternatives Verfahren ist, das allerdings in den Sozialwissenschaften im Schatten der Grounded Theory steht. Dieser Ansatz geht auf die kognitive Anthropologie zurück, die

> „untersucht, wie Angehörige einer Kultur Dinge, Ereignisse und Verhaltensweisen in Sprache fassen, kategorial aufordnen und in der Form des Wissens registrieren. Der Ansatz geht davon aus, dass diejenigen Bezeichnungsformen und Wissensbestände, die von den Kulturangehörigen als normal, natürlich, unhinterfragbar und

7.1 Codieren und Texte aufbrechen

gegeben behandelt werden, den Kern ihrer jeweiligen Kultur ausmachen" (Maeder und Brosziewski 2007, S. 268).

James P. Spradley hat die anthropologische Methode in die interaktionistische Mikrosoziologie eingeführt und sie „ethnografische Semantik" (1979, 1980) genannt. Dort wird sie vor allem von Maeder (1995, 1997, 2002, 2003) und Maeder und Brosziewski (1997, 2007) vertreten. Auch in der ethnosemantischen Analyse geht man von Texten aus, wobei die originalen Textsequenzen als „native terms" (Spradley 1979, S. 73) bezeichnet werden. Wie in der Grounded Theory werden Phasen der Feldforschung mit Phasen der Datenanalyse verschränkt, womit es sich ebenfalls um ein zyklisch-iteratives Verfahren handelt (Spradley 1980, S. 26 ff.). Im Gegensatz zur Grounded Theory, die schneller abstrakte Kategorien konstruiert und eine theoretische Sättigung erstrebt, operiert die ethnosemantische Analyse intensiver mit native terms und deren semantischen Beziehungen. In einem ersten Schritt wird nach Kategorien gesucht, die den Codes der Grounded Theory entsprechen; also nach signifikanten Begriffen. Spradley nennt vier mögliche Selektionskriterien:

1. *Informant's suggestions:* Die Informanten, Gatekeeper oder Akteure im Feld weisen auf die Wichtigkeit bestimmter Begriffe hin.
2. *Theoretical interest:* Die Selektion wird durch einen gewissen Interessensschwerpunkt bestimmt.
3. *Strategic ethnography:* Aufbauend auf zentralen Problemfeldern werden bestimmte Schwerpunkte gesetzt.
4. *Organizing domains:* Hier wird von einer Domäne ausgegangen, die das kulturelle Wissen im Feld organisiert (Spradley 1979, S. 136).

Im Folgenden möchte ich darlegen, wie ich das Datenmaterial der vorher erwähnten Untersuchung über ghanaische und schweizerische Evangelikale ausgewertet habe.

Die hohe Bedeutung der Konversion war mir natürlich vor der ethnografischen Feldforschung in den beiden religiösen Gemeinschaften bekannt. Durch die Feldforschung und die Analyse der Daten wurde diese Diskontinuität zum zentralen Thema: Bei jeder Konversion wird eine *Zeit davor*, ein *Wendepunkt* und eine *Zeit danach* geschildert (Ulmer 1988, 1990). In der schweizerischen Gemeinschaft wird jene *Zeit davor* auffällig mit Innerlichkeit in Verbindung gebracht. Es tauchen in den Predigten Begriffe auf wie „Identitätskonflikt", „Selbsthass", „besoffen", „Zwang", „zum Boden schauen", „langweiliges Leben" und „Unfall", wobei mit Letzterem gemeint ist, dass jemand als „Unfall" zur Welt kam, also

kein „Wunschkind" (was als Kontrastbegriff ebenfalls vorkommt) der Eltern war. Das Geflecht von Begriffen wird in der ethnosemantischen Analyse schließlich zu einer Domäne, deren Elemente Maeder wie folgt beschreibt: „Ein Oberbegriff, mindestens zwei Unterbegriffe, eine semantische Relation und eine Abgrenzung gegenüber anderen Domänen durch die gemeinsame Bedeutung in der Form, der alle anderen exkludierenden semantischen Verbindung" (1995, S. 71).
Diese vorher genannten Begriffe haben alle einen Bezug zur Identität. Sie beschreiben eine Identität *vor* der Konversion und sind in der Analyse unter der Domäne „Identität" subsumiert worden:

Domäne: Identität

Alte Identität, Besoffen, Drogen, Gefängnis, Gesunde Identität, Gewalt, Hass auf Gott, Hässlichkeit, Heirat mit Gott, Homosexualität, Identitätskonflikt, Langweiliges Leben, Neues T-Shirt, Schönheit, Selbstbewusstsein, Selbsthass, Selbstmord, Sieg, Spiegel, Strahlen, Taufe, Unfall, Vorgeschichte, Wunschkind, Zwang, Zum Boden schauen.

Das sind also *native terms*, die sich der „Identität" – ebenfalls ein *native term* – unterordnen lassen. Hier manifestiert sich, was Anselm Strauss über menschliche Gruppen und ihre „Spezialsprachen" sagt: Innerhalb den Diskursuniversen der zwei Gemeinschaft werden lebensweltspezifische Metaphern und Begriffe verwendet, die sich signifikant unterscheiden. Genauso wie in anderen Gemeinschaften – etwa im Private Banking, in den Ingenieurswissenschaften, im Drogenmilieu, in der Soziologie und natürlich auch im Design. Anzufügen ist, dass innerhalb dieser Gemeinschaften wiederum unterschiedliche Spezialsprachen gesprochen werden; in der soziologischen Systemtheorie eine andere als im symbolischen Interaktionismus, im Interaction Design eine andere als im Fashion Design.

In einem nächsten Schritt werden Taxonomien – also Verwandtschaftsbeziehungen – erstellt. Spradley erläutert dies am Beispiel von Zeitschriften: Die Domäne „Magazin" beinhaltet Kategorien wie „Comics", „Frauenmagazine", „Newsmagazine", die wiederum in „Time", „Newsweek" und „U.S. News & Worlds Report" unterscheidbar sind (1980, S. 112 ff.). So werden also im Feld praktizierte Differenzierungen untersucht und kleinere Einheiten entwickelt. Bei der schweizerischen evangelikalen Gemeinschaft führt dies innerhalb der Domäne „Identität" zu den folgenden Taxonomien:

7.1 Codieren und Texte aufbrechen

Taxonomien Identität

Unfall	Alte Identität, Besoffen, Drogen, Gefängnis, Gewalt, Hässlichkeit, Hass auf Gott, Homosexualität, Identitätskonflikt, Selbsthass, Selbstmord, Spiegel, Vorgeschichte, Zwang, Zu Boden schauen.
Wunschkind	Heirat mit Gott, Gesunde Identität, Neues T-Shirt, Schönheit, Selbstbewusstsein, Sieg, Strahlen, Taufe.

Die Taxonomien verdeutlichen die vorher/nachher-Struktur: Das Leben als „Unfall"-Identität ist problematisch und mit vorwiegend psychischen Leiden verbunden. In der „Wunschkind"-Identität werden diese Probleme überwunden. In einer Predigt wurde diese Selbsttransformation von einem Pastor performativ dargestellt, indem er zuerst ein schmutziges altes T-Shirt trug und dieses durch ein weißes, neues T-Shirt ersetzte. So zeigte er, dass die Transformation von „Unfall" zu „Wunschkind" möglich ist – selbstverständlich nur durch die Hinwendung zu Gott.

In einem weiteren Schritt der ethnosemantischen Analyse werden semantische Beziehungen artikuliert. Die Begriffe werden hinsichtlich ihrer Kontexte und den semantischen Relationen zu anderen Begriffen untersucht (Spradley 1979, S. 97). Das Ziel besteht darin, semantische Beziehungen zwischen Kategorien und Domänen herzustellen, wobei taxonomische Relationen berücksichtigt werden. Spradley erwähnt neun semantische Typen von Beziehungen (1979, S. 111):

1. Strict Inclusion; X is a kind of Y
2. Spatial; X is a place in Y, X is a part of Y
3. Cause-effect; X is a result of Y, X is a cause for Y
4. Rationale; X is a reason for Y
5. Location for action; X is a place for doing Y
6. Function; X is used for Y
7. Means-end; X is a way to do Y
8. Sequence; X is a step (stage) in Y
9. Attribution; X is an attribute (characteristic) of Y

Diese Liste ließe sich natürlich weiterführen. Nachstehend einige Beispiele aus der ethnografischen Untersuchung über die schweizerischen Evangelikalen:

- „Besoffen" ist eine Folge von „Unfall"
- „Identitätskonflikt" ist eine Folge von „Unfall"
- „Gesunde Identität" ist eine Folge von „Wunschkind"

- „Selbstbewusstsein" ist eine Folge von „Wunschkind"
- „Taufe" ist eine Voraussetzung für „Wunschkind"

So werden Abhängigkeiten, Ursachen und Folgen sichtbar gemacht. Der Schritt verdeutlicht, dass die Unfall-Identität negative Folgen hat. Er zeigt aber auch, dass die Wunschkind-Identität ausschließlich durch die Taufe möglich ist. So wird also narrativ eine exklusive Lösung erzeugt, die alternative Ansätze – etwa die Psychotherapie – außer Kraft setzt (Lofland und Stark 1965, S. 867).

In nächsten Analyseschritt – der so genannten Komponentenanalyse – werden einzelne Domänen vertieft analysiert (Spradley 1980, S. 131). Spradley erläutert dies an der Post, die er täglich in seinem Büro erhält, die aus persönlichen Briefen, Rechnungen, Büchern, Werbung etc. besteht. Diese Kategorien haben alle ihre Eigenarten und sie führen – schon vor dem Öffnen der Briefe – zu bestimmten Praktiken und Emotionen. Ein Werbebrief erhält nicht dieselbe Aufmerksamkeit wie ein persönlicher Brief mit handgeschriebener Adresse. Eine Rechnung erregt Missmut.

Tabelle 7.1 Komponentenanalyse von James P. Spradley

DOMAIN	Signed	Action	Feeling
junk mail	No	throw away	Disgust
personal letters	Yes	read and keep	Delight
bills	No	read and pay	don't like

Übertragen auf die schweizerische evangelikale Gemeinschaft sieht dies wie folgt aus:

Tabelle 7.2 Komponentenanalyse am Beispiel der schweizerischen charismatisch evangelikalen Gemeinschaft

KATEGORIEN	PROBLEM	LÖSUNGSSTRATEGIE	GELÖST
Besoffen	Ja	Entscheiden	Ja
Drogen	Ja	Entscheiden	Ja
Homosexualität	Ja	Entscheiden	Ja
Identitätskonflikt	Ja	Introspektion	Nein
Selbsthass	Ja	Entscheiden	Ja
Selbstmord	Ja	Entscheiden	Ja
Spiegel	Ja	Entscheiden	Nein
Zwang	Ja	Entscheiden	Nein
Zu Boden schauen	Ja	Entscheiden	Ja

7.1 Codieren und Texte aufbrechen

Die Komponentenanalyse zeigt, dass in der schweizerischen Gemeinschaft *größere* und *kleinere* Probleme auftauchen. Die *größeren* Probleme – etwa Drogen, Selbstmord und Homosexualität – verschwinden mit der Konversion. Ein wiedergeborener Christ kann also nicht homosexuell sein. Wer also homosexuell ist, kann kein wiedergeborener Christ sein, weil die „Echtheit" einer Konversion unterwandern würde. So werden gruppenintern Normen konstruiert. *Kleinere* Probleme hingegen tauchen auch nach einer Konversion auf. Dabei handelt es sich um Unsicherheiten, die sich in „Zwang" oder „Identitätskonflikt" manifestieren können. So wird kommuniziert, dass ein gewisses Set von (großen) Problemen überwunden ist, wiedergeborene Christen aber trotzdem nicht zu Übermenschen mutieren. Würde „Identitätskonflikt" nicht mehr auftauchen bei wiedergeborenen Christen, dann würde dies eine beträchtliche Anzahl der Gläubigen ausschließen, denn wer kann schon von sich behaupten, nie einen Identitätskonflikt zu haben? Die Komponentenanalyse zeigt also, wie soziale Grenzen markiert werden: Wer gehört zur Gemeinschaft? Wer nicht? Mit diesen narrativen Techniken wird eine kollektive Identität erzeugt (Durkheim 1994, S. 283 ff.). Die Analysen verweisen auf eine der evangelikalen Religion inhärente Paradoxie: Einerseits wird man durch die Wiedergeburt errettet, zugleich muss man sich kontinuierlich bewähren. Für dieses Bewähren werden Techniken erlernt: Es werden Introspektion und Selbstdisziplinierung praktiziert, was Subjektivierungsprozesse begünstigt. So lassen sich klassische Konversionstheorien, die besagen, dass eine Konversion die mentalen Spannungen löst (James 1997, S. 234 ff.; Loflard und Stark 1965), widerlegen: Die Konversion erzeugt – gerade durch die ständige Selbstdisziplinierung – erst recht Spannungen (Robbins 2010, S. 166), zugleich suggeriert sie Errettung. Als letzter Punkt schlägt Spradley die Formulierung von kulturellen Themen vor. Er definiert diese als „any principle recurrent in a number of domains, tacit or explicit, and serving as a relationship among subsystems of cultural meaning" (1980, S. 141). Bei den kulturellen Themen handelt es sich um salopp formulierte Kernaussagen, die Elemente verschiedener Domänen und Kategorien zusammenfassen. Das können native terms oder (leichte) Abstraktionen sein. Die kulturellen Themen bei der schweizerischen Gemeinschaft lauten:

- Wechsle dein T-Shirt
- Werde ein Wunschkind
- Die Wurzelbehandlung ist ein Prozess

Die drei kulturellen Themen fokussieren alle das Prinzip der Selbsttransformation, die – im Kontext der schweizerischen Gemeinschaft – einen starken Innerlichkeitsbezug aufweist. Mit populärpsychologischen Techniken wird zu Introspektion und Selbstexploration aufgefordert. *Große* und *kleine* Probleme werden stets verschränkt: Testimonials berichten etwa auf der Bühne über ihre einstige Drogenabhängigkeit oder Depressionen, die sie durch ihre Hinwendung zu Gott überwunden haben. Diese Geschichten sind dramatisch und die Mehrheit der Anwesenden dürfte keine entsprechenden Biografien haben, sondern bereits religiös primärsozialisiert worden sein.[51] Die dramatischen Berichte der Testimonials zeigen in erster Linie, dass biografische Diskontinuität und Selbsttransformation möglich sind. Und wenn es bei ehemaligen Kriminellen oder Drogenabhängigen möglich ist, dann lassen sich die kleinen Alltagsprobleme der Anwesenden erst recht lösen. Die Testimonials veranschaulichen das Prinzip der Selbsttransformation auf geradezu dramatische Weise. Diese kulturellen Themen können übrigens – ähnlich wie auch gesättigte Kategorien in der Grounded Theory – in einer Theoriearbeit die Grundlage für Zwischenkapitel sein.

Zum Vergleich möchte ich nun folgend noch die bei der ghanaischen Gemeinschaft gefundenen sprachlichen Muster darlegen. Es handelt sich hierbei um den Schweizer Ableger einer evangelikalen Kirche aus Ghana, die 2004 von einem in Zürich lebenden Ghanaer gegründet wurde, der bereits in seiner Heimat als Pastor tätig war. Es handelt sich um eine Migrationskirche, die als sozialer Treffpunkt fungiert, wo sich Migranten und Migrantinnen über Aufenthaltsbewilligungen, Arbeit, Wohnung etc. informieren (Baumann 2006). Eine der Domänen lautet „Foundation":

Domäne: Wrong Foundation

African Names, Alcohol for Children, Beating People at the Tram Station, Beauty, Bloodline, Cancer, Dead with 32, Demons, Drug Dealing, Fathers, Fetish, Hundred Hamburger, Generations, Lip-gloss, Not achieve anything, Pain, Premarried Sex, Prostitution, Proud, Shrine, Sin, Sudden Blindness, Spirits, Three Mercedes, Tradition, Uncles, Victoria Sea, Violence.

Diese Begriffe, die unter dieser Domäne subsumiert werden, tauchten in Predigten und Gesprächen immer wieder auf: Auch sie verweisen – ähnlich wie die Domäne Identität in der schweizerischen Gemeinschaft – auf eine vorkonversionelle Zeit,

---

51 Die Fluktuation innerhalb von evangelikalen Freikirchen ist hoch, was sich schon daran zeigt, dass die Besucher und Besucherinnen in den Zeremonien im Durchschnitt 111 % der formalen Mitglieder beträgt (Stolz et al. 2011, S. 21): Viele Gläubige werden nicht von Atheisten zu Christen, sondern wechseln lediglich die religiöse Gemeinschaft.

die mit Problemen verbunden ist.⁵² Während aber bei der Domäne Identität die Probleme ins Innere der Individuen verlegt werden, wird hier ein kultureller, herkunftsspezifischer Bezug sichtbar, was sich in Begriffen wie „African Names", „Tradition" und „Uncles" offenbart.

Taxonomien

Proud	Beating People at the Tram Station, Beauty, Hundred Hamburger, Lip-gloss, Premarried Sex, Sin, Three Mercedes.
Tradition	African Names, Alcohol for Children, Bloodline, Cancer, Fathers, Fetish, Generations, Not achieve anything, Shrine, Spirits, Uncles, Violence.
Demons	Dead with 32, Drug Dealing, Pain, Prostitution, Sudden Blindness, Victoria Sea.

Die Feingliederung der Taxonomien verweist auf die verschiedenen Ebenen, in denen sich Probleme manifestieren können. Sie zeigen sich in einem ganz bestimmten Verhalten, das mit „Stolz" umschrieben wird, was Sünden wie Verschwendung, Habgier, Selbstsucht meint. Zum Beispiel appellierte der Pastor dafür, dass man nicht gleichzeitig „hundert Hamburger" essen und „drei Mercedes" fahren könne. Dies sei Ausdruck von einem „Stolz". Mit „Tradition" wird die kulturelle und familiäre Herkunft problematisiert; die Vorfahren waren zwar schon christianisiert, aber noch keine Born-Again-Christen. Mit „Dämonen" wird gezeigt, dass Probleme wie „Drogenhandel" und „Prostitution" nicht primär profane – etwa sozioökonomische – Ursachen haben, sondern transzendente. Entsprechend lösen nicht profane Instanzen (Sozialarbeiter, Psychologen, Richter) diese Probleme, sondern nur transzendente Kräfte und religiöse Instanzen. Folgend die semantischen Relationen der ghanaischen Gemeinschaft:

Semantische Relationen

- „Beauty"   ist eine Art von   „Proud"
- „Hundred Hamburger"   ist eine Art von   „Proud"

---

52   Im Gegensatz zur schweizerischen Gemeinschaft besteht diese Domäne jedoch nur aus der vorkonversionellen Zeit. Anders gesagt: Die Domänen sind nicht mit dem Ziel gebildet worden, ein komparatistisches Vorgehen zwischen den beiden Gemeinschaften zu begünstigen, sondern sie sind in beiden Fällen aus dem Datenmaterial heraus entwickelt worden – unabhängig von der anderen Gemeinschaft. Die zwei Fallbeispiele sind erst am Ende der Analysen miteinander verglichen worden.

- „Three Mercedes"   ist eine Art von   „Proud"
- „Lip-gloss"   ist eine Art von   „Proud"
- „Cancer"   ist eine Folge von   „Tradition"
- „Sudden Blindness"   ist eine Folge von   „Demons"
- „Victoria Sea"   ist ein Ort von   „Demons"

Auch hier deutet sich an, dass *größere* und *kleinere* Probleme bestehen. Krebs oder eine plötzliche Erblindung sind zweifellos ernstere Probleme als der Drang, drei Mercedes kaufen zu wollen. Trotzdem sind diese verschiedenen Probleme alle auf dieselbe Ursache zurückzuführen; nämlich auf Gottesferne.

Komponentenanalyse

Categories	Problem	Way of Solution	Solved
Beating People at the Tramstation	Yes	Revers	Yes
Beauty	Yes	Revers	No
Hundred Hamburger	Yes	Revers	No
Lip-gloss	Yes	Revers	No
Premarried Sex	Yes	Revers	Yes
Sin	Yes	Revers	No
Three Mercedes	Yes	Revers	No

Die Begriffe zeigen, dass in der ghanaischen Gemeinschaft oftmals ein exzessiver und verschwenderischer Konsum problematisiert und in Zusammenhang mit einem falschen Fundament gebracht werden. Zugleich zeigen sie, dass traditionelle afrikanische Kultur dämonisiert wird. Entsprechend wird ein „complete Break with the Past" (Meyer 1998, S. 316–349, 1999, S. 215) erstrebt, wobei die Vergangenheit bei der ghanaischen Gemeinschaft als kollektiv beschrieben wird. Wenn man nun die narrative Dreiteilung der Konversionserzählung als Grundmerkmal des Born-again-Christentums (Gooren 2010, S. 93) betrachtet, dann zeigt die Studie, wie stark kulturell die jeweiligen Beschreibungen geprägt sind. Dies zeigen auch die kulturellen Themen bei der ghanaischen Gemeinschaft:

- Dein Onkel ist ein Zauberer
- Du kannst nicht 100 Hamburger essen
- Wir sind eine heilige Nation

7.1 Codieren und Texte aufbrechen

Während in der schweizerischen Gemeinschaft der Subjektbezug und die persönliche, intime Beziehung zu Gott betont werden, tauchen hier deutlich kollektive und kulturelle Faktoren auf. Der Vergleich der zwei Gemeinschaften führt schließlich zur folgenden Matrix (Müller 2015, S. 146):

	Ghanaische Gemeinschaft	Schweizerische Gemeinschaft
Zeit davor	Generations	Unfall
Wendepunkt	Calling	Entscheidung
Zeit danach	Character	Wunschkind

Trotz ihrer starken Vereinfachung verweist diese Darstellung auf wesentliche Merkmale der zwei Gemeinschaften und der Konversion zum charismatischen Evangelikalismus im Allgemeinen: Es werden in einer Zeit davor Probleme geschildert, die aufgrund einer Diskontinuität gelöst werden (Favre und Stolz 2007, S. 129 ff.; Gooren 2010, S. 93; Martin 1990, S. 185 ff.), wobei dies alles aus der Perspektive in der *Zeit danach* beschrieben wird, womit es sich um eine narrative „Transformation von Vergangenheit" (Berger 1977, S. 72) handelt. Dabei werden immer alle im Raum Anwesenden angesprochen, womit ein *verallgemeinerter Anderer* konstruiert und suggeriert wird, dass gewisse Probleme kollektiver Art sind. Zugleich müssen die geschilderten Probleme gewissermaßen niedrigschwellig sein, so dass allfällige Erstbesucher und Erstbesucherinnen nicht abgeschreckt werden. Für die *Zeit davor* stehen in der ghanaischen Gemeinschaft Tradition und eine kollektive Kultur, die sich Animismus, Dämonenglauben, trunksüchtigen Onkeln und zerrütteten Familien manifestiert. So wird die Welt problematisiert, in der die Menschen primärsozialisiert wurden. Davon sollten sie sich lösen. Zugleich wird aber auch vor westlichem Konsum gewarnt, was zeigt, dass hier ein dritter Weg – jenseits von westlichem Liberalismus und afrikanischer Tradition – gesucht wird. Dass die gemeinsame Vergangenheit so deutlich kollektiv beschrieben wird, übereinstimmt insofern mit der sozialen Realität, dass die Gläubigen als Erstmigranten und -migrantinnen tatsächlich eine gemeinsame Geschichte teilen (Hock 2011, S. 63). In der Zeit danach – also nach der christlichen Wiedergeburt – werden Menschen mit gänzlich neuen Wesenszügen beschrieben. Sie übernehmen Verantwortung, handeln diszipliniert, trinken keinen Alkohol, arbeiten und leben in einer Kleinfamilie (im Gegensatz zu den polygamen Verhältnissen in der Zeit davor). Die christliche Wiedergeburt führt zur Domestizierung des Mannes und der Frau, zur Freisetzung innerer Potenziale und zu beruflichem Erfolg (Ukah 2008, S. 162 ff.). In der schweizerischen Gemeinschaft hingegen wird das Geschehen eher ins Innerpsychische verlegt: Die Krise hat einen deutlich subjektiven Bezug. Die (leidende) Innenwelt wird mit einer oberflächlichen Konsumwelt kontrastiert.

In diesem Zusammenhang werden zielgruppengerecht Phänomene behandelt, mit denen sich Teenager und junge Erwachsene beschäftigen: Unterhaltungskultur, Drogen, Pornografie etc. Insofern wird eigentlich die *moderne Sinnkrise* zum Thema gemacht. Dies zeigt sich exemplarisch an der Unfall-Identität, bei der die Betroffenen *keinen Sinn* in ihrem Leben erkennen können. Die dramatischen Schilderungen der Zeit davor „machen deutlich, dass diese sehr stark von der Lebenseinstellung abweicht, die nach der Konversion in Kraft tritt" (Ulmer 1990, S. 290). Aber der erstrebte „complete break with the past" ist riskant: Man begibt sich auf neues Terrain. Diesem Risiko wirken – in der *Zeit danach* – drei Faktoren entgegen: Erstens die kontinuierliche Introspektion, also das Beobachten von sündhaften Gedanken, zweitens ein manichäistisches Weltbild und drittens eine exklusive und höchst intime Bindung zu Gott (Gooren 2010, S. 96; Luhrmann 2004, S. 526). Die Disziplinierungstechniken schaffen Bezüge zur profanen Welt: zur Arbeit, Sexualität, Konsum- und Unterhaltungskultur (von der sie sich zugleich dezidiert abgrenzen). Die moderne Welt wird also nicht aus dem eigenen Universum ausgeschlossen, sondern der disziplinierte Umgang mit ihr wird eingeübt und stets überprüft, was Subjektivierungs- und Individualisierungsprozesse begünstigt (Marshall 2009, S. 128 ff.). Zugleich bleibt der eigene Status immer gefährdet, weil der Teufel mit seinen Verführungen präsent bleibt. Daher wird Diskontinuität gewissermaßen zum Dauerzustand, zum permanenten Arbeiten am eigenen Selbst. Die Daten zeigen, dass evangelikale Identität kein *Sein*, sondern eher ein *Werden* ist (Buckley und Kenney 1995, S. 137). Die ethnosemantische Analyse versucht so, aufgrund von verschiedenen Begriffen die Kosmologie der Sprache einer Lebenswelt zu entschlüsseln. Maeder spricht von einem Netz von Beschreibungen: „Wenn es fein genug und möglichst mit den Verknüpfungen der Mitglieder verbunden ist, dann werden damit Hinweise auf Ausschnitte aus dem ‚wirklichen Leben' dieser Kultur transportiert" (1995, S. 83 f.).

Leitfaden- und narrative Interviews
Es gibt keinen Konsens, wie halbstrukturierte Leitfaden- und Experteninterviews auszuwerten sind. Meist werden Experten- und Leitfadeninterviews inhaltsanalytisch analysiert. Dabei wird die narrative Struktur aufgebrochen und die Sequenzen werden entlang der verschiedenen Fragethemen geordnet. Liebold und Trinczek bezeichnen dies als eine „top-down"-Logik, da die Kategorien schon bereits von vornherein bekannt sind und nicht – wie bei der Grounded Theory – aus dem Datenmaterial selbst generiert werden (2009, S. 73). So entstehen einzelne Texte zu verschiedenen Themen, deren Grundlage eines oder mehrere Leitfaden- oder Experteninterviews sein können. Wenn es sich um mehrere Interviews handelt, dann werden in den einzelnen Themenblöcken gemeinsame und unter-

schiedliche Positionen verglichen. Dieses Interview dient zu Informationszwecken und es „fokussiert die Informationen, das heißt, das Wissen der Experten wird als eine Ansammlung von Informationen konzeptualisiert (Liebold und Trinczek 2009, S. 72). Dieses relativ deutlich strukturierte Verfahren, das davon ausgeht, dass Experten Faktenwissen artikulieren, mag einer konstruktivistischen, interaktionistischen Sichtweise trivial erscheinen, kann aber je nach Forschungskontext durchaus zielführend sein. Anders verhält es sich, wenn aus Experteninterviews Theorien entwickelt werden sollen: Dann wird mit dem Interview versucht, „das Deutungswissen der Experten zu erschließen, also jene Prinzipien, Werte, Regeln zu identifizieren, die das Deuten der Experten maßgeblich bestimmen" (Liebold und Trinczek 2009, S. 76). Für diese „Bottom-up"-Strategie eignet sich das Codieren der Grounded Theory (Liebold und Trinczek 2009, S. 76 ff.). Für welche Variante man sich entscheidet, hängt nicht zuletzt davon ab, wie strukturiert bzw. offen das Interview geführt wurde: Bei stark strukturierten Interviews dürfte die Inhaltsanalyse vorteilhaft sein, bei offenen das Codieren der Grounded Theory.

Deutlich komplexer ist die Analyse des narrativen Interviews von Fritz Schütze, zumal hier nicht einfach der Inhalt, sondern vielmehr die Erzählstruktur untersucht wird. Schütze schlägt eine Analyse der Datentexte in sechs Schritten vor (1983, S. 286 ff.):

- *Formale Textanalyse:* Der Text wird in narrative (Handlungen) und nicht narrative Sequenzen (Interpretationen, Beschreibungen) unterschieden. Dabei wird der reine Erzähltext (ohne Interpretationen) herausgearbeitet.
- *Strukturelle Beschreibung:* Die einzelnen Erzählsegmente werden in Hinblick auf die Grundtypen des Handelns untersucht: Wo und wie werden zum Beispiel biografische Diskontinuitäten erzeugt? Wie werden die einzelnen Segmente voneinander abgegrenzt? Was wird erzählt, was nicht?
- *Analytische Abstraktion:* Die einzelnen strukturell beschriebenen Handlungsweisen werden in abstrakten Thesen zusammengefasst.
- *Wissensanalyse:* Die aus der Erzählung ermittelten Handlungsweisen des Erzählers werden mit seinen eigenen Vorstellungen über sein Handeln verglichen.
- *Kontrastierende Fallvergleiche:* Es werden mehrere Fälle verglichen.
- *Konstruktion eines theoretischen Modells:* Die relevanten theoretischen Kategorien werden aufeinander bezogen, um daraus ein theoretisches Modell zu entwickeln.

Dieser Ansatz zeigt sehr deutlich, wie man von Gesprächssequenzen hin zu einer eigenen Theorie kommt. Ob das überhaupt notwendig und nützlich ist, ist im einzelnen Fall abzuwägen. Folgend möchte ich an einem kurzen Beispiel den ersten

Schritt der Auswertung darlegen: die Unterscheidung zwischen erzählenden und interpretativen Elementen (wobei es sich hier – wohl bemerkt – nicht um Interpretationen des Ethnografen, sondern um jene des Erzählers selbst handelt). Ich beziehe mich auf ein Interview, das ich im Zuge einer journalistischen Recherche (2009b) mit einem Transvestiten im „Pâquis" – dem Rotlicht-Viertel in Genf – geführt habe. Der Erzähler sagte unter anderem den folgenden Satz (2009c, S. 13):

Interviewer   Wann hast du angefangen, Frauenkleider zu tragen?
Erzähler   Das ist nicht sehr lange her. Ich war bereits über sechzig Jahre alt, siehst du? Das ist schon ziemlich spät.

Als erzählende Sequenz dürfte hier vor allem die Schilderung gelten, dass der Erzähler bereits über sechzig Jahre alt war, als er mit dem Tragen von Frauenkleidern begann. Das ist eine biografische Tatsache (zumindest wird es als solche erzählt). Dass das hingegen „ziemlich spät" ist, ist eine Interpretation des Erzählers, die normative Vorstellungen über Travestie offenbart: Wenn ein Mann die Affinität hat, Frauenkleider zu tragen, tut er dies eigentlich schon in jüngeren Jahren. Der Erzähler sagt damit, sich nicht wie ein „normaler" Transvestit zu verhalten. Er bezieht sich auf einen *generalisierten Anderen*, von dem er gewissermaßen abweicht.

Ein weiteres Beispiel stammt aus einem narrativen Interview mit einem religiösen Konvertiten. Der Erzähler erläutert in der folgenden Sequenz eine Transzendenzerfahrung, die er in einem Urlaub in Irland hatte (Müller 2009a, S. 104):

Erzähler   [...] und zwar bin ich dort auf jener wiese gewesen und (-) also ganz klar (-) =ich habe keine drogen genommen (-) nur dass dies gesagt ist (-) wir gingen spazieren (-) irland hat mich total geflasht =es flasht mich noch immer (1.0) es ist wunderschön (-) und (-) es ist so... (10,0 Sek.) schwierig zu beschreiben nach sechs jahren

Zum Ersten bringt die Sequenz sehr deutlich die Problematik der Ineffabilität der Transzendenzerfahrung zum Ausdruck: Der Erzähler erfährt etwas, was sich nicht mit Sprache mitteilen lässt (James 1997, S. 384), was durch eine zehn Sekunden lange Pause geradezu dramatisch verdeutlicht wird (Ulmer 1988, S. 26 f.). Dabei erwähnt der Erzähler fast beiläufig, dass er keine Drogen genommen habe, womit er profane Ursachen für seine Bewusstseinserweiterung ausschließt und diese mit transzendenten Kräfte verbindet. Die folgende Stelle aus demselben narrativen Interview verdeutlicht nochmals die Trennung zwischen Erzählung und Interpretation (Müller 2009a, S. 105):

Erzähler ja (-) ich habe eine leichte depression gehabt (3,0) äh (-) ich habe mich dort in irland in eine Japanerin verliebt (-) oder kurz nach dem ich zurück kam habe ich mich in sie verliebt ((...)) liebeskummer führt (-) habe ich herausgefunden bei mir immer wieder zu depressionen (-) das ist gefährlich (-) winter und liebeskummer

Die leichte Depression und die Verliebtheit sind erzählende Sequenzen. Dass hingegen Winter und Liebeskummer gefährlich sind, das ist eine Interpretation des Erzählers (wenn natürlich auch eine sehr naheliegende). Im Folgenden wird dann die reine Erzählung herausgearbeitet, die zeigt, was „tatsächlich" passiert ist (bzw. was als „tatsächlich passiert" geschildert wird) – und daraus werden in der strukturellen Beschreibung wichtige biografische Wendepunkte situiert; zum Beispiel die Transzendenzerfahrung in Irland. Es folgt die analytische Abstraktion, der kontrastierende Fallvergleich (in diesem Fall mit einem Betroffenen einer Psychose) und der Konstruktion eines theoretischen Modells. Die Einzelfallanalyse wird so also mit anderen Fällen verglichen, das Ganze wird abstrahiert und in einen theoretischen Zusammenhang gestellt.

Computerbasierte Analyse
Mit CAQDAS (Computer-Assisted Qualitative Data Analysis Software) lassen sich qualitative Daten am Computer auswerten (Cisneros 2011). Die Programme heißen MAXDA, AQUAD, ATLAS.ti, MAXQDA, NVIVO und THE ETHNOGRAPH. Es sind allerdings nach wie vor die Menschen, die codieren, interpretieren und analysieren – und nicht die Computerprogramme. Insofern sind Computerprogramme eher eine Unterstützung. Was sie leisten, „ließe sich auch mit althergebrachten Paper-and-pencil-Techniken realisieren, aber es würde um einige Zehnerpotenzen mehr Zeit benötigen" (Kuckartz 2010, S. 13).

Die Software dient also unter anderem der Tempoerhöhung der Analyse. Als weitere Vorteile sind zu nennen, dass Codes, Kategorien, Subkategorien, Memos etc. mit Hyperlinks verbunden werden können, womit man schnell Ordnungen herstellen und wieder revidieren kann. Udo Kuckartz spricht in diesem Zusammenhang von „Text-Retrievals", die eigentlich die „elektronische Variante des Griffs in den Karteikasten (2010, S. 108) sind: So kann man zum Beispiel alle In-vivo-Codes einer bestimmten Kategorie oder alle Memos zu einem bestimmten Thema mit einem Klick aktivieren. Das ermöglicht einen spielerischen Umgang mit den Daten, die ständig neu geordnet werden können. Dies kann hilfreich sein beim Erkennen von Mustern. Zugleich muss betont werden, dass Interpretieren eine menschliche Tätigkeit bleibt. Deshalb wird die Praxis mit Computersoftware auch kritisiert: Roberts und Wilson betrachten Computertechnologien als nicht kompatibel mit dem komplexen und unstrukturierten Datenmaterial qualitativer Forschung (2002, S. 5).

Typenbildung
Die Bildung von Typen hat in der ethnografischen Forschung eine längere Tradition (Kluge 1999). Als klassisches Beispiel gilt die Studie über „Die Arbeitslosen von Marienthal", in der während der Weltwirtschaftskrise Anfang der 1930er-Jahre die sozialpsychologischen Folgen von Arbeitslosigkeit in einem Ort in der Nähe von Wien untersucht wurden. Bei der Untersuchung, in der quantitative und qualitative Ansätze verbunden wurden, sind vier Typen von Arbeitslosen entwickelt worden: die *Ungebrochenen*, die *Resignierten*, die *Verzweifelten* und die *Apathischen* (Jehoda et al. 1975, S. 96). Der Ansatz geht methodologisch auf Max Weber und seine Idealtypen zurück (1921/1972, S. 10). Weber hat gewisse Merkmale von (vorwiegend religiösen) Gemeinschaften zusammengefasst und Typen gebildet, die in dieser reinen Form in der Wirklichkeit nicht vorkommen. Dabei gilt es, einen „Merkmalsraum" (Kuckartz 2010, S. 103) zu erstellen, zumal Typologien nicht aufgrund eines, sondern mehrerer Attribute erstellt werden. Gemäß Kuckartz besteht die Typenbildung aus den folgenden vier Schritten:

- Definition des der Typenbildung zugrunde liegenden Merkmalsraums
- Konstruktion der Typologie
- Beschreibung der einzelnen Typen und der gebildeten Typologie
- Zuordnung der Personen des Samples zu den gebildeten Typen

Mit Typenbildung sind also nicht Subgruppen gemeint, die sich nach soziodemografischen Kriterien formieren – also nicht Personen bestimmter Alters- und Einkommensklassen etc. Die Typologie bezieht sich vielmehr auf Merkmale, die sich in einer Lebenswelt als relevant erweisen.

7.2 Visuelle Daten

Zur Analyse von visuellen Daten ist im Kapitel „Foto und Film" schon einiges festgehalten worden, zumal sich Produktion und Analyse von visuellen Daten nicht scharf trennen lassen, sondern in zyklischen Prozessen verflochten sind. Auch die bereits erwähnten Überlegungen zur Grounded Theory lassen sich auf visuelle Daten übertragen, die allerdings hierzu mit Begriffen codiert werden müssen. Zuerst gilt es festzuhalten, dass ein Bild zwar eine isolierte Entität ist (und in einem ersten Schritt durchaus als solches analysiert werden kann), aber zugleich unter

7.2 Visuelle Daten

bestimmten Umständen entstanden ist. Ein Bild hat also einen Kontext, der darauf nicht sichtbar ist. Es ist von jemandem mit einer bestimmten Absicht gemacht, möglicherweise gefiltert, bearbeitet und einer bestimmten Öffentlichkeit zugänglich gemacht worden (Baur und Budenz 2017, S. 73 ff.). Ein Selfie ist insofern übrigens ein Bild, das die eigenen Produktionsbedingungen visuell offenlegt.

Bei einer Analyse – vor allen von Partizipanten produziertem visuellen Material – sind verschiedenen Aspekte zu reflektieren (Lueger 2000, S. 182 ff.): Um was für Bildmaterial handelt es sich? Was zeigt es? Was dokumentiert es? Was sind seine Produktionsbedingungen, was die technischen Rahmenbedingungen? Worin besteht sein Inszenierungscharakter? Was sind seine Komponenten? Welche Farben dominieren? Welche Symbole sind sichtbar? Was ist die narrative Struktur, also die Erzählung, die das Bild andeutet (aber nicht ausführt)? Welche Assoziationen evoziert es? Wie und wo wird es verwendet? In diesem Zusammenhang muss man festhalten, dass Bild- und Filmanalysen grundsätzlich hermeneutische Verfahren sind. Tuma et al. stellen hinsichtlich der Analyse von Filmen – was natürlich auch für Fotos zählt – fest: „Interpretation ist immer ein Verstehensprozess" (Tuma et al. 2013, S. 17).

Eine wichtige Frage in der Analyse von visuellem Datenmaterial lautet, ob dieses von den Partizipanten im Feld oder von der Forscherin produziert wurde. Grundsätzlich kann man festhalten, dass von der Forscherin produzierte Fotos und Filme in erster Linie der *Dokumentation* dienen. Besonders Filme bieten die Möglichkeiten, Situationen mikroskopisch genau und wiederholt anzuschauen. Sie ermöglichen viel genauere situative Analysen als ein sprachliches Beobachtungsprotokoll. Der Blick richtet sich dann tatsächlich auf die beobachtete Situation – und weniger auf Ästhetik und Bildsprache. Bei Filmen können Szenen zu Standbildern „eingefroren" und mit Stichworten codiert, klassifiziert und beschrieben werden: Was zeigt das Bild? Wer ist darauf abgebildet? Welche Handlung führt diese Person aus? Finden Interaktionen zwischen Personen statt? Welche Gegenstände sind vorhanden? Wie werden sie benutzt? – Natürlich, wenn die Forscherin die Bilder selbst hergestellt hat, weiß sie viel über den Entstehungskontext der Bilder. Deshalb kann es sinnvoll sein, die Bilder gemeinsam mit anderen Personen zu interpretieren, die wenig oder nichts über den Entstehungskontext wissen. Möglicherweise werden sie ganz andere Dinge auf dem Bild sehen, die blinde Flecken der Forscherin aufdecken. Mindestens so interessant ist es, die Bilder mit Personen der untersuchten Lebenswelt zu untersuchen, was eine „photo-elicitation" (Collier 1957, S. 846 ff.; 1967, S. 46 ff.; Harper 2002, 2012, S. 155 ff.) ist. Dieses Verfahren ist Datenerhebung und -analyse zugleich. Ähnlich verhält sich dieses Verfahren bei Filmen, wobei auditive Sequenzen transkribiert werden können, was auch auf der sprachlichen Ebene sehr feine Analysen ermöglicht. Dabei ist es immer wichtig, deskriptive von interpretativen Ebenen zu trennen.

Dies verhält sich bei Fotos und Filmen, die unabhängig vom Forschungsprojekt in einem Feld produziert, gefiltert und bearbeitet wurden, ganz anders: Das können zum Beispiel Partyfotos, Selfies, Belfies, Facebook-Profile, Urlaubsfotos und Amateurpornos sein. Dort gibt gerade die Ästhetik oder technische Bildbearbeitung Auskunft über lebensweltspezifische Werthaltungen, zumal diese Bilder und Filme weniger Dokumentationsfunktion, sondern eher Inszenierungscharakter haben (Kirchner und Betz, 2015, S. 182). So zeigen diese Fotos und Filme lebenswelt- und szenespezifische ästhetische Prägungen, die im Übrigen (innerhalb einer Lebenswelt) normativ sein können (Müller 2017). Je nach Entstehungskontext des visuellen Datenmaterials müssen also unterschiedliche Rahmen mitgedacht und mitinterpretiert werden.

Babette Kirchner und Gregor Betz schlagen eine *wissenssoziologische Bildhermeneutik* vor, die sich auf „natürliche" visuelle Daten bezieht; also auf „,vom Feld' als relevant erachtete Daten" (2015, S. 179), was Fotos, Flyers, Plakate etc. sein können. Die Pointe der Methode besteht darin, dass nicht nur das Abgebildete untersucht wird, sondern auch – wie erwähnt – der Kontext, in dem das Bild entstanden ist und öffentlich gemacht wurde. Kirchner und Betz schlagen ein dreistufiges Verfahren vor (2015, S. 184 ff.):

- *Segmentierung des Bildmaterials:* Im ersten Schritt werden verschiedene Bildelemente, Rahmungen, Hintergründe sowie konkrete und symbolische Bildelemente untersucht.
- *Sequenziell vorgehende Entwicklung von Seharten:* Im zweiten Schritt werden – möglichst von einem Team – die Perspektiven aufs Bild pluralisiert. Bei dieser Sammlung von Seharten werden unterschiedliche bildhermeneutische Ansätze praktiziert.
- *Interpretation der Bildproduktion und der Bildverwendung im Feld:* Im dritten Schritt wird der Kontext des Bildes ergründet: Mit welcher Absicht wurde es produziert und nach welchen Kriterien ausgewählt? Wie wurde es produziert? Wo taucht es im Feld auf? Wie wirkt es auf die Betrachter?

Mit diesem dreistufigen Verfahren wird die Komplexität eines Bildes – seine verschiedenen Ebenen, die Symbole, der Produktions- und Verwendungskontext – ergründet, artikuliert und expliziert. Der Ansatz ähnelt der von Eberle vorgeschlagenen Triade „Produzent – Objektivation – Rezipient" (2017a, S. 26). Einen ähnlichen Ansatz vertreten Tuma et al. bei der *interpretativen Videoanalyse* (2013). Dabei sind zwei wesentliche Eigenheiten von Filmmaterial festzuhalten (Tuma et al. 2013, S. 33 ff.): erstens die *Permanenz*: Das meint einerseits, dass Filme dauerhafte Datenaufzeichnungstechniken sind, in denen die Sequenzialität – also der Ablaufcharakter – zeitlich aufrechterhalten wird. Andererseits ist damit gemeint, dass die Daten dauerhaft verfügbar bleiben. Zweitens die *Dichte*: Damit ist gemeint, dass detaillierte Daten entstehen – und zwar auf der visuellen *und* auditiven Ebene. Durch Wiederholung und Zoomen können einzelne Sequenzen sehr genau beobachtet und analysiert werden. Tuma et al. sprechen in diesem Kontext von „*soziologischer Mikroskopie*" (2013, S. 34). Die Videointeraktionsanalyse basiert auf einer feingliedrigen, hermeneutischen Untersuchung einzelner Sequenzen. Diese werden im Idealfall von mehreren Personen unter mehrfacher Wiederholung genau beobachtet und beschrieben, wobei signifikante Sequenzen genau transkribiert und in Datensitzungen ausgewertet werden.

Text- und Bilddaten
Sprachliche und visuelle Daten sind oftmals verknüpft – wie etwa bei audiovisuellen Aufnahmen. Das Datenmaterial kann sehr heterogen sein und aus transkribierten Interviewsequenzen, Beobachtungsprotokollen, Skizzen, Screenshots von Facebook-Kommentaren, Foto und Film bestehen, die von der Forscherin und/oder von Partizipanten im Feld hergestellt wurden. Sarah Pink schlägt vor, das visuelle Datenmaterial nicht separat von Texten zu analysieren, sondern darin Querverbindungen herzustellen; also nach Sinnzusammenhängen zwischen Fotografien, Filmen, Forschungstagebüchern, Beobachtungsprotokollen und anderen Texten zu suchen:

> „Instead it involves making meaningful links between different research experiences and materials such as photography, video, field diaries, more formal ethnographic writing, participant produced or other relevant written or visual texts and other objects. These different media represent different types of knowledge and ways of knowing that may be understood in relation to one another" (Pink 2013, S. 144).

Das Verfahren besteht darin, das Datenmaterial zu codieren und zu klassifizieren und – ganz im Sinne der komparatistischen Grounded Theory – ständig zu vergleichen. Mit einem solchen Verfahren hat Ruth Holliday die Videotagebücher der Personen aus der Queer-Szene analysiert: „Once the diaries were completed, I viewed and coded them to identify points of similarity and difference as well as recurrent themes" (2007, S. 258). Sarah Pink folgt bei der Analyse einem partizipativen Ansatz und sie schlägt vor, visuelles Datenmaterial gemeinsam mit den Menschen der untersuchten Gruppe zu klassifizieren. Bei ethnografischen Stierkampf-Forschungen in Spanien hat Pink mit drei Frauen „Corridas" besucht und dabei Fotos gemacht. Danach zeigte sie diesen drei Frauen die Fotos, die ihre Lieblingsfotos aussuchten und beschrieben. Dabei wurden bevorzugte Stierkämpfer,

Darstellungen von ihnen selbst (beim Stierkampf) und ästhetische Dimensionen artikuliert (2013, S. 152). Bei dieser neuen Auslegeordnung durch die drei Stierkampf-begeisterten Frauen kamen indigenes und lebensweltspezifisches Wissen und Bewertungskriterien ins Spiel, die Sarah Pink sonst nicht erfahren hätte:

„Thus, for the visual ethnographer, analysis is not a simple matter of interpreting the visual content of photographs or video, or of studying the actions of the people recorded or photographed and putting these images into categories through which they will be analysed. Rather it also involves examining how different producers and viewers of images give subjective and contingent meaning to images, their content and form" (Pink 2013, S. 143).

Der Ansatz von Pink lautet also, die Daten nicht selbst, sondern partizipativ zu codieren und zu kategorisieren. Grundsätzlich lassen sich so unterschiedliche Datentypen in die Forschung integrieren, die mit den Partizipanten diskutiert und interpretiert werden. Die entsprechenden Diskussionen lassen sich erneut transkribieren und erneut analysieren – und sich punktuell theoretisch verorten und ins Design überführen. Im Kontext einer *Recherche durch Design* und *Designethnografie* müssen diese Prozesse nicht linear gehandhabt werden, sondern sie können zyklisch-iterativ ineinander verschränkt werden. Dabei können Bilder, Filme, Dinge codiert – also in Sprache „übersetzt" – werden. Diese sprachlichen Begriffe, seien es *native terms* oder *Abstraktionen*, fungieren dann wiederum als Ausganspunkt für Transfers ins Design, womit sie zurückübersetzt in Dinge werden.

Dinge und Artefakte

Für die Analyse von Dingwelten eignet sich die bereits erwähnte *descriptive question matrix* von James Spradley. Auf jeweils einer vertikalen und einer horizontalen Linie wird jeweils die „Objekt"-Dimension mit anderen Dimensionen (Raum, Objekt, Akt, Aktivität, Ereignis, Zeit, Akteur, Ziele und Emotionen) verschränkt. Dabei resultieren Fragen wie „Wie wird der Raum durch Objekte organisiert?", „Wie werden Objekte bei Ereignissen einbezogen?", „Wie nutzen Akteure Objekte?", „Welche Gefühle führen zum Gebrauch welcher Objekte?", „Welche Objekte evozieren welche Gefühle?" etc. (Spradley 1980, S. 82-83). Diese Fragen sensibilisieren für die Komplexität der materialen Kultur und deren Wirkungen auf Menschen. Ulrike Froschauer geht davon aus, dass eine empirische Untersuchung der Dingwelt immer interpretativ ist und sie schlägt – im Kontext von Organisationsanalysen – drei Schlüsselelemente vor:

- „Die Dekonstruktion des Artefakts, um es von seiner alltäglichen Sinnhaftigkeit zu distanzieren und einer kritischen Analyse zuzuführen. Diese Dekonstruktion erfordert nicht nur die Zerstückelung des Artefakts in seine verschiedenen Bestandteile oder Dimensionen, sondern auch die Abtrennung von seinem ursprünglichen Kontext.
- Die Integration in einen Sinnhorizont als soziale Rekontextualisierung, indem das Artefakt in den Gesamtzusammenhang der Organisation gestellt wird. In diesem Schritt wird die Organisation als Gefüge der Bedingungen für die Existenz des Artefakts rekonstruiert. Damit tritt das Artefakt gegenüber der Struktur der Organisation zurück und bildet nunmehr die sichtbare Oberfläche, unter der sich latente Sinnstrukturen verbergen. Diese stellen nicht nur das Artefakt in einen verstehbaren Zusammenhang, sondern bringen auch die Dynamik der Organisation ans Tageslicht.
- Letztlich handelt es sich um einen Übersetzungsprozess, der die Ausdrucksgestalt des Artefakts in einen argumentierenden Kontext stellt, der wissenschaftlich anschlussfähig ist. Das Ergebnis der Artefaktanalyse ist daher keinswegs die Beschreibung eines Gegenstandes, sondern seine Einbettung in den Gesamtzusammenhang einer Organisationsanalyse" (Froschauer 2009, S. 331 f.).

Froschauer schlägt für die Artefakt-Analyse ein zweistufiges Verfahren vor (2009, S. 332 ff.): Zuerst soll das Ding präzise beschrieben und dekonstruiert werden. Das Artefakt wird hinsichtlich seiner Materialität und seiner Gestaltung untersucht – und dies wird freilich schriftlich dokumentiert: Welche Eigenschaften hat das Material? Wie ist es gestaltet? Wie ist seine Oberfläche beschaffen? Aus welchen Einzelteilen besteht das Ding? Gibt es Haupt- und Nebenelemente? Welche Farben hat es? Wie riecht es? Welche symbolische Bedeutung hat es? So wird die Ganzheit zerstört (Froschauer 2009, S. 332). In einem zweiten Schritt wird der Kontext miteinbezogen, womit seine Funktionen und Bedeutungen ergründet werden. Dabei werden etwa Grenzziehungen untersucht: Was gehört zum Artefakt? Was nicht? Wovon grenzt es sich deutlich ab? Welche Assoziationen löst es aus? Wie ist es eingebettet in eine Organisation? In einem nächsten Schritt folgt die so genannte „Strukturanalyse" (Froschauer 2009, S. 145 f.). Dabei wird gefragt, wo, von wem und unter welchen Umständen das Artefakt hergestellt wurde. Und wie, von wem und in welchen Zeitsequenzen das Artefakt verwendet wird. Weiter wird nach Funktionen und möglichen Bedeutungen gefragt. Als letzter Schritt wird das Artefakt mit anderen Artefakten und Materialien verglichen. Diese interpretativen Analysen sollten möglichst in interdisziplinären Teams durchgeführt und verschriftlicht werden. Dieses Vorgehen ist insbesondere fürs Produkt Design von hoher Relevanz, weil Ding, Funktion, Bedeutung und Kontext in ihren komplexen Wechselwirkungen ergründet werden. Lueger schlägt für diese Art der Artefakt-Analyse die Grounded Theory vor, bei der in iterativen Schlaufen nach strukturellen Ähnlichkeiten zur Überprüfung des bisher Erkannten gesucht wird (2000, S. 163).

7.3 Theoriebezug

Auch wenn abduktive Methoden wie die Grounded Theory und die ethnosemantische Analyse besonders in den ersten Phasen theoriearm sind, werden mit zunehmender axialer und selektiver Schließung Theorien entwickelt, aus denen Hypothesen abgeleitet werden. Dies wird schließlich in Zusammenhang mit bestehenden empirischen Untersuchungen und Theorien gebracht. Dass empirische Forschungen berücksichtigt werden, hat einen einfachen Grund: Forschung bezieht sich immer auf einen gegenwärtigen Erkenntnisstand. Deshalb muss sie diesen zur Kenntnis nehmen und sich davon differenzieren. Hierbei besteht das Risiko der Selbstreferenz von Forschung: Sie bezieht sich nicht mehr auf „die Wirklichkeit" (Blumer 1969, S. 27), sondern nur noch auf andere Forschungen, von denen sie sich zwingend differenzieren möchte. Im Kontext ethnografischer Forschung ist diese Gefahr allerdings gering, weil sie als abduktive Methode ja implizites Alltagswissen explizit macht und eher fallbezogene und singuläre Erkenntnisse hervorbringt. Das Risiko besteht darin, dass das ethnografische Datenmaterial zu dünn, also zu wenig gesättigt, ist.

Beim zweiten Punkt – dem zwingend notwendigen Theoriebezug – kann es sich um phänomenologische, interaktionistische, systemtheoretische, strukturfunktionalistische, designtheoretische, sozialanthropologische, marxistische, poststrukturalistische, feministische etc. Theorien handeln, die in Verbindung mit den eigenen theoretischen Erkenntnissen gebracht werden. Natürlich kann man dies wie Roland Girtler als „philosophischen Ballast" (2001, S. 30) bezeichnen. Aber diese theoriefeindliche Position basiert in gewisser Hinsicht auf der Annahme, dass es so etwas wie einen Zugriff „auf die Sache selbst" gibt. Gerade pragmatische, interaktionistische und phänomenologische Annahmen basieren auf antisubstanziellen Positionen und gehen davon aus, dass es keinen Zugriff auf „die Sache selbst" gibt, zumal die Idee „der Sache selbst" auf einem ontologischen Wahrheitsverständnis basiert, die in einer europäischen Denkgeschichte entstanden und somit eine kulturelle Konstruktion ist (Holliday 2007, S. 258 ff.; Maturana und Varela 1987, S. 34 f.). Der Theoriebezug dient in erster Linie dazu, euro- und andere zentrische Sichtweisen zu reflektieren und die Erkenntnisse in einem intersubjektiven Bezugsrahmen anschlussfähig zu machen. Er basiert auf der epistemo-

7.3 Theoriebezug

logischen Überlegung, dass eine „neutrale' Beobachtung nicht möglich ist, weil sie immer situiert und auf impliziten theoretischen Annahmen basiert. Kultur – und damit auch die Wissenschaften – ist als ein von Menschen „selbstgesponnenes Bedeutungsgewebe" gemeint, in das sie verstrickt sind (Geertz 1987, S. 9). Dies lässt sich nicht einfach ablegen. Der theoretische Bezug macht diese impliziten Annahmen explizit und macht sie intersubjektiv anschlussfähig (Maturana und Varela 1987, S. 35).

Darstellen und Berichten 8

Der französische Autor Raymond Queneau, wie Georges Perec ein Vertreter der „OuLiPo"-Bewegung, hatte in den 1960er-Jahren ein kleines Büchlein namens „Stilübungen" publiziert. Darin erzählt er, wie er einen Mann in einem Pariser Bus sieht, der sich ärgert, weil er mehrfach von seinem Nachbarn angerempelt wird. Zwei Stunden später steht derselbe Mann an einem Platz, wo ihn ein Kollege darauf hinweist, dass er sich einen Knopf an seinen Überzieher nähen lassen soll. Diese Geschichte heißt „Angaben"[53] (2007, S. 7). Sie ist belanglos und trivial. Im Büchlein folgen 98 weitere Versionen „derselben" Geschichte; allerdings in unterschiedlichen Erzählformen. Queneau erzählt die Geschichte als Traum, Erzählung, Wortkomposition, Telegramm, Polizeibericht, amtlicher Brief, Komödie, Klappentext und japanischer Haiku-Vers. Was will der Autor uns damit sagen? Es ist nicht *eine* Geschichte, die in 99 Varianten erzählt wird, sondern es sind 99 Geschichten. Wer das Büchlein liest, realisiert; die Geschichte erscheint jedes Mal anders. Die Sätze erzeugen mit jeder Version andere Wirklichkeiten.

---

53 Angaben lautet: „Im Autobus der Linie S, zur Hauptverkehrszeit. Ein Kerl von ungefähr sechsundzwanzig Jahren, weicher Hut mit Kordel anstelle des Bandes, zu langer Hals, als hätte man ihn daran gezogen. Leute steigen aus. Der in Frage stehende Kerl ist über seinen Nachbarn erbost. Er wirft ihm vor, ihn jedes Mal, wenn jemand vorbeikommt, anzurempeln. Weinerlicher Ton, der bösartig klingen soll. Als er einen leeren Platz sieht, stürzt er sich drauf. Zwei Stunden später sehe ich ihn an der Cour de Rome, vor der Gare Sainte-Lazare, wieder. Er ist mit einem Kollegen zusammen, der zu ihm sagt: ‚Du solltest dir noch einen Knopf an deinen Überzieher nähen lassen.' Er zeigt ihm wo (am Ausschnitt) und warum" (Queneau 2007, S. 7).

Es ist nicht möglich, die Geschichte in einer „reinen" Form zu erzählen. Natürlich, man könnte dies versuchen, nur würde diese Version sich dann als „reine Erzählung" vertikal neben den anderen einreihen: Die „reine Erzählung" würde ja nicht eine höhere Wahrheit, sondern einfach ein alternatives Narrativ darstellen. Queneau zeigt so, dass Erzählformen Wirklichkeiten hervorbringen. Sie sind durch Sozialisation erlernte Ordnungsmuster (Pörksen 2004, S. 16). Das heißt: Ein bestimmter Text führt zu einer bestimmten Rahmung der Wirklichkeit. Wir realisieren intuitiv, ob wir einen wissenschaftlichen, essayistischen, journalistischen oder literarischen Text lesen – und haben entsprechende Erwartungen. Dass wir dies realisieren, liegt übrigens nicht nur am Text selbst, sondern bereits am Medium: Wir haben andere Erwartungen, wenn wir ein anthropologisches Journal oder einen literarischen Roman in den Händen halten. Wir lesen eine Neue Zürcher Zeitung anders als eine Boulevardzeitung. Bei dieser Rahmung spielen haptische, gestalterische, typografische, visuelle, sprachliche und kontextuelle Faktoren mit.

Epistemologische Fragen dieser Art wurden in der „Writing Culture"-Debatte in der Sozialanthropologie behandelt: Ethnografische Berichte, so lautet die kritische Reflexion der eigenen Disziplin, bilden die Wirklichkeit nicht ab, sondern bringen sie hervor (Clifford und Marcus 1986; van Maanen 1995). Sie konstruierten durch einen ganz bestimmten Schreib- und Erzählstil „künstliche Wilde" (Geertz 1993). Entsprechend sind ethnografische Erkenntnisse nicht objektiv, sondern narrativ erzeugt und partiell (Clifford 1986, S. 7; Emerson et al. 1995: 3).[54] Dies zählt natürlich auch für die Designethnografie, die gewissermaßen von strengen wissenschaftlichen Konventionen befreit ist. Im Gegensatz zu den positivistischen Wissenschaften muss sie keine Objektivität suggerieren, um Erkenntnisse zu präsentieren. Aber genau weil die Designethnografie einen größeren Freiheitsraum hat, hat sie – zumindest wenn sie als Forschung ernst genommen und anschlussbar sein möchte – einen umso höheren Anspruch an Explikation des Forschungsprozesses und Intersubjektivität der Methoden zu erfüllen.

Die Sprache objektiviert eine beobachtete, fluide Situation, die zum Zeitpunkt der Deskription irreversibel vergangen ist. Objektiviert ist allerdings nicht die beobachtete Wirklichkeit, sondern *nur* der Text. Wenn wir Texte schreiben, beziehen wir uns auf Konventionen. Wir können mit diesen Konventionen spielen, sie partiell aufbrechen, wie dies die „OuLiPo"-Literaten getan haben, aber ganz auflösen können wir sie nicht, weil die Sprache selbst eine Konvention ist. Selbst-

---

54 Das lässt sich auch mit dem Rashomon-Effekt – genannt nach dem gleichnamigen Film von Akira Kurosawa aus dem Jahr 1950 – verbinden: In jenem Film wird ein Mord an einem Samurai aus vier verschiedenen Perspektiven erzählt – und erzeugt jedes Mal eine neue Geschichte.

8 Darstellen und Berichten

verständlich basieren auch wissenschaftliche Texte auf Konventionen (Maturana und Varela 1987, S. 34 f.). Wie sie sprachlich „erzählt" werden (van Maanen 2011), hängt vom Projektkontext und den methodischen Ansätzen ab, mit denen im Feld geforscht und dokumentiert wird. Wenn im Feld gefilmt wird, kann daraus ein ethnografischer Dokumentarfilm entstehen. Dasselbe Filmmaterial kann sprachlich analysiert werden, womit es in eine andere Form transferiert wird. Skizzen zum Beispiel können zur Dokumentation oder als Erinnerungshilfe eingesetzt werden, sie können aber auch eine Form der Vermittlung von Erkenntnis sein. Im Weiteren gibt es alternative Vermittlungsformen anthropologischer Erkenntnisse; Museen, Theater, Fotos (Uyttenbroek und Versluis 2014)[55], Comics (Bartoszko et al. 2010), Spiele und Artefakte. Welche Form man wählt, hängt vom empirischen Datenmaterial, von den Projektzielen und vom Kontext ab. Dieser Kontext besteht in einem Studium an einer Kunsthochschule in den meisten Fällen darin, dass eine schriftliche Abschlussarbeit verfasst werden muss, die dann bewertet wird. Dies wird mitunter als „Akademisierung" kritisiert, zumal Design die Sprache als Kommunikationsmedium transzendieren kann. Zugleich macht diese Akademisierung die Forschung im Kontext von Kunst und Design interdisziplinär anschlussfähig, womit sie stärker auf andere Disziplinen einwirken kann und sich explizit auf diese beziehen kann. Das geht nur durch Sprache. Auch eine Bildinterpretation wird erst dann kommunikativ und intersubjektiv anschlussfähig, wenn sie sprachlich verhandelt wird (Poferl und Keller 2017, S. 314). Es ist eine Illusion, zu glauben, dass Design – wenn es denn als Wissenskultur institutionalisiert werden möchte – auf Sprache verzichten kann. Gerade die interdisziplinäre Situierung des Designs erfordert kommunikative Anschlussmöglichkeiten, die nur durch Sprache gewährleistet werden können.

Designerinnen müssen aber auch in ihrer Berufspraxis Texte schreiben – zum Beispiel Konzepte, Rechercheberichte, Briefings. Schreiben ist ein Prozess der Reflexion: Wir gehen gewissermaßen auf Distanz zu uns selbst, wenn wir etwas aufschreiben. Wir entpersönlichen Gedanken, indem wir sie in Sprache formulieren – und machen sie so anderen zugänglich. Wie jede Form der Kommunikation basiert auch eine Dokumentation, ein sozialwissenschaftlicher Text oder eine Bachelor-, Master- oder Doktor-Thesis auf Konventionen: etwa einem bestimmten Aufbau des Textes, bestimmten Zitations- uns Transkriptionsregeln und einem gewissen Schreibstil (Eco 2007). Aber bereits im Umgang mit visuellem Datenmaterial besteht im Designkontext viel mehr Freiheit: Im Gegensatz zu wissenschaftlichen

---

55 Uyttenbroek und Versluis verfolgen ihr Projekt „Exactitudes" seit Jahren. Sie fotografieren Menschen in verschiedenen Städten und gruppieren diese nach ähnlichen ästhetischen Stilen: http://www.exactitudes.com (Zugriff: 14. Januar 2017).

Arbeiten, die primär oder ausschließlich aus Texten bestehen, kann eine Arbeit im Designkontext durchaus großzügig mit visuellem Datenmaterial umgehen – unabhängig davon, ob die Fotos den Text dokumentatorisch unterstützen oder ob sie Gegenstand der Analysen sind. Hier eröffnen natürlich auch Online-Publikationen ganz neue Möglichkeiten, bei denen Bild- und Filmmaterial direkt integriert und verlinkt werden kann (Pink 2013, S. 203 ff.). Die entwickelten Theorien (Grounded Theory) oder die kulturellen Themen (Ethnosemantik) fungieren oftmals als guter Startpunkt für eine schriftliche Arbeit: Oftmals funktionieren diese Überthemen sehr gut als Unterkapitel innerhalb eines Analysekapitels. Das Datenmaterial kann dabei tabellarisch dargestellt und/oder in die Texte eingebaut werden.

Zudem hat die Sprache im Kontext von Designforschung einen höheren Freiheitsgrad als etwa in den Naturwissenschaften. Um das an einem einfachen Beispiel zu illustrieren: Aus irgendwelchen Gründen geistert im Designkontext der hartnäckige Glaube herum, dass wissenschaftliche Texte nicht aus einer subjektiven Perspektive geschrieben werden dürfen: Es dürfe kein „ich" vorkommen. Dies ist natürlich falsch. Natürlich darf und soll ein ethnografischer Bericht subjektiv geschrieben werden. Wenn jemand für eine Designforschung teilnehmende Beobachtungen durchgeführt hat, dann möchte ich als Leser genau die subjektive Perspektive erfahren. Dies zu objektivieren, bedeutet, die Nähe, die tatsächlich hergestellt wurde, zu verdunkeln. Wenn William Foote Whyte seine Studie über ein Italienerviertel in Boston (1943/1955/1981) nicht subjektiv und erzählend geschrieben hätte, würde das Wesentlichste – nämlich, dass er selbst dort war und teilnehmend mit einer Italiener-Gang verkehrte – verdeckt. Man kann einen subjektiv erzählten Text umschreiben, indem sämtliche „ich" durch Passivsätze oder durch „der Autor" ersetzt werden. Aber was hat man mit diesem rein kosmetischen Verlegenheitseingriff gewonnen? Die Subjektivität ist immer noch da. Nur ist sie hinter einer Schein-Objektivität verdeckt, die – gerade im ethnografischen Kontext – nicht angebracht ist. Denn es ist eine Tatsache, dass Texte immer *von jemandem* geschrieben werden (Maturana und Varela 1987, S. 32).

Postmoderne Ethnografien spielen mit den Grenzen der Gattung: Jeanine Mingé and Amber Lynn Zimmerman explorieren in „Conrete and Dust. Mapping the Sexual Tarrains of Los Angeles" nicht nur die Sexualisierung in Hollywood, sondern auch sich selbst (2013). Ausgangs- und Referenzpunkt dieser Studie ist Hollywood, von dort führt die Reise zu Introspektion der Autorinnen. Diese Subjektivität ist in den so genannten postmodernen Ethnografien in den USA besonders ausgeprägt, was Dellwing und Prus als eine „(im schlimmsten Falle noch) psychoanalysierende Nabelschau der Autoren" kritisieren (2012, S. 191). Diese Kritik zeigt, dass kein Konsens in der Frage besteht, wie experimentell und innovativ die Ethnografie sein darf oder soll – und wie weit sie einer (sozialen) Realität verpflichtet ist. Grundsätzlich sollte ein ethnografischer Text nicht völlig von der Realität entkoppelt sein (wobei man hier die philosophische Frage stellen kann, ob das überhaupt möglich ist). Sein Bezugspunkt ist mehr oder weniger eine lebensweltliche Wirklichkeit.

Konsens herrscht hingegen weitgehend in der Frage, dass ethnografische Berichte ein konstruiertes Bild sind – und kein Abbild oder Spiegelung der Realität. Dies liegt schon allein an den Selektionen, die einer ethnografischen Deskription vorausgehen. Was sehen wir? Was nicht? Was beschreiben wir? Wie beschreiben wir es? Emerson et al. weisen wie folgt auf die Relevanz der Sprache hin: „Through his choice of words and method of organization, a writer presents a version of the world. As a selective and creative activity, writing always functions more as a filter than a mirror reflecting the ‚reality' of events" (1995, S. 66). Ethnografische Berichte können also nicht objektiv sein, sie können aber fluide Wirklichkeiten und Situationen objektivieren. Was ethnografische Berichte in der Regel auszeichnet, ist, dass sie weniger Generalisierungen erstreben, sondern eher Singuläres detailliert beschreiben (Emerson et al. 1995, S. 69). Ethnografinnen bewegen sich zwischen zwei Welten – einerseits in der untersuchten Lebenswelt, zugleich schreiben sie für ein bestimmtes Publikum (Spradley 1980, S. 161). Dieses Publikum, an das sich der ethnografische Bericht richtet, definiert den Stil.

Individualisierung und Methodisierung der Texte
Adler und Adler unterscheiden vier Typen von Ethnografien: *Mainstream Ethnography*, *Public Ethnography*, *Postmodern Ethnography* und *Classical Ethnography* (2012, S. 27 ff.). Die *Mainstream Ethnography* ist positivistisch und streng wissenschaftlich. Die eher narrative *Public Ethnography* richtet sich nicht ausschließlich an ein wissenschaftliches Publikum. Die *Postmodern Ethnography* ist radikal subjektiv und nicht werturteilsfrei. Die *Classical Ethnography* entspricht den Studien der Chicago School. Maeder und Brosziewski machen auf zwei mögliche Strategien aufmerksam; auf die Strategie der *Individualisierung*, bei welcher die Ethnografin als Autorin fungiert und auf eine Strategie der *Methodisierung*, bei der versucht wird, den Autoreneinfluss zu neutralisieren (2012, S. 262).

Grundsätzlich ist ein pragmatisches Vorgehen angemessen. Im Gegensatz zur Ethnografie in den Sozialwissenschaften ist die Art und Weise, wie Erkenntnisse final aufbereitet werden, im Designkontext variabler: Sie hängt wesentlich von der Zielsetzung des Forschungsprojektes ab (Nova 2014, S. 117). Wenn eine Studentin ethnografisch forscht, werden Notizen als Grundlage für einen ethnografischen Bericht fungieren, der in eine Bachelor- oder Master-Thesis integriert wird. Eine solche Theorie-Thesis unterliegt bestimmten Eigenlogiken: Neben dem Erkenntnisgewinn muss vor allem die Intersubjektivität und Explikation der Forschung und die theoretische Verortung des Themas gewährleistet werden. Dabei hat eine Theorie-Thesis auch formale Anforderungen zu erfüllen: Sie hat eine bestimmte Struktur, die sich im Übrigen von einer Forschungsdokumentation unterscheidet: Eine Dokumentation bildet mehr oder weniger chronologisch den Forschungsprozess ab. In einer Theorie-Thesis hingegen wird eine neue Struktur hergestellt, die forschungsspezifischen Eigenlogiken folgt (Cranz 2016, S. 113 ff.). Dass zum Beispiel Methoden erläutert und epistemologisch reflektiert werden und dass ein Thema theoretisch verortet wird, ist in einer Theorie-Thesis erforderlich, in der Berufspraxis nicht: Dort werden – zumindest in den allermeisten Fällen – Methoden einfach angewandt, während sich die Aufmerksamkeit auf die Erkenntnisse richtet. Wenn jemand einen Recherchebericht oder Trendletter für eine Designagentur verfassen muss, dann gelten andere Spielregeln. Soziologinnen geht dies übrigens ähnlich: Auch sie behandeln im Studium Theorien wie den Strukturfunktionalismus, den symbolischen Interaktionismus und die Systemtheorie, die sie später in der beruflichen Praxis oftmals nicht mehr brauchen, die aber deswegen nicht obsolet sind, zumal Bildung nicht einem Primat des Utilitarismus unterliegen soll. Die Lösung muss kontext- und fallspezifisch erarbeitet werden, worauf auch Emerson et al. hinweisen: „[…] there is no one ‚natural' or ‚correct' way to write about what one observes" (1995, S. 5). Grundsätzlich kann man festhalten, dass ein ethnografischer Bericht versucht, das „chaotisch-kontingent-komplexe Durcheinander der Alltagswelt in eine lineare Struktur" zu packen (Dellwing und Prus 2012, S. 166).

Transfer ins Design 9

Es versteht sich von selbst, dass Forschungen im Kontext von Design in eine Gestaltung führen, was Objekte, Modelle, Prototypen, Systeme, Prozesse, Games, Interfaces, Diskurse, Filme, Kommunikationen, Sensibilisierungen, Ereignisse, Zukunftsspekulationen etc. sein können. Dieser Prozess ist – zumindest in der Theorie – linear angelegt: Die ethnografische Untersuchung erfolgt zuerst, dann die Analyse und schließlich findet ein Transfer ins Design statt. Dieses Verfahren ist jedoch ein theoretisches Konstrukt, das in der Designpraxis – wie bereits erläutert – in iterativen Schlaufen verläuft. Gerade *Recherche durch Design* und *partizipative Ansätze* zeigen – etwa das von Sarah Pink vorgeschlagene Entwickeln eines gemeinsamen Kochrezeptes –, dass Transfers ins Design Teil der Forschung sind. Wenn also in diesem kurzen Schlusskapitel der Transfer ins Design behandelt wird, dann ist das gewissermaßen in idealtypischer Ansatz, der in der Praxis eher eine Seltenheit ist. Wie sehr sich Forschung und Gestaltung verquicken können, zeigt etwa der japanische Künstler Tatsuo Inagaki, der in iterativen Prozessen Interviews mit Menschen über ihre alltäglichen Lebenswelten durchführte und die Resultate als museale Inszenierungen darstellte. Diese macht er einer Öffentlichkeit zugänglich, mit der er einen Dialog führt. Als Folge führt er Workshops und Lesungen mit den Menschen in den lokalen Kontexten durch. Die Resultate fasst er in Dokumentationen zusammen (Inagaki 2010, S. 76 ff.). Inagaki wandte seine Methode in einem Viertel mit sozialen Problemen von Mexiko-Stadt und in Antalya in der Türkei durch – und er trägt so auch zur Sensibilisierung für gesellschaftliche Vielfalt und für marginalisierte Gruppen bei. Zugleich aber hat Tatsuo Inagaki einen sozialwissenschaftlichen Artikel zu diesem Thema verfasst, ohne den ich mit sehr hoher Wahrscheinlichkeit nichts von seinen Projekten wüsste und mich nun hier nicht darauf beziehen könnte. Das Verfahren ähnelt vom Prinzip her der iterativen „photo-elicitation", wird aber nicht nur aufs Bild reduziert, sondern führt in eine museale Inszenierung.

Meist besteht das Verfahren der Designethnografie darin, in zyklischen Schritten aus Beobachtung und Intervention Hypothesen zu entwickeln und diese laufend zu testen. Das Ziel besteht nicht darin, eine *große* Erkenntnis anzustreben, sondern eher einen reflektierten Recherche- und Gestaltungsprozess zu initiieren, in dem *kleine* Erkenntnisse gewonnen (Orlow 2014, S. 201), Theorien entwickelt, daraus Hypothesen artikuliert und in Gestaltung überführt werden. Hypothesen sind dabei als provisorische Annahmen zu verstehen, die aber nicht – wie in den positivistischen Wissenschaften – verifiziert oder falsifiziert werden, sondern die eher in Prototypen oder Entwürfen materialisiert werden, „die von den Endverbrauchern getestet werden" (Hasenhütl 2010, S. 105). Dies kann selbstverständlich in zahlreichen Schritten geschehen, dokumentiert und reflektiert werden – und so erkenntnisbringend sein. Man kann festhalten, dass diese Entwurfs- und Gestaltungstechniken nicht nur vorher generiertes Wissen objektivieren, sondern „dass das Entwerfen als Erkenntnisprozess gesehen werden muss, der Wissen hervorbringt" (Ammon und Froschauer 2013, S. 16).

Dabei sind Forschung genauso wie Gestaltung anfangs unscharf, Entscheidungen werden aufgrund der Basis unzureichender Informationen getroffen, die Referenzrahmen für Erfolgskriterien sind flexibel und die Möglichkeiten müssen als Variantenbildung aktiv erzeugt werden (Stephan 2010, S. 88 f.). So wird in einem iterativen Prozess Datenmaterial erzeugt, das oftmals gestalterisches Potenzial hat: Wenn zum Beispiel visuelles Datenmaterial – etwa durch partizipative Fotografie – ausgelegt und klassifiziert wird, haben die Kategorien bereits Gestaltungspotenzial. Ähnlich verhält es sich bei der Analyse von Texten: Wer mit In-vivo-Codes bzw. *native terms* operiert, realisiert, dass diese oftmals semantische Qualitäten haben. Die Begriffe können zum Beispiel dinghaft, sinnlich oder emotional konnotiert sein – und Hinweise über mögliche Gestaltungspotenziale geben. Hier ist jene Sensibilität und Intuition gefragt, die sich Designerinnen im Laufe der Zeit inkorporiert haben. Die Idee besteht ja auch nicht darin, dass die Designerin ihre designspezifische Brille durch eine soziologische ersetzen soll, im Gegenteil: Sie soll sie beibehalten, sie aber reflektieren und sich von kultursoziologischen und anthropologischen Methoden inspirieren lassen.

Epilog 10

In der Designethnografie werden Forschung, Interventionen und Design in iterativen Prozessen verschränkt (Otto und Smith 2013, S. 11) und die Praxis wird theoretisch und methodologisch reflektiert. Reflexion findet dann statt, wenn man etwas versprachlicht (Mead 1973, S. 174), was eine Form der Übersetzung ist. Weil die Sprache „typisiert" und „entpersönlicht" (Berger und Luckmann 2004, S. 41), geht bei dieser Übersetzung etwas verloren; nämlich das inkorporierte und ineffable Praxiswissen. Zugleich wird etwas gewonnen: nämlich intersubjektive Anschlussfähigkeit.

Ein eigenes Handeln in Sprache zu erfassen, impliziert diese für die Reflexion typische Distanzeinnahme. Reflexion bedeutet nichts anderes, als dass Distanz zum eigenen Handeln und zu den eigenen Praktiken eingenommen wird. Die Praktiken und Forschungsmethoden der Designethnografie sind variabel und vielfältig – und genau deshalb sollten sie artikuliert werden. Nur so kann eine Designforschung zu einer Disziplin werden, die auf andere Disziplinen einwirkt und sich in Dialog und Austausch mit ihnen begibt. Erst durch Artikulation und Explikation des Vorgehens können Methodologie und Methoden entwickelt werden, die bewusst angewendet, die verändert, erweitert, transzendiert, adaptiert werden können. Eine Methode – Glaser und Strauss haben hinsichtlich der Grounded Theory darauf hingewiesen (2008, S. 41) – ist nicht einfach gesetzt und abgeschlossen, sondern sie befindet sich in einem fortwährenden Prozess (Crabtree et al. 2012, S. 67; Salvador et al. 1999, S. 41). Sie wird praktiziert, reflektiert, diskutiert und erweitert. Designethnografie hat wegen der spielerischen und iterativen Zugänge, die der Designpraxis inhärent sind, ein hohes methodologisches Innovationspotenzial (Otto und Smith 2013,

S. 11 ff.), das auch für die Kulturanthropologie und -soziologie interessant und inspirierend ist. Im Grunde genommen ist (fast) alles möglich, aber gerade diese Kontingenz impliziert einen hohen Anspruch an die Intersubjektivität der Erkenntnisgenerierung, ansonsten droht Beliebigkeit und Belanglosigkeit.

Methodenreflexion im Kontext von Designethnografie bedeutet also reflektierte Praxis (Schön 1983). Dabei ändert sich die Rolle der Ethnografen: Während Ethnografen in der Kultursoziologie und -anthropologie zwar auch ein „merkwürdiges Doppelleben" (Maeder 2008, S. 251) führen – zwischen teilhabenden und körperlich präsenten Menschen und distanziertem Beobachter –, so ist die Situation im Design nochmals komplexer: Designerinnen teilen dieses Doppelleben, zugleich verändern sie das Geschehen im Feld, indem sie – mit Design – intervenieren. Wie in der klassischen Ethnografie untersuchen sie „natürliche" Situationen, zugleich verändern sie diese. Nicht nur die passive Beobachtung, sondern auch die aktive Handlung führt zu Erkenntnissen (Maturana und Varela 1987, S. 32). Dies impliziert, dass die Designerin schnell und situativ zwischen Rollen und Perspektiven wechselt: Sie wechselt situativ die Rollen zwischen Gestalterin und Forscherin, zwischen aktivem Intervenieren und passivem Beobachten. Das Potenzial der Designethnografie, die keine abgeschlossene Methode ist und auch keine sein kann, besteht aus schnellen Transfers von Bilder in Worte und von Worten in (entworfene) Artefakte, deren (beobachtete) Anwendung wiederum reflektiert und artikuliert wird. Es besteht im raschen und situativen Wechsel von Denkstilen und Perspektiven, aus ruhelosem Suchen nach phänomenologischen Kosmologien der Wirklichkeit und potenziellen Interventionen, die diese verändern.

Bibliografie

Adams, Romanzo 1937/1975: *Interracial Marriage in Hawaii*. New York: AMS Press Inc.
Adler, Patricia und Peter Adler 2012: Tales from the Field: Reflections on four Decades of Ethnography. *Qualitative Sociological Review*, Volume VIII, Issue I, S. 11-32, http://www.qualitativesociologyreview.org/ENG/Volume21/QSR_8_1_Adler_Adler.pdf (14. Januar 2017).
Ammon, Sabine und Eva Maria Froschauer 2013: Zur Einleitung: Wissenschaft Entwerfen. Perspektiven einer reflexiven Entwurfsforschung, in: Sabine Ammon und Eva Maria Froschauer (Hrsg.): *Wissenschaft Entwerfen. Vom forschenden Entwerfen zur Entwurfsforschung der Architektur*. München: Wilhelm Fink, S. 15–44.
Anderson, Nels 1998: *On Hobos and Homelessness (Heritage of Sociology)*. Chicago: University of Chicago Press.
Appadurai, Arjun 1986: *The Social Life of Things: Commodities in Cultural Perspective*. Cambridge: Cambridge University Press.
Arantes, Lydia Maria 2014: Kulturanthropologie und Wahrnehmung, in: Lydia Maria Arantes und Elisa Rieger (Hrsg.): *Ethnographien der Sinne. Wahrnehmung und Methode in empirisch kulturwissenschaftlichen Forschungen*. Bielefeld: Transcript. S. 23–38.
Arantes, Lydia Maria und Elisa Rieger 2014 (Hrsg.): *Ethnographien der Sinne. Wahrnehmung und Methode in empirisch kulturwissenschaftlichen Forschungen*. Bielefeld: Transcript.
Atteslander, Peter 2003: *Methoden der empirischen Sozialforschung*. Berlin, New York: Walter de Gruyter.
Balke, Friedrich, Maria Muhle und Antonia von Schöning (Hrgs.) 2009: *Die Wiederkehr der Dinge*. Berlin: Kadmos.
Ball, Mike und Greg Smith 2009: Technologies of Realism, in: Paul Atkinson, Amanda Coffey, Sara Delamont, John Lofland und Lyn Lofland: *Handbook of Ethnography*. Los Angeles, London, New Delhi, Singapore, Washington DC: SAGE, S. 302–319.

Bannon, Liam G. und Susanne Bødker 1991: Beyond the interface: encountering artifacts in use, in: John M. Carroll (Hrsg.): *Designing Interaction: Psychology at the Human-Computer Interface*. New York: Cambridge University Press, S. 227–253.

Barley, Nigel 2008: *Traumatische Tropen. Notizen aus meiner Lehmhütte*. München: DTV.

Barthes, Roland 1988: *Semantik des Objekts*, in: ders.: Das semiologische Abenteuer. Frankfurt a. M.: Suhrkamp, S. 187–198.

Barthes, Roland 1989: *Sade, Fourier, Loyola*. Berkeley and Los Angeles: University of California Press.

Bartoszko, Aleksandra, Anne Birgitte Leseth und Marcin Ponomarew 2010: *Public Space, Information Accessibility, Technology and Technology and Diversity at Oslo University College*. Oslo: University. https://anthrocomics.wordpress.com (13. Januar 2017).

Bateson, Gregory und Margaret Mead 1942: *Balinese Character*. New York: New York Academy of Sciences.

Battûta, Ibn 2010: *Die Wunder des Morgenlandes. Reisen durch Afrika und Asien*. München: C. H. Beck.

Bauman, Zygmunt 2007: *Leben als Konsum*. Hamburg: HIS Verlagsgesellschaft, S. 39–50.

Baumann, Martin 2006: Migration – Gemeinschaftsbildung – religiöser Pluralismus, in: Reinhard Hempelmann (Hrsg.): *Leben zwischen den Welten. Migrationsgemeinschaften in Europa*. EZW-Texte 187. S. 13–25.

Baur, Nina und Patrick Budenz 2017: Fotografisches Handeln. Subjektive Überformung von fotografischen Repräsentationen von Wirklichkeit, in: Thomas S. Eberle (Hrsg.): *Fotografie und Gesellschaft. Phänomenologische und wissenssoziologische Perspektiven*. Bielefeld: Transcript, S. 73–96.

Becker, Howard S. 1995: *Visual Sociology, Documentary Photography, and Photojournalism: It's (Almost) All a Matter of Context*. Visual Sociology 10 (1–2), S. 5–14.

Bell, Genevieve, Mark Blythe und Phoebe Sengers 2006: Making by making strange, *ACM ToCHI*, Vol. 12 (2), S. 149–173.

Bentley, Margaret E., Gretel H. Pelto, Walter L. Strauss, Debra A. Schumann, Catherine Abegbola, Emanuela de la Pena, Gbolahan A. Oni, Kenneth H. Brown und Sandra L. Huffman 1988: Rapid Ethnography Assessment: Application in a Diarrhea Management Program. *Social Science and Medicine* 27 (1), S. 107–116.

Berger, John 1996: *Sehen. Das Bild der Welt in der Bildwelt*. Hamburg: Rowohlt.

Berger, Peter L. 1977: *Einladung zur Soziologie*. München: DTV.

Berger, Peter 1982: *Einladung zur Soziologie. Eine humanistische Perspektive*. München: Deutscher Taschenbuch Verlag.

Berger, Peter 1992: *Der Zwang zur Häresie. Religion in der pluralistischen Gesellschaft*. Freiburg im Breisgau: Herder.

Berger, Peter L. und Thomas Luckmann 2004: *Die gesellschaftliche Konstruktion der Wirklichkeit. Eine Theorie der Wissenssoziologie*. Frankfurt a. M.: Fischer.

Bernardo, Domingos João Pedro 2016: Selbstportrait, in: Francis Müller: *Mit Behinderung in Angola leben. Eine ethnografische Spurensuche in einer von Tretminen verletzten Gesellschaft*. Bielefeld: Transcript, S. 1–32.

Bhabha, Homi K. 2012: *Über kulturelle Hybridität. Übertragung und Übersetzung*. Wien: Turia + Kant.

Bippus, Elke 2015: Künstlerische Forschung, in: Jens Badura, Selma Dubach, Anke Haarmann, Dieter Mersch, Anton Rey, Christoph Schenker und German Toro Pérez (Hrsg.): *Künstlerische Forschung. Ein Handbuch.* Zürich: Diaphanes, S. 65–68.

Bjerknes, Gro, Pelle Ehn und Morten Kyng 1987: *Computers and Democracy: A Scandinavian Challenge.* Aldershot, England: Avebury.

Blissett Luther und Sonja Brünzels 2012: *Handbuch der Kommunikationsguerilla.* Berlin und Hamburg: Assoziation A.

Blomberg, Jeanette, Jean Giacomi, Andrea Mosher und Pat Swenton-Wall 1993: Ethnographic Field Methods and Their Relation to Design, in: Douglas Schuler und Aki Namioka: *Participatory Design: Principles and Practices.* Hillsdale, New Jersey: Lawrence Erlbaum.

Blomberg, Jeanette und Helena Karasti 2013: Ethnography. Positioning ethnography within Participatory Design, in: Jesper Simonsen und Toni Robertson: *International Handbook of Participatory Design.* New York und London: Routledge, S. 86–116.

Blumer, Herbert 1973: Der methodologische Standort des Symbolischen Interaktionismus, in: Arbeitsgruppe Bielefelder Soziologen (Hrsg.): *Alltagswissen, Interaktion und gesellschaftliche Wirklichkeit 1: Symbolischer Interaktionismus und Ethnomethodologie.* Reinbek bei Hamburg: Rowohlt, S. 80–146.

Blumer, Herbert 2004: George Herbert Mead and Human Conduct. Walnut Creek CA/USA: Altamira Press.

Bly, Nellie 2011: *Zehn Tage im Irrenhaus. Undercover in der Psychiatrie.* Berlin: Aviva.

Boellstorff, Tom, Bonnie Nardie, Celia Pearce und T. L. Taylor 2012: *Ethnography and virtual Worlds. A Handbook of Method.* Princeton/Oxford: Princeton University Press.

Bogner, Alexander, Beate Littig und Wolfgang Menz 2014: *Interviews mit Experten. Eine praxisorientierte Einführung.* Wiesbaden: VS Verlag für Sozialwissenschaften.

Böhm, Andreas 2008: Theoretisches Codieren: Textanalyse in der Grounded Theory, in: Uwe Flick, Ernst von Kardorff und Ines Steinke (Hrsg.): *Qualitative Forschung. Ein Handbuch.* Reinbek bei Hamburg: Rowohlt, S. 475–485.

Böhme, Hartmut 2012: *Fetischismus und Kultur. Eine andere Theorie der Moderne.* Reinbek bei Hamburg.

Bohn, Cornelia und Alois Hahn 1999: Selbstbeschreibung und Selbstthematisierung. Facetten der Identität in der modernen Gesellschaft, in: Herbert Willems und Alois Hahn (Hrsg.): *Identität und Moderne.* Frankfurt a. M.: Suhrkamp, S. 33–61.

Boehm, Gottfried 1994: Jenseits der Sprache? Anmerkungen zur Logik der Bilder, in: Christa Maar und Hubert Burda (Hrsg.): *Iconic Turn. Die neue Macht der Bilder.* Köln: Dumont, S. 28–43.

Bourdieu, Pierre 1993: *Sozialer Sinn: Kritik der theoretischen Vernunft.* Frankfurt a. M.: Suhrkamp.

Bourdieu, Pierre 1987: *Die feinen Unterschiede. Kritik der gesellschaftlichen Urteilskraft.* Frankfurt a. M.: Suhrkamp.

Bourdieu, Pierre 2005: Ökonomisches Kapital – kulturelles Kapital – soziales Kapital, in (ders.): *Die verborgenen Mechanismen zur Macht. Schriften zu Politik & Kultur 1,* Hamburg: VSA Verlag, S. 49–79.

Bourdieu, Pierre 2009: Das Haus und die verkehrte Welt, in: ders: *Entwurf einer Theorie der Praxis auf der ethnologischen Grundlage der kabylischen Gesellschaft.* Frankfurt a. M.: Suhrkamp, S. 48–65.

Brake, Anna 2009: Photobasierte Befragung, in: Stefan Kühl, Petra Strodtholz und Andreas Taffertshofer (Hrsg.): *Handbuch Methoden der Organisationsforschung. Quantitative und qualitative Methoden*. Wiesbaden: VS Verlag für Sozialwissenschaften, S. 369–388.

Brandes, Uta und Michael Erlhoff 2006: *Non Intentional Design*. Köln: Daab.

Brandes, Uta, Michael Erlhoff und Nadine Schemmann 2009: *Designtheorie und Designforschung*. Paderborn: Fink.

Bratteteig, Tone, Keld Bødker, Yvonne Dittrich, Preben Holst Morgensen und Jesper Simonsen 2013: Methods. Organising principles and general guidelines for Participatory Design projects, in: Jesper Simonsen und Toni Robertson: *International Handbook of Participatory Design*. New York und London: Routledge, S. 117–144.

Breuer, Franz 2010: *Reflexive Grounded Theory. Eine Einführung in die Forschungspraxis*. Wiesbaden: VS Verlag.

Brock, Bazon 1977: Objektwelt und die Möglichkeit des subjektiven Lebens – Begriff und Konzept des Sozio-Designs, in: ders.: *Ästhetik als Vermittlung. Autobiografie eines Generalisten*. Köln: Dumont, S. 446–449.

Bronfen, Elisabeth 2009: Die hysterische Geste der Portraitfotografie, in: dies.: *Crossmappings. Essays zur visuellen Kultur*. Zürich: Scheidegger & Spiess, S. 235–265.

Bruckner, Pascal und Alain Finkielkraut 1981: *Das Abenteuer gleich um die Ecke*. München Wien: Hanser.

Bryant, Antony und Kathy Charmaz 2007: Grounded Theory in Historical Perspective: An Epistemological Account, in: dies.: *Handbook of Grounded Theory*. Los Angeles, London, New Delhi, Singapore, Washington DC, S. 31–57.

Buchard, Emmanuelle 2014: Autoritätsausübungen: Figuren und Mechanismen, in: Jörg Stolz, Olivier Favre, Caroline Gachet und Emmanuelle Buchard: *Phänomen Freikirchen. Analysen eines wettbewerbsstarken Milieus*. Zürich: Pano Verlag, S. 139–165.

Buckley, Anthony D. und Mary Catherine Kenney 1995: *Negotiating Identity: Rhetoric, Metaphor, and Social Drama in Northern Ireland*. Washington DF: Smithsonian Institution Press.

Buurman, Gerhard: *Erklärende Hypothesen*. Antrittsvorlesung an der Zürcher Hochschule der Künste, 22. November 2011. https://www.zhdk.ch/index.php?id=28752 (12. August 2016).

Byrne, Bridget 2012: Qualitative Interviewing, in: Clive Seale: *Researching Society and Culture*. Los Angeles, London, New Delhi, Singapore, Washington DC: Sage, S. 206–226.

Campbell, Colin 1998: Consumption and the Rhetorics of Need and Want. *Journal of Design History* 11, S. 235–246.

Casanova, José 2004: Religionen zwischen Säkularisierung und Entprivatisierung, in: Karl Gabriel und Hans-Richard: *Religion und Gesellschaft*. Paderborn: Schöningh, S. 269–293.

Castillo-Burguete, Maria Teresa, Maria Dolores Viga de Alva und Federico Dickinson 2009: Changing the Culture of Dependency to Allow a Successful Outcomes in Participatory Research: Fourteen Years of Experience in Yucatan, Mexico, in: Peter Reason und Hilary Bradbury (Hrsg.): *Handbook of Action Research: Participative Inquiry and Practice*. London: SAGE, S. 522–533.

Charmaz, Kathy 2014: *Constructing Grounded Theory*. London, Thousand Oaks (CA), New Delhi, Singapore: Sage.

Charmaz, Kathy and Richard G. Mitchell 2009: Grounded Theory in Ethnography, in: Paul Atkinson, Amanda Coffey, Sara Delamont, John Lofland und Lyn Lofland: *Handbook of Ethnography*. Los Angeles, London, New Delhi, Singapore, Washington DC: SAGE, S. 160–174.
Christmann, Gabriela 2007: *Robert E. Park*. Konstanz: UVK Verlagsgesellschaft.
Cisneros Puebla, César 2011: *Análisis Cualitativo Asistido por Computadora. Teoría e Investigación*. México: UAMI/MA Porrúa.
Cisneros Puebla, César A. 2016: *Sometimes It Is Only Madness That Makes Us What We Are*. International Review of Qualitative Research, Vol. 9, N° 2, S. 173–177.
Clarke, Alison J. 2016: The New Ethnographers 1968–1974: Towards a Critical Historiography of Design Anthropology, in: Rachel Charlotte Smith, Kasper Tang Vangkilde, Mette Gislev Kjærsgaard, Ton Otto, Joachim Halse und Thomas Binder: *Design Anthropological Futures*. London, Oxford, New York, New Delhi und Sydney: Bloomsbury, S. 71–85.
Classen, Constance 2005 (Hrsg.): *The Book of Touch*. Oxford: Berg Publishing.
Clifford, James und George E. Marcus (Hrsg.) 1986: *Writing Culture. The Poetics and Politics of Ethnography*. Berkeley und Los Angeles: University of California Press.
Clifford, James 1986: Introduction: Partial Truths, in: James Clifford und George E. Marcus (Hrsg.): *Writing Culture. The Poetics and Politics of Ethnography*. Berkeley und Los Angeles: University of California Press, S. 1–26.
Coffey, Amanda 1999: The Ethnographic Self: fieldwork and the representation of identity. London, Thousand Oaks (CA), New Delhi: Sage.
Collier, John 1957: Photography in Anthropology: a report on two experiments. *American Anthropologist* 59, S. 843–859.
Collier, John 1967: *Visual Anthropology: Photography as a Research Method*. New York, Chicago, San Francisco, Atlanta, Dallas, Montreal, Toronto, London: Holt, Rinehard and Winston.
Collins, Randal 2005: *Interaction Ritual Chains*. Princeton: University Press.
Comte, Auguste 1994: *Rede über den Geist des Positivismus*. Hamburg: Felix Meiner.
Cooley, Charles Horton 1909: *Social Organization: A Study of the Larger Mind*. New York: Shocken.
Cooley, Charles Horton 1922: *Human Nature and the Social Order: A Study of the Larger Mind*. New York: Shocken.
Cowan, Douglas E. und Jeffrey K. Hadden 2004: Virtually Religious: The New Religious Movements and the World Wide Web, in: James R. Lewis (Hrsg.): *The Oxford Handbook of New Religious Movements*. New York: University Press, S. 119–140.
Crabtree, Andy, Rom Rodden, Peter Tolmie und Graham Button 2009: Ethnography Considered Harful. CHI 2009 – *The Status of Ethnogrcphy in System Design*, 7. April 2009, Boston/MA, S. 879–888.
Crabtree, Andrew, Mark Roucefield und Peter Tolmie 2012: *Doing Design Ethnography*. London: Springer (Science+Business Media).
Craig, Stephen 2015: Entwerfen/Entwurf, in: Jens Badura, Selma Dubach, Anke Haarmann, Dieter Mersch, Anton Rey, Christoph Schenker und German Toro Pérez (Hrsg.): *Künstlerische Forschung. Ein Handbuch*. Zürich: Diaphanes, S. 131–133.
Cramme, Stefan und Christian Ritzi 2006: Literatur ermitteln, lesen und festhalten, in: Norbert Franck und Joachim Stary: *Die Technik wissenschaftlichen Arbeitens*. Paderborn, München, Wien, Zürich: Ferdinand Schöningh.

Cranz, Galen 2016: *Ethngraphy for Designers*. London, New York: Routledge.

Cross, Nigel: *Design Research. A Disciplined Conversation*. Design Issues, Volume 15, Number 2, Summer 1999, http://www.ida.liu.se/~steho87/desres/cross.pdf (10. August 2016).

Cross, Nigel 2007a: *Designerly Ways of Knowing*. Basel, Boston, Berlin: Birkhäuser.

Cross, Nigel 2007b: From a Design Science to a Design Discipline: Understanding Designerly Ways of Knowing and Thinking, in: Ralf Michel (Hrsg.): *Design Research Now*. Basel: Birkhauser, S. 41–54.

Cushing, Frank Hamilton 1988: *The mythic world of the Zuni*. Albuquerque: University of New Mexico Press.

Deegan, Mary Jo 2001/2009: The Chicago School of Ethnography, in: Paul Atkinson, Amanda Coffey, Sara Delamont, John Lofland und Lyn Lofland: *Handbook of Ethnography*. Los Angeles/London/New Delhi/Singapore/Washington DC: SAGE, S. 11–25.

DeLaure, Marilyn und Moritz Fink 2017: *Culture Jamming: Activism and the Art of Cultural Resistance*. New York: NYU Press.

Dellwing, Michael und Robert Prus 2012: *Einführung in die interaktionistische Ethnografie. Soziologie im Außendienst*. Wiesbaden: VS Verlag für Sozialwissenschaften.

Denzin, Norman K. 1989: *Interpretative Biography*. Newbury Park/CA, London, New Delhi: SAGE.

Denzin, Norman K. 2014: *Interpretative Autoethnography*. Los Angeles, London, New Delhi, Singapore, Washington DC: SAGE.

Deterding, Sebastian 2008: Virtual Communities, in: *Posttraditionale Gemeinschaften. Theoretische und ethnographische Erkundungen*, Wiesbaden: VS Verlag für Sozialwissenschaften, S. 115–131.

Dewey, John 1988: *Kunst als Erfahrung*. Frankfurt a. M.: Suhrkamp.

Dewey, John 2001: *Die Suche nach Gewissheit*. Frankfurt a. M.: Suhrkamp.

De Saussure, Ferdinand 2001: *Grundfragen der allgemeinen Sprachwissenschaft*. Berlin/New York: Walter de Gruyter.

Dombois, Florian 2012: Was man nicht aufschreiben kann. Reflektionen vom Wechselverhältnis von Kunst und Forschung, in: Stefan Füssel (Hrsg.): *Medienkonvergenz – Transdisziplinär*. Berlin, Boston: Walter de Gruyter, S. 149–159.

Donovan, Frances R. 1927/1988: *The Saleslady*. Illinois: University of Illinois.

Douglas, Mary 1985: *Reinheit und Gefährdung. Eine Studie zu Vorstellung von Verunreinigung und Tabu*. Berlin: Dietrich Reimer.

Douglas, Mary 2004: *Ritual, Tabu und Körpersymbolik. Sozialanthropologische Studien in Industriegesellschaft und Stammeskultur*. Frankfurt a. M.: S. Fischer.

Douglas, Mary 2011: *In the Active Voice*. London, Boston und Henley: Routledge & Kegan Paul.

Douglas, Mary und Baron Isherwood 1978: *The World of Goods. Towards an Anthropology of Consumption*. New York: Penguin Books.

Durkheim, Emile 1992: *Über soziale Arbeitsteilung. Studie über die Organisation höherer Gesellschaften*. Frankfurt a. M.: Suhrkamp.

Durkheim, Emile 1994: *Die elementaren Formen des religiösen Lebens*. Frankfurt a. M.: Suhrkamp.

Eberle, Thomas S. 2011: Abduktion in phänomenologischer Perspektive, in: Norbert Schröer und Oliver Bidlo (Hrsg.): *Die Entdeckung des Neuen. Qualitative Sozialforschung*

als Hermeneutische Wissenssoziologie. Wiesbaden: VS Verlag für Sozialwissenschaften, S. 21–44.
Eberle, Thomas S. 2017a: Fotografie und Gesellschaft. Theoretische Rahmung, in: Thomas S. Eberle (Hrsg.): *Fotografie und Gesellschaft. Phänomenologische und wissenssoziologische Perspektiven*. Bielefeld: Transcript, S. 11–70.
Eberle, Thomas 2017b: Der Akt des Fotografierens. Eine phänomenologische und autoethnografische Analyse, in: Thomas S. Eberle (Hrsg.): *Fotografie und Gesellschaft. Phänomenologische und wissenssoziologische Perspektiven*. Bielefeld: Transcript, S. 97–116.
Eco, Umberto 1990: *Travels in Hyperreality*. Florida: Harcourt Brace Company.
Eco, Umberto 2007: *Wie man eine wissenschaftliche Abschlussarbeit schreibt*. Heidelberg, München, Landsberg, Berlin: C. F. Müller.
Eisewicht, Paul und Tilo Grenz 2017: Zur Veralltäglichung interpretativer Konservierung, in: Thomas S. Eberle (Hrsg.): *Fotografie und Gesellschaft. Phänomenologische und wissenssoziologische Perspektiven*. Bielefeld: Transcript, S. 117–132.
Emerson, Robert M, Rachel I. Fretz und Linda L. Shaw 1995: *Writing Ethnographic Fieldnotes*. Chicago: University of Chicago Press.
Erlhoff, Michael 2010: Aspekte der Designwissenschaft, in: Felicidad Romero-Tejedor und Wolfgang Jonas (Hrsg.): *Positionen zur Designwissenschaft*. Kassel: University Press, S. 37–41.
Favre, Olivier und Jörg Stolz 2007: Die Evangelikalen. Überzeugte Christen in einer zunehmend säkularen Welt, in: Martin Baumann und Jörg Stolz: *Eine Schweiz – viele Religionen. Risiken und Chancen des Zusammenlebens*. Bielefeld: Transcript, S. 128–144.
Feyerabend, Paul 1976: *Wider den Methodenzwang. Skizzen einer anarchistischen Erkenntnistheorie*. Frankfurt a. M.: Suhrkamp.
Feyerabend, Paul 1984: *Wissenschaft als Kunst*. Frankfurt a. M.: Suhrkamp.
Findeli, Alain 2004: Die projektgeleitete Forschung. Eine Methode der Designforschung. *Swiss Design Network Symposium*. HGK Basel, S. 41–51. http://swissdesignnetwork.ch/src/publication/erstesdesignforschungssymposium-2004/ErstesDesignForschungssymposium_2004.pdf (11. Mai 2017)
Fischer, Joachim 2012: Interphänomenalität. Zur Anthropo-Soziologie des Designs, in: Stephan Moebius und Sophia Prinz: *Das Design der Gesellschaft. Zur Kultursoziologie des Designs*. Bielefeld: Transcript, S. 91–107.
Fleck, Ludwig 1980: *Entstehung und Entwicklung einer wissenschaftlichen Tatsache: Einführung in die Lehre vom Denkstil und Denkkollektiv*. Frankfurt a. M.: Suhrkamp.
Fleck, Ludwig 1983a: Zur Krise der „Wirklichkeit", in: Ludwig Fleck: *Erfahrung und Tatsache: Gesammelte Aufsätze. Mit einer Einleitung von Lothar Schäfer und Thomas Schnelle*. Frankfurt a. M.: Suhrkamp, S. 46–58.
Fleck, Ludwig 1983b: Schauen, sehen, wissen, in: Ludwig Fleck: *Erfahrung und Tatsache: Gesammelte Aufsätze. Gesammelte Aufsätze. Mit einer Einleitung von Lothar Schäfer und Thomas Schnelle*. Frankfurt a. M.: Suhrkamp, S. 147–174.
Flood, Catherine and Gavin Grindon 2014: *Disobedient Objects*. London: Victoria & Albert Museum.
Flusser, Villém 1997: *Gesten. Versuch einer Phänomenologie*. Frankfurt a. M.: Fischer.
Frahm, Ole 2015: Intervenieren, in: Jens Badura, Selma Dubach, Anke Haarmann, Dieter Mersch, Anton Rey, Christoph Schenker und German Toro Pérez (Hrsg.): *Künstlerische Forschung. Ein Handbuch*. Zürich, Berlin: Diaphanes, S. 165–168.

Frake, Charles O. 1973: Die ethnografische Erforschung kognitiver Systeme, in: Arbeitsgruppe Bielefelder Soziologen (Hrsg.): *Alltagswissen, Interaktion und gesellschaftliche Wirklichkeit 2, Ethnotheorie und Ethnographie des Sprechens*. Reinbek bei Hamburg: Rowohlt, S. 323–337.

Frankel, Lois und Marin Racine 2010: *The Complex Field of Research: for Design, through Design, and about Design*. Proceedings of DRS2010 (Design Research Society). Montreal, Canada. http://www.drs2010.umontreal.ca/data/PDF/043.pdf (2. Oktober 2016).

Frayling, Christopher: *Research in Art and Design*, Volume 1, Number 1 1993, London: Royal College of Art Research Paper, 1–5.

Frens, Joep 2007: Research through Design: A Camera Case Study, in: Ralf Michel (Hrsg.): *Design Research Now*. Basel: Birkhauser, S. 135–145.

Freyermuth, Gundolf S. 2012: Die Rückkehr zur Tafel. *Swissfuture: Medien*, 2, S. 3–8.

Froschauer, Ulrike 2009: Artefaktanalyse, in: Stefan Kühl, Petra Strodtholz und Andreas Taffertshofer (Hrsg.): *Handbuch Methoden der Organisationsforschung. Quantitative und qualitative Methoden*. Wiesbaden: VS Verlag für Sozialwissenschaften, S. 326–347.

Fulton Suri, Jane 2011: Poetic Observation: What Designers make of What They See, in: Alison J. Clarke (Hrsg.): *Design Anthropology. Object Culture in the 21st Century*. Wien, New York: Springer, S. 16–32.

Garfinkel, Harold 1967: *Studies in Ethnomethodology*, Polity Press: Cambridge UK.

Garfinkel, Harold 2014: *Ethnomethodological Studies of Work*. London, New York: Routledge.

Garfinkel, Harold und Harvey Sacks 2004: Über formale Strukturen praktischer Handlungen, in: Jörg Strübing und Bernt Schnettler (Hrsg.): *Methodologie interpretativer Sozialforschung. Klassische Grundlagentexte*. Konstanz: UVK, S. 389–426.

Gatt, Caroline und Tim Ingold 2013: From Description to Correspondence: Anthropology in Real Time, in: *Design Anthropology. Theory and Practice*. London/New Delhi/New York/Sydney: Bloomsbury, S. 139–159.

Gaver, Bill, Tony Dune und Elena Pacenti: Cultural Probes. *interactions*, 6/1, January+February 1999, S. 21–29.

Gaver, William G., Andrew Boucher, Sarah Penington und Brandan Walker 2004: Cultural probes and the value of uncertainty, in: *interactions*, 11/5, September + October 2004, S. 53–56.

Ge, Zhang ‚Dino' 2017: Armchair Anthropology, in: Sarah Pink (Hrsg.): *The Future of Digital Ethnography*, Melbourne: RMIT University, S. 18–19. http://digital-ethnography.com/wp-content/uploads/2017/07/derc_phd_ebooklet.pdf (20. Juli 2017).

Geertz, Clifford 1987: *Dichte Beschreibung. Beiträge zum Verstehen kultureller Systeme*. Frankfurt a. M.: Suhrkamp.

Geertz, Clifford 1999: „From the Native's Point of View": On the Nature of Anthropological Understanding, in: Russell T. McCutcheon: *The Insider/Outsider Problem in the Study of Religion*. London and New York: Cassell, S. 50–63.

Geertz, Clifford 1993: *Die künstlichen Wilden. Der Anthropologe als Schriftsteller*. Frankfurt a. M.: Fischer Wissenschaft.

Geimer, Alexander 2011: Performance Ethnography und Autoethnography. Trend, Turn oder Schisma in der qualitativen Forschung? *Zeitschrift für qualitative Forschung* 12(2), S. 299–320.

Gergen, Kenneth J. und Mary M. Gergen 2008: Social Construction and Research as Action, in: Peter Reason und Hilary Bradbury (Hrsg.): *Handbook of Action Research: Participative Inquiry and Practice*. London: SAGE, S. 159–171.

Geurts, Kathryn L. 2002: *On Rocks, Walks, and Talks in West African Culture. Cultural Categories and Anthropology of the Senses*. *Ethos* 30(3), S. 178–198.

Giaccardi, Elisa, Chris Speed, Nazli Cila und Melissa L. Caldwell 2016: Things as Co-Ethnographers: Implications of a Thing Perspective for Design and Anthropology, in: Rachel Charlotte Smith, Kasper Tang Vangkilde, Mette Gislev Kjærsgaard, Ton Otto, Joachim Halse und Thomas Binder: *Design Anthropological Futures*. London, Oxford, New York, New Delhi und Sydney: Bloomsbury, S. 235–248.

Girtler, Roland 1996: Gespräche bei Stadtstreichern und die Tradition der Gaunersprache, in: Hubert Knoblauch (Hrsg.): *Kommunikative Lebenswelten. Zur Ethnographie einer geschwätzigen Gesellschaft*. Konstanz: UVK.

Girtler, Roland 2001: *Methoden der Feldforschung*. Wien, Köln, Weimar: Böhlau.

Girtler, Roland 2004: *Der Strich. Soziologie eines Milieus*. Wien: Lit.

Girtler, Roland 2008: *„Herrschaften wünschen zu zahlen". Die bunte Welt der Kellnerinnen und Kellner*. Wien, Köln, Weimar: Böhlau.

Girtler, Roland 2010: *„Holt's den Viechdoktor!" Die abenteuerliche Welt der Landtierärzte*. Wien, Köln, Weimar: Böhlau.

Glaser, Barney G. 1992: *Emerging vs. Forcing. Basics of Grounded Theory*. Mill Valley/ CA: Sociology Press.

Glaser, Barney G. und Anselm L. Strauss 2008: *Grounded Theory. Strategien qualitativer Forschung*. Bern: Huber.

Godelier, Maurice 1999: *Das Rätsel der Gabe: Geld, Geschenke, heilige Objekte*. München: C. H. Beck.

Goffman, Erving 1961: On the Characteristics of Total Institutions: The Inmate World, in: Donald R. Cressey (Hrsg.): *The Prison. Studies in Institutional Organization and Change*. New York: Holt, Rinehart und Winston, S. 15–67.

Goffman, Erving 1974/1982: *Das Individuum im öffentlichen Austausch. Mikrostudien zur öffentlichen Ordnung*. Frankfurt a. M.: Suhrkamp.

Goffman, Erving 1977/1980: *Rahmen-Analyse. Ein Versuch über die Organisation von Alltagserfahrungen*. Frankfurt a. M.: Suhrkamp.

Goffman, Erving 1971/1986: *Interaktionsrituale. Über das Verhalten in direkter Kommunikation*. Frankfurt a. M.: Suhrkamp.

Goffman, Erving 1996: Über Feldforschung, in: Hubert Knoblauch (Hrsg.): *Kommunikative Lebenswelten. Zur Ethnographie einer geschwätzigen Gesellschaft*. Konstanz: UVK, S. 261–269.

Goffman, Erving 1983/2008: *Wir alle spielen Theater. Die Selbstdarstellung im Alltag*. München: Piper.

Gogus, Aytac 2013, in: Mark A. Runco und Garrett Jaeger: *Encyclopedia of Creativity, Invention, Innovation and Entrepreneurship*, New York: Springer, S. 138–142.

Gooren, Henri 2010: Conversion Narratives, in: Allan Anderson, Michael Bergunder, André Droogers und Cornelis van der Laan: *Studying Global Pentecostalism*. Berkeley/Los Angeles/New York: University of California Press, S. 93–112.

Gould, John D. und Clayton Lewis: Designing for usability: key principles and what designers thank. *Communications of the ACM*, 28, Ausgabe 3, März 1985, S. 300–311.

Götz, Matthias 2010: Design als Abenteuer, in: Felicidad Romero-Tejedor und Wolfgang Jonas (Hrsg.): *Positionen zur Designwissenschaft*. Kassel: University Press, S. 53–57.

Gregoris, Naomi: „Balsam" für die Augen: Ein Onlinemagazin erzählt Basel neu, in: *Tageswoche* vom 6. Oktober 2016, https://tageswoche.ch/kultur/balsam-fuer-die-augen-ein-onlinemagazin-erzaehlt-basel-neu/ (Zugriff: 26. September 2017).

Gregory, Sydney A. (Hrsg.) 1966a: *The Design Method*. London: Butterworth.

Gregory, Sydney A. 1966b: ‚Design Science', in: Sydney A. Gregory (Hrsg.): *The Design Method*. London: Butterworth, S. 323–330.

Greif, Irene (Hrsg.) 1988: *Computer-supported cooperative work: A book of readings*. San Mateo, CA: Morgan Kaufmann.

Gropius, Walter 1996: Grundsätze der Bauhausproduktion, in: Achim Preiss und Klaus-Jürgen Winkler: *Weimarer Konzepte. Die Kunst- und Bauhochschule 1860–1995*. Weimar: Verlag und Datenbank für Geisteswissenschaften, S. 149–151.

Gunn, Wendy, Ton Otto und Rachel Charlotte Smith (Hrsg.) 2013: *Design Anthropology. Theory and Practice*. London/New Delhi/New York/Sydney: Bloomsbury.

Habermas, Tillmann 1999: *Geliebte Objekte: Symbole und Instrumente der Identitätsbildung*. Frankfurt a. M.: Suhrkamp.

Hahn, Alois 1982: Zur Soziologie der Beichte und anderer Formen institutionalisierter Bekenntnisse: Selbstthematisierung und Zivilisationsprozess, in: *Kölner Zeitschrift für Soziologie und Sozialpsychologie* 34/1982, S. 407–434.

Hahn, Alois 1995: Identität und Biografie, in: Monika Wohlrab-Sahr (Hrsg.): *Biographie und Religion*. Frankfurt a. M.: Campus, S. 127–151.

Hahn, Barbara und Christine Zimmermann 2010: Visueller Atlas des Spitalalltags – Visualisierungen organisatorischer und kommunikativer Abläufe im Patientenprozess, in: Claudia Mareis, Gesche Joost und Kora Kimpel (Hrsg.): *Entwerfen – Wissen – Produzieren. Designforschung im Anwendungskontext*. Bielefeld: Transcript, S. 271–291.

Hahn, Hans Peter 2014: *Materielle Kultur. Eine Einführung*. Berlin: Dietrich Reimer.

Hahn, Hans Peter (Hrsg.) 2015: *Vom Eigensinn der Dinge: Für eine neue Perspektive auf die Welt des Materiellen*. Berlin: Neofelis Verlag.

Hakim, Catherine 2011: *Erotisches Kapital: Das Geheimnis erfolgreicher Menschen*. Frankfurt a. M., New York: Campus.

Hall, Stuart 1994: *Rassismus und kulturelle Identität*. Ausgewählte Schriften 2. Hamburg: Argument Verlag.

Haller, Michael 1997: *Die Reportage. Ein Handbuch für Journalisten*. Konstanz: UVK Medien.

Haller, Michael 2001: *Das Interview. Ein Handbuch für Journalisten*. Konstanz. UVK Medien.

Halse, Joachim 2013: Ethnographies of the Possible, in: Wendy, Gunn, Ton Otto und Rachel Charlotte Smith (Hrsg.) 2013: *Design Anthropology. Theory and Practice*. London/New Delhi/New York/Sydney: Bloomsbury, S. 180–196.

Halse Joachim und Laura Boffi 2016: Design Interventions as a Form of Inquiry, in: Rachel Charlotte Smith, Kasper Tang Vangkilde, Mette Gislev Kjærsgaard, Ton Otto, Joachim Halse und Thomas Binder: *Design Anthropological Futures*. London, Oxford, New York, New Delhi und Sydney: Bloomsbury, S. 89–103.

Haraway, Donna 1995: Situiertes Wissen. Die Wissensfrage im Feminismus und das Privileg einer partialen Perspektive, in: dies.: *Die Neuerfindung der Natur. Primaten, Cyborgs und Frauen.* Frankfurt a. M.: Campus, S. 73–97.
Harper, Douglas 2002: ‚*Talking about pictures: a case for photo-elicitation*'. Visual Studies 17 (1): 13–26.
Harper, Douglas 2012: *Visual Sociology.* New York und London: Routledge.
Hasenhütl, Gert 2010: Hypothesen beim Entwerfen, in: Claudia Mareis, Gesche Joost und Kora Kimpel (Hrsg.): *Entwerfen – Wissen – Produzieren. Designforschung im Anwendungskontext.* Bielefeld: Transcript, S. 101–119.
Heather, Horst 2016: Mobile intimicies: Everyday design and the aesthetics of mobile phones, in: Sarah Pink, Elisenda Elisenda Ardèvol und Débora Lanzeni (Hrsg.): *Digital Materialities. Design and Anthropology.* London, New York: Bloomsbury, S. 159–174.
Heidegger, Martin 1997: Gesamtausgabe. 1. Abteilung: Veröffentlichte Schriften 1910–1976, Band 10: *Der Satz vom Grund,* Frankfurt a. M.: Vittorio Klostermann.
Heider, Karl G. 1988: The Rashomon-Effect: When Ethnographers Disagree. *American Anthropologist New Series* 90/1, S. 73–81. http://polaris.gseis.ucla.edu/gleazer/291B/Heider-Rashomon.pdf (Zugriff am: 7. Oktober 2017).
Herbrik, Regine 2012: „Du sollst dir kein Bildnis machen" – Zur Verwendung von Video- und Bildmaterial und ihrer Bedeutung für die emotionalen Stile christlicher Gemeinden heute, in: Petra Lucht, Lisa-Marian Schmidt und René Tuma (Hrsg.): *Visuelles Wissen und Bilder des Sozialen: Aktuelle Entwicklungen in der visuellen Soziologie.* Wiesbaden: VS Verlag für Sozialwissenschaften, S. 141–156.
Hermanns, Harry 2008: Interviewen als Tätigkeit, in: Uwe Flick, Ernst von Kardorff und Ines Steinke (Hrsg.): *Qualitative Forschung. Ein Handbuch.* Reinbek b. Hamburg: Rowohlt Taschenbuch S. 360–368.
Herodot und Lars Martin Hoffmann 2011: *9 Bücher zur Geschichte.* Vollständige Ausgabe. Wiesbaden: Marixverlag.
Heron, John und Peter Reason 2006: The practice of co-operative inquiry: Research „with" rather than „on" people, in: Peter Reason und Hilary Bradbury (Hrsg.): *Handbook of Action Research: Participative Inquiry and Practice.* London: SAGE, S. 179–188.
Higuchi, Takeo 2013: Idea-Marathon System (IMS), in: Mark A. Runco und Garrett Jaeger: *Encyclopedia of Creativity, Invention, Innovation and Entrepreneurship,* New York: Springer, S. 871–871.
Hine, Christine 2000: *Virtual Ethnography.* London, Thousand Oaks (CA), New Delhi: SAGE.
Hine, Christine 2015: *Ethnography for the Internet: Embedded, Embodied and Everyday.* London, New York: Bloomsbury Publishing.
Hirschauer, Stefan und Klaus Amann 1997: *Die Befremdung der eigenen Kultur.* Frankfurt a. M.: Suhrkamp.
Hitzler, Ronald 2001a: Der Goffmensch, in: Anne Honer, Michael Meuser und Michaela Pfadenhauer (Hrsg.): *Fragile Sozialität. Inszenierungen, Sinnwelten, Existenzbastler. Ronald Hitzler zum 60. Geburtstag.* Wiesbaden: VS Verlag für Sozialwissenschaften. S. 17–34.
Hitzler, Ronald 2001b: Künstliche Dummheit: Zur Differenz von alltäglichem und soziologischem Wissen, in: Heike Franz, Werner Kogge, Torger Möller und Torsten Wilholt (Hrsg.): *Wissensgesellschaft: Transformationen im Verhältnis von Wissenschaften und*

Alltag. Tagung vom 13. und 14. Juli 2000 an der Universität Bielefeld. IWT Papier 25, Bielefeld. https://pub.uni-bielefeld.de/download/2305319/2305334 (6. August 2017).

Hitzler, Ronald 2008: Lebenswelt und Erlebniswelten, in: Jürgen Raab, Michaela Pfadenhauer, Peter Stegmaier, Jochen Dreher und Bernt Schnettler: *Phänomenologie und Soziologie. Theoretische Positionen, aktuelle Problemfelder und empirische Umsetzungen.* Wiesbaden: VS Verlag für Sozialwissenschaften, S. 131–140.

Hitzler, Ronald, Michaela Pfadenhauer und Franz Liebl (Hrsg.) 2001: *Techno-Soziologie. Erkundungen einer Jugendkultur.* Opladen: Leske + Budrich.

Hitzler, Roland und Arne Niederbacher 2010: *Leben in Szenen. Formen juveniler Vergemeinschaftung heute.* Wiesbaden: VS Verlag für Sozialwissenschaften.

Hock, Klaus 2011: Discourses on Migration as Migratory Discourses, in: Frieder Ludwig und Kwabena J. Asamoah-Gyadu: *African Christian. Presence in the West. New Immigrant Congregations and Transnational Networks in North America and Europe.* Trenton, New Jersey: Africa World Press, S. 55–67.

Hofer, Konrad M. 1992: *Arbeitsstrich unter polnischen Schwarzarbeitern.* Wien: Verlag für Gesellschaftskritik.

Hohmann, Katharina und Katharina Tietze 2013: *Denimpop: Jeansdinge lesen.* Berlin: Merve Verlag.

Holliday, Ruth 2000: We've been framed: visualizing methodology. *Sociological Review* 48 (4), S. 503–521.

Holliday, Ruth 2007: Performances, Confessions, and Identities. Using Video Diaries to Research Sexualities, in: Gregory C. Stanczak (Hrsg.): Visual Research Methods. Image, Society, and Representation. London, Thousands Oaks, New Delhi, Singapore: SAGE.

Holton, Judith A. 2007: The Coding Process and its Challenges, in: Antony Bryant und Kathy Charmaz 2007: Grounded Theory in Historical Perspective: An Epistemological Account, in: dies.: *The SAGE Handbook of Grounded Theory.* Los Angeles, London, Singapore, New Delhi, Washington DC, S. 265–289.

Honer, Anne 1985: *Bodybuilding als Sinnsystem.* Sportwissenschaft, Jg. 15. 2, S. 155–169.

Honer, Anne 1993: *Lebensweltliche Ethnografie.* Wiesbaden: DUV.

Honer, Anne 2008: Lebensweltanalyse in der Ethnografie, in: Uwe Flick, Ernst von Kardorff und Ines Steinke (Hrsg.): *Qualitative Forschung. Ein Handbuch.* Reinbek b. Hamburg: Rowohlt Taschenbuch, S. 194–204.

Honer, Anne 2011: *Kleine Leiblichkeiten. Erkundungen in Lebenswelten.* Wiesbaden: VS Verlag für Sozialwissenschaften.

Howes, David 1991: *The Varieties of Sensory Experience: A Sourcebook in the Anthropology of the Senses.* Toronto: University of Toronto Press.

Hughes, John, Val King, Tom Rodden und Hans Andersen 1994: Moving out of the Control Room: Ethnography in System Design, in: Richard Futura und Charles Neuwirth (Hrsg.): *Transcending Boundaries. Proceedings of the Conference on Computer Supported Cooperative Work.* Chapel Hill (North Carolina/USA), S. 429–439.

Hughes, John, Val King, Tom Rodden und Hans Andersen 1995: The role of ethnography in interactive system design, Interactions 2/2, S. 57–65.

Husserl, Edmund 1995: *Cartesianische Meditationen.* Hamburg: Felix Meiner.

Husserl, Edmund 1996: *Die Krisis der europäischen Wissenschaften und die transzendentale Phänomenologie.* Hamburg: Felix Meiner.

Inagaki, Tatsuo 2010: Fieldwork as Artistic Practice, in: Arnd Schneider und Christopher Wright: *Between Art and Anthropology. Contemporary Ethnographic Practice.* London und New York: Bloomsbury, S. 75–81.
Ingold, Tim 2011: *Being alive. Essays on movement, knowledge and description.* New York: Routledge.
James, Franz 2016: ‚Sketch and Talk': An Ethnographic Design Method Opening Closed Insitutions, in: Cecile Kung, Elita Lam und Yanki Lee: *Open Desing for E-very-thing*. Hong Kong: Hong Kong Design Institute, Aalto (Finnland): Cumulus International Association of Universities and Colleges of Art, Design and Media, S. 163.
James, William 1921: *The Principles of Psychology.* New York: Dover Publications.
James, William 1997: *Die Vielfalt religiöser Erfahrung.* Frankfurt a. M.: Insel.
Jehoda, Marie, Paul Lazarsfeld und Hans Zeisel 1975: *Die Arbeitslosen von Marienthal. Ein soziographischer Versuch über die Wirkungen langandauernder Arbeitslosigkeit. Mit einem Anhang zur Geschichte der Soziographie.* Frankfurt a. M.: Suhrkamp.
Joas, Hans 1985 (Hrsg.): *Das Problem der Intersubjektivität. Neuere Beiträge zum Werk George Herbert Meads.* Frankfurt a. M.: Suhrkamp.
Joas, Hans 1989: *Praktische Intersubjektivität. Die Entwicklung des Werkes von George H. Mead.* Frankfurt a. M.: Insel.
Jonas, Wolfgang 2007: Design Research and its Meaning to the Methodological Development of the Discipline, in: Ralf Michel (Hrsg.): *Design Research Now.* Basel, Boston, Berlin: Birkhäuser, S. 187–206.
Jones, John Chris 1992: *Design Methods.* New York, Chichester: Wiley.
Joost, Gesche 2010: Design und Forschung, in: Felicidad Romero-Tejedor und Wolfgang Jonas (Hrsg.): *Positionen zur Designwissenschaft.* Kassel: University Press, S. 86–89.
Kanter, Heike 2013: Die Macht in Bildern – Habitus, Bildakt & ikonische Macht, in: Petra Lucht, Lisa-Marian Schmidt und René Tuma (Hrsg.): *Visuelles Wissen und Bilder des Sozialen. Aktuelle Entwicklungen in der Soziologie des Visuellen.* Wiesbaden: VS Verlag für Sozialwissenschaften, S. 107–122.
Keifenheim, Barbara 2008: Der Einsatz von Film und Video, in: Bettina Beer (Hrsg.): *Methoden ethnologischer Feldforschung.* Berlin: Dietrich Reimer Verlag, S. 277–291.
Kensing, Finn und Joan Greenbaum 2013: Heritage. Having a say, in: Jesper Simonsen und Toni Robertson: *International Handbook of Participatory Design.* New York und London: Routledge, S. 21–36.
Kirchner, Babette und Gregor Betz 2015: Ethnographie und Bildhermeneutik. Visuelle Daten im Rahmen lebensweltlicher Forschung, in: Ronald Hitzler und Miriam Gothe (Hrsg.): *Ethnografische Erkundungen. Methodische Aspekte aktueller Forschungsprojekte.* Wiesbaden: VS Verlag für Sozialwissenschaften, S. 177–208.
Kjærsgaard, Mette Gislev, Joachim Halse, Rachel Charlotte Smith, Kasper Tang Vangkilde, Thomas Binder und Ton Otto 2016: Introduction: Design Anthropological Futures, in: dies.: *Design Anthropological Futures.* London, Oxford, New York, New Delhi und Sydney: Bloomsbury, S. 1–16.
Kluge, Susann 1999: *Empirisch begründete Typenbildung. Zur Konstruktion von Typen und Typologien in der qualitativen Sozialforschung.* Opladen: Leske + Budrich.
Knigge, LaDona und Meghan Cope 2006: Grounded visualization: integrating the analysis of qualitative and quantitative data through grounded theory and visualization. *Environment and Planning A*, Volume 38, S. 2021–2037.

Knoblauch, Hubert 1999: *Religionssoziologie*. Berlin/New York: Walter de Gruyter.
Knoblauch, Hubert 2000: Workplace Studies und Video: zur Entwicklung der visuellen Ethnographie von Technologie und Arbeit, in: Irene Götz und Andreas Wittel (Hrsg.): *Arbeitskulturen im Umbruch: zur Ethnografie der Arbeit und Organisation*. Münster, New York, München, Berlin: Waxmann, S. 159–174, http://www.ssoar.info/ssoar/bitstream/handle/document/699/knoblauch-workplace_studies_und_video_KOMPLETT.pdf?sequence=2 (6. August 2017).
Knoblauch, Hubert: *Fokussierte Ethnographie*. Sozialer Sinn, Heft 1/2001, S. 123–141.
Knoblauch, Hubert 2003: *Qualitative Religionsforschung*. Paderborn: Schöningh.
Knoblauch, Hubert 2006: Videography. Focused Ethnography and Video Analysis, in: Hubert Knoblauch, Bernt Schnettler, Jürgen Raab und Hans-Georg Soeffner: *Video Analysis. Methodology and Methods. Qualitative Audiovisual Data Analysis in Sociology*. Frankfurt a. M.: Peter Lang, S. 35–50.
Knoblauch, Hubert 2011: Alfred Schütz, die Phantasie und das Neue. Überlegungen zu einer Theorie des kreativen Handelns, in: Norbert Schröer und Oliver Bidlo (Hrsg.): *Die Entdeckung des Neuen. Qualitative Sozialforschung als Hermeneutische Wissenssoziologie*. Wiesbaden: VS Verlag für Sozialwissenschaften, S. 99–116.
Knoblauch, Hubert und Christian Heath 1999: Technologie, Interaktion und Organisation: Die Workplace-Studies. *Schweizerische Zeitschrift für Soziologie*, 25 (2), S. 163–181.
Knoblauch, Hubert und Hans-Georg Soeffner 1999: *Todesnähe. Interdisziplinäre Zugänge zu einem außergewöhnlichen Phänomen*. Konstanz: UVK.
Körber, Sigurd 1976: Bedingtheit und Distanzbemühen. Zur anthropologischen Situation des Religionswissenschaftlers, in: Gunther Stephenson: *Der Religionswandel unserer Zeit im Spiegel der Religionswissenschaft*. Darmstadt: Wissenschaftliche Buchgesellschaft, S. 293–308.
Kowal, Sabine und Daniel C. O'Connell 2008: Zur Transkription von Gesprächen, in: Uwe Flick, Ernst von Kardorff und Ines Steinke (Hrsg.): *Qualitative Forschung. Ein Handbuch*. Reinbek b. Hamburg: Rowohlt Taschenbuch, S. 437–447.
Kozinets, Robert V. 2010: *Netnography. Doing Ethnographic Research Online*. Los Angeles, London, New Delhi, Singapore, Washington DC: SAGE.
Krech, Volkhard und Matthias Schlegel 1998: Auf der Suche nach dem „wahren Selbst". Über den Zusammenhang von Konversion und der Konstitution religiöser Identität, in: Hubert Knoblauch, Volkhard Krech und Monika Wohlrab-Sahr: *Religiöse Konversion – Systematische und fallorientierte Studien in soziologischer Perspektive*. Konstanz: UVK, S. 169–192.
Krippendorff, Klaus 2013: *Die semantische Wende. Eine neue Grundlage fürs Design*. Basel: Birkhäuser.
Kuckartz, Udo 2010: Einführung in die computergestützte Analyse qualitativer Daten. Wiesbaden: VS Verlag für Sozialwissenschaften.
Kuhn, Thomas 1996: *Die Struktur wissenschaftlicher Revolutionen*. Frankfurt a. M.: Suhrkamp.
Kusenbach, Margarethe 2008: Mitgehen als Methode: Der ‚Go-Along' in phänomenologischen Forschungspraxis, in: Jürgen Raab, Michaela Pfadenhauer, Peter Stegmaier, Jochen Dreher und Bernt Schnettler: *Phänomenologie und Soziologie. Theoretische Positionen, aktuelle Problemfelder und empirische Umsetzungen*. Wiesbaden: VS Verlag für Sozialwissenschaften, S. 349–358.

Küsters, Yvonne 2009: *Narrative Interviews. Grundlagen und Anwendungen.* Wiesbaden: VS Verlag für Sozialwissenschaften.
Lakatos, Imre 2015: *Proofs and Refutations.* Cambridge (GB): University Press.
Lasn, Kalle 1999: *Culture Jam: The Uncooling of America.* New York: William Morrow & Company.
Latour, Bruno 1998: *From the World of Science to the World of Research?*, in: Science 280, S. 208–209. http://science.sciencemag.org/content/280/5361/208.full (11. August 2016).
Latour, Bruno 2002: *Die Hoffnung der Pandora.* Frankfurt a. M.: Suhrkamp.
Latour, Bruno 2009a: *Das Parlament der Dinge.* Frankfurt a. M.: Suhrkamp.
Latour, Bruno 2009b: Ein vorsichtiger Prometheus? Einige Schritte hin zu einer Philosophie des Designs, unter besonderer Berücksichtigung von Peter Sloterdijk, in: Marc Jongen, Sjoerd van Tuinen und Koenraad Hemelsoet (Hrsg.): *Die Vermessung des Ungeheuren. Philosophie nach Peter Sloterdijk.* München, Wilhelm Fink Verlag, S. 356–373.
Lee, Jo und Tim Ingold 2006: Fieldwork on Foot: Perceiving. Routing, Socializing, in: Simon Coleman und Peter Collins (Hrsg.), *Locating the Field. Space, Place and Context in Anthropology.* Berg Publishers: Oxford/New York, S. 67–85.
Lempert, Lora Bex 2007: Asking Questions of the Data: Memo Writing in the Grounded Theory Tradition, in: Antony Bryant und Kathy Charmaz 2007: Grounded Theory in Historical Perspective: An Epistemological Account, in: *The SAGE Handbook of Grounded Theory.* Los Angeles, London, New Delhi, Singapore, Washington DC, S. 265–289.
Liebig, Brigitte und Iris Nentwig-Gesemann 2009: Gruppendiskussion, in: Stefan Kühl, Petra Strodtholz und Andreas Taffertshofer (Hrsg.): *Handbuch Methoden der Organisationsforschung. Quantitative und qualitative Methoden.* Wiesbaden: VS Verlag für Sozialwissenschaften, S. 102–123.
Liebold, Renate und Rainer Trinczek 2009: Experteninterview, in: *Handbuch Methoden der Organisationsforschung. Quantitative und qualitative Methoden.* Wiesbaden: VS Verlag für Sozialwissenschaften, S. 32–56.
Lindner, Rolf 2007: *Die Entdeckung der Stadtkultur. Soziologie aus der Erfahrung der Reportage.* Frankfurt a. M.: Campus.
Litscher, Monika 2014: Stadträumliche Verschiebungen – im Namen der Privatsphäre. *Swissfuture: Privatsphäre*, 2, S. 4–7.
Litscher, Monika 2015: Urbane Szenarien. Ein Konzept im Repräsentationsmodus der ethnografischen Collage in Bild und Text. Münster, New York: Waxmann.
Lofland, John und Rodney Stark 1965: Becoming a World Saver: A Theory of Conversion to a Deviant Perspective. Ohio USA: *American Sociological Review* Volume 30, S. 862–875.
Low, Kelvin E. Y. 2005: *Ruminations on Smell as a Sociocultural Phenomenon*, Current Sociology 2005; 53; S. 397–417, http://journals.sagepub.com/doi/pdf/10.1177/0011392105051333 (14. Dezember 2016).
Löw, Martina 2001: *Raumsoziologie.* Frankfurt a. M.: Suhrkamp.
Luckmann, Benita 1978: The Small Life-Worlds of Modern Man, in: Thomas Luckmann (Hrsg.): *Phenomenology and Sociology.* New York: Penguin Books, S. 275–290.
Lueger, Manfred 2000: *Grundlagen qualitativer Feldforschung.* Wien: WUV Universitätsverlag.

Luhmann, Niklas 1987: Die Autopoiesis des Bewusstseins, in: Alois Hahn: *Selbstthematisierung und Selbstzeugnis: Bekenntnis und Geständnis*. Frankfurt a. M.: Suhrkamp, S. 25–94.

Luhmann, Niklas 1996: *Die Realität der Massenmedien*. Wiesbaden: VS Verlag für Sozialwissenschaften.

Luhmann, Niklas 1998a: *Die Gesellschaft der Gesellschaft*. Frankfurt a. M.: Suhrkamp.

Luhmann, Niklas 1998b: Religion als Kommunikation, in: Hartmann Tyrell, Volkhard Krech und Hubert Knoblauch: *Religion als Kommunikation*. Würzburg: Ergon, S. 135–145.

Luhmann, Niklas 2002: *Die Religion der Gesellschaft*. Frankfurt a. M.: Suhrkamp.

Luhmann, Niklas 2008: *Die Moral der Gesellschaft*. Frankfurt a. M.: Suhrkamp.

Luhrmann, Tanya M. 2004: Metakinesis. How God becomes Intimate in US Christianity. *American Anthropologist*, Volume 106, Issue 3, September 2004, S. 518–528.

Macamo, Elísio: Bewegende Technik. Erfolg der Mobiltelefonie in Afrika. *Afrika-Bulletin: Mobiltelefonie als Motor der Entwicklung*, Mai/Juni 2011, N° 143, 3.

Maeder, Christoph 1995: *In totaler Gesellschaft. Eine ethnografische Untersuchung zum offenen Strafvollzug*. Bamberg: Difo.

Maeder, Christoph 1997: „Schwachi und schwierigi Lüüt." Inoffizielle Insassenkategorien im offenen Strafvollzug, in: Stefan Hirschauer und Klaus Amann (Hrsg.): *Die Befremdung der eigenen Kultur – Beiträge zur Erneuerung soziologischer Empirie*. Frankfurt a. M.: Suhrkamp, S. 218–239.

Maeder, Christoph 2002: Alltagsroutine, Sozialstruktur und soziologische Theorie: Gefängnisforschung mit ethnographischer Semantik. *Forum Qualitative Sozialforschung* 3, 1. XX.

Maeder, Christoph 2003: Ethnografische Semantik, in: Ralf Bohnensack, Winfried Marotzki und Michael Meuser (Hrsg.): *Hauptbegriffe Qualitativer Sozialforschung*. Opladen: Leske + Budrich.

Maeder, Christoph 2008: Sehen, aber nicht schauen, in: Ferdinand Sutterlüty und Peter Imbusch (Hrsg.): *Abenteuer Feldforschung. Soziologen erzählen*. Frankfurt a. M.: Campus. S. 251–256.

Maeder, Christoph und Achim Brosziewski 1997: Ethnographische Semantik: Ein Weg zum Verstehen von Zugehörigkeit, in: Ronald Hitzler und Anne Honer (Hrsg.): *Sozialwissenschaftliche Hermeneutik*. Opladen: Leske + Budrich, S. 335–362.

Maeder, Christoph und Achim Brosziewski 2007: Kognitive Anthropologie: Vom Wort über das Wissen zur Mitgliedschaft in einer Kultur, in: Rainer Schützeichel (Hrsg.): *Handbuch Wissenssoziologie und Sozialwissenschaftliche Forschung*, Konstanz: Universitätsverlag, S. 268–275.

Maeder, Christoph und Achim Brosziewski 2012: Das Gesetz des Wiedersehens: Irritationen der Lebenswelt durch die ethnographische Beschreibung, in: Norbert Schröer, Volker Hinnenkamp, Simone Kreher und Angelika Poferl (Hg.): *Lebenswelt und Ethnographie*. Norderstedt: Oldib, S. 257–269.

Mair, Judith und Bitten Stetter: *Moral Phobia: Ein Zeitgeist-Glossar von Achtsamkeit bis Zigarette*. Hamburg: Gudberg Nerger.

Malinowski, Bronislaw 1975/2005: *Eine wissenschaftliche Theorie der Kultur*. Frankfurt a. M.: Suhrkamp.

Malinowski, Bronislaw 2007: *Argonauten des westlichen Pazifiks. Ein Bericht über Unternehmungen und Abenteuer der Eingeborenen in den Inselwelten von Melanesisch-Neuguinea*. Frankfurt a. M.: Dietmar Klotz.
Marcus, George E. 1995: Ethnography in/on the World System: The Emergence of Multi-Sited Ethnography. *Annual Review of Anthropology*, Vol. 24 (1995), S. 95–117.
Mareis, Claudia 2010a: Entwerfen – Wissen – Produzieren. Designforschung im Anwendungskontext, in: Claudia Mareis, Gesche Joost und Kora Kimpel (Hrsg.): *Entwerfen – Wissen – Produzieren. Designforschung im Anwendungskontext*. Bielefeld: Transcript, S. 9–32.
Mareis, Claudia 2010b: The „Nature" of Design, in: Claudia Mareis, Gesche Joost und Kora Kimpel (Hrsg.): *Entwerfen – Wissen – Produzieren. Designforschung im Anwendungskontext*. Bielefeld: Transcript, S. 121–143.
Mareis, Claudia 2011: *Design als Wissenskultur. Interferenzen zwischen Design- und Wissensdiskursen seit 1960*. Bielefeld: Transcript.
Mareis, Claudia, Matthias Held und Gesche Joost (Hrsg.): *Wer gestaltet die Gestaltung? Theorie, Praxis und Geschichte des partizipatorischen Designs*. Bielefeld: Transcript.
Mareis, Claudia 2014: *Theorien des Designs. Zur Einführung*. Hamburg: Junius.
Marshall, Ruth 2009: *Political Spiritualities. The Pentecostal Revolution in Nigeria*. Chicago: University of Chicago Press.
Martin, David 1990: *Tongues of Fire: Explosion of Protestantism in Latin America*. Hoboken (New Jersey): John Viley & Sons.
Marx, Karl 2003: *Kapital und Politik*. Frankfurt a. M.: Zweitausendeins.
Maturana, Humberto R. und Francisco J. Varela 1987: *Der Baum der Erkenntnis. Die biologischen Wurzeln menschlichen Erkennens*. München: Goldmann.
Mauss, Marcel 1990: *Die Gabe. Form und Funktion des Austauschs in archaischen Gesellschaften*. Frankfurt a. M.: Suhrkamp
McClintock, Anne 1992: The Angel in Progress: Pitfalls of the Term ‚Post-Colonialism'. *Social Text*, 31/32, S. 84–98.
McCutcheon, Russell T. 1999: General Introduction, in: Russell McCutcheon: *The Insider/Outsider Problem in the Study of Religion*. London und New York: Cassell, S. 1–11.
Mead, George H. 1973: *Geist, Identität und Gesellschaft*. Frankfurt a. M.: Suhrkamp.
Mersch, Dieter: *Forschung im Ästhetischen*, Antrittsvorlesung ZHdK vom 16. Oktober 2014, https://www.zhdk.ch/fileadmin/data_subsites/data_ith/texte/Texte_Allgemein/Was_heisst_im_AEsthetischen_forschen_Antrittsvorlesung_kurz.pdf (Zugriff: 13. August 2016).
Meyer, Birgit 1998: „Make a complete break with the past": memory and post-colonial modernity in Ghanaian Pentecostalist discourse, *UNSW Journal of Religion in Africa* vol. 28, S. 316–349.
Meyer, Birgit 1999: *Translating the Devil: Religion and Modernity Among the Ewe in Ghana*. Asmara (Eritrea): Africa World Press.
Meyer, Birgit 2010: Pentecostalism and Globalization, in: Allan Anderson, Michael Bergunder, André Droogers und Cornelis van der Laan: *Studying Global Pentecostalism*. Berkeley/Los Angeles/New York: University of California Press, S. 113–130.
Michaels, Eric und Francis Kelly 1984: The social organisation of an Aboriginal video workplace, *Australian Aboriginal Studies* (84), S. 26–34.
Milev, Yana 2011: *Emergency Design. Anthropotechniken des Über/Lebens*. Berlin: Merve.

Milev, Yana 2013: *D.A.: A Transdisciplinary Handbook of Design Anthropology*. Frankfurt: Peter Lang.

Milev, Yana 2014: *Designsoziologie. Der erweiterte Designbegriff im Entwurfsfeld der politischen Theorie und der Soziologie*. Frankfurt a. M.: Peter Lang.

Milev, Yana 2015: Gestalten, in: Jens Badura, Selma Dubach, Anke Haarmann, Dieter Mersch, Anton Rey, Christoph Schenker und German Toro Pérez (Hrsg.): *Künstlerische Forschung. Ein Handbuch*. Zürich, Berlin: Diaphanes, S. 143–146.

Miller, Daniel 1998: Coca Cola: a black sweet drink from Trinidad, in: ders.: *Material Cultures. Why some things matter*. Chicago: University Press, S. 169–187.

Miller, Daniel 2006: Consumption, in: Christopher Tilley, Webb Keane, Susanne Kuechler-Fogden, Mike Rowlands and Patricia Spyer (Hrsg.) 2013: *Handbook of Material Culture*. Los Angeles, London, New Delhi, Singapore, Washington DC, S. 341–354.

Miller, Daniel 2009a: *Stuff*. Cambridge (MA): Polity Press.

Miller, Daniel 2009b: Why Clothing is not Superficial, in: ders.: *Stuff*. Malden (MA), Cambridge (UK): Polity Press, S. 13–41.

Miller, Daniel 2010: *Der Trost der Dinge*. Frankfurt a. M.: Suhrkamp.

Miller, Daniel 2011: The Poverty of Morality. *Journal of Consumer Culture* 1(2), S. 225–243.

Miller, James 2014: The fourth screen: mediazation and smartphone. *Mobile Media & Communication* 2(2), S. 209–226.

Mingé, Jeanine M. und Amber Lynn Zimmermann 2013: *Conrete and Dust. Mapping the Sexual Tarrains of Los Angeles*. New York und London: Routledge.

Moorman, Marissa J. 2008: *Intonations. A Social History of Music and Nation in Luanda, Angola, from 1945 to recent Times*. Athens: Ohio University Press.

Morrione, Thomas G. 1988: Herbert Blumer (1900–1987): A legacy of concepts, criticism, and contributions. *Symbolic Interaction*, 11/3, S. 99–124.

Müller, Francis 2009a: *Konversion und Systemtheorie: Religiöse Erfahrung und biografische Diskontinuität aus systemtheoretischer Perspektive*, München: Grin.

Müller, Francis 2009b: Leben im Vielvölker-Viertel, in: *GEO SCHAUPLATZ SCHWEIZ*, 01/2009, S. 1–14.

Müller, Francis 2009c: *Mystische Erfahrung, religiöse Konversion und sexuelle Identität: Ein biografisches, narratives Interview mit dem Transvestiten ‚Sissi'*. Masterseminararbeit, Universität Luzern.

Müller, Francis 2009d: Täuschen, um die Wahrheit zu finden: Verdeckte journalistische Recherchen haben eine lange Geschichte. *Neue Zürcher Zeitung* vom 7. August, S. 16. https://www.nzz.ch/taeuschen_um_die_wahrheit_zu_finden-1.3289265 (Zugriff: 30. September 2017).

Müller, Francis 2012a: Die digitalen Formen des religiösen Lebens. *Swissfuture: Medien* 2, S. 34–35.

Müller, Francis 2012b: Piercing. Durchbohrte Haut und die Suche nach Identität, in: Diana Weis: *Cool aussehen. Mode & Jugendkulturen*. Berlin: Archiv der Jugendkulturen, S. 119–125.

Müller, Francis 2013: Moral ohne Gott. *Neue Zürcher Zeitung* vom 7. August, S. 21. https://www.nzz.ch/meinung/debatte/moral-ohne-gott-1.18088446 (Zugriff: 30. September 2017).

Müller, Francis 2014: Technological Artefacts as Objects of Desire, in: Raphael Perret: *Machines of Desire*. Zürich: Amsel Verlag, S. 68–72.
Müller, Francis 2015: *Selbsttransformation und charismatisch evangelikale Identität. Eine vergleichende ethnosemantische Lebenswelt-Analyse*. Wiesbaden: VS Verlag für Sozialwissenschaften.
Müller, Francis 2016: *Mit Behinderung in Angola leben. Eine ethnografische Spurensuche in einer von Tretminen verletzten Gesellschaft*. Bielefeld: Transcript.
Müller, Francis 2017: Körper und Dinge in dritten Räumen: Partyfotos im Vergleich, in: Gregor Betz, Ronald Hitzler, Arne Niederbacher und Lisa Schäfer (Hg.): *Hybride Events. Zur Diskussion zeitgeistiger Veranstaltungen*. Wiesbaden: VS Verlag für Sozialwissenschaften, S. 311–320.
Muri, Gabriela 2010a: „Wer bin ich?" – Identitäten und Ressourcen, in: Christian Ritter, Gabriela Muri und Basil Rogger (Hrsg.): *Magische Ambivalenz. Visualität und Identität im transkulturellen Raum*. Zürich, Berlin: Diaphanes, 78–96.
Muri, Gabriela 2010b: Web 2.0 – Freizeit und soziale Netzwerke, in: Christian Ritter, Gabriela Muri und Basil Rogger (Hrsg.): *Magische Ambivalenz. Visualität und Identität im transkulturellen Raum*. Zürich, Berlin: Diaphanes, 146–177.
Muri, Gabriela 2016: *Die Stadt in der Stadt. Raum-, Zeit- und Bildrepräsentationen urbaner Öffentlichkeiten*. Wiesbaden: VS Verlag für Sozialwissenschaften
Murphy, Keith M. und George E. Marcus 2013: Epilogue: Ethnography and Design, Ethnography in Design … Ethnography by Design, in: Wendy Gunn, Ton Otto and Rachel Charlotte Smith (Hrsg.): *Design Anthropology. Theory and Practice*. London/New York: Bloomsbury, 251–268.
Nardi, Bonnie A. 1993: *A Small Matter of Programming: Perspectives on End User Computing*. Cambridge MA: MIT Press.
Neumann-Braun, Klaus 2017: Selfies. Oder. Kein fotografisches Selbstportrait ohne den Anderen, in: Thomas S. Eberle (Hrsg.): *Fotografie und Gesellschaft. Phänomenologische und wissenssoziologische Perspektiven*. Bielefeld: Transcript, S. 343–348.
Norman, Donald A. 1999: Rapid Ethnography, in: Hugh Aldersey-Williams, John Bound and Roger Coleman: *The Method Lab. User Research for Design*, London: Design for Ageing Network (DAN), Royal College of Art, S. 24–25. http://www.education.edean.org/pdf/Tool039.pdf (Zugriff: 11. Januar 2017).
Nova, Nicolas 2014 (Hrsg.): *Beyond Design Ethnography. How Designers practice Ethnographic Research*. Genf/Berlin: SHS & HEAD, S. 29–43.
Nyffenegger, Franziska 2015: Erinnerungen an die Zukunft. Reiseandenken: Eine Objektkategorie jenseits aller Trends. *Swissfuture: Tourismus*, 1, S. 21–22.
O'Neill, Maggie und Phil Hubbard 2010: Walking, sensing, belonging: ethno-mimesis as performative praxis. *Visual Studies* 25 (1), S. 46–58.
Orlow, Uriel 2014: Recherchieren, in: Jens Badura, Selma Dubach, Anke Haarmann, Dieter Mersch, Anton Rey, Christoph Schenker und German Toro Pérez (Hrsg.): *Künstlerische Forschung. Ein Handbuch*. Zürich, Berlin: Diaphanes, 201–204.
Otto, Ton and Rachel Charlotte Smith 2013: Design Anthropology: A Distinct Style of Knowing, in: Wendy Gunn, Ton Otto und Rachel Charlotte Smith (Hrsg.): *Design Anthropology. Theory and Practice*. London/New Delhi/New York/Sydney: Bloomsbury, S. 1–29.
Park, Robert E. 2002: Migration und Randseiter, in: Peter-Ulrich Merz-Benz und Gerhard Wagner (Hrsg.): *Der Fremde als sozialer Typus*. Konstanz: UVK, S. 55–71.

Park, Robert E. und Ernest W. Burgess 1925/1967: *The City. Suggestions for Investigation of Human Behavior in the Urban Environment*. Chicago: University of Chicago Press.

Pelz, Corinna, Annette Schmitt und Markus Meis 2004: Knowledge Mapping als Methode zur Auswertung und Ergebnispräsentation von Fokusgruppen in der Markt- und Evaluationsforschung. *Forum für Qualitative Sozialforschung*, http://www.qualitative-research.net/index.php/fqs/article/view/601/1303 (Zugriff: 17. August 2017).

Perec, Georges 2010: *Versuch, einen Platz in Paris zu erfassen*. Konstanz: Libelle.

Pfadenhauer, Michaela 2002: Auf gleicher Augenhöhe reden. Das Experteninterview: Ein Gespräch zwischen Experte und Quasi-Experte, in: Alexander Bogner, Beate Littig, Wolfgang Menz: *Das Experteninterview. Theorie, Methode, Anwendung*. Wiesbaden: VS Verlag für Sozialwissenschaften. S. 113–130.

Pfadenhauer, Michaela 2017: Fotografieren (lassen) in der lebensweltlichen Ethnographie, in: Thomas S. Eberle (Hrsg.): *Fotografie und Gesellschaft. Phänomenologische und wissenssoziologische Perspektiven*. Bielefeld: Transcript, S. 133–145.

Pierce, Charles S. 2004: Aus den Pragmatismus-Vorlesungen, in: Jörg Strübing und Bernt Schnettler (Hrsg.): *Methodologie interpretativer Sozialforschung. Klassische Grundlagentexte*. Konstanz: UVK, S. 203–222.

Pink, Sarah 1997: *Women and Bullfighting: Gender, Sex and the Consumption of Tradition*. London: Bloomsbury Academic.

Pink, Sarah 2006: *The Future of Visual Anthropology. Engaging the Senses*. London und New York: Routledge.

Pink, Sarah 2007: Walking with Video. *Visual Studies*, 22:3, S. 240–252. https://www.griffith.edu.au/__data/assets/pdf_file/0004/550687/walking-with-video.pdf (Zugriff: 14. Dezember 2016).

Pink, Sarah 2011: A Multisensory Approach to Visual Methods, in: Eric Margolis und Luc Pauwels: *The SAGE Handbook of Visual Research Methods*. London, Thousands Oaks, New Delhi, Singapore: SAGE, S. 601–614.

Pink, Sarah 2012: *Situating Everyday Life*. London, Thousand Oaks, New Delhi, Singapore: SAGE.

Pink, Sarah 2013: *Doing Visual Ethnography*. London, Thousand Oaks (CA), New Delhi, Singapore: SAGE.

Pink, Sarah 2014: 'Digital-Visual-Sensory-Design Anthropology: ethnography, imagination and intervention'. *Arts and Humanities in Higher Education*, 13(4), S. 412–427.

Pink, Sarah 2015: *Doing Sensory Ethnography*. London, Thousand Oaks (CA), New Delhi, Singapore: SAGE.

Pink, Sarah und Jennie Morgan 2013: Short-Term Ethnography: Intense Routes to Knowing. *Symbolic Interaction*, 36/3, S. 351–361.

Pink, Sarah, Elisenda Ardèvol und Débora Lanzeni 2016a: Digital materiality, in: dies.: *Digital Materialities. Design and Anthropology*. London, New York: Bloomsbury. S. 1–26.

Pink, Sarah, Horst Heather, John Postill, Larissa Hjorth, Tanja Lewis und Jo Tacchi 2016b: *Digital Ethnography. Principles and Practice*. Los Angeles, London, New Delhi, Singapore, Washington DC: SAGE.

Plowman, Tim 2003: Ethnography and Critical Design Practice, in: Brenda Laurel (Hrsg.): *Design Research. Methods and Perspectives*. Cambridge/MA, London: MIT Press, S. 30–38.

Poferl, Angelika und Rainer Keller 2017: Die Wahrheit der Bilder, in: Thomas S. Eberle (Hrsg.): *Fotografie und Gesellschaft. Phänomenologische und wissenssoziologische Perspektiven.* Bielefeld: Transcript, S. 305–315.
Polanyi, Michael 1985: *Implizites Wissen.* Frankfurt a. M.: Suhrkamp.
Polo, Marco 2003: *Die Wunder der Welt: Il Milione: Die Reise nach China an den Hof des Kublai Khan.* Frankfurt a. M.: Insel.
Popper, Karl 1935: Logik der Forschung. Zur Erkenntnistheorie der modernen Naturwissenschaft, in: Philipp Frank und Moritz Schlick (Hrsg.): *Schriften zur wissenschaftlichen Weltauffassung,* Band 9, Wien: Springer Verlag.
Pörksen, Bernhard 2004: Das Problem der Grenze. Die hintergründige Aktualität des New Journalism – eine Einführung, in: Joan Kristin Bleicher und Bernhard Pörksen: *Grenzgänger. Formen des New Journalism.* Wiesbaden: VS Verlag für Sozialwissenschaften, S. 15–28.
Prus, Robert 1996: *Symbolic Interaction and Ethnographic Research. Intersubjectivity and the Study of Human Lives Experience.* Albany: State University of New York Press.
Prus, Robert 1997: *Subcultural Mosaic and Intersubjective Realities. An Ethnographic Research Agenda for Pragmatizing the Social Sciences.* New York: State University.
Psathas, George 1973: Ethnotheorie, Ethnomethodologie und Phänomenologie, in: Arbeitsgruppe Bielefelder Soziologen (Hrsg.): *Alltagswissen, Interaktion und gesellschaftliche Wirklichkeit 2. Ethnotheorie und Ethnographie des Sprechens.* Reinbek b. Hamburg: Rowohlt, S. 262–284.
Queneau, Raymond 2007: *Stilübungen.* Frankfurt a M.: Suhrkamp.
Quetelet, Adolphe 2010a: *Sur l'homme et le développement de ses facultés, ou Essai de physique sociale: Tome 1.* Charleston, South Carolina: Book Surge Publishing.
Quetelet, Adolphe 2010b: *Sur l'homme et le développement de ses facultés, ou Essai de physique sociale: Tome 2.* Charleston, South Carolina: Book Surge Publishing.
Raab, Jürgen 2008: *Visuelle Wissenssoziologie. Theoretische Konzeptionen und materiale Analysen.* Konstanz: UVK.
Rahman, Anisur 2008: Some Trends in the Praxis of Participatory Action Research, in: Reason, Peter and Hilary Bradbury 2008: *The SAGE Handbook of Action Research. Participative Inquiry and Practice.* Los Angeles/London/New Delhi/Singapur: SAGE, S. 49–62.
Rajogopalm, Avinash und Vera Saccetti 2015: Profilbild: Digitales Design aus Afrika, in: Mateo Kries, Amelie Klein (Hrsg.): *Making Africa. A Continent of Contemporary Design.* Vitra Design Museum: Weil am Rhein, 50–57.
Read, Herbert 1968: *Erziehung durch Kunst.* München: Knaur.
Reason, Peter: *Critical Design Ethnography as Action Research.* Anthropology & Education Quarterly, Vol. 35, No. 2, Juni 2004, S. 269–276.
Reason, Peter and Hilary Bradbury 2008: *The SAGE Handbook of Action Research. Participative Inquiry and Practice.* Los Angeles/London/New Delhi/Singapore: SAGE.
Reckless, Walter 1969: *Vice in Chicago.* Montclair NJ: Patterson Smith.
Reichert, Ramón 2007: *Das Kino der Humanwissenschaften. Studien zur Medialisierung wissenschaftlichen Wissens.* Bielefeld: Transcript.
Reichertz, Jo 2007: Abduction: The Logic of Discovery in Grounded Theory, in: Antony Bryant und Kathy Charmaz (Hrsg.): *The SAGE Handbook of Grounded Theory.* Los Angeles, London, New Delhi, Singapore, Washington DC: SAGE, S. 214–228.

Reichertz, Jo 2008: Abduktion, Induktion, Deduktion, in: Uwe Flick, Ernst von Kardorff und Ines Steinke (Hrsg.): *Qualitative Forschung. Ein Handbuch*. Reinbek bei Hamburg: Rowohlt, S. 276–286.

Reichertz, Jo 2013a: *Die Abduktion in der qualitativen Sozialforschung. Über die Entdeckung des Neuen*. Wiesbaden: VS Verlag für Sozialwissenschaften.

Reichertz, Jo 2013b: *Gemeinsam interpretieren. Gruppeninterpretation als sozialer Prozess*. Wiesbaden: VS Verlag für Sozialwissenschaften.

Reimers, Inga 2014: Ess-Settings als Versammlungen der Sinne, in: Lydia Maria Arantes und Elisa Rieger (Hrsg.): *Ethnographien der Sinne. Wahrnehmung und Methode in empirisch kulturwissenschaftlichen Forschungen*. Bielefeld: Transcript, S. 75–90.

Rheinberger, Hans-Jörg 2014: Über Serendipität – Forschen und Finden, in: Gottfried Boehm, Emmanuel Alloa, Orlando Budelacci und Gerald Wildgruber (Hrsg.): *Imagination. Suchen und Finden*. Paderborn: Fink, S. 232–243.

Riis, Jacob A. 1997: *How the Other Half Lives*. New York: Penguin.

Ritzer, George 2015: *The McDonalization of Society: An Investigation into the Changing Character of Contemporary Social Life*. Los Angeles, London, New Delhi, Singapur, Washington DC: Sage.

Robbins, Joel 2010: Anthropology of Religion, in: Allan Anderson, Michael Bergunder, André Droogers und Cornelis van der Laan (Hrsg.): *Studying Global Pentecostalism*. Berkeley/Los Angeles/New York: University of California Press, S. 156–178.

Roberts, Kathryn A. und Richard W. Wilson 2002: ICT and the Research Process: Issues Around the Compatibility of Technology with Qualitative Data Analysis. *FQS Forum: Qualitative Social Research*, 3(2), http://www.qualitative-research.net/index.php/fqs/article/view/862/1872 (Zugriff: 21. August 2017).

Robertson, Roland 1998: Glokalisierung: Homogenität und Heterogenität in Raum und Zeit, in: Ulrich Beck (Hrsg.): *Perspektiven der Weltgesellschaft*. Suhrkamp, Frankfurt a. M. 1998, S. 192–220.

Robertson, Toni und Jesper Simonsen 2013: Participatory Design: an introduction, in: Toni Robertson und Jesper Simonsen (Hrsg.): *International Handbook of Participatory Design*. New York und London: Routledge, S. 1–17.

Rock, Paul 2009: Symbolic Interactionism and Ethnography, in: Paul Atkinson, Amanda Coffey, Sara Delamont, John Lofland und Lyn Lofland: *Handbook of Ethnography*. Los Angeles/London/New Delhi/Singapore/Washington DC: SAGE, S. 26–38.

Romero-Tejedor, Felicidad und Wolfgang Jonas (Hrsg.) 2010: *Positionen zur Designwissenschaft*. Kassel: University Press.

Rousseau, Jean-Jacques 1985: *Bekenntnisse*. Frankfurt a. M.: Insel.

Rush, John A. 2005: *Spiritual Tattoo. A Cultural History of Tattooing, Piercing, Scarification, Branding, and Implants*. Berkeley: North Atlantic Books.

Sacks, Harvey 1984: On doing „being ordinary", in: John Atkinson und John Heritage (Hrsg.): Structures of social action. Studies in conversational analysis. Cambridge UK: Cambridge University Press, S. 413–440.

Salvador, Tony, Genevieve Bell und Kenn Anderson 1999: *Design Ethnography*. Design Management Journal Volume 10, Number 4, S. 35–41.

Samida, Stefanie, Manfred K. H. Eggert und Hans Peter Hahn (Hrsg.) 2014: *Handbuch Materielle Kultur: Bedeutungen – Konzepte – Disziplinen*. Stuttgart: J. B. Metzler.

Schlehe, Judith 2008: Formen qualitativer ethnografischer Interviews, in: Bettina Beer (Hrsg.): *Methoden ethnologischer Feldforschung*. Berlin: Dietrich Reimer Verlag, S. 119–142.
Schlüter, Fritz 2014: „Sound Culture", „Acoustemology" oder „Klanganthropologie"? Sinnliche Erfahrung und Sound Studies, in: Lydia Maria Arantes und Elisa Rieger (Hrsg.): *Ethnographien der Sinne. Wahrnehmung und Methode in empirisch kulturwissenschaftlichen Forschungen*. Bielefeld: Transcript, S. 57–74.
Schmidt, Axel und Klaus Neumann-Braun 2008: Die Gothics – posttraditionale ‚Traditionalisten', in: Ronald Hitzler, Anne Honer und Michaela Pfadenhauer (Hrsg.): *Posttraditionale Gemeinschaften. Theoretische und ethnographische Erkundungen*, Wiesbaden: VS Verlag für Sozialwissenschaften, S. 228–247
Schneider, Beat 2007: Design as Practice, Science and Research, in: Ralf Michel (Hrsg.): *Design Research Now*. Basel: Birkhauser, S. 207–218.
Schnettler, Bernt 2004: *Zukunftsvisionen. Transzendenzerfahrung und Alltagswelt*. Konstanz: UVK.
Schnettler, Bernt 2008: Soziologie als Erfahrungswissenschaft. Überlegungen zum Verhältnis von Mundanphänomenologie und Ethnophänomenologie, in: Jürgen Raab, Michaela Pfadenhauer, Peter Stegmaier, Jochen Dreher und Bernt Schnettler: *Phänomenologie und Soziologie. Theoretische Positionen, aktuelle Problemfelder und empirische Umsetzungen*. Wiesbaden: VS Verlag für Sozialwissenschaften, S. 141–149.
Schnettler, Bernt 2017: Digitale Alltagsfotografie und visuelles Wissen, in: Thomas S. Eberle (Hrsg.): *Fotografie und Gesellschaft. Phänomenologische und wissenssoziologische Perspektiven*. Bielefeld: Transcript, S. 242–255.
Schnettler, Bernt und Hubert Knoblauch 2009: Videoanalyse, in: Stefan Kühl, Petra Strodtholz und Andreas Taffertshofer (Hrsg.): *Handbuch Methoden der Organisationsforschung. Quantitative und qualitative Methoden*. Wiesbaden: VS Verlag für Sozialwissenschaften, S. 272–297.
Schnettler, Bernt und Jürgen Raab 2012: *Video Analysis: Methodology and Methods: Qualitative Audiovisual Data Analysis in Sociology*, Frankfurt a. M.: Peter Lang.
Schön, Donald A. 1983: *The Reflexive Practitioner. How Professionals Think in Action*. New York: Basic Books.
Schubert, Hans-Joachim 2007: The Chicago School of Sociology. Theorie, Empirie und Methode, in: Carsten Klingemann: *Jahrbuch für Soziologiegeschichte*. Wiesbaden: VS Verlag, S. 119–164.
Schultheis, Franz 2005: Disziplinierung des Designs, in: *Forschungslandschaften im Umfeld des Designs*. Zürich Swiss Design Network, S. 65–84.
Schultheis, Franz 2013: Habitat und Habitus – Bourdieus „Kabylisches Haus" revisited: Die drei Gesichter des kabylischen Hauses, in: Iris Därmann und Anna Echterhölter (Hrsg.): *Konfigurationen – Gebrauchsweisen des Raums*, Zürich: Diaphanes, S. 179–199.
Schulz, Marlen 2012: Quick and easy!? Fokusgruppen in den empirischen Sozialwissenschaften, in: Marlen Schulz, Birgit Mack und Ortwin Renn (Hrsg.): *Fokusgruppen in der empirischen Sozialwissenschaft. Von der Konzeption bis zur Auswertung*. Wiesbaden: VS Verlag für Sozialwissenschaften, S. 9–22.
Schütz, Alfred 2004: Common Sense und wissenschaftliche Interpretation, in: Jörg Strübing und Bernt Schnettler (Hrsg.): *Methodologie interpretativer Sozialforschung*. Konstanz: UVK, S. 155–197.

Schütz, Alfred 1971: *Gesammelte Aufsätze. Band 1: Das Problem der sozialen Wirklichkeit*. Den Haag: Martinus Nijhoff.
Schütz, Alfred und Thomas Luckmann 2003: *Strukturen der Lebenswelt*. Konstanz: UVK.
Schütze, Fritz 1976: Zur soziologischen und linguistischen Analyse von Erzählungen, in: Dux, Günter und Thomas Luckmann: *Internationales Jahrbuch für Wissens- und Religionssoziologie*, Band 10. Opladen, S. 7–41.
Schütze, Fritz 1983: Biografieforschung und narratives Interview. *Neue Praxis. Kritische Zeitschrift für Sozialarbeit und Sozialpädagogik*. Jg. 13, S. 283–293.
Schütze, Fritz 1984: Kognitive Figuren des autobiografischen Stegreiferzählens, in: Kohli, Martin und Robert Günther (Hrsg.): *Biographie und soziale Wirklichkeit*. Stuttgart: Metzler, S. 78–117.
Schweppenhäuser, Gerhard 2016: *Designtheorie*. Wiesbaden: VS Verlag für Sozialwissenschaften.
Shapiro, Dan 1994: The Limits of Ethnography: Combining Social Sciences for CSCW. *CSCW' 94 Proceedings on the Conference on Computer Supported Cooperative Work*, Chapel Hill, NC: ACM Press, S. 417–428.
Sierach, Beatrice 2016: *Intercultural Link. Über die Rolle der Designer/innen in sozialen Projekten*, Abschlussarbeit Master of Arts in Design, Fields of Excellence Trends, Zürcher Kunsthochschule.
Simmel, Georg 2002: Exkurs über den Fremden, in: Peter-Ulrich Merz-Benz und Gerhard Wagner (Hrsg.): *Der Fremde als sozialer Typus*. Konstanz: UVK, S. 47–53.
Simon, Herbert A. 1996: *The Sciences of the Artificial*. Cambridge (MA): MIT Press.
Skeggs, Beverley 2009: Feminist Ethnography, in: Paul Atkinson, Amanda Coffey, Sara Delamont, John Lofland und Lyn Lofland: *Handbook of Ethnography*. Los Angeles/London/New Delhi/Singapore/Washington DC: SAGE, S. 426–442.
Snow, David A. und Richard Machalek 1983: The Convert as a Social Type, in: Randal Collins (Hrsg.): *Sociological Theory*. San Francisco, S. 259–289.
Soeffner, Hans-Georg 1992/2016: *Die Ordnung der Rituale 2. Die Auslegung des Alltags*. Frankfurt a. M.: Suhrkamp.
Soeffner, Hans-Georg 2000: *Gesellschaft ohne Baldachin. Über die Labilität von Ordnungskonstruktionen*. Weilerswist: Velbrück Wissenschaft.
Soeffner, Hans-Georg 2004: *Auslegung des Alltags – Der Alltag der Auslegung*. Konstanz: UVK.
Soeffner, Hans-Georg und Jürgen Raab 2004: Sehtechniken. Die Medialisierung des Sehens: Schnitt und Montage als Ästhetisierungsmittel medialer Kommunikation, in: Soeffner, Hans-Georg 2004: *Auslegung des Alltags – Der Alltag der Auslegung*. Konstanz: UVK, S. 254–284.
Spradley, James P. 1979. *The Ethnographic Interview*. Belmont, CA: Wadsworth.
Spradley, James P. 1980: *Participant Observation*. Belmont, CA: Wadsworth.
Spradley, James P. 1999: *You owe yourself a Drunk: An Ethnography of Urban Nomads*. Longgrove/Illinois: Waveland pr Inc.
Spradley, James P. und Brenda J. Mann 1975: *The Cocktail Waitress*. New York: McGraw-Hill.
Spradley, James P. und Thomas S. Spradley 1985: *Deaf Like Me*. Washington DC: Gallaudet University Press.

Staden, Hans 2006: *Brasilien. Historia von den nackten, wilden Menschenfressern.* Lenningen: Edition Erdmann.
Stappers, Pieter Jan 2007: Doing Design as a Part of Doing Research, in: Ralf Michel (Hrsg.), *Design Research Now.* Basel: Birkhauser, S. 81–98.
Stamm, Eugen 2015: Niedergang der Digitalkameras: Gewinner sind die Hersteller von Kameramodulen. *Neue Zürcher Zeitung* vom 18. März 2015, https://www.nzz.ch/finanzen/strukturierte-produkte/reizvolle-aktien-der-hersteller-von-kameramodulen-1.18502892 (Zugriff: 11. Juli 2017).
Stephan, Peter Friedrich 2010: Wissen und Nicht-Wissen im Entwurf, in: Claudia Mareis, Gesche Joost und Kora Kimpel (Hrsg.): *Entwerfen – Wissen – Produzieren. Designforschung im Anwendungskontext.* Bielefeld: Transcript, S. 81–99.
Stetter, Bitten 2016: Lange Fingernägel, in: Francis Müller: *Mit Behinderung in Angola leben. Eine ethnografische Spurensuche in einer von Tretminen verletzten Gesellschaft.* Bielefeld: Transcript, S. 90.
Stolz, Jörg, Judith Könemann, Mallory Schneuwly Purdie, Thomas Englberger, und Michael Krüggeler 2011: *Religiosität in der modernen Welt. Bedingungen, Konstruktion und sozialer Wandel.* Lausanne: Institut des Sciences soziales des religions contemporaines (ISSRC). http://www.nfp58.ch/files/downloads/Schlussbericht__Stolz.pdf (12. September 2017).
Strauss, Anselm 1974: *Spiegel und Masken. Die Suche nach Identität.* Frankfurt a. M.: Suhrkamp.
Strauss, Anselm 2004: Methodologische Grundlagen der Grounded Theory, in: Jörg Strübing und Bernt Schnettler (Hrsg.): *Methodologie interpretativer Sozialforschung. Klassische Grundlagentexte.* Konstanz: UVK, S. 429–451.
Strübing, Jörg 2008: *Grounded Theory. Zur sozialtheoretischen und epistemologischen Fundierung des Verfahrens und der empirisch begründeten Theoriebildung.* Wiesbaden: VS Verlag für Sozialwissenschaften.
Suchman, Lucy A. 1985: *Plans and Situated Actions: The problem of human-machine communication,* Palo Alto/CA: Xerox.
Suchman, Lucy A. 1987: *Plans and Situated Actions: The problem of human-machine communication,* Cambridge: Cambridge University Press.
Suchman, Lucy A. 2011: Anthropological Relocations and the Limits of Design. Annual Review Anthropology 40, S. 1–18.
Sullivan, Louis H.: *The tall office building artistically considered,* in: Lippincot's Magazine, April 1896, London, S. 403–409.
Sutherland, Edwin H. 1989: *The Professional Thief.* Chicago: University of Chicago Press.
Taussig, Michael 2011: *I Swear I Saw This: Drawings in Fieldwork Notebooks, Namely My Own.* Chicago: University of Chicago Press.
Tedlock, Barbara 1991: From Participant Observation to the Observation of Participation: The Emergence of Narrative Ethnography. *Journal of Anthropological Research* 47 (1), S. 69–94.
Terkessidis, Mark 2008: Karma Chamäleon. Unverbindliche Richtlinien für die Anwendung von subversiven Taktiken früher und heute, in: Thomas Ernst, Patricia Gozalbez Canto, Sebastian Richter, Nadja Sennewald und Julia Tieke (Hrsg.): *Subversionen. Zum Verhältnis von Politik und Ästhetik in der Gegenwart.* Bielefeld: Transcript, S. 27–45.

Tietmeyer, Elisabeth, Claudia Hirschberger, Karoline Noack und Jane Redling (2010): *Die Sprache der Dinge. Kulturwissenschaftliche Perspektiven auf die materielle Kultur.* Münster, New York, München, Berlin: Waxmann.

Thwaites, Thomas 2011: *The Toaster Project: Or a Heroic Attempt to Build a Simple Electric Appliance from Scratch.* New York: Princeton Architectural Press.

Tilley, Christopher 2009: Ethnography and Material Culture, in: Paul Atkinson, Amanda Coffey, Sara Delamont, John Lofland und Lyn Lofland: *Handbook of Ethnography.* Los Angeles, London, New Delhi, Singapore, Washington DC, S. 258–272.

Tilley, Christopher, Webb Keane, Susanne Kuechler-Fogden, Mike Rowlands and Patricia Spyer (Hrsg.) 2013: *Handbook of Material Culture.* Los Angeles, London, New Delhi, Singapore, Washington DC.

Tillmann, Angela 2006: Doing Identity. Selbsterzählungen und Selbstinszenierungen in virtuellen Räumen, in: Angela Tillmann und Ralf Vollbrecht (Hrsg.): *Abenteuer Cyberspace. Jugendliche in virtuellen Welten.* Frankfurt a. M. et. al.: Peter Lang, S. 33–50.

Tondeur, Kim 2016: Graphic Anthropology Field School. Report of a First Edition. *OMERTAA Journal of Applied Anthropology,* S. 665–669. http://www.omertaa.org/archive/omertaa0077.pdf (Zugriff: 13. Januar 2017).

Tuma, René, Bernt Schnettler und Hubert Knoblauch 2013: *Videographie. Einführung in die interpretative Videoanalyse sozialer Situationen.* Wiesbaden: VS Verlag für Sozialwissenschaften.

Turner, Terence 1980: The Social Skin, in: Jeremy Cherfas (Hrsg.): *Not Work Alone: A Cross-Cultural Survey of Activities Apparently Superfluous to Survival,* Beverly Hills: Sage, S. 112–140.

Ukah, Asonzeh 2008: Roadside Pentecostalism: Religious Advertising in Nigeria and the Marketing of Charisma, in: *Critical Interventions: Journal of African Art History and Visual Culture* 2, S. 125–141.

Ulmer, Bernd 1988: Konversionserzählungen als rekonstruktive Gattung. *Zeitschrift für Soziologie,* Jg. 17, S. 19–33.

Ulmer, Bernd 1990: Die autobiografische Plausibilität von Konversionserzählungen, in: Walter Sparn (Hrsg.): *Wer schreibt meine Lebensgeschichte? Biographie, Autobiographie, Hagiographie und ihre Entstehungszusammenhänge.* Gütersloh: Gütersloher Verlagshaus, S. 287–295.

Uyttenbroek, Ellie and Ari Versluis 2014: *Exactitudes.* Rotterdam: Nai010 Publishers.

Van Gennep, Arnold 2005: *Übergangsriten (Les rites de passage).* Frankfurt a. M.: Suhrkamp.

Van Maanen, John 1995: *Representation in Ethnography.* Los Angeles, London, New Delhi, Singapore, Washington DC: SAGE.

Van Maanen, John 2011: *Tales of the Field. On Writing Ethnography.* Chicago and London: The University of Chicago Press.

Vergara, Camilo Jose 1995: *The New American Ghetto.* New Jersey: Rutgers University Press.

Vergara, Camilo Jose 2014: *Harlem: The Unmaking of a Ghetto.* Chicago: University of Chicago Press.

Vester, Michael, Peter von Oertzen, Heiko Geiling, Thomas Hermann und Dagmar Müller 2001: *Soziale Milieus im gesellschaftlichen Strukturwandel. Zwischen Integration und Ausgrenzung.* Frankfurt a. M.: Suhrkamp.

Vokes, Richard 2007: (Re)constructing the field through sound: actor-networks, ethnographic representation and „radio elicitation" in south-western Uganda, in: Elizabeth Hallam und Tim Ingold: *Creativity and Cultural Improvisation*. Oxford: Berg.
Wacquant, Loïc 2003: *Leben für den Ring. Boxen im amerikanischen Ghetto*. Konstanz: UVK.
Wagner, Martin 2011: Nachwort des Herausgebers, in: Nellie Bly: *Zehn Tage im Irrenhaus. Undercover in der Psychiatrie*. Berlin: Aviva, S. 161–180.
Wallraff, Günter 1985: *Ganz unten. Mit einer Dokumentation der Folgen*. Köln: KiWi-Taschenbuch.
Wang, Caroline C. 1999: *Photovoice: A Participatory Action Research Strategy Applied to Women's Health*. Journal of Women's Health, Volume 8, November 2, S. 185–192.
Wang, Caroline C. und Mary Ann Burris 1997: *Photovoice: Concept, methodology, and use for participatory needs assessment*, in: Health Education & Behavior, Juni, Vol. 24, N° 3, S. 369–387.
Weber, Max 1921/1972: *Wirtschaft und Gesellschaft. Grundriss einer verstehenden Soziologie*. Tübingen: Mohr/Siebeck.
Weber, Max 2004: Die ‚Objektivität' sozialwissenschaftlicher Erkenntnis, in: Strübing, Jörg und Bernt Schnettler (Hrsg.): *Methodologie interpretativer Sozialforschung. Klassische Grundlagentexte*. Konstanz: UVK, S. 43–100.
Watzlawick, Paul, Janet H. Beavin und Don D. Jackson 1969: *Menschliche Kommunikation. Formen, Störungen, Paradoxien*. Bern: Huber.
Wirth, Louis 1928/1998: *The Ghetto*. New Jersey: Transaction Publishers.
Whyte, William Foote 1943/1955/1981: *Street Corner Society. The Social Structure of an Italian Slum*. Chicago/London: The University of Chicago Press.
Wolff, Stephan 2008: Wege ins Feld und ihre Varianten, in: Uwe Flick, Ernst von Kardorff und Ines Steinke (Hrsg.): *Qualitative Forschung. Ein Handbuch*. Reinbek bei Hamburg: Rowohlt, S. 334–349.
Wuggenig, Ulf 1989: Die Fotobefragung als projektives Erhebungsverfahren, in: Hoffmann-Nowotny und Hans-Joachim (Hrsg.): *Kultur und Gesellschaft: gemeinsamer Kongreß der Deutschen, der Österreichischen und der Schweizerischen Gesellschaft für Soziologie, Zürich 1988*. Zürich: Seismo Verlag, S. 814–817.
Yelavich, Susan und Barbara Adams 2014: *Design as Future Making*. New York: Bloomsbury.
Zimbardo Philip G. 2001: *Das Stanford-Gefängnis-Experiment: Eine Simulationsstudie über die Sozialpsychologie der Haft*. Goch (D): Santiago.
Zorbaugh, Harvey Warren 1929: *Gold Coast and the Slum: Sociological Study of Chicago's Near North Side*. Chicago: University Press.
Zweifel, Stefan: *Paris, örtlich erschöpft. Georges Perec listet die Nicht-Ereignisse eines Platzes auf*. Neue Zürcher Zeitung vom 11. Dezember 2010, S. 65.

Teil II
Praxisbeispiele

Die folgenden Texte basieren auf den Theoriearbeiten, die Studierende des „Master of Arts in Design" in den Vertiefungen „Trends", „Ereignis", „Kommunikation" und „Produkt" an der Zürcher Hochschule der Künste geschrieben haben. Die forschungsorientierte Theoriearbeit ist der eine Teil der Masterarbeit, der andere ist eine gestalterische Aufgabe. Beide werden in drei Semestern realisiert.

Identi.city

David Duca[1]

Abstract

Einkaufsstraßen in Großstädten werden weltweit zunehmend einheitlicher, weil sich vielerorts dieselben globalen Handelsketten ausbreiten. Welche Implikationen hat diese Homogenisierung? Wie wirkt sie sich auf das urbane Flair aus? Wie könnte man ihr entgegenwirken? Ziel der Forschungsarbeit IDENTI.CITY ist es, die aktuellen Vorkommnisse auf innerstädtischen Einkaufsstraßen unter Anwendung von Cultural Probes und Experteninterviews zu untersuchen und so Strategien zu entwickeln, die dieser Tendenz entgegenarbeiten.

---
1 *ZHdK Master of Arts in Design, Field of Excellence Trends, 2015*

Problem und Forschungsfrage

Innenstädtische Einkaufsstraßen sind fast überall dramatischen Veränderungen ausgesetzt. Entgegen dem Versprechen der Globalisierung, dem Konsumenten eine Fülle von Auswahlmöglichkeiten zu bieten, dominieren in unseren Einkaufsstraßen nationale und multinationale Einzelhandels- und Gastronomieketten, sodass weltweit dieselben Formate angeboten werden (Cowen 2002; Harris 2015; Zukin 2009, 2010). Die Unverwechselbarkeit, einst Markenzeichen der Haupteinkaufsstraße, ist der Wiederholung und Gleichförmigkeit gewichen. In einer Zeit von wachsenden Städten ist es daher wichtig zu diskutieren, welche Art von Stadt wir uns wünschen und welche Faktoren dazu beitragen, dass urbane Räume lebenswert und attraktiv bleiben. In einem Kommentar hierzu stellt die Organisation UN Habitat fest:

> „[…] many cities still underestimate the importance of a city's look and feel, public spaces, and public infrastructure, failing to fully comprehend the correlation with quality of life, social development, and other key components of human well-being. Likewise, appealing cities are more likely to attract a creative, innovative and skilled workforce and the investments that are needed to drive the urban economy." (UN Habitat, ohne Jahresangabe).

Die Attraktivität eines städtischen Viertels hängt also wesentlich von der angebotenen Diversität ab, von der breiten Palette an Aktivitäten, für die der öffentliche Raum den Rahmen bildet, und von den gewerblichen Angeboten. Diesen Punkt unterstreicht Jane Jacobs, wenn sie schreibt: „Commercial diversity is in itself immensely important for cities, socially as well as economically." (Jacobs 1994, S. 160). Vor diesem Hintergrund müssen wir uns fragen, wie sich der Prozess der Homogenisierung unserer Innenstädte aufhalten lässt und was wir tun können, um dieser Entwicklung entgegenzuwirken.

Feldzugang und Forschungsfeld

Eine Stadt ist attraktiv, wenn sie einen attraktiven öffentlichen Raum zu bieten hat. Zum öffentlichen Raum zählen allerdings nicht nur repräsentative Orte wie die Sehenswürdigkeiten einer Stadt, sondern auch Kneipen, Restaurants, Sporthallen, Museen, Galerien – und vielleicht am wichtigsten, die Straßen selbst: „Think of a city and what comes to mind? Its streets." (Jacobs 1994, S. 39). Es gibt einen Typ Straße, der schon per definitionem eine Vielzahl unterschiedlicher Nutzungen miteinander verknüpft: die Haupteinkaufsstraße. Mit ihren Läden, Restaurants, Cafés und anderen Einrichtungen ist sie nicht nur ein zentraler Knotenpunkt einer Stadt, sondern auch eine urbane Bühne, auf der die Bürger ihre Individualität ausleben können. Allerdings hat sich der Charakter dieser Einkaufsstraßen in den letzten Jahren stark gewandelt. Meist sind, aufgrund ihrer enormen finanziellen Potenz, nur noch die großen nationalen und multinationalen Handelsketten in der Lage, sich diese Standorte zu leisten, und infolgedessen wird der Öffentlichkeit überall, so der Anschein, eine standardisierte Einkaufserfahrung geboten, bei der die immer gleichen Produkte immer gleich präsentiert werden (Harvey 2001). Um herauszufinden, wie die Situation auf Straßenebene tatsächlich ist, habe ich beschlossen, die aktuellen Entwicklungen in den Haupteinkaufsstraßen in London, Amsterdam und Zürich zu untersuchen. Zusätzlich habe ich eine einmalige Forschungsreise nach Exeter im Südwesten Englands unternommen; in einer 2005 von der *new economics foundation* (nef) veröffentlichten Studie wurde Exeter nämlich als schlimmstes Beispiel einer Klon-Stadt im Vereinigten Königreich bezeichnet (Simms et al. 2005).

Methoden und Feldforschung

Um die Leitfrage der Studie angemessen beantworten zu können, schien mir ein eklektischer Ansatz angemessen, nicht nur hinsichtlich der Forschungsmethode, sondern auch in der Wahl der zu befragenden Personen. Dies ist notwendig, einerseits aufgrund der Komplexität des Themas, andererseits weil eine große Zahl unterschiedlicher Interessensvertreter zu berücksichtigen ist (Park und Burgess 1925/1967). Grundsätzlich sind drei Abhängigkeitsverhältnisse zu unterscheiden: Erstens hängt das ‚Ökosystem' einer Einkaufsstraße vom ‚Geschäft' ab; repräsentiert durch Vermieter und Einzelhändler, die häufig bereits unterschiedliche Ziele verfolgen. Zweitens können Kommunalbehörden aufgrund ihrer Regulierungsbefugnisse (etwa durch Erlass und Anwendung von Raumplanungsverordnungen) einen bedeutenden Einfluss auf das Aussehen und das Ambiente einer Straße ausüben (Mintzberg 1994). Drittens entscheiden die Kunden als ‚Endnutzer' darüber, welche Geschäfte Erfolg haben und welche nicht, und infolgedessen auch über die Existenzfähigkeit und Attraktivität der Straße als Ganzes. Die ersten beiden Akteure sind vor allem ‚hinter den Kulissen' tätig, während die Kunden ‚auf der Bühne' agieren. Das Wissen und die Standpunkte der Protagonisten ‚hinter den Kulissen' habe ich mittels einer Reihe von Experteninterviews erfasst, unter Anwendung eines halbstrukturierten Fragenkatalogs. Um die Präferenzen der Konsumenten und damit der Akteure ‚auf der Bühne' zu ermitteln, wurde eine Anzahl von Testpersonen gebeten, an einer Cultural-Probes-Übung teilzunehmen, welche fotografische Arbeiten und ‚intuitive' Bastelarbeiten umfasste.

Mit der Wahl der von Gaver et al. (1999) beschriebenen Cultural-Probes-Methode verband sich das Ziel, von den Versuchspersonen möglichst ‚inspirierende' Antworten und zugleich Informationen zu ihrem Lebensstil, ihren Denkwelten und Vorlieben zu erhalten. Die Teilnehmenden wurden aufgefordert, mithilfe eines vorgefertigten Bastelsatzes ihre eigene Wunsch-Einkaufsstraße zu gestalten. Es stand eine Auswahl von ca. 60 Gebäudetypen zur Verfügung: große und kleine, mittelalterliche und moderne, Gebäude im Stil des 19. Jahrhunderts sowie Baracken, Containerhütten und Marktstände, in den Lokalstilen bekannter Großstädte. Jedes Gebäude sollte mit dem konkreten Namen eines Geschäfts oder eines Geschäftstyps versehen werden, den die Teilnehmenden gerne in ihrer Einkaufsstraße sähen. Zusätzlich konnten die Teilnehmenden ihre Einkaufsstraße wahlweise um weitere Elemente wie zum Beispiel unbebaute Flächen, Pflanzen, Bäume und Grünflächen, Straßenmöbel, alternative Gebäudefunktionen und Plätze ergänzen. Sie hatten außerdem die Möglichkeit, die vorgefertigten Gebäude zu zerschneiden, sie zu personalisieren oder selbständig neue Entwürfe zu gestalten. Um aussagekräftige Erkenntnisse über die Rolle der Akteure ‚hinter den Kulissen' zu gewinnen, führte ich Experteninterviews durch, um möglichst reichhaltige qualitative Datensätze zu erhalten. Die Abhängigkeiten zwischen den verschiedenen Akteuren sind nämlich ebenso vielfältig wie die Faktoren, die sich auf das ‚Ökosystem' einer Einkaufsstraße auswirken, sodass aussagekräftige Informationen nur im Gespräch mit örtlichen Experten, wie z.B. Einzelhändlern, Veranstaltern, Stadtplanern, Vermietern, Immobilieneigentümern, Sozialgeografen und Straßenmanagern zu gewinnen sind. Für die Interviews wählte ich eine Anzahl von Protagonisten aus Zürich, Amsterdam, London und Exeter aus. Die Gespräche wurden aufgezeichnet und transkribiert. Darüber hinaus habe ich Schnappschüsse von Läden, Einzelhandelsfilialen und anderen Einrichtungen auf großen Einkaufsstraßen in England, den Niederlanden und der Schweiz gemacht. Dazu zählten bekannte Einkaufsstraßen wie etwa die Oxford Street und die Bond Street in London, die Kalverstraat und die P.C. Hooftstraat in Amsterdam und die Bahnhofstraße in Zürich.

Jede der drei Teiluntersuchungen war nötig, um einen umfassenden Überblick über das komplexe Thema zu erhalten. Erstens konnte ich mithilfe der Schnappschüsse der Einkaufsstraßen Straßenkarten erstellen, in denen das Maß der Homogenisierung aufgezeigt werden konnte, sowie Listen der Einrichtungen und Geschäfte, die in den jeweiligen Straßen zum Zeitpunkt der Untersuchung aufzufinden waren. Diese Inventarisierung war zwar aufwendig, aber gleichwohl Routinearbeit, und bildete die statistische Basis für den Vergleich zwischen den drei untersuchten Städten. Zweitens lieferten die transkribierten Interviews mit Experten in Exeter, Zürich, Amsterdam und London umfangreiche Textdokumente, die ich mit der von Strauss und Corbin (1990) beschriebenen Open-Coding-Methode analysiert habe. Dadurch konnte ich klare Erkenntnisse über die aktuellen Probleme erlangen, mit denen großstädtische Einkaufsstraßen in der gesamten westlichen Welt konfrontiert sind. Drittens lieferte das Datenmaterial der Cultural

Probes (participant produced images und Collagen) Erkenntnisse über die Präferenzen der Teilnehmenden.

Analyse und Erkenntnisse

Beim ersten Blick auf die visuell reichhaltigen Ergebnisse der Cultural Probes wird man leicht von der schieren Menge an Informationen und den unzähligen Möglichkeiten ihrer Interpretation überwältigt. Es wäre selbstverständlich machbar gewesen, aufwändige Tabellen anzulegen, in denen alle einzelnen Geschäfte, alle konkreten Orte und Beispiele aufgelistet werden, die von der Testgruppe beim visuellen Erstellen ihrer ‚Wunsch-Einkaufsstraße' genannt wurden. Bis zu einem gewissen Grad habe ich das auch getan, bin aber sehr bald zum Schluss gekommen, dass sich damit die beiden folgenden Fragen nicht beantworten lassen: Wie viele Verkaufsgeschäfte möchten die Menschen tatsächlich auf einer Einkaufsstraße sehen und welche anderen Einrichtungen hoffen sie dort ebenfalls vorzufinden? An dieser Stelle sollte ich erwähnen, dass ich bei der Vorbereitung des Bastelsatzes für die Aufgabe ‚Erstellen Sie Ihre Wunsch-Einkaufsstraße' bewusst den Begriff ‚Einkaufsstraße' und nicht ‚Hauptstraße' verwendet habe, damit sich die Versuchspersonen auf den kommerziellen Aspekt konzentrieren. So bekamen alle Entscheidungen, die sich nicht auf den Einzelhandel bezogen, indirekt ein größeres Gewicht. Vor dem Hintergrund dieser Auswahlkriterien beschloss ich, die verschiedenen ‚Labels', die auf den Antwortbögen verwendet wurden, zu übergreifenden Kategorien zusammenzufassen, und habe dann verglichen, wie viel Raum jede Kategorie in Bezug auf die gesamte Straße prozentual einnahm.

Die Ergebnisse dieser Übung sind überraschend. Kurz gesagt beziehen sich lediglich 56 % aller Aktivitäten in den ‚Wunsch-Einkaufsstraßen' direkt auf das Einkaufen, während 44 % nicht-einkaufsbezogenen Aktivitäten vorbehalten sind. Die Cultural Probes zeigten sehr deutlich, wie sehr die Realität von dem abweicht, was sich die Menschen eigentlich wünschen. Um die Kluft ermessen zu können zwischen den Bedürfnissen der Menschen und dem, was ihnen tatsächlich angeboten wird, müssen wir diese Bedürfnisse mit den Ergebnissen aus den Straßenbeobachtungen vergleichen. Dem oben genannten Sollwert von 44 % für nicht-einkaufsbezogene Einrichtungen stehen für die großen Einkaufsstraßen folgende äquivalente Werte gegenüber: Oxford Street in London – 14 %, Kalverstraat in Amsterdam – 8 %, Bahnhofstrasse in Zürich – 5 %. Interessanterweise scheint die Greater London Authority diesen Trend wahrgenommen haben; ein leitender Projektbeauftragter teilte mir im Interview mit: „One of the categories of things we are looking for is to create a diverse High Street, packed with different uses, not just retail, but for example also manufacturing as well as housing."

Transfer ins Design

Wenn ich auf die Cultural Probes, die ich im Zuge meiner empirischen Forschung durchgeführt habe, zurückblicke, habe ich den Eindruck, dass die Teilnehmenden gut auf den Bastelsatz für die Aufgabe ‚Erstellen Sie Ihre eigene Einkaufsstraße' ansprachen. Der Abstraktionsgrad der Zeichnungen hat die notwendigen Informationen anscheinend erfolgreich vermittelt und gleichzeitig die Fantasie der Teilnehmenden angeregt. Ich war daher der Meinung, dass der Abschlussentwurf, der diese Forschungsarbeit zu begleiten hatte, an das Werkzeug anknüpfen sollte, das in der Cultural-Probes-Übung erprobt wurde. Ziel war es, ein Medium zu finden, mit dem sich das Problem knapp, aber anschaulich erklären lässt, in der Absicht, die Zielgruppen dazu zu bewegen, sich ausführlicher mit dem Thema der Forschungsarbeit zu beschäftigen. Meiner Meinung nach war ein kurzer Animationsfilm, der die Ästhetik des Cultural-Probes-Bastelsatzes aufnimmt, hierfür die geeignetste Lösung. Als Beispiel dafür, wie sich das umsetzen lässt, habe ich einen Filmtypus ausgewählt, wie er von der Firma *Simpleshow*[2] oft verwendet wird. Die Firma produziert kurze Animationsfilme, in denen komplexe Themen mit einfachen Mitteln erklärt werden. Oft beschränken sich die verwendeten Utensilien auf schwarz-weiße Papierfiguren, ein paar Hände und einen erklärenden Text, der über die Bilder gesprochen wird. Ich kam zum Schluss, dass dieses Format dafür geeignet war, mein Cultural-Probes-Werkzeug zumindest teilweise einzusetzen. Der fertige Film versuchte, die wichtigsten Fragen zusammenzufassen, mit denen die heutigen Einkaufsstraßen konfrontiert sind. Zudem sollte dabei das Konzept der *City Curation* vorgestellt werden. *City Curation* ist als Strategie für die Planung des Inhalts und der Nutzungen von Straßen und Gebäuden gedacht, mit dem Ziel, die kommerzielle und soziale Vielfalt von Stadträumen zu schützen und zu fördern. Dabei geht es nicht darum, ein „Idealbild" der Urbanität zu konservieren und für alle Ewigkeiten einzufrieren. Vielmehr kann *City Curation* als Mittel verstanden werden, wie gesellschaftliche und ökonomische Veränderungen frühzeitig erfasst und sinnvoll in das Stadtgefüge eingebaut werden können.

Reflexion

Rückblickend ist das von mir gewählte Thema vielleicht zu komplex und weitreichend, als dass man ihm mit einer Studie dieses Umfangs (sowie der Zeit, den finanziellen Mitteln und den Ressourcen, die mir zur Verfügung standen) gerecht werden könnte. Diese Forschung hat aber gezeigt, dass es dringend notwendig ist, alternative Stadtplanungsstrategien zu finden, weg von der rein architektonischen Perspektive hin zu einer Betrachtungsweise, die die Nutzer einer Stadt

---

2   http://simpleshow.com (30. Oktober 2017)

ins Zentrum der Planungsdiskussion rückt. Obwohl ich mich auf drei europäische Großstädte (London, Amsterdam und Zürich) beschränkt habe, konnte ich dennoch einige überraschende und unerwartete Ergebnisse zusammentragen. Entsprechend könnten durch weitere Forschungsarbeit vermutlich noch deutlich mehr Informationen gewonnen werden. Bevor ich meine Recherchen für dieses Projekt begonnen hatte, war mir nicht bekannt, dass in London einige Grundstücksbesitzer ihren Einfluss dazu verwenden, „gemeinschaftszentrierte" Einkaufsstraßen zu schaffen (Howard de Walden Estate), oder dass der Beruf des Straßenmanagers überhaupt existiert (Niederlande). In London gibt es noch einige weitere „Estates" wie das Howard de Walden Estate, und es wäre interessant, dort ebenfalls die jeweiligen Managementmodelle, Strategien und Ziele zu untersuchen. Was die Straßenmanager betrifft, gibt es diese Profession offenbar auch in den USA und es wäre aufschlussreich, in Erfahrung zu bringen, was ihre Motivation ist, wie sie finanziert werden und über welche Instrumente zur Umsetzung sie verfügen. Damit soll nur gezeigt werden, wie das Forschungsfeld dieser Studie problemlos ausgeweitet werden könnte. Dies würde sicherlich zu einem besseren Verständnis dessen führen, was eine attraktive und inklusive städtische Umgebung ausmacht und wie diese zu erreichen ist.

Bibliografie

Cowen, Tyler 2002: *Creative Destruction: How Globalization Is Changing the World's Cultures*. Princeton: Princeton University Press.

Gaver, Bill, Tony Dunne und Elena Pacenti: Cultural Probes. *Interactions*, 6/1, January+February 1999, S. 21–29.

Harris, John 2015: A lament for the death of bohemian London, in *Guardian online*, veröffentlicht am 06. Februar 2015. Bei http://www.theguardian.com/commentisfree/2015/feb/06/death-bohemian-london-12-bar-club-sqatters (Abgerufen am 6. Februar 2015).

Harvey, David 2001: *Space of Capital: Towards A Critical Geography*. New York: Routledge.

Jacobs, Jane 1994: *The Death and Life of Great American Cities*. London: Penguin Group.

Mintzberg, Henry 1994: The Rise and Fall of Strategic Planning: Reconceiving Roles for Planning, Plans, Planners. New York: The Free Press.

Park, Robert E. und Ernest W. Burgess 1925/1967: *The City. Suggestions for Investigation of Human Behavior in the Urban Environment*. Chicago: University of Chicago Press.

Simms, Andrew, Petra Kjell und Ruth Potts 2005: *Clone Town Britain; The survey results on the bland state of nation*. London: new economics foundation (nef).

Strauss, Anselm und Juliet Corbin 1990: *Basics of Qualitative Research: Grounded Theory Procedures and Techniques*. Thousand Oaks (USA): Sage Publications.

UN Habitat (ohne Jahresangabe). *Urban Design: The Look And Feel Of A City*, http://unhabitat.org/urban-themes/planning-and-design/ (Zugriff: 12. September 2017).

Zukin, Sharon 2009: *Destination Culture: How Globalization makes all Cities Look the Same*. Überarbeitete Grundsatzpräsentation zu *"Rethinking Cities and Communities: Urban Transition Before and During the Era of Globalization"*, Centre for Urban and Global Studies, Trinity College, Hartford, Connecticut, November 14-15, 2008, http://www.trincoll.edu/UrbanGlobal/CUGS/Faculty/Rethinking/Documents/Destination%20Culture.pdf (Abgerufen am 14. August 2017).

Zukin, Sharon 2010: *Naked City: The Death and Life of Authentic Urban Places*: Oxford: University Press.

Mehr Informationen:
http://master.design.diplome.zhdk.ch/2015

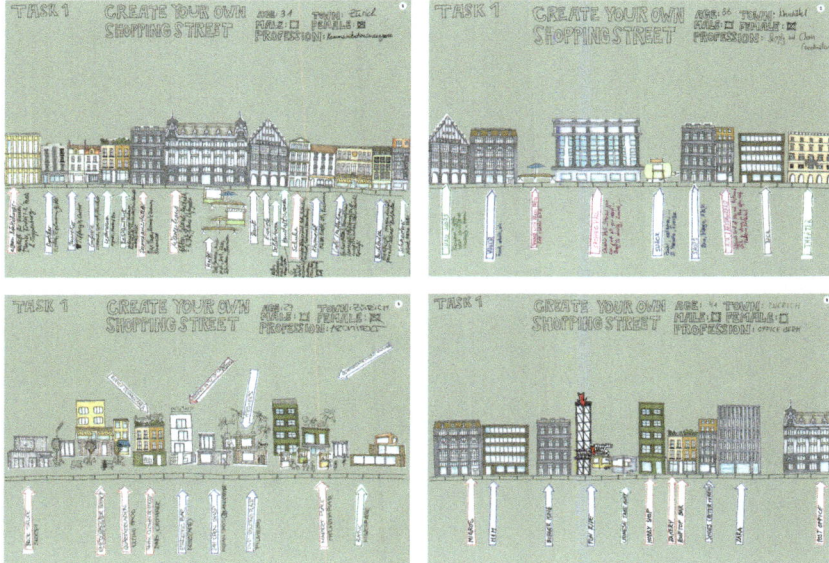

Cultural Probes: Vier Antwortkarten von Partizipantinnen und Partizipanten, die mit vorgegebenen und eigenen Elementen eine Wunscheinkaufsstrasse kreieren. © Foto: David Duca

Reiseführer des Zufalls

Lena Grossmüller[1]

Abstract

Individualtourismus stößt an seine Grenzen: Auf der Suche nach Einzigartigkeit und authentischen Erfahrungen finden wir Vorhersehbares, Erlebnisdruck und die Angst, etwas zu verpassen. Wie lässt sich mehr Raum für Unbekanntes, Überraschendes und Muße schaffen? Ich knüpfe an das Konzept des experimentellen Tourismus an und habe mit Hilfe von designethnografischen Methoden DSCVR, einen Reiseführer des Zufalls, entwickelt: Anstatt durch die Stadt zu führen, gibt er Inspiration, sich zu verlieren; er wirft Fragen auf, motiviert zur Interaktion und regt zur Reflexion des Erlebten an. Spielerische Impulse öffnen den Blick für ungewöhnliche Erfahrungen und lassen das gewisse Ungewisse entdecken – von Honolulu bis zum Heimatdorf.

---

1 *ZHdK Master of Arts in Design, Field of Excellence Trends, 2015*

Problem bzw. Forschungsfrage

Auf der angestrengten Suche nach außergewöhnlichen Erlebnissen abseits der ausgetrampelten Pfade fällt es immer schwerer, Orte ungezwungen und frei von Erwartungen zu entdecken. Die Gründe dafür sind zahlreich: das Streben nach Individualisierung (Zukunftsinstitut 2012), die Mechanismen der „Erlebnisgesellschaft" (Schulze 2000) oder die omnipräsenten digitalen Medien (Saw 2014, S. 72), um nur einige Beispiele zu nennen. Auch Reiseführer tragen zu dieser Entwicklung bei. Es mangelt nicht an verheißungsvollen Superlativen, die es nachzuahmen gilt: „Off the beaten paths", „Musts!", „Insider's Checklist", „Nur das Authentische und Besondere" oder „Einmal im Leben alles richtig machen". Gemeinsam mit idealisierten Fotografien von Skylines, Szeneläden oder Smoothiebars versprechen sie das Paradies – und schaffen gleichzeitig ein Gefühl von Unzulänglichkeit. Gerade im Individualtourismus, wo es noch ein bisschen authentischer und exotischer sein darf, wird Reisen leicht zum Freizeitstress. Meine Masterarbeit DSCVR ist die Suche nach einer möglichen Alternative. Die Forschungsfrage lautet: Wie muss ein Reiseführer gestaltet sein, der mehr Raum für Unbekanntes, Überraschung und Muße im Individualtourismus schafft?

Feldzugang und Forschungsfeld

Wer die Mechanismen im Individualtourismus neu denken möchte, muss selber auf Reisen gehen respektive in die Lebenswelt anderer Reisenden eintauchen. Um mir einen ersten Feldzugang zu verschaffen, startete ich mit einer umfassenden Literaturrecherche – von genuinen Reisemotiven über gesellschaftliche Trends bis zu Urbanitätskonzepten – sowie einer Analyse von bereits bestehenden Individualreiseführern. In einem zweiten Schritt baute ich ein spezifisches Forschungsdesign mit breitem Methodenmix auf, das es mir ermöglichte, die Forschungsfrage auf verschiedenen Ebenen zu beleuchten. Mir war es wichtig, unterschiedliche Perspektiven auf das Thema einzufangen, um einen möglichst offenen Forschungsverlauf sicherzustellen.

Methoden und Feldforschung

Experimenteller Tourismus verlangt nach experimentellen Forschungsmethoden. Diesem Leitspruch folgend habe ich als zentrale Forschungsmethode Cultural Probes nach dem Konzept von Gaver et al. (1999, S. 21 ff.) gewählt. Mit Hilfe von sogenannten Toolsets, die Handlungsaufforderungen und diverse Hilfsmittel enthalten, können die Probanden (orts-)unabhängig vom Forschenden Aufgaben durchführen. Im Mai 2014 führte ich zunächst eine Vorstudie mit Teilnehmern an ihren Wohnorten durch, um die Versuchsanordnung zu testen. Im Sommer folgte dann die finale Studie, an der insgesamt 16 Reisende aus der Schweiz und Deutschland teilnahmen. Sie erhielten Toolsets mit den Schwerpunktthemen Exploration, Interaktion und Reflexion, bei denen jeweils eine Aufgabe obligatorisch, der Rest frei wählbar war, unter anderem: Finde einen Ort in der Stadt, der dich an eine andere Stadt erinnert. Frage einen Local nach seinem Lieblingsort und besuche diesen. Was ist dein persönlicher Satz des Tages? Die Ergebnisse der Toolsets wurden mir fotografisch, per E-Mail, per Postkarte oder in Form eines Reisetagebuchs übermittelt. Im Anschluss habe ich außerdem alle Teilnehmer in ausführlichen Leitfadeninterviews zu ihren Erfahrungen befragt. Der zweite Baustein meines Methoden-Kanons ist die Autoethnografie. Es ist ein „Forschungsansatz, der sich darum bemüht, persönliche Erfahrung (auto) zu beschreiben und systematisch zu analysieren (grafie), um kulturelle Erfahrung (ethno) zu verstehen" (Ellis et al. 2010, S. 345). Ich habe meine Reisen im Sommer 2014 nach Italien, Brasilien, Peru und China genutzt und meine persönlichen Erlebnisse autoethnografisch dokumentiert. Neben der teilnehmenden Beobachtung habe ich weitere Techniken wie informelle Gespräche und Gruppenbefragungen angewandt. Gesprächspartner waren dabei sowohl Mitreisende als auch Fremde oder flüchtige Reisebekanntschaften. Die subjektive Auseinandersetzung mit der Reiseerfahrung half mir, Akteure, Aktivitäten und Situationen im Individualtourismus besser einzuschätzen und Ergebnisse aus den Cultural Probes oder Interviews besser nachvollziehen zu können. Als dritte Methode habe ich qualitative Interviews nach der Definition von Froschauer und Lueger (2003) angewandt. Der Fokus liegt auf dem Erkenntnisinteresse, sprich dem Aneignen von spezifischem Wissen, das ich mit Hilfe des sogenannten Kodierverfahrens nach Anselm Strauss' und Juliet Corbins Grounded Theory (1996, S. 39) gewonnen habe. Ich habe diese Methodik zweifach verwandt: zum einen in drei Experteninterviews – mit Joel Henry, dem Begründer des experimentellen Tourismus, Stadtwanderer Boris Sieverts und Reisejournalistin Sabine Danek –, um kompetente Einschätzungen zu verschiedenen Teilaspekten meines Themas zu generieren. Zum anderen in qualitativen Leitfadeninterviews mit multinationalen Teilnehmern einer Design Summer School in Shanghai. Hierbei ging es einerseits darum, ein globales Verständnis von Reisepraktiken zu erhalten, und andererseits, aus der Sicht von internationalen Designstudenten auf das Thema zu blicken.

Analyse und Erkenntnisse
Besonders die Anschluss-Interviews mit den Teilnehmern der Cultural Probes waren erkenntnisreich und haben mich zu vielen Einsichten über die Anforderungen an einen experimentellen Reiseführer geführt. Das Resultat der Analyse lässt sich in fünf Erkenntnissen zusammenfassen:

Der Zufall als Schlüssel für unvoreingenommene Exploration
Die Auswertung der Cultural Probes hat bestätigt, dass unter Zuhilfenahme des Zufalls mehr Raum für Unbekanntes und Überraschendes geschaffen werden kann. Der Zufall reduziert den Erwartungsdruck und fördert Exploration, Interaktion und Reflexion. Doch auch der Zufall hat zwei Seiten: Überraschung und Enttäuschung. In einigen Fällen kam Frustration auf, wenn die Aufgaben nicht wie erwartet funktionierten oder sich daraus nichts völlig Außergewöhnliches ergab. Daneben hat sich herausgestellt, dass der Zufall die Angst verstärkt, etwas zu verpassen. Selbstbestimmte Planung und der Besuch von klassischen Sehenswürdigkeiten geben Sicherheit, die auch für Individualreisende von Bedeutung ist. Die Herausforderung ist, ein ausbalanciertes Verhältnis von experimentell und konventionell zu finden.

Im Profanen liegt das Reizvolle
Es waren oft die kleinen, unscheinbaren Dinge, von denen die Teilnehmer der Cultural Probes fasziniert waren oder auf die ich selbst während meiner autoethnografischen Reisen gestoßen bin. Das Alltägliche und Banale bietet einen guten Anknüpfungspunkt für die Exploration, weil es sich leicht in Bezug zu bereits Bekanntem setzen lässt. Durch den Vergleich mit Vertrautem fällt der Zugang zur Fremde einfacher und Andersartigkeiten werden besser sichtbar.

Die universelle Ausrichtung führt zu Spannungen
Stadt ist nicht gleich Stadt und Reisender nicht gleich Reisender. Es gab verschiedene Meinungen darüber, welche Bedingungen erfüllt sein müssen, damit die universellen, auf dem Zufall basierenden Anleitungen funktionieren: Stadtgröße, Sicherheitsgefühl, Anzahl der Reisenden, Intensität der kulturellen Differenzen. Fest steht, dass das breit gefasste Konzept teilweise an seine Grenzen stößt und zu Spannungen führt. Gleichzeitig sind diese Störungen erwünscht, weil sie Eigeninitiative und Kreativität fördern, wie die Stadtexperimente gezeigt haben. Hier ist der persönliche Umgang mit Herausforderungen und Hindernissen entscheidend.

Der Reiseführer sollte einen Mehrwert bieten
Es hat sich herausgestellt, dass alternative Reiseführer zusätzlich zu konventionellen Formaten oder Empfehlungsportalen genutzt wird. Deshalb ist das Bedürfnis nach einem Mehrwert besonders hoch. Dieser sollte sich zum einen über die Aussicht auf Sinnstiftung durch die ungewöhnliche Erfahrung ergeben, aber auch durch zusätzliche Funktionen wie beispielsweise die Nutzung als Reisetagebuch.

Die Aufgaben können Zwang und Druck auslösen
Kritikpunkte der Cultural-Probes-Teilnehmer waren, dass zu viele Aufgaben gestellt wurden, sie zu eng formuliert waren und sie zu Frustration führen, wenn sie nicht gelingen. Es wurde in einigen Fällen als Zwang empfunden, jeden Tag eine Aufgabe zu erledigen; dies führte zu einem gesteigerten Bedürfnis nach Freiräumen, beispielsweise durch Auswahlmöglichkeiten. Diese wichtige Erkenntnis muss allerdings differenziert betrachtet werden, da sie in gewissem Maße der Versuchsanordnung der Cultural Probes geschuldet ist. Der finale Reiseführer setzt einen freiwilligen Kaufentscheid voraus.

Transfer ins Design
Im Designtransfer werden die zentralen Ergebnisse in ein Gestaltungskonzept überführt. Basierend auf den Kernzielen und Forschungserkenntnissen habe ich eine Gestaltungs-Guideline für den Reiseführer DSCVR entwickelt, die ich in Auszügen vorstellen möchte: Die Navigation durch den Reiseführer ist bereits Teil der durch den Zufall beeinflussten Erfahrung. Ohne Inhaltsverzeichnis und mit nur drei groben Ressorts folgt DSCVR keinem konventionell linearen Aufbau, sondern fordert den Leser dazu auf, aktiv in die Navigation einzugreifen. Wie? Indem er nach dem Prinzip eines Daumenkinos mit dem Daumen über die Seiten streicht und per Zufall auf einer Seite stoppt. Die jeweilige Seite liefert ihm den Impuls, dem er folgen kann. Auch in Layout und Satz wird der Zufall sichtbar. Zwar gibt es einen definierten Satzspiegel, jedoch erlaubt sich DSCVR diesen Spielraum auszureizen und stellenweise auch davon abzuweichen. Der mittige Satz für Impulse und Stadtexperimente nimmt den Anleitungen die Strenge und spiegelt die poetische Dimension des Themas wider. Auch das Cover unterstreicht das Spannungsverhältnis von Zufall und Struktur, das DSCVR inhärent ist: Scheinbar zufällig angeordnete Typografie trifft auf einen strukturgebenden Rahmen. In Anlehnung an Kimberly Elams typografisches Zufallssystem (2009, S. S.72) habe ich mit der Anordnung der Buchstaben experimentiert und Gestaltungsstudien zur Positionierung von Titel und Autorenname durchgeführt. Die Inhaltsstruktur von DSCVR bildet die wichtigsten Phasen einer Reise ab: *Vor der Reise, Auf der Reise, Nach der Reise*. Im Mittelpunkt des Reiseführers steht das Ressort *Auf der Reise*, das sich aus vier Bestandteilen zusammensetzt: *Impulse, Stadtexperimente, Essays* und *Reflexionen*. *Impulse* sind das Herzstück von DSCVR. Es sind Anregungen zum Handeln – etwas zu beobachten, zu suchen, zu sammeln, zu erfragen, zu probieren... Manchmal sehr poetisch, manchmal sachlich-konkret. Pro Seite gibt es nur einen Impuls, um den Leser nicht zu überfordern und keinen neuen Erlebnisdruck zu erzeugen. Damit eng verknüpft sind die *Reflexionen* auf den blauen Seiten. Sie regen mit konkreten Fragestellungen dazu an, das Erlebte zu reflektieren. Die *Stadtexperimente* sind Weganleitungen,

bestehend aus vier bis fünf Anweisungen, die einen zufälligen Spaziergang ergeben. Um die Reisenden nicht zu bevormunden, sind immer wieder Auswahlmöglichkeiten eingebaut. Die einseitigen *Essays* lockern die Struktur aus Impulsen und Stadtexperimenten mit kurzen Denkanstößen auf. Als Medium habe ich bewusst eine gedruckte Version gewählt, damit man sich kurzzeitig vom alltäglichen, digitalen Grundrauschen lösen kann und haptische Interaktion wieder mehr in den Mittelpunkt rückt. Das Format ist bewusst kompakt gewählt, sodass es auf Reisen keinen Ballast darstellt. Eine Sammellasche an der hinteren Umschlagsseite ermöglicht das Sammeln von Postkarten und Erinnerungsstücken. Damit wird der Reiseführer nicht nur dem reflexiven Anspruch, sondern auch dem angestrebten Mehrwert gerecht.

Reflexion

Mit der Identifikation des Zufalls als Wegbereiter für Unbekanntes und Überraschendes kann die Beantwortung der Forschungsfrage zumindest theoretisch als erfüllt betrachtet werden. In der Praxis waren die Rückmeldungen auf die zufälligen Anleitungen der Cultural Probes gespalten: Einerseits schafft der Zufall einen unvoreingenommenen Zugang, andererseits schürt er die Angst, etwas zu verpassen. Letztlich bleibt der Reiseführer in vielen Bereichen ein Kompromiss: Manche Reisende brauchen klare Vorgaben, um ihre Kreativität anzustoßen; andere fühlen sich durch eben diese eingeengt. Die Krux der Universalität konnte auch ich in dieser Arbeit nicht lösen. Jedoch hoffe ich durch die Fülle von Anregungen und ihre unterschiedliche Konzeption (mal enger, mal freier) einen Mittelwert zu treffen, der verschiedenen Ansprüchen gerecht wird. Eine ebenfalls berechtigte Kritik, die es abschließend zu diskutieren gilt, ist die Wahl des Mediums: Darf man das Prinzip Reiseführer bemängeln und gleichzeitig einen neuen erstellen? Meine Antwort: Man darf. Das Medium dient lediglich als Gefäß für verschiedene Ansätze, inhaltlich und vor allem methodisch weicht der Zufallsreiseführer fundamental von anderen Publikationen ab. Der Führungsaspekt wird durch die unbestimmte Variable *Zufall* entkräftet und von ihrer ursprünglichen, ortsgebundenen Funktion befreit. In einem zweiten Schritt zur Wahl des Mediums ist die ewige Streitfrage „Analog oder Digital?" anzuführen. Bei der Beantwortung gibt es kein richtig oder falsch. Ich habe mich für eine gedruckte Version entschieden, um eine Auszeit zur Digitalisierung des Reiseerlebnisses zu schaffen. Dieses Argument erschien mir gewichtiger als der legitime Hinweis auf eine zeitgemäße Umsetzung oder die Aktualisierbarkeit von Apps oder Websites. Letztlich gibt der Erfolg dem Projekt recht: Nach Abschluss des Masterstudiums wurde der Reiseführer mithilfe von Crowdfunding in einer ersten Auflage realisiert. Diese war innerhalb von nur zwei Wochen ausverkauft. Seit September 2015 ist er im Zürcher Kommode Verlag erhältlich und geht mittlerweile in die sechste Auflage. Eine englische Ausgabe ist in Planung.

Bibliografie

Elam, Kimberly 2009: *Typografische Systeme*. New York: Princeton Architectural Press.
Ellis, Carolyn, Tony Adams und Arthur P. Bochner 2010: Autoethnografie, in: Günter Mey und Katja Mruck (Hrsg.): *Handbuch Qualitative Forschung in der Psychologie*. Wiesbaden: VS Verlag für Sozialwissenschaften, S. 345–357.
Froschauer, Ulrike und Manfred Lueger 2003: *Das qualitative Interview*. Wien: Facultas Verlag.
Gaver, Bill, Tony Dunne und Elena Pacenti: Cultural Probes. *Interactions*, 6/1, January+February 1999, S. 21–29.
Saw, M. Astella 2014: *Appy Travels*. Protein Journal, 14, S. 72–77.
Schulze, Gerhard 2000: *Die Erlebnis-Gesellschaft: Kultursoziologie der Gegenwart*. Frankfurt am Main: Campus Verlag.
Strauss, Anselm und Juliet Corbin 1996: *Grounded Theory: Grundlagen Qualitativer Sozialforschung*. Weinheim: Psychologie Verlags Union.
Zukunftsinstitut 2012: Megatrends – Die großen Treiber der Gesellschaft. http://www.zukunftsinstitut.de/megatrends (Zugriff: 12. September 2017).

Mehr Informationen:
http://master.design.diplome.zhdk.ch/2015/grossmueller-lena
www.dscvr-guide.com
www.lenagrossmueller.de

Cultural Probes: Postkarten und Travel Diaries. © Foto: Lena Grossmüller

„Und, warum bist du immer noch da?"

„Naja, weil ich gerade mit dir spreche"

Daniela Gruber[1]

Abstract

Autismus ist ein Phänomen, das bekannt ist, aber dennoch fremd und unbegreiflich erscheint. In der Gesellschaft gibt es zwei extreme Vorstellungen darüber, was Autismus kennzeichnet: auf der einen Seite die Unfähigkeit, in einem sozialen Kontext zu funktionieren, auf der anderen der Besitz außergewöhnlicher Fähigkeiten und Intelligenz. Doch diese Vorstellungen sind sehr schematisch, denn beide können zutreffen, nur eine davon oder auch keine. Mit meiner Masterarbeit will ich durch den persönlichen Zugang eine neue vermittelnde Perspektive auf Autismus ermöglichen. Autistische Verhaltensweisen sollen mittels visueller und funktioneller Umsetzungen auf das Medium Buch übertragen werden und so den Autismus erfahrbar machen.

---

1 *ZHdK Master of Arts in Design, Field of Excellence Kommunikation, 2016*

Problem und Forschungsfrage

Autisten funktionieren in ihrem Verhalten, ihrer Motorik und ihrer Wahrnehmung anders als der Großteil der Gesellschaft (Baron-Cohen 2008; Frith 2008; Sacks 1997; Todd 2015). Sie gelten als deviant, werden kategorisiert und teils stigmatisiert (Goffman 2010). Sie werden therapiert, bekommen Sonderbehandlungen in Schulen, Heimen und Institutionen mit geschultem Fachpersonal. Aber wieso starten wir nicht den Versuch, uns in eine autistische Welt zu versetzen? Anders gefragt: Kann Autismus durch formale und funktionelle Methoden zum Vorschein gebracht werden? Wie findet die Vermittlung des Phänomens in einem Medium statt? Mein Beweggrund setzt bei der Vermittlung des Themas an. Ich denke, wenn ein besseres Verständnis für Autismus vorhanden wäre, könnten auch neue Wege entstehen, damit umzugehen. Wenn ich vom Umgang mit der Thematik spreche, meine ich nicht auf eine therapeutische, pädagogische oder medizinische Art und Weise, sondern auf eine persönliche. Das bedeutet, Menschen, die sich anders verhalten und die anders denken, mit ihren Fähigkeiten und Unfähigkeiten ohne eine Bewertung oder Kategorisierung anzunehmen.

Feldzugang und Forschungsfeld

Um meiner Fragestellung gerecht zu werden, spielten für mich folgende zwei Faktoren eine bedeutende Rolle: einerseits die Nähe und die persönliche Kontaktaufnahme zu Autisten und deren Lebenswelt (Goffman 1996; Honer 2008) und andererseits meine eigene subjektive Vorstellung zur Thematik. Die Nähe zu autistischen Menschen suchte ich anfangs über Heime, Vereine und Ärzte. Das erste Interview führte ich mit einem Kinderpsychiater, der mit autistischen Kindern arbeitet. Die befragten Personen übermittelten mir immer wieder neue Kontaktpersonen. Vereine und Verbände, wie „Autismus Deutsche Schweiz" und „Österreichische Autistenhilfe", erreichte ich durch Mails, in denen ich vorab mein Anliegen genau geschildert hatte. Die meisten Interviews führte ich persönlich durch, manche auch über das Telefon. Einen der beiden autistischen Jungen, die einen beträchtlichen Teil in meiner Arbeit einnehmen, kenne ich seit meiner Kindheit. Den Kontakt zu dem anderen Jungen konnte ich durch einen Freund, der in einem Wohnheim bei einem österreichischen Verein in Österreich als Betreuer arbeitet, herstellen.

Methoden und Feldforschung

Die Methode, mit der ich „Nähe" suchte, half mir Wissen sowie Erfahrungen über autistische Menschen zu erlangen. Der direkte Kontakt verschaffte mir ein subjektives Verständnis. In meiner Arbeit gibt es eine Bildserie von einem Spaziergang, die ein autistischer Junge für mich fotografiert hat. Für die Datenerhebung zu meinem Thema habe ich Interviews mit verschiedenen Probanden, zum Beispiel Ärzten, Mitarbeitern von Beratungsstellen, Psychologen und Familienangehörigen etc., durchgeführt. Mittels der zweiten Methode, der „Spekulation", erfolgt ein subjektiver Zugang, bei dem ich von einer persönlichen Annahme ausgehe, wie Autismus sein könnte. Durch Experimente in Form von repetitiven Verhaltensweisen, Orientierungsstudien und Detailfokussierung habe ich versucht, mir eine autistische Denk- und Verhaltensweise anzueignen. Denn auch aus medizinischer Sicht gibt es noch offene Fragen und für die autistische Diagnose ist bis heute das sichtbare Verhalten, neben den neurologischen Erkenntnissen, einer der entscheidenden Parameter.

Besuch eines Autisten: Für meine empirische Forschung habe ich den 28-jährigen autistischen Martin bei seiner Familie zu Hause besucht. Meine Beobachtungen stützen sich vor allem auf den Blickkontakt, die Mimik und Bewegungsabläufe. Ich habe mich außerdem dabei auf Sprache und Kommunikation konzentriert. Während ich meine Schuhe ausziehe und meine Freundin und ihre Mutter begrüße, werfe ich einen kurzen Blick in den Gang. Da läuft Martin vorbei mit festen Schritten, den Kopf nach unten geneigt, der Blick auf etwas gerichtet, das er in den Händen hält. Meine Freundin bittet mich ins Esszimmer. Martin sitzt auf einem Stuhl neben dem Ofen, er hat ein Stück Brot in der Hand und ein Feuerzeug. Er hält die Flamme unter das Brot, lässt den Zünder wieder aus und riecht an einem Stück Brot. Er wiederholt den Vorgang immer und immer wieder. Seine Mutter weist mehrere Male auf mich hin. Ich begrüße Martin laut und deutlich. Ich bemerke, dass ich mit ihm wie mit einem Kleinkind spreche. Nichts. Er sitzt am Boden und fokussiert sich weiterhin auf den Geruch des Brotes. Ungewöhnlich nah führt er es an seine Nase heran. Plötzlich steht er ruckartig auf und sieht mich an. Es scheint, als würde er mich ansehen, aber gleichzeitig auch nicht. Wir gehen in Richtung Tisch, wo er sich auf seinen Stuhl setzt. Sein Bewegungsverhalten wirkt ruckartig und unruhig, aber nur im Moment, in dem die Bewegung beginnt. Beinahe mechanisch. Sobald er Platz genommen hat, sagt er: „Er Kaffee haben". Seine Mutter erklärt: „Er redet von sich meist in der dritten Person". Schnell greift er zur Tasse, die nun seine ausschließliche Aufmerksamkeit bekommt. Fest umschlingt er die heiße Tasse mit beiden Händen. Er trinkt und schluckt sehr hastig. „Er Kaffee haben". Er wiederholt den Satz mehrmals. Dabei steht er mehrmals auf, um sich Kaffee nachzuschenken. Ich spüre seine Blicke. Also nicht direkt, aber als besäße er die Fähigkeit, um eine Ecke zu sehen. Wenn er eine Frage gestellt bekommt, antwortet er kurz mit „Ja" oder „Nein", wiederholt die Frage nochmals oder stellt eine neue Frage aus einem völlig anderen Kontext. Seine Mutter erzählt mir von seiner Gabe, sich an die kleinsten Erlebnisse mit anderen Menschen aus seiner Kindheit zu erinnern. Noch immer umfasst er seine Tasse fest. Er scheint nachzudenken. Plötzlich beginnt er ganz laut aus dem Bauch heraus zu lachen. Er lässt die Tasse los, steht auf, wedelt fröhlich mit seinen Händen und setzt sich ohne ein Wort im Schneidersitz auf den Boden. Er lächelt und wippt mit seinem Oberkörper vorwärts und rückwärts, oft und bestimmt zehn Minuten lang. Sein Blick ist auf den Teppich gerichtet. Das fällt mir generell bei Martin auf; seine Kopfhaltung ist meistens nach unten gesenkt. Ich denke, er schaut sehr oft auf seine Hände oder auf etwas, was er in seinen Händen hält. Wenn er sich bewegt, also beim Laufen, beobachtet er womöglich den Boden.

Reflexion eines Gesprächs mit einem autistischen Jungen: Der autistische Junge und ich haben eine halbe Stunde miteinander gesprochen. Ich hatte das Gefühl, er redet sehr gerne. Ich glaube, manchmal habe ich ihn mit meinen vielen Fragen überfordert. Er wusste dann nicht, was antworten. Wenn ihm etwas unangenehm war oder er Fragen von mir als lustig empfand, fing er an, mit seiner linken Hand stark zu wedeln. In der rechten Hand ließ er immer und immer wieder einen Legostein rotieren. Oft hat er meine Fragen auch wiederholt, versuchte dabei mich nachzuäffen. Ich denke, er hat ein sehr gutes Gehör, teilweise traf er meine Tonlage identisch. Auf abstrakte Fragestellungen, beispielsweise was er heute noch mache, gibt er mir keine Antworten. Dann antwortete er nicht und wendete den Blick von mir ab. Nach dem Gespräch war ich überrascht über die fließende Konversation. Doch als ich mir die Videoaufnahmen davon abermals anschaue, bemerkte ich, dass seine Antworten auf eingelernte Phrasen basierten.

Analyse und Erkenntnisse

Autisten wirken unbegreiflich und nur schwer integrierbar. Sie erscheinen fremd und unnahbar. Sie „funktionieren" anders. Das ist an dem Kommunikationsverhalten und an der Sprache zu erkennen. Der Blickkontakt ist ein wichtiger Bestandteil der Kommunikation. Der Blick ist die Komponente für eine nonverbale Interaktion, durch die wir Wünsche und Gedanken unseres Gegenübers ablesen können. Das Vermeiden des Blickkontakts der Autisten hat nichts mit anderen Personen zu tun; solch eine Vermeidung wird auch Gegenständen entgegengebracht. Dem Blick wird also nicht per se ausgewichen, sondern er findet keine Anwendung im Kommunikationsverhalten (Frith 1992, S. 158). Die Verwechslung von Pronomen kann ein Bestandteil von autistischer Sprache sein. Der Grund, warum vernommene Sätze in einem anderen Kontext ausgesprochen werden, liegt in der assoziativen Verknüpfung mit der augenblicklichen Situation. An dieser Stelle geschieht eine Verschiebung zwischen der Bedeutung und dem Bezug zur Situation oder einer Sache (Frith 1992, S. 141). Die Aussagen knüpfen an individuellen Vorstellungen an und geben keinen intersubjektiv verständlichen Einblick. Die Kommunikation erweist sich als sehr einseitig, weil die Assoziationen nicht für beide, also Sender und

Empfänger, verständlich sind (Frith 1992, S. 140). Auch die Wahrnehmungsgabe konnte ich durch die Bilderserie, die der autistische Junge für mich fotografiert hat, analysieren. Autisten orientieren sich oftmals nach Mustern. Bei den Fotos ist das gut erkennbar. Die Bilder bestehen hauptsächlich aus Fußböden, Kieselwegen, Wiesen oder dem Himmel. Der Fokus ist vermehrt auf die gemusterten Flächen ausgerichtet, die im Bild den größten Raum einnehmen. Die Beobachtungen und Gespräche mit Autisten sowie die Geschichten, erzählt von Familienmitgliedern, Betreuern und Ärzten führten mich zu der Erkenntnis, dass sich Autismus vor allem durch seine vielen unterschiedlichen Facetten auszeichnet. Jedoch übersehen wir nicht-autistischen Menschen dabei, das „Anderssein" als etwas Bereicherndes zu interpretieren. Autisten besitzen viele Fähigkeiten. „The world needs all kinds of minds" (Grandin 2010). Wenn wir es zulassen würden, könnten wir viel von autistischen Menschen lernen. Die Gabe der detaillierten Wahrnehmung, wiederholende Veranlagung in Sprache und Verhalten, die Fixation auf eine bestimmte Sache und das Erfahren mit allen Sinnen, kann uns nicht-autistischen Menschen einen Zugang zu neuen Verhaltens- und Denkweisen führen.

Transfer ins Design
Der Transfer ins Design erfolgte durch zwei Methoden – Nähe und Spekulation.
Nähe: Bei der Methode „Nähe" geht es um die Wirkung der Medien auf Menschen und die Passivität, die sie auslösen. „Medien stehen zwischen uns und echten Erfahrungen. Visualisierungen von Fakten, schockierende Bilder, Plakate für noble Zwecke und Awareness-Kampagnen verpuffen, weil sie uns passiv machen. Wie sieht Kommunikation aus, die zu Aktionen führt?" (Pfeffer 2014, S. 239). Bei dieser Frage habe ich in meiner Arbeit eingehakt. Wie kann ein Buch den Leser nicht nur zu Informationen führen, sondern zu Aktionen, um an das Wissen zu gelangen? Wie generiere ich eine Erfahrung oder ein Einfühlen in die Thematik Autismus durch das Medium Buch? Wie kann ich einen Bezug zum Leser sowie dem Medium und der Thematik herstellen? Und wie verhält sich der Leser mit dem Buch? Wie schafft Kommunikation einen greifbaren Transfer? Es müssen Momente geschaffen werden, die Ort und Zeit verbinden, um ein direktes Erfahren des echten Lebens nachzuempfinden (Pfeffer 2014, S. 240). Aus den Interviewgeschichten von Angehörigen, den persönlichen Treffen und Gesprächen mit Autisten generiere ich meinen Inhalt und bereite ihn im Medium Buch auf. Natürlich ist mir bewusst, dass es viele unterschiedliche Ausprägungen von Autismus gibt. Deshalb habe ich meine subjektiven Erfahrungen, die ich mit autistischen Menschen gemacht habe, als Inspiration zur Umsetzung herangezogen. Den Autisten schien es bei unseren ersten Begegnungen nicht wichtig zu sein, wer vor ihnen stand und mit ihnen sprach. Gleichzeitig waren die Begegnungen unnahbar. Ich konnte keine Schät-

zung abgeben, wie ich wahrgenommen werde. Dies hat mich verunsichert. Durch meine Verunsicherung veränderte sich mein Kommunikationsverhalten. Die Gespräche hatten keinen sichtbaren Anfang und kein abschätzbares Ende. Diese Beobachtung nahm ich für den Einstieg meines Buches auf. Bei einem Buch ist der erste Kontakt der Umschlag. Deshalb konzipierte ich ein Buch, bei dem der Umschlag nicht außen angebracht ist, sondern in der Mitte des Buches. Der Umschlag leitet nicht den Inhalt ein, der Anfang und das Ende müssen vom Leser gesucht werden. Außerdem wird das Buch in seiner Handhabung sperrig und starr. Es lässt sich kaum verbiegen. Weiter ging ich bei der Gestaltung auf das wenig kohärente Denken und Wahrnehmen bei autistischen Menschen ein. Dieses Merkmal betrifft auch oftmals die Kommunikation. Die Sprechsequenzen sind bruchstückhaft und kleinteilig. Sie zerfallen inhaltlich und setzen sich an anderen Stellen fort. Optisch ergeben die Textblöcke auf jeder Seite ein für sich stehendes Muster. Da Autisten besser in Bildern als in Sprache denken können, bilden diese Muster zusätzliche Verweise auf Folgeseiten. Der Leser orientiert sich nach Mustern. Im Laufe des Arbeitsprozesses beziehe ich mich ebenso auf das repetitive Verhalten von autistischen Menschen. Eine Arbeit daraus ist als Daumenkino umgesetzt. Eine Bildstrecke zeigt eine wiederholende Wischbewegung mit den Händen. Dieser Teil zeigt auch den unvorhersehbaren ruckartigen Rhythmus von Autisten. Zuerst wird der Betrachter mit Informationen und Bildkolonnen überladen und plötzlich kehrt Ruhe ein. Eine Entlastung für die Wahrnehmung – kaum Information, nur Fotos, die dasselbe Erscheinungsbild aufweisen. Selbst die Bilder und Texte wiederholen sich. Die Bilder laufen wie in Kolonnen von oben nach unten, beginnen wiederholt oben und laufen nach unten weiter. Diese starre Gestaltung bezieht sich auf das systematische Verhalten und die Fixation, die autistische Menschen auszeichnet.

Spekulation: In Bezug auf mein Buch stellt die Methode „Spekulation" eine Transformation dar. In Folge des Arbeitsprozesses stellten sich mir folgende Fragen: Kann ein Buch autistisch sein? Und können menschliche Verhaltensweisen auf ein Medium übertragen werden? Wird das Buch dann zu einem Objekt oder gar zu einem Subjekt? Und was macht einen Autisten zu einem Autisten? Ich mache als Gestalterin eine subjektive Annahme, wie sich ein autistischer Mensch verhält und wahrnimmt. (Pfeffer 2014, S. 119). Deutlich wurde mir auch, dass die Thematik Autismus das Feld für Spekulationen weit offen lässt. Die verschiedenen Facetten bestimmen gleichermaßen die Gleichheit. Die Feststellung dieser Facetten kann zur Vermittlung führen.(Pfeffer 2014, S. 120). Inhaltlich sowie gestalterisch ist eine Trennung durch die Farbgebung vorhanden; alle Arbeiten von mir (Methode: Spekulation) sind in Schwarz-Weiß und Arbeiten von Autisten selbst erscheinen in Blau (Methode: Nähe).

Reflexion
Die intensive, inhaltliche und gestalterische Auseinandersetzung hat neue Erkenntnisse generiert. Diese Erkenntnisse wurden nicht auf das Buch, als ein Designobjekt, übertragen, sondern lösten eine zweite Forschungsphase aus, mit der zentralen Frage: Wie kann man Erlebnisse, die schwer fassbar und subjektiv sind, in einem Buch erfahrbar machen? Dieses Buch liefert einen wichtigen Beitrag zur Diskussion, was Gestalter in Bezug auf zentrale gesellschaftliche Themen leisten können. In dem Buch wurde ein Phänomen gestalterisch untersucht und das führt damit zu neuen Einsichten über scheinbar altbekannte Dinge. Es vermittelt jedoch außerdem Einsichten auf neue und unmittelbare Weisen, die zu einem umfassenden Verständnis des Themas beitragen.

Bibliografie

Baron-Cohen, Simon 2008: Autism and Asperger Syndrome. New York: Oxford.
Frith, Uta 1992: Autismus: Ein kognitionspsychologisches Puzzle. Heidelberg, Berlin, New York: Spektrum.
Frith, Uta 2008: Autism: A Very Short Introduction. New York: Oxford.
Goffman, Erving 1996: Über Feldforschung, in: Hubert Knoblauch (Hrsg.): Kommunikative Lebenswelten. Zur Ethnographie einer geschwätzigen Gesellschaft. Konstanz: UVK, S. 261–269.
Goffman, Erving 2010: *Stigma: Über Techniken der Bewältigung beschädigter Identität*. Frankfurt a. M.: Suhrkamp.
Grandin, Temple 2010: The world needs all kinds of minds. TED2010. http://www.ted.com/talks/temple_grandin_the_world_needs_all_kinds_of_minds#t-1096078 (Zugriff: 11. November 2017).
Honer, Anne 2008: Lebensweltanalyse in der Ethnografie, in: Uwe Flick, Ernst von Kardoff und Ines Steinke (Hrsg.): *Qualitative Forschung. Ein Handbuch*. Reinbek bei Hamburg: Rowohlt Taschenbuch, S. 194–204.
Pfeffer, Florian 2014: *To Do: Die neue Rolle der Gestaltung in einer veränderten Welt: Strategien Werkzeuge. Geschäftsmodelle*. Mainz: Hermann Schmidt.
Sacks, Oliver 1997: Eine Anthropologin auf dem Mars: Sieben paradoxe Geschichten. Hamburg: Rowohlt.
Todd, Samantha 2015: *Eine eigene Welt – Einblick in das Autismus-Spektrum*. Zürich: Kommode.

Mehr Informationen:
http://master.design.diplome.zhdk.ch/2016/gruber-daniela

Foto von einem Autisten beim Spaziergang. © Foto: Lukas Holesinsky

I'm so immigrate

Stylekultur junger türkischer Postmigranten

Henriette-Friederike Herm[1]

Abstract

Die gesellschaftliche Wahrnehmung und die Selbstinszenierung von männlichen jugendlichen Postmigranten in ihrem Wechselspiel sind ein wesentlicher Bestandteil dieser Recherche. Es wird untersucht wie diese Jugendlichen mit ihrer hybriden Identität innerhalb der Mode umgehen, welche spezifischen Details sich explizit innerhalb dieser Gruppe entwickelt haben, welche Kleidungscodes sie belegen bzw. neu besetzen und welche Statussymbole für sie relevant sind. Auf der Basis von Fotografien junger türkischer Postmigranten in Zürich und anhand von Bildmaterial aus ihrer Alltags- und Lebenswelt im Social Web werden kleidungsspezifische Zeichen sichtbar gemacht, decodiert und transformiert. Details und Tragweisen ihrer Kleidung dienen als Vorlage für die Modekollektion „Türkenstyle Vallah Geil". Sie ist ein Aneignungstool und dient als Vermittlungskonzept dieser Stylekultur.

---

1 *ZHdK Master of Arts in Design, Field of Excellence Trends, 2014*

Problem und Forschungsfrage

Migranten und Jugendliche mit Migrationshintergrund spielen im kulturellen Leben moderner Gesellschaften eine wesentliche Rolle (Park 2002). Die Gruppe der jungen türkischen Postmigranten (JuTüP) wächst und gewinnt an Präsenz. Sie prägt die Ästhetik und den Lebensstil einer Stadt maßgeblich vermittelt durch den kulturellen Einfluss des Heimatlandes (Chambers 1994, S. 23). So ist die Esskultur der türkischen Migranten ein fester Bestandteil der Schweizer Kultur geworden und *Yalla, Lan!*[2] oder *Ischwör*[3] gehören unter Jugendlichen zur alltäglichen Sprache. Im Gegensatz zur Aufmerksamkeit, die Sprache und Esskultur in der medialen Öffentlichkeit erfahren, befindet sich die Bekleidungskultur der JuTüPs in einer dunklen Ecke. Dieser Kleidungsstil ist eher verpönt und stößt in der Bevölkerung oft auf Ablehnung[4]. Es ist wenig darüber bekannt, wie Postmigranten mit der Mode umgehen, welche Codes sie belegen, welche Körperhaltungen sie einnehmen und welche Statussymbole sie für relevant halten. Gerade die Mode lebt in ihrer identitätsstiftenden und kommunikativen Funktion von der kulturellen Abwechslung, Vermischung und Rekombination (Loschek 2007, S. 123, 130). Das Spannungsfeld zwischen Migration, Mode und Identität birgt ein kreatives Potenzial, denn die Mode ist ein Identifikationsmerkmal. Sie ist wie die Sprache ein Abbild gesellschaftlicher Identität sowie gesellschaftlicher Strömungen und Veränderungen. Diese Untersuchung zielt darauf ab, die Aufmerksamkeit hinsichtlich der Kleidercodes und deren visuellen Zeichen in der Öffentlichkeit zu wecken und zu sensibilisieren. Die Forschungsfrage lautet: Wie löst man eine Veränderung in der Betrachtungsweise des Bekleidungsstils junger türkischer Postmigranten aus? Wie kann man das gestalterische Potenzial von Kleidungsstilen und Codes der jugendlichen türkischen Postmigration für die Gesellschaft sichtbar machen?

Methode und Feldforschung

Der Fokus der ethnographischen Untersuchung lag bei männlichen Postmigranten mit türkischem Eltern oder Großeltern im Alter zwischen 14 und 18 Jahren. Dabei wurden sowohl digitale wie analoge Quellen genutzt. Kern der Forschung war eine „Blended Ethnography", eine Mischung aus Offline- und Online-Forschung

---

2   Yalla, Lan! ist arabisch und heißt so viel wie: „Hallo, Mann!" Dieser Ausspruch wird unter Jugendlichen mit und ohne Migrationshintergrund zur Begrüßung verwendet.

3   Ischwör heißt „Ich schwöre dir" und ist ein typisches Beispiel für die türkisch-deutsche Jugendsprache. Typisch für diesen Sprachenmix sind zusammengezogene und rekombinierte Wörter.

4   Mädchen 2008 a: Steht ihr auf Türken: http://www.maedchen.de/forum/jungs/17326-steht-ihr-auf-tuerken.html (Zugriff am: 19. Dezember 2012).

(Kozinets 2013, S. 65). Der digitale Teil, die Nethnografie[5], diente vor allem dem Herausfiltern visueller Lebenswelten der JuTüPs innerhalb virtueller Gruppen, wie sie bei Facebook zu finden sind. Innerhalb dieser Facebook-Gruppen entwickelt sich ein Bild der eigenen, inneren Wahrnehmung bis hin zur Selbstinszenierung ihrer Identitäten im Spannungsfeld der Kultur ihrer Eltern- und Großelterngeneration. Für die Untersuchung der Lebenswelten der JuTüPs habe ich Bild- und Textanalysen des visuellen Materials durchgeführt. Um die Kleidercodes und deren visuelle Zeichen zu untersuchen, habe ich JuTüPs in Zürich fotografieren lassen. Diese Aufnahmen wurden mittels Beobachtungsprotokollen analysiert, wobei sich spezifische Codes herauskristallisierten und visuelle Zeichen entschlüsselt werden konnten. Aus dem Mosaik der digitalen und analogen Ergebnisse ist ein genaues Bild der Bekleidungskultur der JuTüPs entstanden.

Analyse und Erkenntnisse

Die Stylekultur[6] der JuTüP ist wesentlich geprägt von gegenwärtigen Moden, Modifikationen und Rekombinationen von diversen kulturellen Werten und spezifischen, identitätsstiftenden Marken. Ein wesentliches identitätsstiftendes Merkmal des Habitus (Bourdieu 1987, S. 277 ff.) der JuTüP ist „die Betonung des natürlichen Kapitals" (Karrer 2000, S. 113). Damit lässt sich die vorrangig gewählte Jackenform, eine College- oder Bomberjacke mit Blouson-artigem Schnitt, zumindest teilweise erklären. Mit ihrer breiten aufgeplusterten Form „(...) kann man sich Respekt verschaffen" (Herm 2012, S. 51). Sie ist damit ein Transporteur von Attributen wie Stärke, Kraft und Männlichkeit. Auch der Boxerhaarschnitt[7], einer der am häufigsten zu findenden Haarschnitte unter JuTüPs, kann zu diesen identitätsstiftenden Merkmalen gezählt werden. Neben einrasierten Motiven am Hinterkopf und an den Seiten wird der Haarschnitt mit einem einrasierten Strich zwischen Deck- und Haupthaar modifiziert. „Ausländisch sein" ist für Postmigranten eine

---

5 Nethnografie ist „eine interpretative Methode", die in Anlehnung an Prinzipien der Ethnografie zur Erforschung von Verbraucherverhalten in Konsum(sub)kulturen und -gemeinschaften im Internet entwickelt wurde (Beckmann und Langer 2009, S. 221).

6 Stylekultur bezeichnet das Wertesystem, die Tradition und den Lifestyle hinsichtlich der Bekleidung innerhalb einer jugendkulturellen Gruppe, die mit Hilfe dessen Zugehörigkeit und zugleich Abgrenzung markieren kann. Schmückende Elemente wie Accessoires, Haarstyling und Tattoos sowie der Habitus im Sinne von Pierre Bourdieu sind in dieser Bezeichnung inbegriffen.

7 Der Boxerhaarschnitt, auch als „Flat" bezeichnet, und ähnelt dem Irokesenhaarschnitt. Der Haarschnitt ist an den Seiten und am Hinterkopf rasiert und auf dem Kopf länger, bis zu 5 Zentimeter. Die Haare auf dem Kopf sind häufig nach oben gegelt oder mit Haarspray fixiert. Die Deckhaare sind jedoch niemals so lang, dass sie zur Seite fallen.

Überlegenheit und eine Abgrenzung gegenüber der Gesellschaft (Juhasz und Mey, 2003, S. 39). Die Cekirdec (Sonnenblumenkerne) und die schwungvoll gezupften Augenbrauen sind Beispiele von fremdkulturellen Elementen in der Stylekultur der JuTüPs, die sich sowohl im analogen als auch im digitalen Raum manifestieren. Cekirdec sind ein ständiger Begleiter aus dem kulturellen Umfeld der Elterngeneration, dem z.b. auch eine fotografische Hommage auf Facebook gewidmet ist (vgl. „Ich Bin Ausländer Bei Mir Ist Stylen TRADITION")[8] und dessen Überreste im Stadtbild Präsenz markieren. Schwungvoll gezupfte Augenbrauen sind eine Körperpflegetechnik unter türkischen Männern. Mit der abweichenden Form der Augenbrauen und der Technik des Zupfens wird sich intensiv in den Facebook-Gruppen beschäftigt. Mit einem großen Selbstbewusstsein inszenieren und zelebrieren JuTüPs diese Rituale in einem ästhetischen Sinne. Sie sind Ausdruck eines kulturellen Stolzes und Teil eines Habitus. Für die Selbstdarstellung spielen auch die Aneignung von Luxus durch spezifische Marken und Special Editions eine Rolle. Diese Aneignung und das „in Szene setzen" beeinflusst die Tragweise und die Positionierung der Kleidung. Jeans werden modifiziert, damit diese die Markenschuhe nicht überdecken. Dabei wird eine spezielle Krempeltechnik angewendet, bei welcher der Hosensaum in eine tiefe Falte gelegt und das Hosenende samt Falte nach oben gekrempelt wird. Einweck- oder Haargummis werden oftmals als Hilfsmittel zur Verengung der Hose genutzt. Durch die Motivation, ihre Markenschuhe sichtbar zu machen und zu inszenieren, entsteht ein kreativer und geschickter Umgang mit der Bekleidung und dadurch eine markante Silhouette. Ein interessantes Spannungsfeld lässt sich beim Schmücken mit Markenprodukten erkennen, deren ursprüngliche Zielgruppe die Upper Class oder der gutverdienende Hipster ist. Die häufig getragenen Marken unter den JuTüPs, wie zum Beispiel Monclere, Louis Vuitton, Tommy Hilfiger oder Thug Life,[9] liegen in einem ex-

---

8 Chahrour, Abu Ali und Stefan: Facebook 2013. Ich Bin Ausländer Bei Mir Ist Stylen TRADITION. 12.08.2012.
https://www.facebook.com/photo.php?fbid=507861372574225&set=pb.40935724242
4639.-2207520000.1394105253.&type=3&theater (Zugriff am: 08. März 2013)
Ich Bin Ausländer Bei Mir Ist Stylen TRADITION. Facebook 2012. https://www.facebook. com/photo.php?fbid=522716501088712&set=pb.409357242424639.-22075200
00.1399383096.&type=3&theater (Zugriff am: 23. Februar 2013)

9 Thug Life ist ein Label, das vor allem mit der Hip-Hop-Musikszene in Deutschland, Spanien und der Schweiz verbunden ist. Das Label unterstützt aufstrebende Rapper wie zum Beispiel „Haftbefehl", „Prince Fero" und „King Alpi One" in ihrem musikalischen Schaffen und bringt damit die Marke an ihre Zielgruppe. Das Sortiment umfasst unter anderem Hosen, Jacken, Hemden und Kapuzenpullover. Die Marke ist neben Marken wie Cordon, Alpha oder Picaldi äußerst beliebt bei Postmigranten, spe-

klusiven Preissegment. Dabei lässt sich zum einen eine Querverbindung zu der jugendkulturellen Bewegung der Mods[10] herstellen, die ebenfalls versuchten, sich durch bestimmte Markenkleidung und Statussymbole äußerlich der Upper Class anzunähern. Zum anderen macht sich eine stilästhetische Querverbindung zum Hip Hop bemerkbar. Die Stylekultur der JuTüPs ist wie die jugendkulturelle Szene der Hip Hopper durch exklusive Markenjacken, Sneakers, Brillantohrringe, Ketten und Rapmusik geprägt. Die JuTüPs grenzen sich jedoch aktiv von dieser ab. Sie lehnen Baggyjeans[11] und weite T-Shirts konsequent ab. Bei JuTüPs handelt es sich um eine hybride Jugendgruppe (Bhabha 2012), die sich wie die jugendkulturelle Hip-Hop-Szene stark an der Musik orientiert. Allerdings entwickelt sich aus dieser Jugendgruppe keine neue Kleidung, wie es bei den Baggyjeans der Fall war. Die kleinen Eingriffe und spezifischen Tragweisen der Kleidung wirken sich jedoch so speziell auf die Silhouette aus, dass sie eindeutig der Stylekultur der JuTüPs zugeordnet werden kann.

Transfer ins Design
Die Forschungsarbeit hat die Stylekultur der JuTüPs entschlüsselt und sichtbar gemacht. Wie ist es nun möglich, mittels Gestaltung eine Aufwertung der Stylekultur der JuTüPs zu generieren beziehungsweise wie lässt sich die Migrationsästhetik zu einer Modeästhetik erheben? Mit der Sprache und Visualität der Mode soll die Stylekultur der JuTüPs aufgewertet werden, um gesellschaftlich für diese Gruppe zu sensibilisieren. Dabei haben sich folgende Zugänge herauskristallisiert: das Modemagazin, die Modefotografie und die Aneignung eines Stils durch Modedesign. Die Gestaltung der theoretischen Arbeit ist Teil dieser Strategien. Sie bedient sich an der visuellen Sprache eines Modemagazins. Eine erste Vorlage zur Aneignung der Stylekultur der JuTüPs ist damit gegeben. Denn die Mode soll in der praktischen Übersetzung als Aneignungstool und Vermittlungskonzept dienen. Der Betrachter soll seine gewohnte Rolle verlassen, sodass die Auseinandersetzung mit den markanten Kleidungsstücken und Accessoires den Raum der Vermittlung verlässt und Teil seines eigenen Outfits wird. Details wie zum Beispiel der Boxerhaar-

---

ziell bei JuTüPs. Es ist eine von wenigen Marken, welche die Zielgruppe JuTüP direkt anspricht und als Werbeträger nutzt.

10 Mods kurz für „Modernists" ist eine jugendkulturelle Bewegung, die in den 1960er Jahren in Großbritannien aufkam. Es handelte sich um aufstiegsorientierte Jugendliche aus dem Arbeiter- und Mittelstand. Bekleidungsmerkmale: eng geschnittene Anzüge, schmale Krawatten, italienisches Schuhwerk, Parka.

11 Baggy Pants sind Hosen mit einer enormen Weite und Länge. Der Bund sitzt tief auf der Hüfte. Der Schritt ist stark nach unten verschoben. Die hinteren Hosentaschen rutschen damit auf die Höhe der Oberschenkel.

schnitt oder die gekrempelte Jeans werden mittels Siebdruckverfahren auf weiße Kleidungsstücke und Accessoires übertragen. Spannungsfelder der Bekleidungskultur werden mithilfe von Motiven und der Schnitttechnik übersetzt.

Reflexion

Das Projekt *I'm so Immigrate* hat die Stylekultur jugendlicher Postmigranten an den Zeichen und Codes der Bekleidungskultur aufgezeigt. Durch die Verschränkung von Online- und Offlinerecherche ergab sich ein breites Bild, das einen Einblick in die Stylekultur, die Alltags- und Lebenswelt bietet. Mit Hilfe der Mode und deren Strategien sollte der negativ konnotierte Bekleidungsstil der JuTüPs aufgewertet werden. Aus gestalterischer Perspektive zumindest scheint dies gelungen. Die Komponenten der Modephotographie, des Modemagazins und des Designs ergeben ein einheitliches Bild, das Details, Modifikationen und Besonderheiten rahmen. Sie werden zum Fashionstatement: „Türkenstyle Vallah Geil".

Bibliografie

Beckmann, Susanne C. und Roy Langer 2009: Netnographie, in: Buber, Renate/Holzmüller, Hartmut H. (Hg.): Qualitative Marktforschung (Bd. 3, S. 219–228). Wiesbaden: Gabler.
Bhabha, Homi K. 2012: *Über kulturelle Hybridität. Übertragung und Übersetzung*. Wien: Turia + Kant.
Bourdieu, Pierre 1987: *Die feinen Unterschiede. Kritik der gesellschaftlichen Urteilskraft*. Frankfurt a. M.: Suhrkamp.
Chambers, Lain 1994: Migrancy, Culture, Identity. Comedia Book by Routledge, London and New York.
Herm, Henriette-Friederike 2012: Die Bomberjacke – Sozialisation eines Kleidungsstücks, in: Diana Weiss (Hrsg.): Cool Aussehen. Mode & Jugendkulturen. Berlin: Archiv der Jugendkulturen Verlag KG.
Juhasz, Anne und Eva Mey 2003: Die zweite Generation. Etablierte oder Außenseiter? Biographien von Jugendlichen ausländischer Herkunft. Westdeutscher Verlag. Wiesbaden.
Karrer, Dieter 2000: Die Last des Unterschieds. Biographie, Lebensführung und Habitus von Arbeitern und Angestellten im Vergleich. Westdeutscher Verlag. Wiesbaden.
Kozinets, Robert 2013: Nethnography. Doing Ethnographic Research Online: Blending Ethnography and Nethnographys. Sage Publication India Pvt Ltd., 2013.
Loschek, Ingrid 2007: Wann ist Mode? Strukturen, Strategien, Innovation. Dietrich Reimer Verlag. Berlin.
Park, Robert E. 2002: Migration und Randseiter, in: Peter-Ulrich Merz-Benz und Gerhard Wagner (Hrsg.): *Der Fremde als sozialer Typus*. Konstanz: UVK, S. 55–71.

Weitere Informationen:
http://master.design.diplome.zhdk.ch/2014/herm-henriette-friederike

Ethnografische Beobachtungen von jungen Türken in Zürich: Männlichkeit, Cekirdec und teuere Marken. © Fotos: Simon Habegger

Lipstick Tehran

Subversive zeichen im Reich der Mullahs

Larissa Holaschke[1]

Abstract

Das Leben der jungen Frauen im Iran ist paradox: Auf der Strasse müssen sie sich den Gesetzen der Islamischen Republik beugen, Kopftuch tragen und dürfen keinem Mann die Hand reichen, im Privaten tragen sie kurze Kleider, feiern Partys und haben einen Freund. „Lipstick Tehran" ist eine Spurensuche nach Dingen, welche Ausdruck des leisen und visuellen Protests von jungen Frauen in Teheran gegen das Regime sind und durch welche sie versuchen, mit den Einschränkungen von Staat und Islam umzugehen. In Iran dokumentierte ich Zeichen des leisen Widerstands mittels Methoden der ethnografischen Feldforschung, Cultural Probes sowie teilnehmender Beobachtung mithilfe des Gastfreundschaftsnetzwerks Couchsurfing. Entstanden ist eine Publikation, die Einblicke in den alltäglichen Umgang mit den Repressionen zeigt, subversive Strategien der Frauen sichtbar macht, eine Ästhetik der materiellen Kultur des Protests abbildet und kulturell bedingte Lesarten von Dingen in Frage stellt.

---

1 *Master of Arts in Design, Field of Excellence Ereignis, 2016*

Problem und Forschungsfrage

Auch wenn sich Iran gegenwärtig nach außen hin öffnet, ist die innenpolitische Situationen noch immer prekär: Politische Gefangene sitzen in Haft, bürgerliche und kulturelle Freiheiten werden stark eingeschränkt und Internet und Medien massiv zensiert. Die Jugend Teherans, die die Islamische Revolution 1979 nicht erlebt hat, stellt heute das Regime und ihre Ideale kritisch in Frage. Normen und Werte, die in diesem System vermittelt werden und im Konflikt mit ihren Lebensvorstellungen stehen, lehnen sie ab. Doch die blutig niedergeschlagenen Proteste nach der Präsidentschaftswahl 2009 hatten zur Folge, dass sich die Gesellschaft aus dem öffentlichen, politischen Leben zurückzog. Das Mittel politischer Protest wurde für sie unbrauchbar. Doch besonders Frauen treffen die Repressionen der Islamischen Republik, die tief ins Private eindringen (Allafi 2004). Sie werden daher zu einer treibenden Kraft, die sich nach einem Wandel sehnen und dabei die revolutionären und gewaltorientierten Lösungen der Elterngeneration ablehnen (Michaelsen 2013, S. 141). Bedingt durch die negativen Ausgänge des Arabischen Frühlings wollen die jungen Menschen keine weitere Revolutionsbewegung entfachen. Sie fürchten, die Situation könnte sich verschlimmern und die Repressionen zunehmen. Worin findet dann diese Unzufriedenheit zwischen dem Ist-Zustand und dem, was sein könnte, Ausdruck? Wie macht sich Widerstand gegen das Regime sichtbar? Daraus ableitend stellte sich die Forschungsfrage: Mit welchen subversiven Strategien reagieren junge Frauen in Teheran auf problematische politische Zustände und welche materielle Kultur entsteht dabei?

Feldzugang und Forschungsfeld

Bevor ich im Sommer 2014 in den Iran reiste, wusste ich nicht, was mich dort erwarten würde. Das Bild Irans ist von Europa aus sehr widersprüchlich, die Informationen waren unklar. Wie es wirklich vor Ort ist, ließ sich nach einer ersten Kultur- und Literaturrecherche und durch Erzählungen von Iranerinnen und Iran-Reisenden nur erahnen. Die Reise nach Iran folgte also dem Prinzip der Offenheit und des Sich-Überraschen-Lassens. Bude (2008) drückt diese Voraussetzung im „serendipity pattern" aus, der sich darin zeigt, dass man zwar mit einem dünnen Konzept ins Feld geht, diesen Blick jedoch im Feld verliert und letztlich „findet, was man gar nicht gesucht hat" (Bude 2008, S. 262). Der Fokus der empirischen Untersuchung liegt auf den jungen Frauen Teherans. Teheran ist Hauptstadt und mit etwa 12 Millionen Einwohnern die größte Stadt Irans und bestimmt von einer Dichotomie, die sich sowohl im widersprüchlichen Lebensstil zwischen privat und öffentlich zeigt wie auch in einer zweigeteilten Segmentierung der Stadt in einen reichen, liberalen Norden und einen armen, traditionell-religiösen Süden. In Teheran trifft das politische und geistliche Zentrum der Islamischen Republik auf die größte Ansammlung von Liberalen, Künstlern, Schriftstellern und Aktivisten (Bahari und Halasa 2008). In diesem Spannungsverhältnis lieben die einen Amerika, die anderen schreien „Down with the USA"[2].

Methode und Feldforschung
Die Untersuchung war explorativ angelegt, ging der Frage Goffmans (1980, S. 16) nach – „Was geht hier eigentlich vor?" – und nutzte dazu das Prinzip der Serendipität. Die Spurensuche basierte auf einem Methodenmix aus verdeckter teilnehmender Beobachtung mithilfe des Gastfreundschaftsnetzwerkes „Couchsurfing", auf Cultural Probes sowie auf Gesprächen und Beobachtungen als Methoden der ethnografischen Feldforschung (Goffman 1996). Wichtig für mein Vorgehen vor Ort war, dass das Forschungsmaterial unbeschwert erschien. Das Material sollte weder von der Polizei als Forschungsmaterial erkannt werden noch für die Probandinnen als politisch erscheinen. Neben einer Kompaktkamera und Handy für Feldfotografien und Tonaufnahmen, einem Reisetagebuch und Notizbuch für Beobachtungen gestaltete ich spielerische Cultural Probes. Das Toolset beinhaltete neben Einwegkameras und Maps Postkarten, auf die ich hier exemplarisch eingehen möchte. Viele junge Menschen träumen davon, Iran zu verlassen, doch ist es nicht einfach für sie (einen Reisepass erhalten Männer erst, wenn sie den zweijährigen Militärdienst vollzogen haben; Frauen mit der Zustimmung ihres Mannes oder Vaters; ein Schengen-Visum ist meist nur Wohlhabenden möglich zu erhalten). Ich entwickelte Postkarten, die diesem Phänomen nachgehen und mithilfe derer Orte und Atmosphären ermittelt werden können, von denen junge Frauen träumen: Wie sehen die Orte aus, was macht man dort, wie lebt man und wie unterscheiden sie sich von dem Ort, an dem man jetzt lebt? Da Postkarten als informelles und freundliches Kommunikationsmittel gelten (Gaver et al. 1999), schienen sie mir angebracht, um zwanglos ein paar Worte niederzuschreiben und genug Raum für individuelle Antworten zu ermöglichen. In Anlehnung an Vintage-Postkarten aus den USA habe ich Postkarten gestaltet, die Motive aus Iran, Europa sowie unkonkrete Orte wie einen Dschungel zeigen.

Die Motive der Postkarten erregten große Aufmerksamkeit bei den Frauen, die ich durch Kontakte und Couchsurf-Hosts kennenlernte, und waren eine spielerische Art, Datenmaterial zu sammeln. Es benötigt wenig Zeit, nur einen Stift und wenn möglich eine Unterlage. Da der Platz zum Schreiben auf der Karte beschränkt ist, schienen die Frauen nicht überfordert zu sein. Jedoch musste ich feststellen, dass trotz genauer Instruktion der Umgang mit dem Format Postkarte schwierig war; später bemerkte ich, dass Postkarten in Iran kaum bekannt sind. Ein Probedurch-

---
2 Wandmalerei vor der ehemaligen US-Botschaft in Teheran.

gang zuvor in Zürich mit einer Iranerin half auch nicht, durch ihr interkulturelles Wissen wurde die Postkarte als „normal" betrachtet. Dennoch konnten Postkarten gesammelt werden, die spannende Perspektiven auf die Sehnsuchtsorte von jungen Iranerinnen werfen.

Neben den Beobachtungen und den Cultural Probes nahm außerdem die Methode der verdeckten, teilnehmenden Beobachtung durch das Gastfreundschaftsnetzwerk Couchsurfing eine zentrale Rolle in der Feldforschung ein. Denn Feldforschung in einem fremden Land bedarf auch immer der Frage der Unterkunft. Ich entschied mich für Couchsurfing – nicht nur gelten Menschen in Iran als sehr gastfreundlich, auch berichteten mir während der Reisevorbereitung andere Iran-Reisende sehr positiv darüber. Während der Feldforschung hat sich gezeigt, Couchsurfing ist weit mehr als nur eine alternative Übernachtungsmöglichkeit, sondern kann als Methode im Feld definiert werden. Das iranische Verständnis von Gastfreundschaft geht weit über die Bereitstellung eines Schlafplatzes hinaus, man wird von den „Hosts" in ihren Alltag und in ihre Lebenswelt integriert. Couchsurfing regelt den Feldzugang, die Aktivitäten vor Ort, die Öffnung des Forschers gegenüber dem Untersuchungsfeld und dem Untersuchungsumfeld gegenüber dem Forscher. Die unterschiedlichen Couches und Begegnungen mit den Menschen betrachte ich als Puzzleteile, die sich in das Gesamtbild Iran fügen und welche die Bandbreite der verschiedenen Menschen und Ansichten über das Land widerspiegeln.

Analyse und Erkenntnisse

Um die zahlreichen Informationen aus der qualitativen Untersuchung einzuordnen, wurden mithilfe der Reflexive Grounded Theory Kategorien generiert, die auf dem Datenmaterial basieren. Sie wurden nach Breuer (2010, S. 76) offen codiert, das heißt, Konzepte wurden identifiziert und die Daten hinsichtlich ihrer Ähnlichkeiten und Unterschiede verglichen. Das Material wurde in einem ersten Mapping in einem Koordinatensystem verortet, das Störungen auf der x-Achse von offen nach versteckt und auf der y-Achse von privat nach öffentlich einordnete. Daraus ergab sich, dass sich Ausdruck gegen die herrschenden Repressionen vor allem in drei Formen zeigt: durch das Aufhalten an Orten, das Tragen von Dingen und das Ausführen von Aktivitäten. Aus diesen Erkenntnissen wurde ein letztes Mapping erstellt, welches die Orte, Dinge und Aktivitäten in themenspezifische Wolken fügte, daraus Phänomene ableitete und Zeichen des Nicht-Übereinstimmens mit Werten, Regeln oder Haltungen des Regimes sichtbar werden ließ. Zuletzt wurden Strategien, die die Frauen angewendet haben, abgeleitet. Eines der 36 identifizierten Zeichen stellt der Lippenstift dar, was ich im Folgenden exemplarisch vorstelle: Ohne Lippenstift geht kaum eine Frau aus dem Haus. Die Stellen, die man von sich zeigen kann, werden so perfekt wie möglich inszeniert, eine *Überbetonung* und *Verfremdung* von dem, was natürlich ist, ist unübersehbar. Kaum eine Frau *maskiert* sich heute nicht mit Make-up, doch mit den momentan nachlassenden Repressionen unter dem derzeitigen Präsidenten Hassan Rohani werden die Schichten weniger. Das verdeutlicht, wie die Inszenierung von Weiblichkeit und Schönheit von dem Maß der Unterdrückung der Frauen abhängig ist. Frauen mit auffällig geschminktem Gesicht und prägnantem Lippenstift tun dies nicht aus Hochmut, sondern als politisches Statement gegen den Terror und die Willkür der islamischen Gesetze. Der Lippenstift symbolisiert Widerstand und macht eine *Gegenöffentlichkeit* sichtbar. Daraus leiten sich die Strategien „Zur-Schau-stellen", „überbetonen", „verfremden", „maskieren" und „Gegenöffentlichkeit sichtbar machen" ab. Meine eurozentrisch geprägte Sichtweise galt es in der Interpretation des Datenmaterials zu berücksichtigen, wie auch bei der Methodenwahl und dem Vorgehen im Feld. Anschluss-Gespräche mit einer Iranerin in Zürich halfen das Material zu decodieren.

Transfer ins Design
Neben der Feldforschung an sich war hohe Sensibilität bei der Auswertung, Interpretation und Veröffentlichung der Daten angebracht, um die Akteure zu schützen, die mit ihrem Handeln teils gegen die Gesetze der Islamischen Republik verstoßen. Das Ergebnis zielt auf Sensibilisierung und Vermittlung ab – es findet Ausdruck in einer Publikation, die eine materielle Protestkultur der Frauen sichtbar macht, ihre subversiven Strategien verdeutlicht und mithilfe der Dokumentarfotografien der Reise einen Einblick in den iranischen Alltag der Frauen verschafft. Die zentralen Strategien der Frauen, nämlich „Verstecken/Verdecken" und „Zur-Schau-stellen/Überidentifizieren", werden dazu in eine Gestaltungsstrategie überführt, durch welche die Subversion beim Lesen des Buches selbst erlebt werden kann, und der Publikation zwei kulturelle Leserichtungen verschafft: Durch einen Papierbeschnitt von Seiten sind von vorne, westlich, geblättert andere Seiten sichtbar, als wenn die Publikation von hinten, persisch, durchblättert wird. Während gewisse Seiten immer sichtbar werden und sich gar aufdrängen, bleiben andere Seiten durch den Beschnitt im Versteckten. Aus der Feldforschung und den Erkenntnissen habe ich darüber hinaus ein Veranstaltungsformat „Im Beauty Salon" entwickelt: eine Plattform, auf der ein gesellschaftlicher Diskurs über Frauen und Freiräume geführt werden kann und die Bedeutung der Dinge in ihrem jeweiligen Kontext decodiert.

Reflexion

Es ist keine Revolution, die sich hier in Iran zuträgt. Dennoch ist die Antwort auf die Frage „Was geht hier eigentlich vor?" (Goffman 1980) vielversprechend. Der Widerstand iranischer Frauen manifestiert sich nicht in großen, sofort sichtbaren Aktionen, sondern eher in alltäglichen, wenig auffallenden Details. Es ist eine Art Grenzspiel. Durch kleine Details, wie dem Lippenstift, markieren sie im öffentlichen Raum der Straßen ihre Weiblichkeit, welche die Gesetze genau zu unterdrücken versuchen. Sie brechen die Regeln so weit, wie es gerade toleriert wird, und setzen sich beispielsweise trotz Verbot auf Fahrräder. Die Dinge, die sie einsetzen, erlangen ihre Bedeutung, indem sie geschickt und strategisch eingesetzt werden. Alltägliche Dinge wie aufgetragener Lippenstift, lackierte Nägel unter Handschuhen, farbige Kopftücher und kitschige Unterwäsche sind Formen des Ausdrucks von Weiblichkeit. In einer männerdominierten, patriarchalischen, unterdrückten Gesellschaft wie dem Iran dienen sie als Zeichen – bewusst oder unbewusst. Fast Food oder eine Plastiktüte von Zara sind aus Sicht des Regimes Dinge des Feindes, ihr Konsum somit politisch. In einer Gesellschaft, in welcher die Repression ins Innerste, Persönlichste und Alltäglichste eindringt, werden gerade dieser Alltag und seine Objekte politisiert. Politische Subversion in Iran zielt auf Transformation ab und intendiert das herrschende System zu verschieben. Protest wird leise in Form von Störungen der moralischen wie von Regeln geprägten Grammatik des Alltags artikuliert. Indem die Zeichen von der breiten Masse übernommen werden, fängt die Subversion erst richtig an zu wirken. Wenn nur wenige Frauen ein Zeichen tragen, können diese, sofern das Regime dieses als kritisch empfindet, dafür bestraft werden. Wenn jedoch ein Großteil der Frauen das Zeichen trägt, werden sie dazu gedrängt, es zu tolerieren. Die Grenzen der Graubereiche dessen, was erlaubt ist und was nicht, verschwimmen so immer stärker und der Spalt zwischen den Regeln und Gesetzen der Islamischen Republik und dem tatsächlichen Leben der Iranerinnen wird so immer größer. Letztlich ist es nämlich das, was Iran verändern kann. Eine voranschreitende Liberalisierung der Gesellschaft, die sich deutlich in ihrer materiellen Kultur zeigt, gefährdet zunehmend den Machtanspruch der Mullahs. Die Summe der kleinen Zeichen ist es, die Veränderungen in Iran etablieren.

Bibliografie

Allafi, Sabine 2004: Bitteres Erbe. Frauenleben in Iran heute. Frankfurt a. M.: Glaré Verlag.
Bahari, Maziar und Malu Halasa (Hrsg.) 2008: Transit Teheran. Pop, Kunst, Politik, Religion, Junges Leben im Iran. Zürich: Salis.
Breuer, Franz 2010: Reflexive Grounded Theory. Eine Einführung für die Forschungspraxis. Wiesbaden.
Bude, Heinz 2008: Das „Serendipity-Pattern". Eine Erläuterung am Beispiel des Exklusionsbegriffs, in: Kalthoff, Herbert/Hirschauer, Stefan/Lindemann, Gesa (Hg): Theoretische Empirie. Die Relevanz qualitativer Forschung. Frankfurt am Main, S. 260–278.
Gaver, Bill, Tony Dunne und Elena Pacenti: Cultural Probes. *Interactions*, 6/1, January+February 1999, S. 21–29.
Goffman, Erving 1980: Rahmen-Analyse. Ein Versuch über die Organisation von Alltagserfahrungen. Frankfurt am Main.
Goffman, Erving 1996: Über Feldforschung, in: Hubert Knoblauch (Hrsg.): Kommunikative Lebenswelten. Zur Ethnographie einer geschwätzigen Gesellschaft. Konstanz: UVK, S. 261–269.
Michaelsen, Marcus 2013: Wir sind die Medien. Internet und politischer Wandel in Iran. Bielefeld.

Mehr Informationen:
http://master.design.diplome.zhdk.ch/2016/holaschke-larissa

Foto der Einwegkameras, Postkarten, Maps, Gesprächs- und Beobachtungsnotizen, Objekte, Reisetagebuch und Dokumentarfotografien. © Foto: Larissa Holaschke

Wanderdayf

Gestaltung eines nutzergerechten Informationssystems für arabische Touristen in der Schweiz

Lina Ibnidris[1]

Abstract

Obwohl arabische Touristen die Schweiz intensiv bereisen, erhalten sie oftmals standardisierte Informationen, die lediglich ins Arabische übersetzt wurden. Meine ethnografische Untersuchung von arabischen Touristen zeigt, dass dies oftmals Irritation zur Folge hat. Entsprechend möchte ich herausfinden, welche Probleme arabische Touristen in der Schweiz haben – und wie diese sich lösen lassen. Hierzu habe ich einen Prototyp eines Informationssystems design, das ihnen Informationen im örtlichen und zeitlichen Kontext bereitstellt, die mit ihren Bedürfnissen und ihrer Kommunikationskultur übereinstimmen.

---

1 *Master of Arts in Design, Field of Excellence Product, 2015*

Problem und Forschungsfrage

Im Jahr 2014 verbrachten arabische Touristen aus dem Golf 770.725 Hotelnächte in der Schweiz (BFS 2014). Diese Gruppe verzeichnet seit Jahren ein deutliches Wachstum. Erste Beobachtungen in Zürich und in arabischen Online-Foren haben gezeigt, dass arabische Touristen aus den Golfstaaten, die ihre Ferien in der Schweiz verbringen, die von ihnen benötigten Informationen nicht erhalten. Das liegt daran, dass diese Informationen von den Schweizer Tourismusorganisationen gegenwärtig in Kontexten und in einer Form bereitgestellt werden, die ihren Bedürfnissen und ihrer Kommunikationskultur nicht gerecht werden. Dies führte mich zu den folgenden Forschungs- und Gestaltungsfragen: Wie orientieren und informieren sich arabische Touristen in der Schweiz? Welche Probleme tauchen dabei auf? Und wie sollte ein Produkt gestaltet werden, das arabischen Touristen dabei hilft, jene Informationen zu erhalten, die sie in der Schweiz benötigen?

Feldzugang und Forschungsfeld

In meiner Untersuchung zur Situation arabischer Touristen in der Schweiz habe ich mich nicht auf Statistiken oder Ergebnisse von Marktforschungen gestützt, da bei Verwendung quantitativer Methoden die Gefahr besteht, dass die erlebte Realität als empirisch feststellbare Tatsache aus dem Blick gerät (Blumer 1969, S. 27). Stattdessen habe ich mich dem Forschungsfeld mit ethnografischen Ansätzen genähert, die eruieren können, wie die soziale Wirklichkeit einer Gruppe als Ergebnis ihrer täglichen Interaktionen konstruiert wird (O'Reilly 2012, S. 11). Ich habe meine Feldforschungen dort durchgeführt, wo sich die Touristen täglich aufhalten; in Hotels, auf der Straße, in Einkaufsstraßen und Infozentren. Außerdem schlüpfte ich in verschiedene Rollen, um unterschiedliche Perspektiven zu beleuchten: Ich trat als arabischsprachige Stadtführerin auf, um während einer Stadtführung ethnografische Gespräch mit Touristen führen zu können. Ein anderes Mal übernahm ich die Rolle einer Touristenassistentin im Büro von Zürich Tourismus im Hauptbahnhof. Mit diesen variablen ethnografischen Ansätzen untersuchte ich Touristen und Touristinnen aus Bahrain, Kuweit, Omar, Katar, Saudi-Arabien und den Vereinigten Arabischen Emiraten, die Zürich, Interlaken und Montreux im Sommer 2014 besuchen.

Methoden und Feldforschung

In meiner Feldforschung folgte ich dem Grounded-Theory-Ansatz, da ich Thesen über meine Zielgruppe – wiewohl ich mit der arabischen Kultur bereits vertraut bin – nicht aufgrund von Vorurteilen oder im Voraus vorgenommenen Typisierungen, sondern von systematischen Datenanalysen formulieren wollte (Glaser 2003, S. 129). Dabei wandte ich während der Feldforschung die folgenden Methoden an:

Interviews

Ich habe ca. 25 Familien von Touristen interviewt; einige der Interviews erstreckten sich über drei Tage mit denselben Interviewpartnern. Bei den Stadtführungen habe ich mich mit den Touristen informell unterhalten und dabei einige ethnografische Fragen eingebracht. Der letztere Ansatz funktioniert hervorragend, da die Informanten nicht wissen, dass sie interviewt werden, und sich daher „natürlich" verhalten (Spradley 1979, S. 58). Zudem habe ich mit den Touristen in meiner Muttersprache, Arabisch, kommuniziert.

Teilnehmende und passive Beobachtung

Zürich Tourismus gestattete mir, eine Woche lang einen Teil meiner Feldforschung in ihrem Servicebüro am Hauptbahnhof Zürich durchzuführen. Dort spielte ich meine neue Undercover-Rolle einer Touristenassistentin, deren Aufgabe es war, an der Rezeption Fragen arabischer Touristen zu beantworten. In dieser neuen Rolle vertrauten mir die Touristen noch mehr als zuvor und brachten offen ihre Beschwerden zur Sprache. Vielen arabischen Touristen fehlte es an Vertrauen zu den Schweizer Tourismus-Experten, die ansonsten in dem Büro arbeiteten, und sie gaben an, diese würden „ihre Probleme nicht verstehen". Da sich andere arabische Touristen in ganz ähnlicher Weise äußerten, wurde mir klar, dass der Informationsmangel auf Seiten der arabischen Touristen viel mit ihren eigenen Vorstellungen von Vertrauen gegenüber den Informationsquellen zu tun hatte. Im Übrigen bemängelten viele arabische Touristen, die sich im Servicebüro an mich wandten, dass sie nicht genügend touristische Empfehlungen und Tipps für Tagesausflüge finden konnten. Sie erwarten eine auf ihre Lebensgewohnheiten und Interessen zugeschnittene Ausflugsplanung. Das ist der Grund, weshalb sie im Vergleich zu anderen Touristengruppen bei Zürich Tourismus viel mehr Zeit am Info-Desk in Anspruch nehmen.

Netnography

Der inhaltlich ergiebigste arabische Reiseblog war „Maktoob Arabic Travelers" (seit 2015 wegen technischer Probleme nicht mehr abrufbar). Im Jahr 2014 stellten arabische Touristen dort 1100 Posts über die Schweiz ins Netz. In diesen Posts, die in der Regel reich bebildert waren, ging es hauptsächlich um die Beantwortung von Fragen und den Austausch von Empfehlungen unter Touristen. Durch die Analyse des Fotomaterials und das Dechiffrieren einiger wiederholt vorkommender arabischer Begriffe konnte ich zentrale Probleme identifizieren.

Analyse und Erkenntnisse

Im ersten Schritt habe ich meine Interview-Aufnahmen und die Aufnahmen aus der teilnehmenden Beobachtung transkribiert. Dann habe ich in den Texten die Schlüsselbegriffe – also Codes – markiert und abstrakte Kategorien erstellt. Ich habe versucht, das, was im Feld tatsächlich passiert und gesagt wird, von meiner Interpretation zu trennen (Cranz 2016, S. 31).

Interview
Am Zürcher Paradeplatz lernte ich Lama, eine junge Touristin aus Saudi-Arabien, kennen. Sie war mit ihrer Familie teils zur Erholung, teils zur medizinischen Behandlung in die Schweiz gereist. Ich habe sie bei einer zweitägigen Stadtbesichtigung begleitet. Folgend eine Sequenz aus unserem Gespräch:

Lina:	Erzähl mal, was hast du so gemacht?
Lama:	Bis jetzt waren wir einkaufen, wir waren auf dem Uetliberg und haben eine Rundfahrt auf dem See gemacht. Als Araberinnen, du kennst unsere Tradition doch sicherlich, nehmen wir am Nachtleben nicht teil.
Lina:	Für welche Aktivitäten, die tagsüber stattfinden, interessierst du dich dann?
Lama:	Was unternimmt man hier so als junger Mensch? Es gibt so viele Orte, die ich sehen will, aber ich weiß nicht, wie man dorthin kommt.
Lina:	Was hält dich davon ab? Kannst du nicht GPS oder Google Maps benutzen?
Lama:	Die sind nur dann sinnvoll, wenn man genau weiß, wo man hinmöchte. Ich weiß nicht genau, wo ich hingehen soll oder ob sich ein Besuch dorthin lohnt oder nicht.
Lina:	Erzähl mir mal, was dich an der Schweiz stört.
Lama:	Unser größtes Problem ist die Sprache. Es wäre gut, wenn es arabische Informationen gäbe, die uns zeigen, welche Orte und Sehenswürdigkeiten wir besuchen sollten, und uns Schritt für Schritt erklärten, wie wir dorthin gelangen.

Im Folgenden möchte ich kurz die Analyse dieses Interviews darlegen und die daraus entwickelten Kategorien, die ich im Weiteren mit Daten aus der Netnography ergänzt und gesättigt habe:

Code:	*„unsere Tradition"*
Kategorie:	kulturelle Meme
Analyse:	Der von Lama gewählte Begriff zeigte, dass ihre touristischen Aktivitäten vom Islam und von der Kultur Saudi-Arabiens bestimmt werden. Daher benötigt sie Vorschläge zu Aktivitäten, die so gefiltert sind, dass sie diesen Meme entsprechen.

Code:	„ob ein Besuch sich dort lohnt oder nicht"
Kategorie:	Vertrauen
Analyse:	Lama wollte neue Aktivitäten entdecken, aber die Tatsache, dass sie keine Empfehlungen finden konnte, stellte eine Hürde dar.
Code:	„uns Schritt für Schritt erklärt, wie wir dorthin gelangen"
Kategorie:	Orientierung
Analyse:	Lama benötigt Hilfe bei der Orientierung innerhalb der Stadt sowie detaillierte Angaben zu Verkehrsmitteln.

Ähnliche Probleme habe ich auch durch die Netnography erfahren. So schrieb ein Tourist am 2. Juni 2014 auf „Maktoob Arabic Travelers"[2]:

> „Mein Ziel ist Zürich, wo ich drei Tage bleiben werde. Ich werde entweder im Central Plaza oder im St. Josef Hotel übernachten. [...] Was denkt ihr über diese Hotels? Würdet ihr auch wie ich das St. Josef bevorzugen? Welche Orte empfiehlt ihr in Zürich zu besuchen?"
> „Brüder, in Bezug auf das Reisen zwischen den Städten: Welches sind die besten und günstigsten Transportmittel? Und wie viel soll ich kalkulieren für die täglichen Ausgaben?"

Code:	„Brüder"
Kategorie:	Vertrauen
Analyse:	Arabische Touristen schenken Empfehlungen von Menschen mit ihrer Sprache und Kultur viel Vertrauen, was sich darin zeigt, dass sie sich als „Brüder" ansprechen.

Um die Fallstricke der isolierten Arbeit des Ethnografen zu umgehen, empfehlen Randall et al. (2007, S. 4), die Analyse der Felddaten im Rahmen von Gruppensitzungen vorzunehmen, was ich in kollaborativen Forschungsworkshops mit Designern umgesetzt habe. Dabei kristallisierten sich die folgenden Erkenntnisse heraus:

Zielgruppenindifferente Übertragung und Mangel an nutzergerechten Informationen
Arabische Touristen suchen nach Informationen und Empfehlungen, die auf ihre spezifischen Interessen, Zeitpläne und kulturellen Normen zugeschnitten sind. Die gängigen Medien der Touristeninformationen, wie zum Beispiel Broschüren oder Webseiten, sind jedoch standardisiert, um die Bedürfnisse aller Touristen unge-

---

2 https://travel.maktoob.com/vb/travel912247/#post8307879 (26. Juli 2014)

achtet ihres kulturellen Hintergrundes zu bedienen. Damit finden die besonderen religiösen oder islamisch geprägten Lebensgewohnheiten der arabischen Touristen in den gängigen Informationsmedien keine Berücksichtigung. Ein Beispiel dafür war eine Schweizer Tourismuswebseite, die arabischen Touristen Schweizer Nationalgerichte nahezubringen versuchte; viele Rezepte enthielten jedoch Wein oder Schweinefleisch, was nach islamischen Ernährungsvorschriften (Halal) verboten ist. Aufgrund solcher zielgruppenindifferenten Übertragungen stehen die Touristen vor dem Dilemma, entweder offizielle Medien der Touristeninformation zu nutzen, die ihre Kultur ignorieren, oder sich auf schlecht strukturierte, inoffizielle Blogs zu verlassen. Beide Alternativen sind inadäquat.

Mangel an Informationen an der richtigen Stelle
Arabische Touristen haben eine eigene Kommunikationskultur und eine eigene Wahrnehmung davon, wie Informationen aufgenommen werden. Im Allgemeinen suchen sie nicht aktiv nach Informationen, sondern erwarten, dass diese sie dort erreichen, wo sie sich gerade befinden. Informationsmedien für Touristen, die arabische Touristen dort abholen, wo sie stehen – wie zum Beispiel arabischsprachige Broschüren zu Halal-Restaurants – gibt es gegenwärtig nicht.

Transfer ins Design
Crabtree et al. (2012, S. 137) stellen fest: „[…] ethnographic findings need to give shape or form to particular design solutions". Ich habe deshalb das Design darauf ausgerichtet, wichtige Aspekte meiner Forschungsergebnisse umsetzen zu können. Um die Touristen am Designprozess zu beteiligen und perzeptive Entwürfe zu erstellen, habe ich die Rapid-Prototyping-Methode zur Visualisierung erster Entwürfe verwendet. Sanders und Stappers vermerken: „[…] the only way we will be able to address the challenges of wicked problems and fuzzy pathways are through collective forms of creativity and generative design thinking" (2012, S. 58). Orientiert an den Ansätzen des partizipatorischen Designs und des Human Centered Design habe ich das Informationssystem Wanderdayf, was sich aus Englisch („to wander") und Arabisch („Dayf") zusammensetzt und „der wandernde Gast" bedeutet, entworfen, das aus den folgenden Elementen besteht:

- *Blog:* In Zusammenarbeit mit offiziellen Schweizer Touristenorganisationen bietet der Blog Touristen die Möglichkeit, selbsterstellte Informationen und Empfehlungen auszutauschen. Er verbindet damit nahtlos offizielle und inoffizielle Informationsquellen zu einer gemeinsamen Internet-Plattform. Die Blog-Inhalte können problemlos bewertet, auf sozialen Medien geteilt oder für die Offline-Nutzung heruntergeladen werden (viele Touristen haben unterwegs

keine Internetverbindung). Der Blog verfügt außerdem über erweiterte Filtereinstellungen, um den Zugang zu bestimmten Inhalten zu erleichtern.
- *Schilder:* Die Schilder sollen Touristen Informationen zur Orientierung sowie ortsgebundene und relevante Empfehlungen unmittelbar zur Verfügung stellen. Die Empfehlungen, die auf den Schildern angezeigt werden, werden anhand der digitalen Präferenzen der Nutzer sowie ihrer Suchchroniken im Blog und in anderen Browsern erstellt. Die Schilder können an den relevanten Berührungspunkten, zum Beispiel an Straßen in Schweizer Städten, auf Flughäfen und in Visazentren arabischer Länder angebracht werden. Um die Orte (Berührungspunkte) zu identifizieren, an denen die Schilder den Bedürfnissen arabischer Touristen am besten entgegenkommen, habe ich Service-Design-Programme wie etwa Customer Journey Maps und Personas eingesetzt.
- *Mobiler Pavillon:* Der Pavillon kann in Städten in der Schweiz aufgebaut werden, um Touristen personalisierte Empfehlungen und Ausflugspläne von Tourismus-Experten anbieten zu können.
- *Visualisierung:* Den Blog, die Schilder und den Pavillon verbindet eine einheitliche visuelle Identität, inspiriert von arabischen Ornamenten in einer modernen, minimalistischen Neuinterpretation. Die Erstellung einer gemeinsamen visuellen Identität für Systemprodukte kann dazu beitragen, sie visuell miteinander zu verknüpfen und für Nutzer wiedererkennbar zu machen (Stickdorn und Andrews 2012, S. 64).

Reflexion
Im Zuge meiner Forschungsarbeiten habe ich herausgefunden, dass arabische Touristen Schwierigkeiten haben, die von ihnen benötigten Touristeninformationen zu finden. Ursache dafür ist die mangelnde Kompatibilität zwischen den gängigen Informationssystemen und der spezifischen Kommunikationskultur der Touristen. Indem ich ein nutzergerechtes, auf die Kultur der arabischen Touristen zugeschnittenes Tourismus-Informationssystem gestaltete, gelang es mir, ihnen einen reibungslosen Zugang zu diesen Informationen zu ermöglichen. Aufgrund meiner Erfahrungen würde ich eine neue Art der Informationsverbreitung im Tourismussektor vorschlagen, die den Fokus auf den kulturellen Hintergrund und die spezifische Wahrnehmung der Touristen legt. Auf dieser Grundlage könnten neuartige Produkte und Dienstleistungen entstehen, die ein neues, reibungsloses Reiseerlebnis ermöglichen. Dieses Zuschneiden auf kulturelle Präferenzen lässt sich am besten durch Ethnografie und dem Human Centered Design (HCD) umsetzen.

Bibliografie

Blumer, Herbert 1969: *Symbolic interactionism: Perspective and method*. Englewood Cliffs, New Jersey: Prentice-Hall, Inc.
Bundesamt für Statistik (BFS) 2014: *Schweizer Tourismusstatistik 2014*. https://www.bfs.admin.ch/bfs/de/home/statistiken/tourismus.assetdetail.349904.html (Zugriff am: 12. Oktober 2017).
Crabtree, Andrew, Mark Rouncefield und Peter Tolmie 2012: *Doing design ethnography: Human-computer interaction series*. London: Springer.
Cranz, Galen 2016: *Ethnography for designers*. London: Routledge.
Glaser, Barney G. 2003: *The grounded theory perspective II: Disposition's remodeling of Grounded Theory methodology*. Mill Valley, CA: Sociology Press.
O'Reilly, Karen 2012: *Ethnographic methods: The practice of ethnography*. Abingdon: Routledge.
Randall, David A., Richard Harper Mark Rouncefield 2007: *Fieldwork for design: Theory and practice*. London: Springer.
Sanders, Elizabeth B.-N. und Pieter Jan Stappers 2012: *Convivial toolbox: Generative research for the front end of design*. Amsterdam: BIS Publishers.
Spradley, James P. 1979: *The Ethnographic Interview*. Belmont, CA: Wadsworth.
Stickdorn, Marc und Kate Andrews (Hrsg.) 2012: *This is Service Design Thinking: Basics – Tools – Cases*. Amsterdam: BIS Publishers.

Mehr Informationen:
http://master.design.diplome.zhdk.ch/2015/stanic-lina

Analoge und digitale Informationen für arabische Touristen und Touristinnen in der Schweiz. © Foto: Lina Ibnidris

Das *Zeitgeist*-Projekt

Entstehung einer Zeitschrift für Storytelling und altersgerechte Gestaltung

Carolyn Kerchof[1]

Abstract

Die Zeitschrift *Zeitgeist* verbindet Storytelling und Design mit der Sinnsuche im hohen Alter. Hierbei spielen die älteren Bewohnern und Bewohnerinnen der Alterszentren Stadt Zürich eine zentrale Rolle: Sie erzählen Geschichten aus ihrem Leben und teilen ihre Erfahrungen mit den Lesern. Sie nehmen an jedem Stadium des Entwurfsprozesses teil, sodass sich ihre visuellen Bedürfnisse und ästhetischen Vorlieben im Endprodukt niederschlagen. Dieses Projekt soll damit auch als Prototyp für andere Designer dienen, die sich in der Zusammenarbeit mit älteren Menschen ebenfalls der Methoden des kollaborativen Designs bedienen möchten.

---

1   *Master of Arts in Design, Field of Excellence Kommunikation, 2015*

Problem und Forschungsfrage

Für die meisten Menschen ist die Fähigkeit, Erfahrungen zu artikulieren und mit anderen zu teilen – besonders in der zweiten Lebenshälfte –, eine wesentliche Voraussetzung für die eigene Lebenszufriedenheit; deshalb wollte ich ein Projekt für Zeitschriftgestaltung entwickeln, das diesen Bedürfnissen gerecht wird. Hierbei lauteten meine Leitfragen: Können Autoren und Designer eine Publikation gestalten, die den spezifischen Bedürfnissen und Präferenzen älterer Kohorten gerecht wird? Und weiter: Welchen Einfluss haben Typografie und andere Gestaltungsmerkmale darauf, was und wie viel wir im Alter lesen? Das Ziel war es, mithilfe von partizipatorischen Methoden eine für Menschen in Pflegeheimen attraktive, lesbare und interessante Publikation zu gestalten und diese durch Verbreitung innerhalb der Stadt ins lokale, kulturelle Leben zu integrieren.

Feldzugang und Forschungsfeld

Meine Partner bei diesem Vorhaben waren die betreuten Wohneinrichtungen *Alterszentrum Laubegg* (im Folgenden „Laubegg" genannt) und *Alterszentrum Limmat* (im Folgenden „Limmat" genannt) – beides öffentliche Einrichtungen der Stadt Zürich. Ich begann mit der Forschung und der Organisation von Workshops in Laubegg im Mai 2014 und in Limmat im Januar 2015. In beiden Einrichtungen erfuhr ich großzügige Unterstützung. Die Durchführung wurde wesentlich durch die Heimmitarbeiter ermöglicht, welche die Bewohner und Bewohnerinnen zuvor von meiner Anwesenheit, Tätigkeit und Forschung unterrichtet hatten und mein Projekt in ihren Wochenplan integrierten. Ungefähr zwanzig Bewohner und Bewohnerinnen beteiligten sich regelmäßig am Projekt; mit fast allen habe ich kurze Interviews als Teil einer Umfrage durchgeführt.

Methoden und Feldforschung

Ich habe mich für partizipatorische Designpraktiken entschieden, da sie es gestatten, auf die Bedürfnisse auch und gerade von Menschen einzugehen, deren Leben sich sehr von dem des Designers unterscheidet. Partizipatorisches Design bezieht die zukünftigen Nutzer eines Produktes so weit wie möglich in den Gestaltungsprozess ein, um ihre tatsächlichen Bedürfnisse aufzudecken. Da ich selber nicht im Seniorenalter bin, keine Sehprobleme habe und nicht durch körperliche Beeinträchtigungen davon abgehalten werde, zu tun, was ich tun möchte, waren empathiebasierte Designpraktiken nötig, damit die Teilnehmenden in die Lage versetzt waren, mir ihre Bedürfnisse aufzuzeigen. „The three fundamental perspectives relevant for all Participatory Design methods are... 'having a say', mutual learning and co-realisation" (Bratteteig und Wagner 2012, S. 117). Diese drei Perspektiven wurden in jeden Arbeitsschritt der Gestaltung von *Zeitgeist* integriert.

Mithilfe von gemeinsamen Brainstormings, Eins-zu-eins-Gesprächen und Gruppengesprächen konnte ich angemessene Kriterien für die visuelle Gestaltung entwickeln. Mir war es außerdem wichtig, den Teilnehmenden Mittel an die Hand zu geben, mit denen sie den Gestaltungsprozess beeinflussen konnten, indem sie zum Beispiel die Tagesordnung festlegten, den Umfang des Projektes definierten und über die Verteilung von Ressourcen entschieden (einschließlich Zeit und Teilnehmerzahl) (Borum und Enderud 1981, S. 130).

Für die Entscheidung, welches Format die Publikation haben sollte, waren ethnografische Methoden (wie die teilnehmende Beobachtung) zentral. Ich habe außerdem Interviews mit Fachleuten und Akteuren aus verwandten Gebieten wie der Gerontologie geführt. Die Ergebnisse dieser Experten-Interviews spielten allerdings eine geringere Rolle in meiner Forschung und Analyse als Interviews mit einzelnen Partizipanten. Denn, um es mit den Worten der Designfirma IDEO in ihrem Human-Centered Design Toolkit auszudrücken: „Remember that the real experts are the people you're designing for" (2009, S. 55). Meine Interviewpartner waren Menschen im Alter von 65 bis 100 Jahren aus einem breiten Spektrum körperlicher und geistiger Befähigung. In den Interviews wurden alle Design-Aspekte von gedruckten Zeitungen und Zeitschriften abgedeckt. Indem ich die Menschen innerhalb ihres spezifischen Umfeldes interviewte, konnte ich Einsichten darüber gewinnen, welche Designfaktoren dazu beitragen, warum ein Mensch liest oder nicht liest. Meine ersten Designergebnisse erstellte ich, nachdem ich diese vorbereitenden Interviews geführt hatte. Danach konnte ich weitere Interviews führen und Feedback dazu erhalten, wie meine Entwürfe wahrgenommen wurden.

Die Besprechung und Neuanordnung von Elementen in den ausgedruckten Vorarbeiten waren ein wesentlicher Bestandteil des weiteren Entwurfsprozesses. In diesen Entwurfssitzungen habe ich verschiedene Entdeckungen gemacht, zum Beispiel dass viele Partizipanten Bildinhalte ablehnen und Texte bevorzugen. Qualitative Umfragen und Arbeitsblätter zu bedeutungsvollen Lebenserfahrungen spielten eine wichtige Rolle sowohl bei der Entwicklung inhaltlicher Ideen als auch bei der Auswertung der Vorarbeiten und *Zeitgeist*-Prototypen. Im Zuge des Designprozesses habe ich Entwürfe unter künstlicher Beeinträchtigung meiner Sehkraft gelesen. Beim Testen der Prototypen habe ich bei mir selber grauen Star (mit Handcreme verschmierte Sonnenbrille), Xanthopsie (getönte Plastikscheiben) und grünen Star (getönte Brille) simuliert.

Indem ich die Gestaltungselemente für eine Doppelseite vorbereitete, ausschnitt und in kleineren Workshops oder weiteren Eins-zu-eins-Interviews einbrachte, konnte ich die Partizipanten und Partizipantinnen dazu ermutigen, sich aktiv mit der Zeitschriftgestaltung zu befassen. Die meisten waren vom Designprozess zunächst ein wenig eingeschüchtert, doch nachdem wir einige Layouts gemeinsam vorbereitet hatten, wurden sie viel sicherer beim Treffen von Entwurfsentscheidungen. IDEO empfiehlt Folgendes: „[Take] several executions out to people. When there is only one concept available, people may be reluctant to criticize. However, when allowed to compare and contrast, people tend to speak more honestly" (2009, S. 108).

In Convivial Toolbox schreiben Liz Sanders und Pieter Jan Stappers, dass alle Menschen kreativ sind und dass Konsumenten sogenannte „convivial tools" benötigen, um sich an der Gestaltung ihrer Umwelt zu beteiligen (2012, S. 8): „It is time to acknowledge that people want to be useful and creative and not just spend their time shopping, buying and consuming" (2012, S. 7). Ich wollte das, was Sanders und Stappers als „scaffold for collective creativity" oder „a framework for organizing findings and/or insights" bezeichnen, für expressive Praktiken älterer BewohnerInnen in den Alterszentren bereitstellen (2012, S. 302). Für die Mitwirkenden an einem partizipatorischen Designprozess ist die Gemeinschaft eine Quelle von Inhalten und Kreativität. Ich habe Storytelling-Techniken entwickelt, um die Partizipanten und Partizipantinnen dazu zu animieren, Geschichten zu erzählen und auf originelle, einnehmende Art und Weise zu präsentieren, zum Beispiel mit Landkarten, Körpergeschichten und Interviews zu Gegenständen in ihren Zimmern. In „Spaces for Participatory Creativity" definieren Tone Bratteteig und Ina Wagner den Gestaltungsprozess wie folgt: „[Design is] a process of framing the design problem rather than solving a given problem. [...] creative design is a social process, resulting from interaction and collaboration with other individuals" (2012, S. 106).

Analyse und Erkenntnisse

In einer Vielzahl von Interviews mit älteren Menschen erfuhr ich, dass die Gestaltung einen großen Einfluss darauf hat, ob ältere Menschen einen Text lesen oder nicht. Dazu Paul Nini: „[...] designers need to be aware of the issues surrounding common vision problems of the aging population" (2006: ohne Seitenangabe). Für ältere Leserinnen kann gutes Design viel ausmachen. Menschen mit kognitiven oder körperlichen Beeinträchtigungen haben ein Recht auf schön gestaltete Publikationen, die sie bequem lesen können.

Mit jedem Entwurf kamen neue Fragen und Ideen auf. Bei der Auswertung der Entwürfe, empfiehlt IDEO, vorher drei bis vier Fragen vorzubereiten: „[...] questions you'd like answered about desirability or use case during the feedback session. Keep careful notes of the feedback, both positive and negative, and the new questions the team needs to answer about the solution ... [Speak with] a mix of both new people and [...] those you have spoken with before" (2009, S. 108). Einige Fragen, die ich zu den Entwürfen gestellt habe, waren:

- Was haben Sie für ein Gefühl, wenn Sie sich die Seite ansehen? (Wenn die Antwort „verwirrt" lautete, wusste ich, dass auf der Seite zu viel los war und dass ich sie vereinfachen musste.)
- Können Sie den Text bequem lesen?
- Ist deutlich erkennbar, was auf den Fotos/Bildern dargestellt wird?
- Verstehen Sie die Beziehung zwischen den Fotos/Bildern und dem Text?

Ich habe festgestellt, dass in Laubegg niemand länger als dreißig Minuten am Stück liest. Aus diesem Grund habe ich alle *Zeitgeist*-Texte so kurz gefasst, dass sie auf eine Doppelseite passen, damit die Leser und Leserinnen den gesamten Text im Blick haben und immer wissen, wie viel davon sie schon gelesen haben.

Transfer ins Design

Dieses Projekt entstand innerhalb eines spezifischen Kontextes (in zwei Züricher Alterszentren) mit spezifischen Designqualifikationen (Gestaltung für Druckpublikationen). Mir ist es jedoch ein Anliegen, dass andere Designer das *Zeitgeist*-Projekt übernehmen und auf die Bedürfnisse älterer Menschen in ihrer Umgebung zuschneiden. Damit sich unser Wissen auf diesem Gebiet weiterentwickeln kann, muss es von Anderen für ihre eigenen Kontexte angeeignet werden: „[Design's] methods and manifestations emphasize inspiration (findings must be useful, not merely true), realisation in-the-world, and proof by demonstration" (Stappers 2007, S. 82).

Ältere Menschen, die sich bisher nicht als Designer gesehen haben, können dennoch zum Gestaltungsprozess beitragen, besonders dann, wenn es um ein Produkt geht, das sie selber nutzen: „Designing is a natural human ability … We often overlook the fact that people are naturally very good at design" (Cross 2007, S. 47). Um allerdings wirklich konstruktiv dazu beitragen zu können, müssen die Partizipanten und Partizipantinnen mit dem Projekt und seinen Zielen gut vertraut sein. Deshalb sollten sie kontinuierlich über den Fortschritt des Projektes informiert werden: „[Participants] need to be informed, they need to be given a chance to form and express their opinion, and they need to be given the power to influence the decisions in design" (Brandt et. al 2013, S. 129). Dazu gehört auch, dass man eine regelmäßige Berichterstattung organisiert, wichtige Projektabschnitte mitteilt und zum Informationsaustausch regelmäßige Redaktionssitzungen veranstaltet.

Eine positive Atmosphäre zu kultivieren, die es ermöglicht, die Lebenswelt der Partizipanten und Partizipantinnen besser zu verstehen, ihre Anliegen zu diskutieren und mit ihnen kreativ umzugehen, war ein wesentlicher Bestandteil des *Zeitgeist*-Projektes. Die meisten älteren Menschen, mit denen ich in Laubegg und Limmat zusammengearbeitet habe, hatten weder die Energie noch den Wunsch, selber Texte zu schreiben. Ich habe daher entweder unsere Gespräche aufgezeichnet, um sie später zu transkribieren (was sich als schwierig und zeitaufwendig herausstellte), oder das, was mir die Menschen erzählten, simultan per Hand oder mit dem Laptop aufgeschrieben. Mir war es wichtig, mehrere gemeinsame Sitzungen darauf zu verwenden, Texte zu schreiben und zu überarbeiten. Sobald bei den Erzählenden erste Ermüdungserscheinungen auftreten, ist es besser, mit dem Schreiben ein anderes Mal fortzufahren.

Reflexion

„Designers, as opposed to artists, aim not to create artifacts as ends unto themselves, but artifacts-as-means" (Tonkinwise, 2014, 203). Die Beteiligung am *Zeitgeist*-Projekt sollte eine inspirierende und sinnstiftende Erfahrung sein. Mein ursprüngliches Ziel bestand darin, gemeinsam mit den Bewohnerinnen und Bewohnern von Pflegeheimen eine Publikation zu gestalten, die sie sinnlich ansprach und für sie interessant zu lesen war. Außerdem war es mir wichtig, dass die Publikation auch für eine jüngere Leserschaft ansprechend war, um den Partizipanten und Partizipantinnen eine Stimme im kulturellen Leben der Stadt zu geben.

Das Projekt war in mehrerlei Hinsicht ein Erfolg. In Laubegg wollten alle *Zeitgeist* in die Finger bekommen. Den Bewohnern von Laubegg und Limmat gefiel sowohl das Design als auch die Tatsache, dass die Zeitschrift für sie gemacht worden war. Ganz besonders gefiel ihnen der große Schriftsatz. Eine Partizipantin sagte mir: „Ich habe jahrelang gewartet, diese Geschichte zu erzählen, und dann seid ihr gekommen und habt mir zugehört." Eine Lesung in Laubegg, bei der ein ehrenamtlicher Mitarbeiter Bewohnern und Bewohnerinnen ungefähr die Hälfte einer *Zeitgeist*-Ausgabe vorlas, stieß bei auf sehr positive Resonanz.

Auch bei jüngeren Lesern, die nicht am Projekt beteiligt waren, kam die Qualität der Texte und des Designs sehr gut an und es gab einen breiten Konsens, dass die ältesten Bewohner der Stadt ein Medium brauchen, um offen ihr Leben zu reflektieren und Geschichten auszutauschen. Viele jüngere Menschen haben sich für den Fortbestand eines solchen Storytelling-Projektes ausgesprochen. Wenn man *Zeitgeist* in ganz Zürich vertriebe, würde das den Bewohnerinnen der Alterszentren eine starke, heterogene öffentliche Stimme geben. Für meine „Low-Tech"-Partizipanten und -Partizipantinnen habe ich eine Druckpublikation erstellt, aber es gibt viele Möglichkeiten, diese auf digitale Plattformen auszuweiten. Mit dem Einsatz digitaler Medien ließe sich der Austausch zwischen den Generationen und damit das Zusammenleben in der Stadtgemeinschaft ungemein befördern, und ein Medium, das mich für künftige Projekte besonders interessiert, ist der Podcast – nicht zuletzt deswegen, weil ich glaube, dass dieses Medium sowohl für Partizipanten und Partizipantinnen mit Sehbehinderungen als auch für ein junges Publikum von Interesse wäre.

Bibliografie

Borum, Finn und Harald Enderud 1981: *Conflicts in Organisations, Illustrated by Cases of Computer Systems Design*. Copenhagen: Nyt Nordisk.

Brandt, Eva, Thomas Binder und Elizabeth B.-N. Sanders 2013: Tools and techniques: ways to engage telling, making and enacting, in: J. Simonsen und T. Robertson (Hrsg.), *International Handbook of Participatory Design*. New York, NY: Routledge, S. 145–181.

Bratteteig, Tony und Ina Wagner 2012: Spaces for participatory creativity. *CoDesign: International Journal of CoCreation in Design and the Arts*, 8 (2-3), S. 105–126. doi: 10.1080/15710882.2012.672576.

Cross, Nigel 2007: From a Design Science to a Design Discipline: Understanding Designerly Ways of Knowing and Thinking, in: Ralf Michel (Hrsg.): *Design Research Now*. Basel: Birkhauser, S. 41–54.

IDEO 2009: *Human Centered Design Toolkit*. London.

Nini, Paul 2006: Typography and the aging eye. AIGA. http://www.aiga.org/typography-and-the-aging-eye/ (Zugriff: 13. September 2017).

Sanders, Liz und Peter Jan Stappers 2012: *The Convivial Toolbox*. Amsterdam: BIS Publishers.

Stappers, Pieter Jan 2007: Doing Design as a Part of Doing Research, in: Ralf Michel (Hrsg.), *Design Research Now*. Basel: Birkhauser, S. 81–98.

Tonkinwise, Cameron 2014: Design Away, in: Yelavich, S. und Adams, B. (Hrsg.). *Design as Future-Making*. London: Bloomsbury, S. 198–213.

Mehr Informationen:
http://master.design.diplome.zhdk.ch/2015/kerchof-carolyn

Das wöchentliche Redaktionstreffen integriert Partizipantinnen ins Projekt.
© Foto Martina Regli

Trend Splitting

Urban Gardening als Bausatz zur Erneuerung des touristischen Profils von Zürich

Sarah Oeschger[1]

Abstract

Urban Gardening hat sich in den letzten Jahren zu einem internationalen Gesellschaftstrend entwickelt, der für Unternehmen und öffentliche Institutionen ungeahnte Innovationspotenziale eröffnen dürfte. Die Theorie dieser Masterarbeit besteht aus der Entwicklung einer marktorientierten Gestaltungsstrategie (Trend Splitting), die zum Ziel hat, Urban Gardening als Trendphänomen kreativ auf den Zürcher Tourismus zu übertragen. Methodisch setzt sie sich aus zwei Teilen zusammen: aus der Erforschung des Phänomens zum urbanen Gärtnern und der anschließenden Verknüpfung mit touristischen Innovationsfeldern. Diese Herangehensweise soll zukunftsorientierte Konzeptideen provozieren. Der Forschungsteil basiert auf einer umfangreichen, qualitativen Datenerhebung (Interviews, Fotos und Beobachtungen) in verschiedenartigen urbanen Gärten sowie deren inhaltlicher Analyse mittels offener Codierung. Die dabei herauskristallisierten Bestimmungskategorien einerseits und die als relevant identifizierten Zürcher Innovationsfelder andererseits dienen als Grundlage für einen interdisziplinären Kreativ-Workshop. Für die gestalterische Umsetzung werden exemplarisch fünf Tourismuskonzepte ausgearbeitet und visualisiert.

---

1 *ZHdK Master of Arts in Design, Field of Excellence Trends, 2013*

Problem und Forschungsfrage

Der Trend zum Urban Gardening ist seit wenigen Jahren auch in der Schweiz ein Thema (Giardina 2013). Neben dieser modernen Form des Gärtnerns in der Stadt gewinnen aber auch andere altbekannte, private Gartenaktivitäten im urbanen Umfeld wieder an Attraktivität. Schrebergärten erfreuen sich langer Wartelisten und Pflanzkurse für Stadtbalkone sind ausgebucht bis auf den letzten Platz. Urban Gardening scheint einen Nerv in gewissen Gruppen der Gesellschaft getroffen zu haben. Das Interesse und die Neugier sind groß und es ist nicht anzunehmen, dass diese Aufmerksamkeit kurzfristig nachlassen wird: Gärtnern im urbanen Raum befriedigt zu viele Bedürfnisse und Sehnsüchte der modernen Stadtbevölkerung (Borgstedt 2011, S. 118). Auch auf den Trendradaren von Unternehmen, öffentlicher Institutionen und Organisationen wurde Urban Gardening mittlerweile gesichtet und als „verfolgenswert" identifiziert. Einige Betriebe haben bereits reagiert und bedürfnisgerechte Produkte und Dienstleistungen im Markt eingeführt, andere sehen keinen Handlungsbedarf oder wissen schlicht nicht, wie mit dem Phänomen umzugehen ist. In einer ähnlichen Lage ist Zürich Tourismus. Urban Gardening wurde zwar erkannt, doch aufgrund fehlender, klar ersichtlicher Überschneidungen mit dem Tourismus-Kerngeschäft werden trendgestützte Innovationspotenziale als gering oder gar nicht existent eingeschätzt. Die hier vorgestellte Masterarbeit zeigt, dass diese Vermutung nicht zutrifft und der vielschichtige Trend zum urbanen Gärtnern sehr wohl als „Ideengeber" für neue touristische Angebote funktionieren kann. Aufgrund des methodischen Vorgehens lautet die übergreifende Forschungsfrage: Wie können die Potenziale, Werte und Qualitäten des Trendphänomens Urban Gardening erkannt und für den Zürcher Tourismus nutzbar gemacht werden? Und die drei Teilforschungsfragen lauten: Wie wird Urban Gardening in städtischen Alltagswelten der Schweiz erlebt? Welche Themen, Motive und Bedürfnisse liegen dem Phänomen Urban Gardening zugrunde? Welche Angebotsideen lassen sich durch die Verknüpfung ausgesuchter Merkmale von Urban Gardening und Zürich Tourismus entwickeln?

Feldzugang und Forschungsfeld

Für die Erforschung von Urban Gardening wurden über 25 urbane Gärten bzw. anverwandte Projekte in Zürich besucht. Auf Grund der Saisonalität fanden diese Besuche hauptsächlich zwischen Mai und Oktober statt. Die Wahl der Forschungsobjekte fiel auf Gärten unterschiedlichster Arten, Ausmaße und Orte, um die größtmögliche Bandbreite vom privaten Topfgarten auf dem Balkon über den Kartoffelacker am Stadtrand bis hin zum ausländischen Touristenmagnet abzudecken.

Methode und Feldforschung

Im Sinne Herbert Blumers symbolischen Interaktionismus wurde ein offener, explorativer, fast naturalistischer Forschungsansatz verfolgt (Blumer 1973, S. 109). Die urbanen Gärten und die subjektive Sichtweise der Akteure bzw. Gärtner standen somit als empirische soziale Welt im Zentrum des Interesses. Diejenigen Projekte, welche außerhalb des am Anfang definierten Suchfeldes lagen, wurden als Kontrast bzw. Vergleichsmaterial in die Analyse miteinbezogen. Auf eine umfangreiche, wissenschaftliche Grundlagenrecherche im Vorfeld wurde verzichtet (Breuer 2010, S. 29). Um Daten zur Lebenswelt der Urban Gardeners zu generieren, wurden zwei klassische Methoden der Ethnografie eingesetzt: das ethnografische Interview sowie die teilnehmende Beobachtung (Spradley 1980, S. 3–4). Die Befragungen wurden alle vor Ort durchgeführt, wobei die meisten Gespräche im Vorhinein vereinbart worden sind. Die Feldaufenthalte bewegten sich zeitlich zwischen einer und vier Stunden. Einige Settings wurden mehrere Male besucht, um gewisse Szenerien miteinander vergleichen zu können. In mehreren Forschungsfeldern bot sich die Gelegenheit einer aktiven Teilnahme bei der Arbeit (zum Beispiel Kartoffelernte) oder bei Ritualen (kochen, miteinander essen) an. Die rund 20 Leitfadengespräche wurden auf Band aufgezeichnet und später transkribiert. Zur optimalen Datendokumentation generierte die Forscherin darüber hinaus eine große Menge an Fotomaterial. Beobachtungen, Gedanken und erste Interpretationen wurden nach dem Feldbesuch in Protokollen und kurzen Berichten festgehalten.

Analyse und Erkenntnisse

Für die Analyse des reichhaltigen Datenmaterials und die Bildung eines theoretischen Konzeptes über Urban Gardening wurde eine Vielzahl von Methoden im Kontext von Design ausgewählt. Die wichtigste Forschungsmethode war allerdings die *offene Codierung* aus der *Grounded Theory* (Böhm 2000, S. 476). Folgende Datenquellen wurden mittels der offenen Codierung analysiert: transkribierte Interviews, Beobachtungsprotokolle, Fotos, Memos sowie einige wenige Texte aus Websites, wobei sich die Gespräche, Beobachtungen und Fotos als reichhaltigster Datenfundus herausstellten. Am Anfang der Codierungsphase wurden die Daten detailliert auf ihren konzeptionellen Inhalt hin beleuchtet. Einzelne Phänomene wurden in Bezug gesetzt zu allgemeinen Begriffen und Ideen, wurden auf sie verwiesen und sinnvoll in Verbindung gebracht. In den ersten paar Wochen der Forschung habe ich die Codes (Begriffe und Symbole) aus dem Material herausgelöst, auf Post-it-Zetteln notiert und zur Visualisierung an meinen zimmerbreiten Wohnzimmerschrank geklebt. Im Laufe der Theorieentwicklung wurden die Codes immer wieder neu strukturiert, miteinander verknüpft und zu übergeordneten Kategorien mit einem passenden Namen zusammengefasst (zB. Schenken).

Der Kategorienname ergab sich meist aus dem Zusammenhang oder wurde direkt aus dem Datenmaterial herausgefiltert. Neben den Texten wurde auch das (ausgedruckte) Fotomaterial codiert und nach Kategorien gruppiert. So kristallisierten sich die zentralen Kategorien heraus und es entstand ein komplexes Begriffsnetz einer Theorie. Mit der stetig größer werdenden Menge an Material, Codes und Kategorien wurde die Code-Wand bald zu klein und so habe ich mich entschieden, die Analysedaten in die sogenannte Code Collection zu übertragen. Die Code Collection war eine einfache Excel-Tabelle, wobei jeder Ordner eine andere Kategorie darstellte. Die Arbeit mit elektronischen Daten war ab jenem Zeitpunkt auf jeden Fall sinnvoll, da das ständige Ergänzen, Vergleichen und Umstrukturieren der Codes und Kategorien sich als immer mühsamer herausstellte, je mehr die Datenmenge wuchs. Die Reduktion bzw. Kondensation auf eine angemessene Anzahl Kategorien erwies sich schließlich als keine leichte Aufgabe. Die Analyse des gesamten generierten Datenmaterials ergab zwanzig Kategorien, unter anderem: *Schenken, Dichte, Mobilität, Natur erleben, Selbermachen, Zeit & Zyklen, Miteinander, Wildheit* und *Eskapismus*.

Jede Kategorie beinhaltete neben textlichen Analysepassagen auch Fotos, Zitate sowie Gesprächsausschnitte. Diese Inhalte sollten die erarbeiteten Codes visualisieren und die Schlussfolgerungen stützen. Zentrale Begriffe, die Key Codes, wurden in der Analyse speziell markiert. Folgend ein Auszug aus dem Analyseteil der Kategorie „Schenken":

Schenken als Kategorie hat sich durch eine Anhäufung ähnlicher Erlebnisse während der Forschung formiert. Die „Geschenke" sind in dieser Kategorie nicht nur *materiell* zu verstehen, sondern auch *immateriell*. *Zeit und Wissen* werden ebenfalls als Geschenk verstanden, genauso wie *Gastfreundschaft*. Wichtig ist, dass das Schenken aus einem Akt der Großzügigkeit und ohne (erkenntliche) Hintergedanken oder Erwartungen einer Gegenleistung erfolgen. Die Autorin erlebte „Schenken" bzw. das Beschenktwerden in den meisten Fällen am Ende des Besuches auf dem Forschungsfeld. Als eine Art *„Gruss aus dem Garten"* wurde ihr frisch Geerntetes mit auf den Weg gegeben: ein Kräuterstrauß, eine Zucchetti, eine Hand voll Bohnen oder gar ein ganzer Gemüsesack. Offensichtlich fällt das Schenken im Kontext des Gartens leichter als in anderen Situationen des täglichen Lebens. Die Handlung hat etwas sehr Spontanes, Einfaches, Ungekünsteltes, wobei beim Gärtner auch ein wenig Stolz erkennbar ist. Durch die Eigenschaft des *„Selbstgemachten"* erhält das Geschenk einen besonderen, individuellen Wert. Nachbarschaftliches Schenken wird hauptsächlich in privaten Gärten getätigt. Eine gute *Beziehung* ist wichtig, da man von Zeit zu Zeit auf die Hilfe aus nächster Nähe angewiesen ist zum Beispiel fürs Gießen während einer Ferienabwesenheit oder für die Ausleihe von Geräten. Diese Beziehungen scheinen die Gärtner durch gegenseitiges Schenken aufrechtzuerhalten. Es ist ein *Geben und Nehmen*. Oft ist der Auslöser für das Verschenken ein Überschuss („Zucchetti-Schwemme"). Eigenes Gemüse ist auch ein beliebtes *Gastgeschenk* bzw. Mitbringsel bei Grillpartys. Im Laufe der Forschungstätigkeiten kam es oft zu spontanem Zusammensein und gemeinsamem Essen, sowohl in privaten, aber auch in Gemeinschaftsgärten. Der Empfang von Gästen, auch unbekannten, scheint im Garten unkomplizierter und zwangloser zu sein. Der Garten als Ort der *Gastfreundschaft* ist weniger intim als das eigene Zuhause, man gibt nicht so viel von sich preis als Gastgeber. Der Garten ist also eine Art neutraler Zwischenraum, der weniger emotional aufgeladen ist. Als Gast wiederum fühlt man sich freier, man kann sich bewegen und die Natur bestaunen.

Die zwanzig Kategorien stellten die Grundlage des sogenannten Begriffsbausatzes dar – das Kernstück der ganzen Forschungsarbeit. Der Bausatz verkörpert in seiner Gesamtheit das Phänomen zum urbanen Gärtnern in Zürich. Die Darstellung erfolgte auf einer begrifflichen und auf einer illustrativen Ebene. Der begriffliche Bausatz wurde durch die Zusammenführung der Key Codes aus der Analyse gebildet. Sie verankerten gemeinsam mit den Kategorien die Urban- Gardening-Theorie dieser Thesis. Der illustrative Bausatz besteht aus zwanzig handgezeichneten Symbolen, wobei jedes Symbol eine Kategorie repräsentiert. Auf diese Weise werden die Forschungsergebnisse auf einer schnell erfassbaren visuellen Ebene zugänglich gemacht. Die Inspiration für die Symbole stammt aus dem Bildmaterial der Forschung.

Transfer ins Design

Um eine praktische Überführung von Urban Gardening auf den Zürcher Städtetourismus zu realisieren, musste als Erstes ein geeigneter Partner von der Idee und dem Erfolgspotenzial der Verknüpfung überzeugt werden. Es sollte im Optimalfall ein Partner aus der Praxis sein, der mit spezifischen, marktorientierten Inputs die Gegenüberstellung mit dem Phänomen ermöglichen würde. Erfreulicherweise konnte der neue Direktor von Zürich Tourismus für das Projekt gewonnen werden. Er war bereit, die nötigen Informationen einzubringen und, zusammen mit Schlüsselpersonen seines Teams, an einem Ideen-Workshop teilzunehmen. Für die visuelle Gegenüberstellung von Urban Gardening und Zürich Tourismus wurde eine Matrix aufgestellt. In einem ersten Schritt drängte sich eine Halbierung der zwanzig Urban Gardening-Kategorien auf, wobei die zehn touristisch inspirierendsten Kategorien ausgewählt wurden. Anschließend definierte der Direktor von Zürich Tourismus zehn Zürcher Innovationsfelder (Orte, Zielgruppen oder generell Angebotsbereiche) und wählte zehn Kombinationsfelder (horizontale-vertikale Matrix-Schnittpunkte) aus, für welche er interessante Fragestellungen formulierte.

In diesen zehn Fragestellungen sollten sowohl das touristische Innovationsfeld als auch die Urban Gardening-Kategorie miteinander verschmelzen und gleichzeitig einen kreativen Gedankenraum für die Ideengenerierung öffnen. Im Workshop selber trafen Designer, Gärtner und Touristiker aufeinander, die mit Hilfe unterschiedlicher Kreativitätsmethoden einen Abend lang Ideen kreierten. Das Ergebnis waren ca. 200 Ideen, welche im Anschluss aufgelistet, kurz diskutiert und priorisiert wurden. Die Prioritätenliste, welche das verdichtete Ergebnis des Workshops darstellte, enthielt 23 Ideen, aus denen schließlich fünf ausgewählt und zu Tourismuskonzepten weiterentwickelt wurden:

- *„I was here-Hochbeet"*: Touristen haben die Möglichkeit, bei den berühmtesten Sehenswürdigkeit Zürichs ihre floralen Spuren zu hinterlassen, indem sie in vom Tourist Office parat gestellten Hochbeeten Samen oder Tulpenzwiebeln setzen.
- *„Liebeswald"*: An einem zentralen romantischen Ort in Zürich können Liebespaare durch den symbolischen Akt des Baumpflanzens ihre Verbindung besiegeln.
- *Gartentram:* In Anlehnung an einige Vorgänger (Sushi- oder Fonduetram) kreiert Zürich Tourismus in Kooperation mit Grün Stadt Zürich ein neues Thementram, welches dem Fahrgast ein umfassendes, sinnliches Gartengefühl vermittelt.
- *„Herr Schrebers Guesthouses"*: Neues überraschendes Hotelkonzept, welches auf einer altbekannten Urban-Gardening-Idee aufbaut.
- *„Picknick Day"*: Ab Mai wird einmal im Monat ein Samstag zum Picknick-Day erklärt. Einheimische und Touristen (thematische Picknick-Körbe können im Hotel bezogen werden) treffen sich an vordefinierten Orten zu Massenpicknicks und genießen Konzerte, Lesungen oder auch einfach nur das Zusammensein.

Reflexion

Noch zu Beginn erschien es äußerst fraglich, ob die Verknüpfung von Urban Gardening und Zürich Tourismus überhaupt gelingen würde. Mit Hilfe der offenen Codierung und der damit verbundenen Freilegung der Sehnsüchte und Motive für das urbane Gärtnern wurde der Trend schlussendlich fassbar und somit zugänglich für die Entwicklung innovativer Konzepte für Zürich. In diesem Sinn stellte sich der dreiphasige Prozess – Zerlegung und Ordnung des Trendphänomens, Gegenüberstellung mit dem Tourismus sowie Ideenkreation durch Verknüpfung – als erfolgreiche Strategie heraus. Die im Workshop erarbeiteten Ideen und Konzeptansätze wurden Zürich Tourismus zur weiteren Bearbeitung überlassen. Der vorgelegte Bausatz als Ergebnis der Analyse von Urban Gardening könnte als komplette Toolbox auch von anderen Tourismusdestinationen genutzt werden. Einzig die lokalen Tourismus-Innovationsfelder der Matrix müssten angepasst und die zwanzig Urban-Gardening-Kategorien auf eine griffige Anzahl reduziert werden. Ferner steht der Bausatz natürlich auch tourismusfremden Branchen und Unternehmen zur Verfügung, die sich im Trend Urban Gardening ein vielversprechendes Ideenpotenzial erhoffen. Denn der aus dem vorliegenden Forschungsprojekt resultierende Bausatz ist losgelöst von einer Zielbranche entstanden und daher als neutraler Ideenkatalysator einsetzbar.

Bei genauerer Betrachtung wird klar, dass der hier durchlaufene dreiphasige Prozess, der im Titel dieser Masterarbeit als Trend Splitting bezeichnet wird, nicht nur in Bezug auf Urban Gardening und Tourismus funktioniert, sondern ganz grundsätzlich auf Phänomene und Zielmärkte angewandt werden kann. Durch das Aufbrechen in einzelne Bausteine (Motive, Bedürfnisse, Sehnsüchte, Werte) werden Strömungen generell besser verständlich und lassen sich eher in Produktideen überführen. Somit kann Trend Splitting als dienliche Handlungsanleitung für kurz- bis mittelfristig realisierbare Innovationen bezeichnet werden.

Bibliografie

Blumer, Herbert 1973: Der methodologische Standort des Symbolischen Interaktionismus, in: Arbeitsgruppe Bielefelder Soziologen (Hrsg.): *Alltagswissen, Interaktion und gesellschaftliche Wirklichkeit 1: Symbolischer Interaktionismus und Ethnomethodologie*. Reinbek bei Hamburg: Rowohlt, S. 80–146.

Böhm, Andreas 2000: Theoretisches Codieren: Textanalyse in der Grounded Theory, in: Flick, U./von Kardoff, E./Steinke, I. (Hrsg.): Qualitative Forschung (6. Auflage, S. 475–485). Reinbek bei Hamburg: Rowohlt.

Borgstedt, Silke 2011: Das Paradies vor der Haustür: Die Ursprünge einer Sehnsucht aus der Perspektive soziokultureller Trendforschung, in: Christa Müller (Hrsg.): *Urban Gardening. Über die Rückkehr der Gärten in die Stadt* (3. Auflage, S. 118–125). München: oekom Verlag.

Breuer, Franz 2010: *Reflexive Grounded Theory. Eine Einführung in die Forschungspraxis*. Wiesbaden: VS Verlag.

Giardina 2013: Eine Erfolgsgeschichte wird 15 Jahre alt. http://www.giardina.ch/de-CH/FuerMedien/Medienmitteilungen/MedienmitteilungenGiardina/GZH13_Eine%20Erfolgsgeschichte%2 0wird%2015%20Jahre%20alt_22012013.aspx (Zugriff am 10. April 2013).

Spradley, James P. 1980: *Participant observation*. New York: Holt, Rinehart and Winston.

Mehr Informationen:
http://master.design.zhdk.ch/projekte/trend-splitting

Feldbeobachtungen in Gärten, die zur Kategorie „Miteinander" führen © Foto: Sarah Oeschger

„Merksch scho öppis?"

Von der Lebensweltanalyse zum Ereignis: Interventionen während des Drogenrausches

Marielle Roth[1]

Abstract

„Merksch scho öppis?" untersucht mit unterschiedlichen Methoden die Lebenswelt von Freizeitdrogenkonsumenten. Beobachtungen vor Ort sowie bei Beratungsstellen, verteilte Cultural-Probes-Pakete für zu Hause und Netnografie als Analyse eines Internetforums geben Einblicke in die Welt der drogenkonsumierenden Partygänger. Die anschließende Analyse des vielfältigen Datenmaterials gibt Aufschluss, wie Interventionen innerhalb solcher Lebenswelten konzipiert und gestaltet werden können. Anhand der Intervention *party*ANIMALS* wird exemplarisch das Potenzial der gewonnenen Erkenntnisse gezeigt: eine partizipative Clubaktion, die Freizeitdrogenkonsumenten zur Selbstreflexion anregt.

---

1 ZHdK Master of Arts in Design, Field of Excellence Ereignis, 2014

Problem und Forschungsfrage

Der Konsum von psychoaktiven Substanzen – legal oder illegal – ist eine anthropologische Konstante und soziale Tatsache. Besonders im Nachtleben, das in den „westlichen Ländern zu den wichtigsten Freizeitaktivitäten von Jugendlichen und jungen Erwachsenen" gehört (Maier et al. 2013, S. 15), ist der Konsum von Drogen verbreitet. Da die Einteilung legal oder illegal nichts über das Risikopotential der Stoffe aussagt, ist es wichtig, dass sich die Konsumenten dessen Gefahren bewusst sind. Denn das tatsächliche Risikopotential ist „stets abhängig von der Substanzzusammensetzung, der eingenommenen Dosis, der Konsumfrequenz und -dauer, der momentanen Verfassung der Konsumierenden sowie vom Setting, in dem der Konsum erfolgt" (Maier et al. 2013, S. S. 19). Im Vordergrund der Arbeit steht der Versuch, neue Wege zu finden, wie man Konsumenten ansprechen und sensibilisieren kann; und das mithilfe eines Ereignisses. Herkömmliche Methoden basieren bisher vor allem auf Ansätzen der Sozialarbeit und Sozialpädagogik. Eine ereignis-designorientierte Perspektive auf dieses Thema ist neuartig. Bevor man in einem Feld intervenieren kann, muss man sich möglichst viel Wissen darüber aneignen. Dafür wurde einerseits eine ethnografische Lebensweltanalyse durchgeführt, um die Welt der Drogenkonsumenten kennenzulernen. Anderseits wurden bestehende Präventionsangebote analysiert. Daraus ableiten lässt sich folgende Forschungsfrage: Wie kann eine auf einer Lebensweltanalyse basierende Untersuchung dabei helfen, Interventionen, die während einer Party durchgeführt werden, zu konzipieren, die Freizeitdrogenkonsumenten ansprechen und zur Selbstreflexion in Bezug zum eigenen Drogenkonsum anregen?

Feldzugang und Forschungsfeld

Wir bewegen uns in kleinen sozialen Lebenswelten. Das sind „von anderen vordefinierte und in ihrer ‚Zwecksetzung' intersubjektiv gültig gemachte Ausschnitte aus der alltäglichen Lebenswelt, die subjektiv als Zeit-Räume der Teilhabe an je besonderen Sinnsystemen erfahren und im Tages- und Lebenslauf aufgesucht, durchschritten oder auch nur gestreift werden" (Hitzler 2008, S. 136). Wir verhalten uns bei der Arbeit, in der Familie oder auf einer Party anders. In einem Clubs herrschen andere Regeln als im Berufsalltag, in einer Beziehung oder an einer Universität. Es wird vor Clubs angestanden, es wird getanzt, man trägt eine ganz bestimmte Kleidung, unterhält sich mit anderen Menschen, bewegt sich an unterschiedliche Orte wie Tanzfläche, Bar, Toilette und konsumiert. Um die Lebenswelt der Drogenkonsumierenden zu erforschen, habe ich die kleine soziale Lebenswelt des Clubs gewählt. Über mein soziales Umfeld habe ich mir den Zugang zu den Partydrogenkonsumenten und zu Clubs geschaffen.

Methoden und Feldforschung

Um die Lebenswelt der Drogenkonsumierenden zu untersuchen, wurde die Methode der ‚ethnografischen Lebensweltanalyse' gewählt. Damit wird versucht, die Welt mit den Augen anderer Menschen zu sehen und zu rekonstruieren (Honer 2012, S. 198). Dies erfordert, „dass der Forscher [...] mit einer offenen, interessierten, rezeptiven und respektvoll-akzeptierenden Haltung nah an den Gegenstand herangeht [und/M.R.] einen direkten interaktiven Kontakt mit den Mitgliedern des Forschungsfeldes [...] herstellt" (Breuer 2010, S. S. 23). Die Datenerhebung umfasst nebst der Analyse von bestehenden Präventionsangeboten drei unterschiedliche Verfahren. Den größten Teil nimmt die *Beobachtung* ein. Im Sommer 2013 wurden Freunde und Bekannte in Clubs begleitet. Zusätzlich wurden bestehende Angebote wie das Drogeninformationszentrum (DIZ) besucht oder drug-checking-Einsätze begleitet, wo skeptische Konsumenten und Konsumentinnen ihre chemischen Substanzen hinsichtlich deren Reinheit untersuchen lassen können. Dabei habe ich versucht, möglichst breit Informationen zu sammeln, die am nächsten Tag in Form eines Protokolls aufgeschrieben wurden. Ebenso spielen eigene Eindrücke und persönliche Gespräche, sowohl mit Konsumenten als auch Experten, eine Rolle. Das Ergebnis sind 17 Beobachtungsprotokolle, diverse Fotos und eine Nacherzählung. Zusätzlich zur Beobachtung kommen *Cultural-Probes*-Pakete als partizipative Ethnografie dazu (Gaver et al. 1999). Mit dieser Methode wird versucht, den Menschen auf eine lustvolle Art Informationen zu entlocken. Es werden unterschiedliche Aufgaben gestaltet, welche die Probanden in ihrer vertrauten Umgebung erledigen können. Die Teilnehmenden können beispielsweise fotografieren, zeichnen, kleben oder etwas schreiben. Als gezielte Sättigung des vorhandenen Materials wurde die *Netnografie* eingesetzt. Das ist „eine interpretative Methode, die in Anlehnung an Prinzipien der Ethnografie zur Erforschung von Verbraucherverhalten in Konsum(sub)kulturen und -gemeinschaften auf dem Internet entwickelt wurde" (Beckmann und Langer 2009, S. 221). Dafür wurde das Forum www.eve-rave.ch (Zugriff: 11. Oktober 2017) genutzt, wo Drogenkonsumenten und -konsumentinnen ihre Erfahrungen austauschen.

Analyse und Erkenntnisse

Diese Art von Forschung ergibt eine enorme Fülle an Datenmaterial in Form von niedergeschriebenen Beobachtungen oder Feldnotizen, Fotos, Videos, Gesprächen.

Eine Möglichkeit, wie man mit so viel Material umgehen kann, ist die Grounded Theory. Im Vordergrund geht es darum, Codes aus den Daten zu elaborieren, anstatt bereits bestehende Konzepte anzuwenden (Charmaz und Mitchell 2009, S. 165). Anhand eines exemplarischen Beispiels – der Kategorie *soziale Handlung* – wird im Folgenden der Prozess kurz aufgezeigt, wie die Kategorien entstanden sind. Zu Beginn wurden die Beobachtungsprotokolle analysiert. Mit dem vermehrten Durchlesen kristallisierten sich immer wiederholende Begriffe, Abläufe, Strukturen etc. heraus. Beispielsweise „teilen", „gemeinsam", „nicht alleine sein wollen", „miteinander", „zusammen", „spendieren". Diese Begriffe wurden anschließend in Einheiten wie das „Teilen von Drogen" gruppiert, was auf eine soziale Dimension verweist. Diese wiederum wurden einer Überkategorie zugeordnet. Aus dieser ersten Analyse ergaben sich die Kategorien *soziale Handlung, Strategien, Orte, Wege/Distanzen, Zeit* und *Erwartungen*. In einem zweiten Schritt wurden die Cultural Probes hinzugezogen und auf sich wiederholende oder ähnliche Inhalte untersucht. Bezogen auf die Kategorie *soziale Handlung* ist beispielsweise auffallend, dass bei allen Teilnehmenden Leute aus dem sozialen Umfeld ebenfalls konsumieren. Es wird auch oft erwähnt, dass man gerne Erfahrungen teilt oder man offen ist, um neue Menschen kennenzulernen. Mit dem Durchgehen der Cultural Probes wurden einerseits die bestehenden Kategorien inhaltlich angereichert, andererseits bildeten sich vier neue Kategorien: *Tanz, Musik, Freunde, Motivation & Erfahrungen*. Diese wurden wiederum in einem nächsten Schritt mit den Inhalten aus den Beobachtungsprotokollen ergänzt. Zur abschließenden Sättigung wurde die Netnografie angewendet und mit zur Kategorie passenden Begriffen gezielt Forumsbeiträge gesucht.

Die zehn gefundenen Kategorien sollen ein möglichst breites Spektrum der Lebenswelt von Drogenkonsumenten aufzeigen. Anhand der zwei exemplarischen Kategorien *soziale Handlung* und *Strategien* wird aufgezeigt, was diese Lebenswelt auszeichnet.

Soziale Handlung: Der soziale Faktor hat beim Konsumieren von Drogen einen hohen Stellenwert. Pulverisierte Substanzen wie Speed oder Kokain werden häufig in vorgeformten Linien herumgereicht. Auch Ecstasy-Pillen werden halbiert, damit sie gemeinsam konsumiert werden können. Vielen möchten Emotionen teilen oder die Wirkung der Drogen gemeinsam erleben. Ebenso bedeutungsvoll sind das Vertrauen und die Sicherheit. Viele Konsumenten erzählen, dass sie während des Rausches nicht alleine gelassen werden möchten und deshalb gerne jemanden in der Nähe haben, dem sie vertrauen.

Strategien: Während des Drogenkonsums werden unterschiedliche Strategien angewandt, um gewisse Zustände zu vermeiden oder herbeizurufen. Es gibt Strategien, die das Risiko mindern, beim Drogenkonsum erwischt zu werden. Man geht nicht zu zweit auf die Toilette, weil das auffällig ist, oder man verlässt den Club, um außerhalb zu konsumieren. Ebenso werden gewisse Taktiken angewendet, die das Risiko während des Konsums vorbeugen oder minimieren. Substanzen werden vor dem Erstkonsum erst in kleinen Mengen „angetestet", es wird immer genügend Wasser getrunken oder es wird nur von bekannten Quellen gekauft. Gewisse Strategien werden ebenfalls angewendet, um den eigenen Konsum zu regulieren. Zum Beispiel werden keine Substanzen mit in den Ausgang genommen, die Konsumzeiten nur auf das Wochenende beschränkt oder man konsumiert explizit nie alleine. Die Kategorien bieten Anhaltspunkte, wo eine Intervention stattfinden könnte. Dies kann einerseits den physischen Ort betreffen. Andererseits helfen die Kategorien auch, Themen zu finden, die in den Interventionen behandelt werden können. Einige der wesentlichsten – und zwar in methodologischer Hinsicht – Erkenntnisse der Arbeit stammen aus den Cultural Probes. Das Feedback der Partizipanten war durchwegs positiv. Das Lösen der unterschiedlichen Aufgaben hat sie zur Reflexion angeregt, was als positiv empfunden wurde. Daraus lässt sich erschließen, dass die Menschen gerne bei etwas Unkonventionellem mitmachen. Durch die Netnografie wurde klar, dass ein großes Bedürfnis vorhanden ist, sich über eigene Erfahrungen mit psychoaktiven Substanzen auszutauschen. Viele persönliche Informationen werden – freiwillig – preisgegeben.

Transfer ins Design
Die Kategorien bilden die Basis für die konzeptionell-gestalterische Arbeit. Sie skizzieren die herrschende kulturelle Grammatik in dieser umfassenden Lebenswelt. Sie bilden Anhaltspunkte für unterschiedliche Annahmen, mit der Interventionen zur Sensibilisierung über den Drogenkonsum durchgeführt werden. Dass diese in einem Club durchgeführt werden, war sehr schnell klar, weil sich dort die Partydrogenkonsumenten treffen. Damit das bewerkstelligt werden kann, mussten auch Clubbesitzer oder Eventveranstalter von dem Konzept überzeugt werden. Somit ist nicht nur die Sensibilisierung von Drogenkonsumenten relevant, sondern das Konzept muss auch eine Bereicherung für den Abend und den Club darstellen. Die Interventionen müssen attraktiv sein, überraschend und auffällig. Da die Cultural Probes gut funktionierten, liegt es nahe, dass die Intervention etwas beinhalten muss, bei dem die Clubgänger partizipieren können.

Von den Kategorien zur Metapher Safari: Die unterschiedlichen Kategorien aus der Lebensweltanalyse führten zur Metapher Safari. Partybesucher begeben sich für einen Abend auf eine Reise, sammeln Erfahrungen, hinterlassen dabei Spuren. Sie legen immer wieder die gleichen Wege zurück und formen so „Trampelpfade". Auf einer Safari werden Tiere beobachtet. Auch im Club werden die Menschen und ihr Verhalten beobachtet. Hier werden also im weitesten Sinne Charakteristiken von Tieren mit Menschen verglichen.

Von der Safari zu den Interventionen/Aktionen: Spinnt man diese Gedanken weiter, kann versucht werden, Tier und Mensch miteinander zu verbinden. In Form einer Collage aus unterschiedlichen Tieren können Tier-Hybride produziert werden, wobei jedes Tier für eine andere Droge steht. Dies würde auch den bestehenden Mischkonsum thematisieren, da viele Partygäste mehrere Substanzen pro Abend einnehmen. *Prozess Tierhybride:* Während der Prototypengestaltung der Tierhybride fiel auf, dass die Collagen einen Versuch sein sollten, die Darstellung der Zustände, in der sich die Konsumenten gerade befinden, abzubilden. Die Ästhetik muss deshalb etwas Dynamisches, Bewegtes, Rauschhaftes, sich Veränderndes haben. Ein Zustand ist temporär und verändert sich im Laufe des Abends. Eine dynamische Ästhetik kann auch durch eine Collage mit mehreren Elementen von unterschiedlichen Tieren erreicht werden, was den Mischkonsum sogar noch stärker thematisiert. Gleichzeitig sollte es etwas Verschwommenes, Unscharfes enthalten, das Bewegung suggeriert.

Damit sich die Teilnehmenden auch mit solchen Figuren identifizieren können, müssen sie auch menschliche Elemente enthalten, weshalb der Tierhybrid immer mehr zu einer Figur beziehungsweise zu einem Rauschwesen wurde und sich nicht mehr nur einzig auf Charakteristika einzelner Tiere bezieht. Daraus entstand *party*ANIMALS*, eine partizipative Clubaktion, bei der die Menschen ihr persönliches Rauschwesen entdecken können. Anhand von unterschiedlichen Schritten definieren sie Vorlieben, Eigenschaften und Aussehen – bis schließlich ihr persönliches Rauschwesen entsteht. In den darauffolgenden Tagen erhalten die Teilnehmer ihr persönliches Rauschwesen als Foto mit Beschreibung in Form eines Steckbriefes zugeschickt. So können sie ihre Aussagen vom jeweiligen Abend zu einem späteren Zeitpunkt nochmals durch den Kopf gehen lassen und mit ihren Ansichten in nüchternem Zustand vergleichen. Aus den Erkenntnissen der Arbeit entwickelte sich ein kleiner Leitfaden, wie eine auf einer Lebenswelt basierende Untersuchung helfen kann, Interventionen zu konzipieren, die Freizeitdrogenkonsumenten ansprechen und zur Reflexion anregen.

Reflexion

Mit vorliegender Arbeit wird aufgezeigt, wie man mit einer Lebensweltanalyse neue Wege findet, um für ein problematisches Thema zu sensibilisieren. Die Fülle an Daten, die eine Untersuchung der Lebenswelt hergibt, ist beinahe unersättlich. Genau in diesem Reichtum an Material verbirgt sich auch die Schwierigkeit, daraus etwas Produktives zu entwickeln. Deshalb ist es wichtig, die gewonnenen Informationen zu filtern und auf gewisse Aspekte zu fokussieren. Die Grounded Theory ist dafür sehr hilfreich, da sie sehr gegenstandsbezogen bleibt. Trotzdem bleibt es schwierig, diese Informationen direkt aus dem Feld heraus zu verknüpfen, damit ein stringenter Transfer in die Gestaltung erfolgt. Die Intervention *party*ANIMALS* ist ein exemplarisches Beispiel dafür, wie die zahlreichen Informationen aus der Lebensweltanalyse genutzt werden können, um eine Intervention innerhalb dieser Lebenswelt zu konzipieren und zu gestalten. Es wird versucht, eine Vielfalt an Erkenntnissen und Erfahrungen aus der Forschung miteinzubeziehen und diese auf eine ansprechende Art und Weise umzusetzen. Dabei ist das Konzept von *party*ANIMALS* auch nicht unveränderlich und kann immer angepasst werden. Das Konzept, wie es in vorliegender Arbeit ausgearbeitet wurde, ist lediglich die Basis zu ersten Durchführungen. So könnte diese Intervention beispielsweise auch in einem anderen Kontext als im Club-Setting durchgeführt werden und die Konsumenten ansprechen, wenn diese nüchtern sind. *party*ANIMALS* soll also als ein Beispiel einer partizipativen und unkonventionellen Intervention angesehen werden: Spaß, Attraktion und Unterhaltung – vereint mit Sensibilisierung.

Bibliografie

Beckmann, Susanne C. und Roy Langer 2009: Netnographie, in: Renate Buber und Hartmut H. Holzmüller (Hrsg.): *Qualitative Marktforschung*. Wiesbaden: Gabler, S. 219–228.
Breuer, Franz 2010: *Reflexive Grounded Theory – eine Einführung für die Forschungspraxis*. Wiesbaden: VS Verlag für Sozialwissenschaften.
Charmaz, Kathy und Richard G. Mitchell 2009: Grounded Theory in Ethnography, in: Paul Atkinson, Amanda Coffey, Sara Delamont, John Lofland und Lyn Lofland: *Handbook of Ethnography*. Los Angeles, London, New Delhi, Singapore, Washington DC: SAGE, S. 160–174.
Gaver, Bill, Tony Dunne und Elena Pacenti: Cultural Probes. *Interactions*, 6/1, January+February 1999, S. 21–29.
Hitzler, Roland 2008: Von der Lebenswelt zu den Erlebniswelten. Ein phänomenologischer Weg in soziologische Gegenwartsfragen, in: Jürgen Raab, Michaela Pfadenhauer, Peter Stegmaier, Jochen Dreher und Bernt Schnettler: *Phänomenologie und Soziologie. Theoretische Positionen, aktuelle Problemfelder und empirische Umsetzungen*. Wiesbaden: VS Verlag für Sozialwissenschaften, S. 131–140.
Honer, Anne 2012: Lebensweltanalyse in der Ethnographie, in: Flick, Uwe/von Kardorff, Ernst/Steinke, Ines (Hg.): Qualitative Forschung. Ein Handbuch. Reinbek bei Hamburg: Rowohlt Taschenbuch Verlag, S. 194–204.
Maier, Larissa J., Alexander Bücheli und Alwin Bachmann 2013: Stimulanzienkonsum im Nachtleben. *Suchtmagazin* (3), S. 15–20.

Mehr Informationen:
http://master.design.diplome.zhdk.ch/2014/roth-marielle

Participant produced images: gemeinsamer Drogenkonsum auf einem Musik-Festival.
© Foto: ein anonymisierter Partizipant

Intercultural link

Die Rolle von Designern und Designerinnen in sozialen Projekten

Beatrice Sierach[1]

Abstract

Die Welt verändert sich grundlegend und mit ihr das Design. Als eine der flexibelsten Disziplinen erlebt es gerade in Krisenzeiten sein innovatives Potential. Vor dem Hintergrund ökonomischer und ressourcenbedingter Diskussionen, auf der Suche nach nachhaltigen Tätigkeiten und unterstützt durch den Konnektivitätstrend entwickelt sich *Social Design* – also Design mit einem sozial nachhaltigen „Impact" – für Gestaltende zu einer vielversprechenden Herausforderung. Doch mit welchen Problemen sieht sich ein *Social Expert Designer*[2] in der Erarbeitung und Ausführung sozial ausgerichteter (Design-)Projekte konfrontiert? In Mexiko ging ich auf die Suche nach Praktiken, sammelte Beobachtungen und wandte Experteninterviews sowie partizipative Methoden an. Das generierte Wissen wird in einem Toolkit mit Manual und einem ausführlichen Leitfaden materialisiert, der Social Expert Designer auf zentrale Themen in Projekten sensibilisiert und im Feld assistiert.

---

1 *ZHdK Master of Arts in Design, Field of Excellence Trends, 2016*
2 Nach Ezio Manzini (2015) sind wir alle kreativ und somit Designer, denn wir alle gestalten unser Leben. Ein nicht gelernter Designer wird von ihm als „Diffuse Designer" bezeichnet, während studierte Gestalter „Expert Designer" sind. Ein Social Expert Designer ist demzufolge ein professioneller Gestalter, der im Social-Design-Bereich arbeitet.

Problem und Forschungsfrage

Meine mehrjährigen, praktischen Auslandserfahrungen im Bereich des Social Expert Designs warfen mehrere Fragen auf, die mir auch in Gesprächen und auf Konferenzen nur teilweise beantwortet wurden; so wie etwa jene nach den für Designer besonders nützlichen Methoden und Strategien. Daher entschied ich für meine Masterthesis, mich der Rolle und konkreten Aufgaben der Social Expert Designerin anzunehmen. Gleichzeitig ging ich den Anforderungen und Schwierigkeiten nach, mit denen Social Expert Designer in ihrer Arbeit im Feld konfrontiert sind. Dies führte mich zur folgenden Forschungsfrage: Mit welchen Problemen ist eine Social Expert Designerin in ihrer Praxis konfrontiert und wie können diese gelöst werden?

Feldzugang und Forschungsfeld

Bei meiner eindrücklichen Berufserfahrung im *Centro de Diseño de Oaxaca* im südlichen Mexiko erfuhr ich vor mehreren Jahren, dass ich als Designerin noch zu viel mehr fähig war, als nur Drucksachen und andere schöne Dinge zu gestalten. Dies veränderte den Blickwinkel auf meinen Beruf und dessen Ausbildung grundsätzlich. Diese neue Tätigkeit hatte wenig mit meiner bisherigen Berufserfahrung zu tun. Das interdisziplinäre Team am *Centro de Diseño de Oaxaca* – bestehend aus Designern, Historikern, Anthropologinnen, Künstlern, Marketingspezialistinnen, Informatikern und Buchhalterinnen – arbeitete mit der lokalen Bevölkerung an der Verbesserung deren Lebenssituation. Diese partizipativen Prozesse (Simonsen und Robertson 2013) waren für die Involvierten teils eine beträchtliche kulturelle Herausforderung, da sie andere Wertvorstellungen und unterschiedliches kulturelles Kapital inkorporierten (Bourdieu 2005, S. 55 ff.), was Missverständnisse und Konflikte begünstigte. Doch trotzdem war mir die Herangehensweise nicht ganz fremd. Warum war das so? Was hatten unsere sozialen Tätigkeiten am *Centro de Diseño de Oaxaca* noch mit Design – so wie man die Disziplin in westlichen Gesellschaften auslegt und vermittelt – zu tun? Welches angeeignete Wissen konnte ich nutzen, welches musste ich transformieren oder gar neu generieren? Die Tätigkeit am *Centro de Diseño de Oaxaca* führte zu Reflexionen und warf unterschiedlichste Fragen auf. Für meine Masterarbeit ging ich im Rahmen eines Austauschsemesters erneut nach Mexiko und suchte meine ehemaligen Arbeitskollegen sowie unterschiedliche Organisationen, Designerinnen und Akteurinnen auf, die Erfahrungen mit sozialen Projekten gesammelt hatten. Dabei konzentrierte ich mich auf lokale Gemeinschaften in den Staaten Oaxaca sowie Chiapas und führte Workshops im Estado de México durch.

Methode und Feldforschung

Um möglichst viele Kenntnisse und Aspekte des *Social Expert Designs* zu beleuchten, entschied ich mich, das Wissen unterschiedlichster Experten (lernende und ausgelehrte Industriedesignerinnen, Grafikerinnen, Textildesignerinnen, Public Space Artists und die lokale Bevölkerung) offen zu befragen. Mit meinem Mobiltelefon zeichnete ich die Gespräche auf und transkribierte sie mit dem sogenannten „einfachen Transkriptionssystem" (Dresing, 2013, S. 17 ff.). Zur Ausarbeitung, Datenanalyse und Konzeptentwicklung des Forschungsmaterials – bestehend aus fast zehn Interviewstunden auf 68 transkribierten Seiten – machte ich mir die Grounded Theory zu Nutze (Vasilachis de Gialdino 2006). Da das Forschungsgebiet sich in alltagsweltlichen, sozialen Kontexten bewegt (Berger und Luckmann 2004; Breuer 2010, S. 39), scheinen mir die Methoden geeignet, um das gesammelte Material auszulegen und Theorien zu entwickeln.

Analyse und Erkenntnisse

Das rigoros wiederholte Lesen der Textabschnitte sowie das Herauslösen der wichtigsten Informationen in eine mit den Überschriften „Bezieht sich auf ...", „Übersetzung/Indikatoren" und „Erklärung/Konzept" unterteilte Tabelle verhalfen mir, zuvor unbeachtete Informationen zu entdecken, um somit schrittweise zentrale Thematiken herauszuschälen und kleine Theorien auszuarbeiten. Im letzten Schritt der Grounded Theory – dem selektiven Kodieren – entwickelte ich zentrale Begrifflichkeiten aus meiner Forschungszeit sowie bestehender, konsultierter Theorien. Schlussendlich verfügte ich über fast dreißig Kategorien, wozu unter anderem *Arbeitsrhythmus, Ermächtigung, Fähigkeiten, Hebelfunktion, Molekulardenken, Nivellierung, Transparenz, Unabhängigkeit, Vertrauen* etc. zählen. Diese aus den Experteninterviews entwickelten Kategorien ergänzte ich aufgrund meiner Praxiserfahrung mit beobachteten Phänomenen, die ich Findings nenne. Dazu gehören die folgenden fünf Themen: *Angst, Flexibilität, Nexus, Werte* und *Diversität*.

Nachstehend die autoethnografische Beschreibung eines dieser Phänomene:

Angst

„Ohne mir dessen bewusst zu sein, schob ich gewisse Workshop-Termine mit der lokalen Bevölkerung vor mir her. Dies scheint mir heute ein Ausdruck einer inhärenten Unsicherheit in der Zusammenarbeit mit jenen Menschen zu sein. Doch wovor hatte ich Angst? Neben der Hemmung etwas falsch zu machen, fiel es mir schwer, mit der mir noch fremden lokalen Gemeinschaft in Kontakt zu treten. Mit der Angst hängt auch eine Unsicherheit zusammen. Hierbei unterscheide ich zwischen einer psychischen und einer physischen Ungewissheit. Letztere bezieht sich vor allem auf gefährliche, politisch unsichere Krisengebiete, in denen sich Social Expert Designer je nach Auftrag bewegen. Auch äußere Einwirkungen – wie problematische hygienische Verhältnisse (Essen, Toilette...) – können verunsichern. Psychische Ungewissheit beobachtete ich hingegen vor allem bei produktbezogenen Projekten. Hierbei nimmt der Druck auf den Designer derart zu, da er plötzlich als Unternehmer für das Einkommen der lokalen Gemeinschaft und seiner eigenen Existenz zuständig ist. Aber auch die Ungewissheit, ob ein geplanter Workshop stattfindet oder ein Produkt zur rechten Zeit geliefert wird, kann für Unsicherheit sorgen. Grundsätzlich scheint es mir, dass die Social Expert Designer so etwas wie eine implizite Angst vor der lokalen Gemeinschaft begleitet, ansonsten könnte ich mir die vielen, vom Schreibtisch aus geplanten Social-Design-Projekte, die bis zur eigentlichen Umsetzung nie mit der Gruppe zu tun haben, nicht erklären."

Das durch die Grounded Theory geforderte stetige Reflektieren und Hinterfragen, welches ich mit umfassenden Gesprächen mit Expert Designern ergänzte, halfen mir, noch während der Forschungszeit immer mehr Klarheit zur Thematik zu erlangen und tiefer in das Thema einzudringen.

Transfer ins Design

Um meinen theoretisch aufgebauten Leitfaden auch in der Praxis zu stützen, entwickelte ich ein Toolkit, welches den lokalen Gemeinschaften und den Social Expert Designern erlaubt, den zu lösenden Missstand von Grund auf zu visualisieren und partizipativ-demokratisch auszuformulieren. Denn während meiner Tätigkeit als Social Expert Designerin bemerkte ich immer wieder, dass das von der Gruppe definierte Problem meist nicht dem eigentlichen Anliegen entsprach. Deshalb suchte ich nach einem Werkzeug, das es ihr erlauben würde, von Anfang an ihre Probleme zu determinieren sowie die Teilnehmer zu befähigen, selber Ideen für die Lösung zu schaffen und in die Realität umzusetzen. Dafür analysierte ich bestehende Coaching-Tools und Innovationsstrategien. Ich schälte sich wiederholende Herangehensweisen heraus, teilte diese in einzelne Arbeitsschritte auf und notierte Fragen sowie Gedanken, die schließlich zu einer Lösungsfindung beitragen würden. Dabei gliederte ich die Arbeitsschritte in sieben Durchläufe (A–G):

Zuerst definieren die Partizipanten der lokalen Gemeinschaften ihre Ziele und Erwartungen, die sie an die zu erarbeitende Lösung haben. Diese Begriffe werden niedergeschrieben und für alle sichtbar platziert (A). Danach werden die Teilnehmer mit Hilfe der vordefinierten Fragen und Aufgaben schrittweise durch verschiedene Problemdefinitionsstufen geführt und dazu aufgefordert, das Besprochene als Erinnerungshilfe mit den illustrierten Karten zu visualisieren sowie diese – wie bei einem Brainstorming – auf einem großen Blatt Papier zu platzieren (B). Während des gesamten Prozesses, der in einer Workshop-Session (Schulz 2012) durchgeführt, aber besser über mehrere Termine hinweg in das Programm eingegliedert wird, integriert die Gruppe Problemfaktoren, sucht und diskutiert Lösungsansätze, spinnt Ideen, träumt, prüft bestehende sie unterstützende Möglichkeiten aus ihrer direkten Umgebung (C–E), setzt in die Realität um (F) und revidiert in einem sich wiederholenden, vordefinierten Arbeitsgang erneut (G).

Das Toolkit wurde in seiner Testphase innerhalb des mexikanischen, spanischen und schweizerischen Kulturkontextes mit unterschiedlichsten Personen geprüft. So entstanden über die Monate hinweg verschiedene Prototypen, die in Zusammenarbeit mit einer Gruppe mexikanischer Bauern, Wirtschaftern, Unternehmern, Psychologen, Game-Designern etc. stetig verbessert wurden.

Reflexion

Mit Hilfe der offen gestalteten und transkribierten Interviews verschiedener erfahrener Social-Design-Experten sowie frisch ausgebildeten Gestaltern und betroffenen lokalen Gemeinschaften erhielt ich die Möglichkeit, das Thema weitläufig zu erfassen. Durch das komparatistische Analysieren von Interviewsequenzen entdeckte ich immer mehr Gemeinsamkeiten zwischen den einzelnen Probanden und ihren Projekten. Die unterschiedlichen Analysenfokusse, welche die schließlich wegweisende Kodierung und später Verdichtung sowie Vernetzung der Themen einherbringt, ließ mich die Materie bereits nach der ersten Datensammlung und -analyse immer umfassender verstehen. Zurück im Feld konnte ich daher Hypothesen über die Zusammenarbeit zwischen Nichtdesignern und Professionellen, Verhaltensweise der Designer im Feld, Methoden und neue Ideen zur Lösung verschiedener Verhaltensfehler entwickeln und überprüfen. Die Grounded Theory ermöglichte es mir, den Stoff aus unterschiedlichsten Perspektiven zu betrachten, um mich so relativ schnell dem Thema Social Expert Design anzunähern. Dabei verhalf sie mir nicht nur, die Struktur für meinen Social-Expert-Design-Leitfaden sukzessive zu entwickeln, sondern auch für das Toolkit in der Praxis eine Lösung zu gestalten. Für beide noch so unterschiedlichen Ergebnisse lieferte diese qualitative Methode fruchtbare Ansätze, die es mir immer wieder erlaubten, die Zwischenresultate im Feld zu prüfen, um schließlich eine fundierte Antwort zu präsentieren.

Bibliografie

Bourdieu, Pierre 2005: Ökonomisches Kapital – kulturelles Kapital – soziales Kapital, in (ders.): *Die verborgenen Mechanismen zur Macht*. Schriften zu Politik & Kultur 1, Hamburg: VSA Verlag, S. 49–79.

Berger, Peter L. und Thomas Luckmann 2004: *Die gesellschaftliche Konstruktion der Wirklichkeit – eine Theorie der Wissenssoziologie*. Frankfurt a. M.: Fischer Taschenbuch Verlag.

Breuer, Franz 2010: *Reflexive Grounded Theory*. Wiesbaden: VS Verlag für Sozialwissenschaften.

Dresing, Thorsten 2013: *Praxisbuch Interview, Transkription & Analyse: Anleitungen und Regelsysteme für qualitative Forschende*. Retrieved November 29, 2016, from http://www.audiotranskription.de/Praxisbuch-Transkription.pdf (22. Juli 2017).

Manzini, Enzo 2015: Design, *When Everybody Designs: An Introduction to Design for Social Innovation*. Massachusetts: The MIT Press.

Schulz, Marlen 2012: Quick and easy!? Fokusgruppen in den empirischen Sozialwissenschaften, in: Marlen Schulz, Birgit Mack und Ortwin Renn (Hrsg.): *Fokusgruppen in der empirischen Sozialwissenschaft. Von der Konzeption bis zur Auswertung*. Wiesbaden: VS Verlag für Sozialwissenschaften, S. 9–22.

Simonsen, Jesper und Toni Robertson 2013: *International Handbook of Participatory Design*. New York und London: Routledge.

Vasilachis de Gialdino, Irene 2006: *Estrategias de investigación cualitativa*. Barcelona: Editorial Gedisa, S.A.

Mehr Informationen:
http://master.design.diplome.zhdk.ch/2016/sierach-beatrice

Der erste Tool-Prototyp von „Intercultural Link" im Test mit Menschen von Santa Clara de Juárez in Mexiko. © Foto: Beatrice Sierach und Karla Saenz von Kopalli

Mmh or hmm

Andrea Staudacher[1]

Abstract

Ressourcenverknappung und technischer Fortschritt werden den Fleischkonsum verändern. Geprägt durch unsere gesellschaftliche Werthaltung akzeptieren wir manche Entwicklungen, andere lehnen wir ab: „*Mhh*" oder „*Hmm*" – die neue Herausforderung im Umgang mit unserer Ernährung. In dieser Studie wird überprüft, ob und wie mit *Ereignisdesign* auf eine kulturelle Konditionierung eingewirkt werden kann. Dazu wird die Werthaltung zu Fleisch mittels *Ereignisdesign* untersucht. Iterative, gestalterische Experimente dienen dabei zur Datenerhebung. Aus den Untersuchungen resultierte das *FutureFoodLab*, eine Meinungsbildungsplattform, auf der man durch eine körperlich-subjektive Erfahrung zukünftigen Fleischkonsum und Esskultur spielerisch reflektiert und über Alternativen nachdenkt.

---

1   *ZHdK Master of Arts in Design, Field of Excellence Ereignis, 2015*

Problem und Forschungsfrage

Die Weltbevölkerung wächst, und mit ihr auch der Hunger nach Fleisch. Bis zum Jahr 2040 wird sich der weltweite Fleischkonsum verdreifachen. Zurückzuführen ist diese Entwicklung beispielsweise auf zunehmenden Wohlstand in Schwellenländern wie Indien oder China. Bereits heute weiß man, welche Folgen die intensive Nutztierhaltung mit sich bringt: Wasserverschmutzung, Entwaldung, Artensterben, Lebensmittelskandale, Antibiotika-resistente Keime, Diabetes und natürlich Klimaerwärmung (Randers, 2012, S. 163, S. 164, S. 183). Um die Nachfrage nach Rind-, Schweine- und Hähnchenfleisch der Zukunft decken zu können, werden schlicht die Ressourcen fehlen. Um eine Krise zu überwinden, bleiben einem zwei Möglichkeiten: Entweder man denkt um, oder der technische Fortschritt bringt die benötigten Lösungen. Ein wichtiger Faktor steht diesen beiden benötigten Auswegmöglichkeiten aber oftmals im Weg: unsere kulturell konditionierte Werthaltung. Bei der Thematik Fleisch lässt sich dies exemplarisch aufzeigen. Viele Traditionen, Werte und Rituale sind mit Fleischkonsum verbunden – kulturübergreifend. Kaum ein anderes Lebensmittel ist so identitätsstiftend und dadurch auch polarisierend. Deshalb fällt ein Ausweg aus der kommenden Fleischkrise schwer.

Veränderungen werden aber notwendig sein, auch wenn sie mit der gängigen Werterhaltung kollidieren und somit zu Anfang abgelehnt werden. Konkret sind das: alternative Proteinquellen wie Insekten (Harris 1990, S. 164, S. 177), Quallen und Algen oder Vegetarismus sowie Veganismus auf der Seite des Umdenkens, und künstlich im Labor hergestelltes Fleisch – genannt In-vitro-Fleisch – (Van der Weele 2013) auf der Seite des technischen Fortschritts. Um dem Fleisch der Zukunft den Weg ebnen zu können, muss auf die aktuelle Werthaltung in Bezug zu heutigem Fleisch eingewirkt werden. Hierfür wurde *Ereignisdesign* als Medium eingesetzt. Es wurde untersucht, *ob* und *wie* mittels Ereignisdesign auf eine kulturell konditionierte Werthaltung in Bezug auf Fleisch eingewirkt werden kann.

Feldzugang und Forschungsfeld

Ins Feld gestartet wurde mit einem Selbstversuch: Verzicht auf Fleisch. Nach knappen drei Monaten wurde das kläglich gescheiterte Vorhaben beendet. Es folgte ein zweiter Einstieg: Besuch und Mithilfe bei einer Schweineschlachtung. Es entstand eine fotografische Dokumentation des Vorgangs sowie eine sehr persönliche und detaillierte Beschreibung der Beobachtung. Dabei wurde auf die eigenen Emotionen fokussiert. Durch aktives Posten und Teilen der eigenen subjektiven Erlebnisse sowie Fotos oder Texte, die bei den Selbstversuchen entstanden, wurde großes Interesse und Aufmerksamkeit in den sozialen Netzwerken (on- und offline) sowie in den Medien erregt. So bildete sich eine Personengruppe, die Lust bekundete, an ähnlichen Experimenten teilzunehmen: die *Ereignisdesign-* Experimente waren geboren.

Methode und Feldforschung
Bei den *Ereignisdesign*-Experimenten wurde mit Gestaltung geforscht (Findeli 2004, S. 44) und durch die Forschung entstand die Gestaltung. Die Forschung begann mit kleinen Experimenten und Interventionen (Otto und Smith 2013). Grundbasis bildeten Tools wie kreatives Schreiben, Cultural Probes (Gaver et al. 1999), Degustationen und Feldbeobachtung. Beim kreativen Schreiben lautete zum Beispiel eine Aufgabe „*Ein Tag Fleisch sein*": Die Aufgabenstellung für die Personengruppe bestand darin, sich in ein von ihnen selbst gewähltes Stück Fleisch zu versetzen und so von ihren Hoffnungen, Träumen, Ängsten und Zielen zu schreiben. Im Anschluss folgte eine kurze Einführung in die Thematik „künstlich hergestelltes Fleisch". Danach wurde die Aufgabenstellung so verändert, dass die Probanden nun dieselben Fragen aus der Perspektive eines Stück Fleisches im Jahr 2050 beantworten sollen. Dieses einfache Experiment zwang die Teilnehmer zum Perspektivenwechsel und führte so zu einer Reflexion ihrer Werthaltung in Bezug auf Fleisch heute und morgen.

Mithilfe der durch die kleinen Experimente gewonnenen Daten konnte nun explizit das *Ereignisdesign* zu jeweiligen polarisierenden Themen im Bereich Fleisch ausgearbeitet werden. Es entstanden so mehrere zehn Experimente, die zur Datenerhebung dienten;

- *From Pig To Rib:* Das Ereignis besteht in einer gemeinsamen Schweineschlachtung. Was bedeutet es für mich, wenn ein Tier für meinen Genuss sterben muss?
- *Wer nicht arbeiten will, soll nicht essen:* Das geschlachtete Schwein wird gemeinsam gegessen, was als „participative action research" (Heron und Reason 2006) definiert wird.
- *Shape VS Taste* (Das einfache Experiment veranschaulicht, was beim Verzehr wichtiger ist; eine gewohnte Form oder ein gewohnter Geschmack).

Fragen wie *Was ist Fleisch?; Wodurch definiert sich Fleisch?; Was heißt Fleischkonsum?; Welche Werte- und Moralvorstellungen sind mit Fleisch verbunden? etc.* wurden gestellt und beantwortet.

In einer nächsten Forschungsphase wurden In-vitro-Fleisch und Insekten untersucht: In Iterationen zwischen Experimenten und Gestaltung wurden zwei Hauptexperimente definiert, welche das Herzstück der Arbeit MMH or HMM bilden. Es wurden zwei polarisierende Entwicklungen im Nahrungsmittelbereich Fleisch ausgewählt; In-vitro-Fleisch (technischer Fortschritt) und Insekten (Umdenken).

Diese beiden Experimente konnten auf die nun konkret eruierte Werthaltung der Personengruppe einwirken. Eines davon: *„Dreams of the Future – introducing emerging profiles for cultured meat"* adressierte die Werthaltung zu künstlich hergestelltem Fleisch und wird hier kurz umrissen:

Es sollte eine breite Öffentlichkeit über die Vor- sowie Nachteile von Laborfleisch informiert werden. Um Wissen aus erster Hand zu generieren, sollte dieses Fleisch zudem auch probiert werden können. Das Problem dabei war, dass 200g In-vitro-Fleisch damals noch rund 300.000 Euro kosteten. Wie also 60 Gäste verköstigen? Mittels Simulation. Die Simulation wirkte überzeugend, weil Experten, welche sich mit In-vitro-Fleisch beschäftigen, als Gastredner eingeladen wurden: ein Ethik-Professor, welcher an der FHNW dazu forscht und der Innovation sehr skeptisch gegenübersteht, sowie eine Zukunftsforscherin aus Deutschland, welche In-vitro-Fleisch als Chance für neue Esserfahrungen sieht. Was die Besucher dabei nicht wussten: Die Experten waren gecastete Schauspieler. Sie wurden zum Thema gebrieft, ihre Reden sowie ihre Präsentationen wurden in Wort und Bild vorverfasst.

Die Vorträge der zwei Gastredner wurden so angelegt, dass beide Reden gleich stark und aufeinander einwirkend argumentierten, mit dem Ziel, Ambivalenzen beim Publikum zu verstärken, um so zu einer vertieften Auseinandersetzung mit der Thematik anzuregen. Dabei stand zwischen den Gastrednern während der gesamten Veranstaltung ein mit weißem Tuch abgedeckter Tisch. Darunter das In-vitro-Fleisch. Die Teilnehmer wussten, was sich unter dem Tuch befand, jedoch nicht, wie es aussieht. Nach den Reden wurde das Buffet abgedeckt, die Gäste durften degustieren und mittels Klebepunkt abstimmen. Das Ergebnis: 36 Likes und 24 Dislikes. Es wäre ein Leichtes gewesen, diese Abstimmung mit gestalterischen Maßnahmen in die eine oder andere Richtung zu beeinflussen. Die Ausgeglichenheit zeigt, dass beide Vorträge gleich stark und die Meinungen dementsprechend geteilt waren. Deshalb lässt sich behaupten, dass das angestrebte Ziel erreicht wurde. Am nächsten Tag wurden die Gäste über verschiedene Kanäle darüber informiert, dass die Gastspeaker Schauspieler und das vermeintliche In-vitro-Fleisch in Wirklichkeit Gemüse-Tatar war. Zudem wurde erwähnt, dass alle diese Faktoren aber gar keine Rolle spielen, denn das Fleisch, welches die Teilnehmer gegessen haben, haben sie sich in ihrem Kopf selbst hergestellt.

Analyse und Erkenntnisse

Wichtiger war die Erkenntnis, dass nur eine körperlich-subjektive Erfahrung eine Reflexion der eigenen Werthaltung mit sich bringt, welche sich nachhaltig auf das eigene Verhalten auswirkt. Es konnte zudem festgestellt werden, dass das bewusste Verstärken der beim Besucher bereits vorhandenen Ambivalenzen zu einer reflektierten Meinungsbildung führen kann. Ein schöner Nebeneffekt war zudem, dass die Teilnehmer der Gruppenexperimente zu einer festen Einheit wuchsen, welche sich über neuste Entwicklungen im Nahrungsmittelbereich austauschten und diesen Austausch auch in den sozialen Netzwerken publik machten und suchten. So wuchs die Interessengruppe und die Nachfrage nach weiteren Ereignissen.

Durch die Gestaltung des Experiments *Dreams Of The Future* konnten weitere Forschungsdaten erhoben werden, welche wiederum die Gestaltung der zukünftigen Experimente generierte. Dieses iterative Vorgehen wird bis zum heutigen Zeitpunkt weitergeführt. Alle Erkenntnisse aus den empirischen Untersuchungen ließen nur einen Schluss zu: Informationen zu zukünftigen Entwicklungen im Nahrungsmittelbereich müssen einerseits vermittelt und andererseits durch die Generierung von Emotionen und Gefühlen körperlich erlebbar gemacht werden. Es fehlte an einer Örtlichkeit, an der man sich mit Veränderungen im Nahrungsmittelbereich auseinandersetzen kann – eine neutrale Zone ohne Einfluss von Firmen, Politik oder Moral- und Wertvorstellungen, ein Ort, welcher die polarisierenden Entwicklungen thematisiert und erlebbar macht. Entstanden ist die Idee des FutureFoodLab als reale Örtlichkeit.

Transfer ins Design

Im FutureFoodLab wird die Zukunft des (Fleisch-)Konsums thematisiert und mithilfe von Ereignisdesign erlebbar gemacht. Durch eine körperlich-subjektive Erfahrung kann sich der Besucher im FutureFoodLab persönlich eine Meinung zu zukünftigen Entwicklungen im Nahrungsmittelbereich bilden. Um dies zu erreichen, arbeitet(e) das FutureFoodLab mit zwei oder mehreren oppositionellen Sichtweisen zu den behandelnden Themen, die gängige Wert- und Moralvorstellungen infrage stellen. Fünf (über den Zeitraum von einem Jahr verteilte) Ereignisdesign-Experimente, welche unterschiedliche Entwicklungen im Nahrungsmittelbereich adressierten, wurden inhaltlich sowie formal auf Grund der gewonnenen Forschungsdaten geplant und in einem Offspace in Zürich durchgeführt. Schematisch ließen sich die Veranstaltungen in folgende Kernthemen einteilen:

- *Re-Connection:* Tradition und Wissen vermitteln
- *Re-Thinking:* Bekanntes neu denken
- *Experience:* Sinnliche Ess-Erfahrungen
- *Trends:* Umwelt- und Gesellschaftsthemen
- *Innovation:* Neue Möglichkeiten durch technischen Fortschritt

Es wurden drei Formate eingesetzt, die sich in Raumordnung, Medienwahl und Gestaltungsmittel manifestieren:

- *Talk:* Bei der klassischen Vortragssituation wurde der Raum bestuhlt. Es wurde ein Rednerpult aufgebaut, und ein Beamer konnte eingesetzt werden. Ein oder mehrere Experten des zu vermittelnden Themas wurden eingeladen und stellten ihr Wissen den Besuchern zur Verfügung. Die Besucher wurden dabei nicht aktiv in die Veranstaltung eingebunden.
- *Partizipation:* Bei diesem Format wurde der Besucher aktiv in die Veranstaltung eingebunden, seine Partizipation war sogar notwendig. Der Raum konnte hierbei beliebig bespielt werden.
- *Essen:* Hier konnte der Besucher die unmittelbare Erfahrung mit Innovationen im Nahrungsmittelbereich machen: konsumieren. Bei diesen Veranstaltungen wurde eine Tisch- oder Esssituation eingesetzt.

Erstes Ereignis bildete eine mit einem Metzger gemeinsam durchgeführte Schlachtung eines Jungschweines (*Re-Connection* und *Partizipation*). Es folgte ein großes Insektendinner (*Re-Thinking* und *Essen*). Als drittes Ereignis folgte die Sündentafel (*Experience* und *Essen*). Nose To Tail Eating sowie Foodwaste wurden am vierten Anlass als Workshop mit anschließendem Dinner (*Trends* und *Essen/Partizipation*) durchgeführt. Den Schluss bildeten ein Experten-Vortrag sowie Podiumsdiskussion zum Thema Soylent (flüssige Ernährung für Astronauten): Tanken statt Essen (*Innovation* und *Talk*).

Reflexion

Schnell konnte festgestellt werden, dass sich eine statische Räumlichkeit für das FutureFoodLab nicht eignet. Gründe waren die hohen Aufwände der jeweiligen Inszenierung sowie der Vorwurf der *Eventisierung*. Also wurde die Lokalität in Zürich aufgegeben und die *Ereignisdesign*-Experimente wurden an die jeweils passende Örtlichkeit verlegt. Dort verfügt man als Designer zwar nicht über die totale Kontrolle, hat aber als nette Nebeneffekte ein natürliches Licht- und Schattenspiel, Gerüche, Geräusche, den Zufall und das Wetter. Heute wurde aus dem FutureFoodLab eine Lebensgrundlage. Da Essen heute nicht mehr (oder noch nicht) nur zur reinen Energieversorgung dient, sondern Identität, politisches Statement oder Indikator für den sozialen Status ist, nimmt es einen hohen gesellschaftlichen Stellenwert ein. Auch deshalb wird das FutureFoodLab weiterhin versuchen zu beantworten, wie die Zukunft denn schmeckt.

Bibliografie

Findeli, Alain 2004: Die projektgeleitete Forschung. Eine Methode der Designforschung. *Swiss Design Network Symposium.* HGK Basel, S. 41-51. http://swissdesignnetwork.ch/src/publication/erstesdesignforschungssymposium-2004/ErstesDesignForschungssymposium_2004.pdf (11. Mai 2017).

Heron, John und Peter Reason 2006: The practice of co-operative inquiry: Research „with" rather than „on" people, in: Peter Reason und Hilary Bradbury (Hrsg.): *Handbook of Action Research: Participative Inquiry and Practice.* London: SAGE. S. 179–188.

Gaver, Bill, Tony Dune und Elena Pacenti: Cultural Probes. *interactions,* 6/1, January+February 1999, S. 21–29.

Harris, Marvin 1990: Wohlgeschmack und Widerwillen, die Rätsel der Nahrungstabus, Stuttgart: Klett-Cotta.

Otto, Ton and Rachel Charlotte Smith 2013: Design Anthropology: A Distinct Style of Knowing, in: Wendy Gunn, Ton Otto und Rachel Charlotte Smith (Hrsg.): Design Anthropology. Theory and Practice. London/New Delhi/New York/Sydney: Bloomsbury, S. 1–29.

Randers, Jørgen 2012: 2052. A Global Forecast for the Next Forty Years, S. 163, S. 164, S. 183, Chelsea Green Publishing, White River Junction/Vermont, USA.

Van der Weele, Cor 2013: Emerging Profiles for Cultured Meat; Ethics through and as Design. *Animals.* http://www.mdpi.com/2076-2615/3/3/647 (Zugriff: 31. Oktober 2017).

Mehr Informationen:
http://master.design.diplome.zhdk.ch/2015/staudacher-andrea
www.futurefoodlab.ch

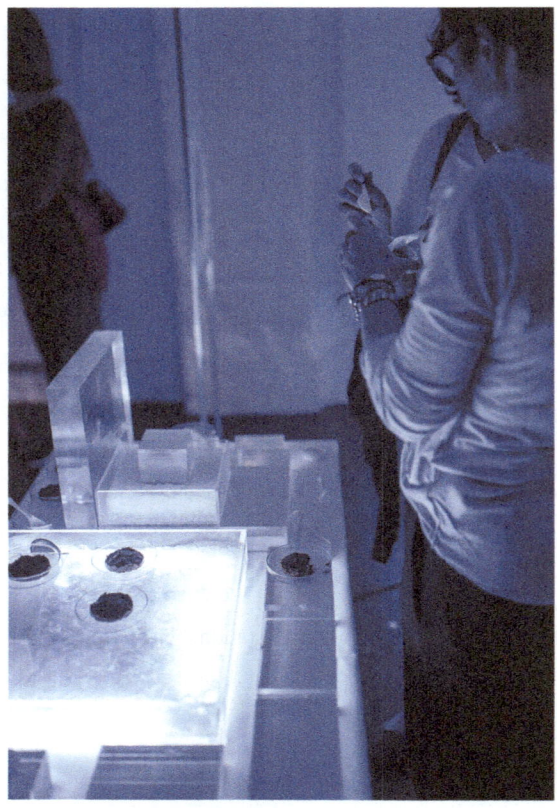

Simulation und Irritation als Methode: An einem Event wird Fake-In-Vitro-Fleisch präsentiert. © Foto: Andrea Staudacher

I see what you mean

Irene Themann[1]

Abstract

Das Museum als öffentliche Institution hat für die Gesellschaft bedeutsame Relevanz und steht exemplarisch als Prototyp für eine kommunikative Schnittstelle. Für jeden sollte kulturelle Teilhabe daran barrierefrei zugänglich und nutzbar sein. Für Gehörlose und Schwerhörige bestehen allerdings etliche Hürden. Diese Arbeit will Informationen in Ausstellungen für Gehörlose und Hörende gleichermaßen barrierefrei zugänglich und erfahrbar machen, womit ein kommunikativer und sozialer Mehrwert entstehen soll. Durch eine suchende Exploration und einen partizipativen Prozess in Form von Workshops werden Erkenntnisse gesammelt. Anschließend werden zwei Szenarien entwickelt, wie mit visuell- und manuell-benutzbaren Systemen Informationen erfahren beziehungsweise mit Hilfe *sozialer Objekte* ein Mehrwert erzeugt werden kann.

---

1 ZHdK Master of Arts in Design, Field of Excellence Kommunikation, 2012

Problem und Forschungsfrage

Der Engländer Paddy Ladd beschreibt in seinem Buch „Was ist Deafhood. Gehörlosenkultur im Aufbruch" (2008) in einem Kapitel eine fiktive Ausstellung über die Gehörlosigkeit. Beim Betreten der Ausstellung eröffnet sich ein großer Ausstellungsraum mit vielerlei Objekten von historischen Hörrohren bis hin zu Operationsmodellen, die Gehörlosigkeit in Zukunft beseitigen sollen können. Neben diesem viel besuchten Ausstellungsraum beschreibt Ladd ein kleines, nicht wahrgenommenes Hinterzimmer. Vor diesem Zimmer soll ein Schild mit der Aufschrift *Gehörlosenkultur* aufgehängt werden. Das Beispiel von Ladd zeigt, dass die Gehörlosenkultur in der öffentlichen Wahrnehmung ein Randphänomen ist, obwohl ein beträchtlicher Teil der Gesellschaft davon betroffen ist. Etwa ein Zehntel der Bevölkerung ist hörgeschädigt. Dazu gehören Schwerhörige und altersbedingte Hörgeschädigte. Das macht in Deutschland knapp acht Millionen Hörgeschädigte, davon etwa 100.000 gehörlose Frauen und Männer (Föhl et al. 2007, S. 48). In der Schweiz leben ca. 10.000 Gehörlose (Clarke 2006, S. 9).

Das anfangs erwähnte Gleichnis gibt ebenfalls die auch heute große Unwissenheit über Gehörlose und ihre Kultur anschaulich wieder. Gehörlosigkeit ist keine sichtbare Behinderung und deshalb werden Gehörlose auf der Straße oftmals nur dann als solche wahrgenommen, wenn sie mit Gebärdensprache kommunizieren. Die Gebärdensprache besteht aus einem komplexen System von manuellen und nicht-manuellen Ausdrucksmitteln mit eigenständiger Grammatik, weswegen das Textverständnis von Gehörlosen unterschiedlich ausgeprägt ist. So kann Text den Einsatz von Gebärdensprachdolmetschern in vielen Lebenslagen nicht ersetzen. Eine Studie in der Schweiz zeigt, dass Dolmetscher Aufträge infolge von Auslastung ablehnen müssen und dass die meisten abgelehnten Einsätze aufgrund von sprachlichen und thematischen Übersetzungsschwierigkeiten im kulturellen Bereich liegen (Bürgin 2010, S. 22). Aber gerade im kulturellen Bereich können Menschen sich auf einer Ebene begegnen, verstehen oder verstehen lernen, bei der gemeinsame Interessen von vornherein vorhanden sind. Diese gemeinsame Basis kann die erste Hürde erleichtern, in Kontakt zu treten, was wiederum für ein besseres Verständnis über die Gehörlosenkultur sorgen kann. Demnach ist es wichtig, eine barrierefreie kulturelle Umgebung zu schaffen, die für Gehörlose auch ohne Dolmetscher zugänglich ist. Das Museum bietet als Kulturort eine solche räumliche Schnittstelle und kann als Interessenschnittstelle Menschen untereinander vernetzen.

Die *Visuelle Kommunikation* bildet das disziplinäre Grundgerüst der Thesis. Sobald Barrierefreiheit näher betrachtet wird, fallen schnell Begriffe wie *Design für Alle* und *Universal Design*. Hinter diesen Begriffen verbergen sich verschiedene Konzepte. Beide erklären, dass Produkte und Dienstleistungen für einen möglichst großen Nutzerkreis ohne Anpassung verwendbar und leicht auf verschiedene Anforderungen einstellbar sein sollten. Der Unterschied besteht darin, dass *Design für Alle* zusätzlich die Ermöglichung der Nutzung individueller Hilfsmittel und die Beteiligung der potenziellen Nutzer an allen Entwicklungsphasen fordert (Föhl et al. 2007, S. 399). Diese Arbeit ist daher vorrangig im *Design für Alle* zu verorten. So lautet die Forschungsfrage: Wie können Informationen in Ausstellungen für Gehörlose und Hörende gleichermaßen barrierefrei zugänglich und erfahrbar gemacht werden? Und wie kann dabei ein kommunikativer oder sozialer Mehrwert entstehen?

Feldzugang und Forschungsfeld
„Die Wirklichkeit der Alltagswelt teilen wir mit den Anderen" (Berger und Luckmann 1994, S. 31). Berger und Luckmann zufolge dient die Sprache der Vergewisserung, ob die eigene Auffassung der Wirklichkeit der Alltagswelt sich noch mit der Vorstellung der Allgemeinheit deckt (Berger und Luckmann 1994, S. 26). Sich in eine Gruppe hineinzudenken, die eine ganz andere Wahrnehmung der Welt hat, ist aufgrund der großen Diskrepanz der Alltagswelten und der Sprache schwierig. Daher fand bei dieser Arbeit anstelle des *Hineindenkens* durch Literaturrecherche ein *Miterleben* durch teilnehmende Feldrecherche statt. Der Besuch von verschiedenen Veranstaltungen wie dem *GebärdenBartreff* in der Bar Palais Xtra in Zürich, Vorträge und Ausstellungen im Gehörlosenzentrum Zürich, der ersten Museumsführung für Gehörlose im Landesmuseum Zürich, einer KOFO-Podiumsdiskussion über das Thema *facebook*, da das bisher viel genutzte Online-Forum *deafzone.ch* an Usern verlor, gaben Einblick in die Kultur und Sprache und ermöglichten den ersten Kontakt. Neben einem Selbstexperiment und diversen Expertengesprächen wurden Gebärdensprachkurse absolviert, was die Kommunikation durch ein paar grundlegende Gesten erheblich erleichterte.

Methoden und Feldforschung
Eine Sensibilisierung durch aktive und empathische Exploration ging der Entwicklung der Thesen voraus. Hierfür wurde die Methode der *unstrukturierten teilnehmenden Beobachtung* aus der qualitativen Sozialforschung gewählt. Zu Beginn wurde bei den Gebärdensprachkursen neben dem Erlernen von Gebärden vor allem das räumlich-visuelle Denken durch das Erkennen und präzise Zeigen von Formen und Mustern geschult. Die Gebärdensprachkurse verdeutlichten immer wieder, wie wichtig die Förderung der mentalen Vorstellungskraft von Raum für das Erlernen der Gebärdensprache ist. Nach der ersten Explorationsphase wurden zwei Workshops durchgeführt, die als Experimentierraum zur Fokussierung dienten. Die Teilnehmer bestanden aus einer kleinen Gruppe von zwei bis drei Gehör-

losen und gleich viel Hörenden sowie jeweils ein bis zwei Dolmetschern. Der erste Workshop behandelte die Frage, ob eine universal verständliche Kommunikationsweise möglich ist. So sollten die Teilnehmer bei dem Versuch *Geschichte erzählen ohne zu sprechen* sich mit Collage, Farbe, Mimik und Gestik verschiedene Reime erklären. Bei einem weiteren Experiment wurde eine Trennwand aufgebaut, an der Griffe mit Magneten eingelassen waren. Hier sollten die Teilnehmer sich gegenseitig Bilder zeichnen, diese dann in der Bewegung nachfühlen und sich anschließend davon ein mentales Bild machen und aufzeichnen. Der zweite Workshop diente dazu auszuprobieren, wie eine non-verbale Diskussion und Zusammenarbeit zu zweit oder in der Gruppe funktionieren kann. Die Teilnehmer wurden dazu aufgefordert, sich einen Gegenstand aus einem Vanitas-Stillleben auszusuchen. Danach sollten sie sich mit Hilfe ihrer Hände und Fingermalfarbe gegenseitig erklären, welche symbolische Bedeutung der Gegenstand haben könnte. In der darauf folgenden Aufgabe bekamen die Teilnehmer zu zweit entweder das Bild *Guernica* von Picasso oder *Tiergarten* von Paul Klee vorgelegt. Diese Bilder sollten auseinandergeschnitten und gemeinsam eine neue Bildkomposition geschaffen werden. Im nächsten Schritt sollten die neu entstandenen Bilder abermals zerschnitten und dieses Mal in der Gruppe an einer neuen Komposition gearbeitet werden. Im der dritten Phase sollten Erkenntnisse über die Museumspädagogik gewonnen werden, wofür Kontakt zum Zentrum für Kunst und Medientechnologie Karlsruhe aufgenommen wurde und vom Museumsführer bis zum Kurator verschiedene Mitglieder des Museums zu diesem Thema interviewt wurden.

Analyse und Erkenntnisse
Während der Exploration kristallisierte sich schnell ein allgemeiner Irrglaube heraus, der barrierefreie Information für Gehörlose mit dem oft genannten Zitat – *Aber dann können sie ja einfach alles lesen* – zu vereinfachen versucht. Da die Gruppe der Gehörlosen sehr heterogen ist, ist auch die Art des kognitiven Verständnisses sehr individuell. Wenn die drei Kategorien, die *Gebärdensprach-Verständigen* (Texte lesen, aber nicht richtig verstehen), die *Textsprach-Verständigen* (kein Verstehen der Gebärdensprache, daher sind Texte nötig) und die *Lautsprach-Verständigen* bedacht werden (LMB 2011, S. 1), bedarf es subjektiv angepasster Maßnahmen, um einen barrierefreien Zugang gewährleisten zu können. Die Gespräche mit den Projektbeteiligten zeigen jedoch, dass Informationsangebote von Museen, die auf spezielle Bedürfnisse von Einzelnen zugeschnitten sind, dazu tendieren, den Besucher und die Besucherin zu isolieren. Das Zusammenwirken einer gemeinschaftlichen Nutzung eines Informationsangebotes bietet vielmehr die Möglichkeit, auf diese Weise neues Wissen und Synergieeffekte durch Partizipation wirksam werden zu lassen. Wie kann aber die Kommunikation unter den Besuchern funktionieren?

Im Laufe des Projektes, vor allem in dem Gebärdensprachkurs und in den veranstalteten Workshops, offenbarte sich immer wieder die hervorragende Technik des *Zeigens*. Wenn nicht verbal miteinander kommuniziert werden kann, ist es das *Zeigen*, was einen Weg eröffnet, dennoch jemandem zu verstehen zu geben, was gemeint ist. Der zweite Workshop zeigte, dass es keine komplexe visuelle Information braucht, um Assoziationen zu einer anderen sichtbaren Bezugsquelle herzustellen. In einem Workshop wollte ein gehörloser Teilnehmer den Bildgegenstand einer Flöte beschreiben. Dafür tupfte er ein paar Punkte auf den Zeigefinger und die andere Person wusste sofort, um welchen Bildgegenstand es sich handelt.

Bei einem weiteren Beispiel aus den Workshops entwarfen Zweiergruppen, bestehend aus jeweils einer gehörlosen und einer hörenden Person, zusammen ein Bild. Die eine Gruppe hatte sich vorher in der Pause über Kuba ausgetauscht. So entstand schnell ein Bild mit Meer, Schiff und Sonne. Eine weitere Zweiergruppe verband kein Erlebnis und jeder arbeitete für sich. Erst bei späterer Aufforderung entstand eine gemeinsame Komposition. Bei der ersten Gruppe fand in der Pause eine Provokation statt, weshalb sie sich über Kuba austauschte, was sich dann zu einem gemeinsamen Erlebnis entwickelte und die Zusammenarbeit erleichterte. Um den ersten Kontakt mit anderen zu erleichtern, braucht es also einen Reiz oder ein verbindendes Erlebnis. Wie kann dieser Reiz aussehen?

Die Literaturrecherche über partizipative Strategien lieferte das Konzept der *sozialen Objekte*. Im Ausstellungsraum kann ein Vernetzungseffekt durch ein *soziales Objekt* evoziert werden. Ein soziales Objekt, ob physisch oder virtuell, lässt sich mit folgenden Qualitäten definieren: *Personal, Active, Provocative, Relational* (Simon 2011, S. 129). Unter *Personal* wird die persönliche Bindung zu einem Objekt verstanden, zum Beispiel über eigene Assoziationen wie „Der Suppenteller sieht aus, wie der meiner Großmutter". *Active* meint die direkte oder physikalische Adressierung an den Betrachter. *Provocative* bezieht sich zum Beispiel auf eine provozierende Präsentation und einer dadurch geschaffenen Kontextverschiebung. *Relational* zielt auf die explizite Einladung der interpersonellen Nutzung des Objektes ab. Durch die Schaffung eines *sozialen Objektes* kann also ein kommunikativer Mehrwert entstehen.

Transfer ins Design
Zwei Szenarien zeigen beispielhaft, wie soziale Objekte generiert oder Ausstellungsexponate sozialisiert werden können, um so einen kommunikativen Mehrwert zu erzeugen.

Szenario 1: Share Virtual Object(s)

Der Akt des Teilens an sich ist sozialer Natur und wird bei dieser Idee als Methode eingesetzt, einen sozialen Mehrwert herzustellen. Durch das gemeinschaftliche Teilen eines virtuellen Objektes soll dieser Mehrwert erzeugt werden. Es wird ein begrenzter Interaktionsrahmen zur Verfügung gestellt, bei dem ein virtuelles Objekt – zum Beispiel eine unsichtbare, dreidimensionale im Raum stehende Skulptur oder eine Informationswolke – entweder durch selbstständige oder gemeinschaftliche Exploration erkundet werden kann. Das Setting dieses Szenarios besteht aus einem am Boden abgegrenzten Interaktionsfeld mit sieben Spotlights, die sich langsam hin und her bewegen. Die Besucher können die Spotlights fangen und je nach Lage innerhalb des Interaktionsfeldes visuelle Informationen auf ihrer Hand sichtbar machen. Für den Einzelnen wird nie alles auf einmal ersichtlich und zwingt diesen zu einer selektiven und fokussierten Wahrnehmung. Indem andere Besucher an diesem Akt beteiligt werden, können größere Ausschnitte oder mehrere Teile des Objektes gleichzeitig ersichtlich werden. Dadurch können die Besucher gegenseitig Anteil an der jeweiligen Information haben. Da bei dieser Interaktion in der Gemeinschaft mehr erreicht werden kann, findet eine sensible Provokation statt, andere an der Erfahrung des Sichtbarmachens zu beteiligen. Um das Ganze zu erfassen, ist der Besucher auf die Anderen angewiesen. Er wird zu Bewegung und Handlung aufgefordert, wodurch eine erlebnisreiche Vermittlungsform, aber auch ein begeh- und begreifbarer Raum erzeugt wird.

Szenario 2: Visual intervention by real objects

Dieses Szenario zeigt eine Methode, eigene Kommentare durch Interventionen im Ausstellungsraum zu integrieren. Diese Art von Markierung ist inspiriert von Funktionen im *Social Web*, wie beispielsweise die Like-Funktion auf *facebook*. Um für Gehörlose und Hörende den Weg dafür zu ebnen, wird eine Strategie gewählt, die rein visuell und ohne verbale Sprache funktioniert. Dafür werden physische Objekte im Ausstellungsraum platziert. Diese Objekte projizieren Licht und werden als bedienbares Kommunikationsinstrument verstanden. Der Besucher hat die Möglichkeit, die Projektionsobjekte im Raum zu bewegen und durch manuelle Manipulation die Richtung beziehungsweise Größe, Form und Farbe der Projektion zu ändern. Auf diese Weise wird ein simples Prinzip angeboten, favorisierte Objekte oder Teile davon mit Licht herauszustellen oder diese in ihrer Wirkung durch das Licht zu verändern. Hiermit ist es möglich, sich auf einer non-verbalen Ebene mit anderen Besuchern zu verständigen. Gleichzeitig bleiben die Besucher auf der gleichen non-verbalen, sinnlich-emotionalen Ebene wie die der Objekte und es bedarf keiner sprachlichen Transferleistung. Der Besucher hat damit die Chance, in die Präsentation der Ausstellung virtuell einzugreifen und durch visuelle Interventionen seine Meinung zu integrieren und einen non-verbalen Diskurs auszulösen.

Reflexion

Je umfassender das *Design für Alle* in der Informationsvermittlung ist, desto schwieriger ist es zu realisieren, ohne in eine inhaltliche Beliebigkeit zu verfallen (Mangold et al. 2007, S. 13). Deshalb lohnt es sich, Strategien zu entwickeln, die die üblichen textlichen und bildlichen Kommunikationsebenen verlassen. Diese Arbeit zeigt eine neue Betrachtungsweise im *Design für Alle* auf, indem von handlungsauffordernden und partizipativen *sozialen Objekten* Gebrauch gemacht wird. Mit der Realisierung eines solchen Informationsangebotes könnten Subjekt und Objekt, analoge und digitale Welt sowie gehörlose und hörende Ausstellungsbesucher miteinander interagieren. Ein reichhaltiger Austausch und ein gemeinschaftliches Museumserlebnis werden möglich.

Bibliografie

Berger, Peter L. und Thomas Luckmann 1994: *Die gesellschaftliche Konstruktion der Wirklichkeit – eine Theorie der Wissenssoziologie*. Frankfurt am Main: Fischer Taschenbuch Verlag.

Bürgin, Petrea 2010: *Warum GebärdensprachdolmetscherInnen Einsätze ablehnen: eine Umfrage in der deutschsprachigen Schweiz*. Nicht veröffentlichte Studienabschlussarbeit, Interkantonale Hochschule für Heilpädagogik, Zürich.

Clarke, Valerie 2006: *Unerhört: eine Entdeckungsreise durch die Welt der Gehörlosigkeit und Gebärdensprache über und von Gehörlosen mit vielen Praxisbeispielen*. Augsburg: Ziel.

Föhl, Patrick S., Stefanie Erdrich, Hartmut John und Karin Maaß (Hrsg.) 2007: *Das barrierefreie Museum – Theorie und Praxis einer besseren Zugänglichkeit: Ein Handbuch*. Bielefeld: transcript.

Ladd, Paddy 2008: *Was ist deafhood? Gehörlosenkultur im Aufbruch*. Seedorf: Signum.

LMB Landesverband der Museen zu Berlin (Hrsg.) 2011: *Checkliste zur Konzeption und Gestaltung von barrierefreien Ausstellungen. – Teil 3: Checkliste Hören*. http://www.lmb.museum/de/fach-und-arbeitsgruppen/ag-barrierefreiheit-ausstellungen/barrierefreiheit/ (Zugriff: 13. September 2017).

Mangold, Michael, Peter Weibel und Julie Woletz (Hrsg.). 2007: *Vom Betrachter zum Gestalter: Neue Medien in Museen – Strategien, Beispiele und Perspektiven für die Bildung*. Baden-Baden: Nomos.

Simon, Nina 2011: *The Participatory Museum*. Santa-Cruz: Museum 2.0.

Weitere Informationen:
http://master.design.zhdk.ch/projekte/i-see-what-you-mean
http://www.irenethemann.de

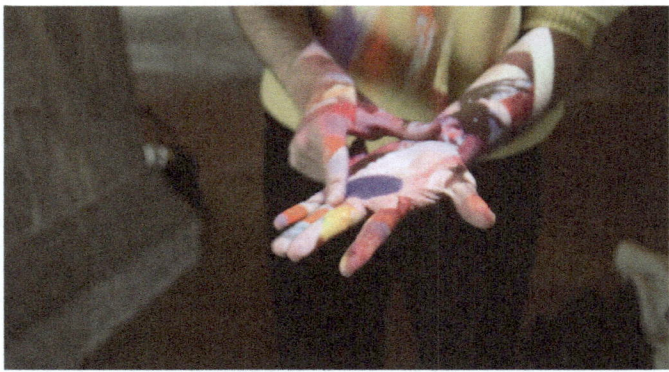

Das Experiment zeigt ein von der Gebärdensprache inspiriertes Prinzip: die Hand als Display. © Foto: Irene Themann

Genderless Design

Eine Sensibilisierung

Aela Vogel[1]

Abstract

Bisherige Ansätze von Produktsprache sind nach wie vor stark nach binären Gender-Identitäten orientiert und werden den gegenwärtigen Umdeutungen von Geschlecht nicht gerecht. Produktdesign sollte fluider werden und differenzierter mit der Identifikation von Geschlecht umgehen. Dieses Projekt basiert auf einer ethnografischen Forschung, deren Erkenntnisse in einen Katalog für Designkriterien überführt wurden, der das Gender-Spektrum erweitert. Als neue Designsprache wird *Genderless Design* vorgeschlagen; materialisiert in Form von Sexspielzeugen. Diese spekulative Materialisierung einer theoretischen Debatte ermöglicht es, Gender und seine Auswirkungen auf das Design zu hinterfragen und neue Denk- sowie Gestaltungshorizonte zu eröffnen.

---

1   *Master of Arts in Design, Field of Excellence Product, 2017*

Problem und Forschungsfrage

Traditionelle männliche und weibliche Rollen werden in Nordamerika, in Europa und auch in einigen nichtwestlichen Gesellschaften häufiger in Frage gestellt, was auf wissenschaftliche und technologische Fortschritte sowie kulturelle Veränderungen, die aus der Sexualpolitik und Mediendarstellungen von Geschlecht hervorgehen, zurückzuführen ist. Gender Identity wird heute weniger als nur feminin *oder* maskulin betrachtet, sondern umfasst eine Vielzahl von Variationen und Möglichkeiten jenseits binärer Unterscheidungen (Jayson 2014). Im Laufe der Geschichte hat Design kontinuierlich und naturgemäß auf soziokulturelle Veränderungen reagiert und sie reflektiert, um neuen Bedürfnissen und Wünschen vieler Menschen sowie lebensweltlicher Wirklichkeiten gerecht zu werden. Aufgrund ihrer schnellen Zyklen haben sich zuerst die Mode- und Kosmetikbranche dem Thema Gender Identity gewidmet und so Genderless Design begründet, das sich dadurch definiert, dass es sich nicht an ein gegebenes binäres Geschlecht anpasst (Rawsthorne 2016). Da es sich bei diesem Phänomen aber nicht einfach um einen Mode- bzw. Konsumtrend handelt, sollte Design schneller und vor allem differenzierter auf neue Interpretation des Geschlechts reagieren, was gerade fürs Produktdesign von hoher Relevanz ist. Hierzu untersucht diese Arbeit durch ethnografische und explorative Forschungsmethoden, ob formale und genderspezifische Designästhetik in Objekten identifiziert und sorgfältig rekonstruiert werden können und ob diesen eine materielle Form jenseits binärer Geschlechtszuweisung gegeben werden kann. Anstatt Gender*less* zu sein, werden die Objekte in der empirischen Untersuchung in einem ersten Schritt allerdings Gender*full*; sie tragen der Relevanz gradueller Geschlechtsanschauungen Rechnung und sie sind geschlechtlich aufgeladen, um für den Konstruktionscharakter von Geschlecht zu sensibilisieren und um Erkenntnisse über die Zuschreibung von Geschlecht zu gewinnen. Im Laufe der ethnografischen Untersuchungen wurden Objekte in ein feminines und maskulines Spektrum eingeteilt. Durch verschiedene Aussagen und Beobachtungen einer Vielzahl von Partizipanten und Partizipantinnen zeigte sich am Objekt, welche verschiedenen Aspekte nicht als Genderless wahrgenommen wurden bzw. nicht mehr einem klaren Geschlecht zugeordnet werden konnten. Ein Beispiel dafür war die haptische Kombination von weißer, flauschiger Watte in einer quadratischen Metallbox. Die Kombination von einer weichen, organischen, also femininen Haptik umhüllt von hartem, geometrischem und männlichem Metall verwirrte hinsichtlich einer geschlechtsspezifischen Zuordnung des Objektes. In einem abschließenden Schritt wurde das theoretische Wissen auf Sextoys übertragen, um eine kritische Debatten über Gender und Design zu initiieren.

Feldzugang und Forschungsfeld

Sam Killermans sagt: „Gender is like a Rubik's Cube with one hundred squares per side, and every time you twist it to take a look at another angle, you make it that much harder a puzzle to solve."[2] Killermann zufolge ist Gender eines der komplexesten sozialen Konzepte unserer heutigen Generation (2013). Für diese neue Generation gilt es zu designen. Um Genderless Design in der Produkt- und Objektsprache überhaupt erkennen und anwenden zu können, muss man sich in eine Generation und deren Wahrnehmung von Gender hineinfühlen und -denken. Dies ist für mich aufgrund meines Habitus, meiner kulturellen Prägung und subjektiven Wahrnehmung eine Herausforderung. Deshalb habe ich neben dem theoretischen Zugang über Literatur mit Beobachten und partizipativer Feldrecherche operiert. Der Besuch von verschiedenen Veranstaltungen und Vorträgen wie das „Gender Hacking Festival" in Bern, der Vortrag „Wie viele Geschlechter brauchen wir?" des Soziologen Stefan Hirschauer in Zürich, persönliche Gespräche mit Transsexuellen und Transgender-Personen sowie Ausstellungen wie „Nirvana" im Gewerbemuseum Winterthur ermöglichten mir erste Einblicke in diese Lebenswelt und ergaben wichtige Kontakte. Das darauffolgende Organisieren und Realisieren von sozialen Experimenten mit Kindern und Erwachsenen erlaubte ein tieferes, immersives Verständnis der möglichen Gestaltungsmerkmale von Gender-Spezifischem und führte zum resultierenden Genderless Design.

Methoden und Feldforschung

Um die grundlegenden Aspekte von Genderless Design zu entschlüsseln, ist es wichtig, die geschlechtsspezifischen kulturellen Klassifikationen und Attribute von Objekten, Haptiken und Materialitäten zu untersuchen. Hierzu wurden verschiedene ethnografische Methoden wie Interviews, Befragungen, Beobachtungen und soziale Experimente durchgeführt, die sich an bestehenden wissenschaftlichen Artikeln einiger führender Forscher zum Thema Gender und Design orientierten (Brandes 2017). Um geschlechtsspezifische Wahrnehmungen in den Objekten zu untersuchen, habe ich zuerst das kognitive Verhalten von Erwachsenen untersucht und die Ergebnisse dann Kinder beurteilen lassen. Denn Geschlechtsattribute werden in Sozialisationsprozessen in der Kindheit erlernt und inkorporiert (Baron-Cohen 2006; Moss 2009). Der Forschungsprozess war in fünf verschiedene ethnografisch verortete Experimente gegliedert:

1. Visualisierung von geschlechtsbezogenem Design basierend auf persönlichem kognitivem Verständnis von Erwachsenen: Dieses Experiment, basierend

---

2 https://www.identitiesproject.com/episodes/episode-6/article-1/ (Zugriff am: 13. November 2017).

auf der Studie von Neurowissenschaftler und Psychiater Harold G. Wolff, forderte erwachsene Personen beider Geschlechter auf, eine Reihe von Formen, Objekten und Kaligrafien zu zeichnen, um zu untersuchen, wie sie Geschlecht skizzieren und visualisieren. Ziel war es, zu identifizieren, ob es signifikante Unterschiede der Visualisierungen von Frauen und Männern gab in Bezug auf Formsprache, Handschrift und Symbole. Wolffs Annahme lautet, dass Handschrift, Kritzeleien, Zeichnungen und Entwürfe geschlechtsspezifisch konsistent sein werden (1949). Die Untersuchungen zeigten zum Beispiel, dass „eine Sitzgelegenheit" von Männern als kubisch und linear dargestellt wurde, von Frauen als organisch und detailliert. Bei einem Trinkglas skizzierten Männer oftmals einen großen, stabilen Bierkrug, Frauen ein dünnes Sekt- oder Longdrink-Glas. Bei einem Objekt nach Wahl zeichneten Männer Autos, Züge und Werkzeuge, Frauen hingegen Pflanzen, Kosmetikprodukte und Lippen. Die Objekte der Männer waren ganz allgemein kubisch, quadratisch und linear, während die Objekte der Frauen organisch und gebogen waren.

2. Kategorisierung durch Kinder von den Visualisierungen von geschlechtsspezifischem Design von Erwachsenen: Unter Verwendung der im ersten Experiment durchgeführten Skizzen wurden Kinder aufgefordert, diese als männlich, weiblich oder nicht spezifiziert zu kategorisieren. Ziel war es, Unregelmäßigkeiten und Gemeinsamkeiten zwischen der Art und Weise zu erkennen, wie Mädchen und Jungen die kognitive Interpretation und Zuschreibung von Geschlecht der Erwachsenen verstehen. Die beiden Experimente in Kombination sind wichtig, weil sie zeigen, dass beide Geschlechter unbewusst ähnliche und sehr konsistente Geschlechtsdarstellungen verwenden.

3. Visuelle Wahrnehmung und taktile Wahrnehmung von Merkmalen, die männliches und weibliches Design unterscheiden: Basierend auf der Studie von Gloria Moss (2009) konzentrierte sich dieses Experiment darauf, die visuelle und taktile Wahrnehmung zu untersuchen, die dazu dient, männliches und weibliches Design zu unterscheiden. Das Experiment mit Erwachsenen und Kindern führte dazu, dass 36 verschiedene Objekte – unter anderem ein brauner Wollballen, ein hellblaues Stück Seide, Holzwürfel und graue Steine – in zwei verschiedenen Runden als maskulin, feminin und unspezifiziert klassifiziert wurden. Während der ersten Runde konnten alle Probanden die Objekte sehen, so dass sie sich auf visuelle und taktile Wahrnehmung stützen konnten. Während der zweiten Runde wurden die Augen der Probanden verbunden, wobei sie sich auf die taktile Wahrnehmung allein berufen und ihre Argumentation für jedes Objekt in jeder Runde erläuterten. Die Ergebnisse zeigen die genderspezifischen Einstufungen von Form, Oberfläche und Farbe. Aspekte, welche als maskulin im Design charakterisiert werden, sind Objekte, welche technisch, linear, scharf abgewinkelt und quadratisch in Form sind und eine stark strukturierte Oberfläche und Haptik haben wie auch eine höhere/schwerere Dichte aufzeigen. Aspekte, welche als feminin im Design charakterisiert werden, sind Objekte, die organisch, rund und gebogen sind in der Form. Feminine Objekte legen weniger Wert auf stark strukturierte Oberflächen und sind oftmals weich, glatt und formbar.

4. *Lineares Farb- und Oberflächenspektrum bei Kindern und Erwachsenen:* Um die Farb- und Oberflächenpräferenzen von männlichen und weiblichen Probanden zu definieren, wurden Spektraltests basierend auf pädiatrischen Farbversuchen mit Kindern durchgeführt (Iijima et al. 2001). Im Rahmen der Farbversuche sollten die Mädchen und Jungs separat mit Wachsmalstiften malen basierend auf ihren persönlichen Präferenzen. Nach dem Experiment wurden die Wachsmalstifte gewogen, um zu sehen, welche Farben, Sättigungen und Nuancen von Mädchen und Jungs am meisten benutzt wurden. Das Gleiche wurde für diese Arbeit auch durchgeführt. Zusätzlich wurde noch eine haptische Befragung der Texturabstufung durchgeführt, welche von hoher zu niedriger Textur verlief. So konnten Ähnlichkeiten der Oberflächen und Farbpräferenzen analysiert werden. Das Experiment ergab, dass vorwiegend Männer und Jungen signifikant mehr Blau, Grün und Grau verwendeten, während Frauen und Mädchen eher zu warmen Farben wie Rot, Orange und Pink neigten. Nur die Sättigungspräferenz der Farbe variierte; Erwachsene wählten Farben mit höheren Sättigungsfrequenzen, während Kinder Farben mit einer geringeren Sättigung wählten. Die Beziehung zwischen der Sättigung der Farbe und der Sättigung oder dem Grad der Textur der Versuchspersonen zeigt, dass Frauen eine geringere Sättigung in der Farbe sowie eine glattere Textur bevorzugen. Im Vergleich dazu wählten Männer Farben mit einem höheren Sättigungsgrad sowie Texturen mit einer höheren Haptik.

5: Geschlecht im Objektdesign – Workshop mit Designern: Dieses als Workshop inszenierte Experiment wurde durchgeführt, um mögliche Antworten auf folgende Fragen zu liefern: Wie interpretieren Designer die Eigenschaften der verschiedenen Gestaltungselemente? Gibt es Beispiele, die Geschlechterstereotypen ähneln? Wo liegen die Grenzen des weiblichen und männlichen Designs? An welchem Punkt lässt sich das Geschlecht des Designs nicht mehr erkennen oder charakterisieren? Die Teilnehmer wurden gebeten, eine Reihe von Modellen und zugehörigen Moodboards zu entwerfen, die einer Tabelle mit formalen Designmerkmalen entsprachen, die Form, Oberfläche, Textur und Farbe diktierten.

Analyse und Erkenntnisse

Die Experimente bestätigten, dass formale Merkmale von männlichem und weiblichem Design vorhanden sind, und sie liefern neue Erkenntnisse im Bereich Genderless Design: Die Ergebnisse der Experimente legen nahe, dass Objekte, welche

Variationen von maskulinen und femininen Designmerkmalen mischen, die gender-binäre Zuordnung eines Objekts verwirren: Darüber hinaus mindert Modularität im Sinne von individuell kombinierbaren Elementen eine eindeutige Geschlechtszuweisung im Design, da sich Form und Textur alternativ ändern können. Die Abweichung von stereotypischen Aspekten des geschlechtsspezifischen Designs, der Bruch mit konventionellen Formen, unerwartete Charakteristiken und die Manipulation von visuellen und taktilen Elementen auf unvorhersehbare Weise führen dazu, dass Objekte nicht zugeordnet werden können. Ein konkretes Beispiel war ein Objekt eines männlichen Probanden, der einen knetbaren Stein aus lichtdurchlässigem Material konstruierte. Die maskuline Form, kombiniert mit der femininen Haptik und dem undefinierbaren Material verwirrten die Befragten so sehr, dass alle das Objekt nicht mehr einem bestimmten Gender zuweisen konnten. Die daraus resultierende Kontingenz zwingt viele Befragten zur Reflexion; also dazu, Gespräche zu führen. Ein Teilnehmer des Workshops erklärte: „Diese Produkte zwingen die Leute, über sie zu reden, weil sie so irrational sind."

Transfer ins Design
Eine Herausforderung dieser Arbeit war es, komplexes theoretisches Wissen so zu vermitteln, dass es nicht nur die Erkenntnisse der Forschung unterstützt und reflektiert, sondern auch eine Reaktion von Beobachtern hervorruft. Mit dem Ziel, ein großes Publikum zu erreichen und zur Reflexion zu führen, um das Thema Gender nicht nur im Design, sondern auch in seinem soziokulturellen Kontext zu diskutieren, mussten die physischen Objekte Neugierde wecken. Das Medium des Sexspielzeugs wurde sozusagen als spekulatives Fallbeispiel gewählt, um Genderless Design zu veranschaulichen und zu diskutieren. Das Sextoy als Vermittler theoretischen Wissens ist provokativer und erweckt mehr Neugierde als eine Serie von Genderless-Handtaschen oder Uhren. Zusätzlich ist die Ambivalenz von Sextoys, die sich einerseits ergonomisch dem Körper anpassen sollten und dennoch eine unpassende Form für ihre eigentliche Funktion erhalten haben, extrem provokant und bietet idealen Diskussionsstoff. Somit wurden die Genderless-Design-Merkmale auf Sextoys übertragen, die im Idealfall eine kritische Debatte auslösen, die Neugierde, Provokation oder Interesse an Gender und seiner Rolle im Design evozieren.

Reflexion
Der Gender-Begriff und seine Bandbreite von nuancierten Interpretationen ist kein temporärer Modetrend, sondern Ausdruck einer soziokulturellen Transformation. Diese Arbeit zeigt eine neue Betrachtungsweise im *Design for Debate* auf, indem von provozierenden und kritischen *theoretischen Objekten* Gebrauch gemacht

wird. Genderless Design als neue Designsprache kann Produkte neu interpretieren und im exemplarischen Fall dazu führen, dass designte Materialisierungen theoretischer Erkenntnisse eine Debatte auslösen. Dies erlaubt Betrachtenden, Gender und seine Auswirkungen auf das Design zu hinterfragen und kann dazu führen, dass zukünftig Designer Gender und ihre Auswirkungen im Design anders wahrnehmen. Ich behaupte, damit Designer weiterhin eine dynamische und konstruktive Rolle in unseren alltäglichen Leben spielen können, muss Design solche gesellschaftlichen Veränderungen widerspiegeln können. Diese Arbeit zeigt, dass die Interpretation von Geschlecht in Objekten fließender und nuancierter gestaltet werden muss – nur so können Objekte auch wirklich Genderfull sein und einen Tribut an unsere veränderte Gesellschaft zollen.

Bibliografie

Baron-Cohen, Simon, Tager-Flusberg, Helen, & Lombardo, Michael 2006: *Understanding other minds: Perspectives from developmental cognitive neuroscience*. Oxford: Oxford University Press.
Brandes, Uta 2017: Gender Design: Streifzüge zwischen Theorie und Empirie. Basel: Birkhäuser.
Iijima, Miho, Arisaka, Osamu., Minamoto, Fumie., & Arai, Yasumasa 2001: *Sex differences in children's free drawings: A study on girls with congenital adrenal hyperplasia*. (2nd ed., Vol. 40). Tokyo: Juntendo University School of Medicine.
Jayson, Sharon 2014: Gender loses its impact with the young. http://www.usatoday.com/story/news/nation/2014/06/21/gender-millennials-dormitories-sex/10573099/ (Zugriff am 1. Dezember 2016)
Killerman, Sam 2013: *The Social Justice Advocate's Handbook: A Guide to Gender*. Austin, Texas: Impetus Books.
Moss, Gloria. 2009: *Gender, design and marketing: How gender drives our perception of design and marketing*. Farnham, Surrey: Gower.
Rawsthorne, Alice „Can Design Be Genderless?" Eye on Design. National Museum of Women in the Arts, 25 Jan. 2016. Web. 13 Apr. 2016.
Wolff, Harold G. 1949: Teaching of Neurology. *Academic Medicine,24*(3), 142–149. doi:10.1097/00001888-194905000-00003

Mehr Informationen:
http://master.design.diplome.zhdk.ch/2017/vogel-aela

Taktile und sinnliche Untersuchung von geschlechtsspezifischen Attributen von Objekten – in diesem Falle: von einem Stück Watte. © Foto: Aela Vogel

Designmat.ch

Pre-kollaborative Phase zwischen Designer und Klein- und Mittelunternehmer

Maria Weiss[1]

Abstract

Die Schweizer Designindustrie steuert mit Mikrobetrieben zunehmend auf den Freelancer-Trend zu. Gleichzeitig gibt es in der Schweiz über 500.000 Klein- und Mittelunternehmen (KMU), die auf Design angewiesen sind. Selbst wenn Design für KMUs als wichtige Ressource erkannt wird, gestaltet sich der Zugang zum passenden Designer dennoch schwierig. DESIGNMAT.CH ist eine Peer-to-Peer-Plattform, die Designer an KMU auf regionaler Basis transparent vermittelt. Die Plattform setzt den Fokus auf die pre-kollaborative Phase. Hier müssen gegenseitige Erwartungen präventiv abgeglichen werden, um später beiderseits Missverständnisse, Frustration und Ressourcenverschwendung zu vermeiden. Die Strategie des Matching erlaubt eine höchstmögliche Kongruenz und ist bereits in diversen Sparten wie Dating oder Tourismus präsent – und nun auch auf dem lokalen Designmarkt.

---

1 ZHdK Master of Arts in Design, Field of Excellence Trends, 2017

Problem und Forschungsfrage

Digitalisierung, agile Strukturen und weitere Entwicklungen auf dem Arbeitsmarkt formen neue Konstellationen von interdisziplinären Kollaborationen. Vor allem bei kreativen Berufen wie Designer ist die Selbstständigkeit verbreitet. In der Schweiz gab es 2015 etwa 13.000 in der Kreativbranche arbeitende Freelancer (Rashid 2016). Gleichzeitig beanspruchen über eine halbe Million Kleinunternehmen in der Schweiz (KMU Portal 2017) die Leistung dieser Kreativschaffender. Der sogenannte *Key Pain Point* dieser Art der Kollaboration ist die interdisziplinäre Kommunikation. Beide Kollaborationspartner sind in ihrem Mikrokosmos spezialisiert, haben eine eigene Kultur und Arbeitsweise und sprechen verschiedene Sprachen (Strauss 1974, S. 19). Fehlende kommunikative Übersetzung führt zur Frustration und Ressourcenverschwendung beiderseits. Laufende Korrekturschleifen bringen Zeit- und Geldverluste. Genauer betrachtet sind fehlende Übersetzungen bei der interdisziplinären Kommunikation und Missverständnisse im Arbeitsablauf lediglich Symptome für misslungenes Matching zwischen Designer und KMU bei der so genannten „pre-kollaborativen Phase", die den Prozess der Erwartungsbildung bei den einzelnen Kollaborationspartnern beinhaltet. Diese Phase wird als Fundament der Kollaboration zwischen Designfreelancer und KMU in Betracht gezogen und ist daher ein Ort zur präventiven Lösung von kollaborativen Problemen. Matching Expectation ist hierbei ein essentieller Grundsatz. Wie kann man für KMU sichtbar machen, in welchem Möglichkeitsspektrum sie ihre Wünsche wiederfinden können? Welche Tools können von außen zur Verfügung gestellt werden, um gegenseitige Erwartungen bei der Kollaboration fassbar zu machen? Was sind die relevanten Kriterien für das interdisziplinäre Expectation Matching und wie kann die pre-kollaborative Phase gestaltet werden, um die Kollaboration zwischen Designfreelancern und KMU zu fördern?

Feldzugang und Forschungsfeld

In der Arbeitswelt 4.0 ist die Kreativwirtschaft eine wichtige und resistente Ressource: „Die Kreativwirtschaft generiert global Einnahmen in der Höhe von 2250 Mrd. USD und ist verantwortlich für 29,5 Millionen Arbeitsplätze; dies entspricht 1 % der aktiv beschäftigten Bevölkerung", besagt eine von Ernst & Young ausgeführte Studie (Weckerle et al. 2016, S. 4). Die Schweiz zeigt ein deutlich stärkeres Wachstum der Kreativwirtschaft im Verhältnis zur Schweizer Gesamtwirtschaft (Weckerle et al. 2016, S. 7). Die Dominanz der Kleinbetriebe in der Schweizer Kreativwirtschaft ist ein deutliches Zeichen nicht nur für die Selbstständigkeit, sondern auch für die Agilität und Fluidität auf diesem Gebiet. Durch Expertengespräche und Organisation von Stammtischen habe ich das Forschungsfeld der Designer sowie der Repräsentanten der KMU erschlossen.

Methoden und Feldforschung

Die Methoden des Forschungsansatzes richten sich nach einem Bottom-up-Prozess. Ausgangsbasis für die Forschungsmethoden sind qualitative Gespräche, die ich mit Designern, Projektmanagern und Klein- und Mittelunternehmern über ihre bisherige Erfahrung geführt habe (Hopf 2008). Bei diesen Gesprächen ist oft der Begriff „Empathie" gefallen. Um diesem Phänomen vertieft nachzugehen, habe ich den Einfluss der Empathie bei der Kollaboration mit *Cultural Probes* untersucht (Gaver et al. 1999). Designfreelancer und Klein- und Mittelunternehmer erhielten ein Set an Aufgaben. Das Aufgabenspektrum umfasste freie Aufgaben zur persönlichen Visualisierung von Empathie und präzisen Angaben zum eigenen kollaborativen Workflow. Die Ergebnisse sind relativ klischiert ausgefallen: Unter Empathie zeigten Probanden überwiegend lächelnde Gesichter von Kindern im Familienkontext und sie beschrieben den Workflow neutral. Bei den präzisen Angaben zum Workflow und der Verortung von Pain Points auf der so genannten „Collaboration Constellation Map" konnten weitere Aspekte durch Cultural Probes aufgedeckt werden. Die Collaboration Constellation Map beschreibt die Beziehungen sowie Aktionen zwischen den Akteuren einer interdisziplinären Kollaboration. Die Probanden erhielten zwei Farben an Punkten, die für die Akteure standen. Diese mussten sie auf einer leeren Fläche aufkleben und mit Hilfe von Punkten die Kollaborationskonstellation beschreiben sowie durch vorgeschlagene Symbole vervollständigen. Diese Art der Darstellung diente der Untersuchung der Verständigung zwischen den Kollaborationspartnern und der weiteren Identifikation der Pain Points. An welchen Stellen entstehen zwischen welchen Akteuren Schwierigkeiten? Diese Aufgabe wurde sehr individuell interpretiert und die Ergebnisse zeugen von keinem homogenen Bild. Bei einigen Collaboration Maps wurden bei der Interpretationsphase zusätzliche Gespräche mit den Probanden geführt. Bei der Analyse werden die von Probanden gezeichneten Grafiken verbal dekodiert. Zusätzlich werden die Antworten zur kollaborativen Erfahrung ausgewertet. Um diese Aspekte zu verdichten, habe ich im weiteren Schritt Stammtische – also eigentlich Fokusgruppen (Schulz 2012) – als Methode zur qualitativen Datenerhebung organisiert. Dazu wurden zwei Stammtische jeweils für Designfreelancer und Klein- und Mittelunternehmer veranstaltet. Der direkte Austausch am Stammtisch erwies sich als deutlich erkenntnisreicher. Als so genannte „Trigger" für die Diskussionen dienten zwei Prototypen von einem bereits existierenden und einem fiktiven Kollaborationstool. Diese Prototype habe ich ebenfalls der Visual Media Europe – Kreativabteilung der Unternehmensberatung McKinsey und Co. – im Expertengespräch vorgestellt. Designer dieser In-House-Agentur arbeiten als Freelancer mit einzelnen Beratern oder Beraterteams. So treffen ebenfalls unterschiedliche Arbeitskulturen aufeinander innerhalb eines Beratungsunternehmens. Innerhalb der Agentur gibt es eine eigene Tätigkeit, die für die Vermittlung des passenden Designers für den Berater zuständig ist. Was sind die Qualitäten solcher interdisziplinären Vermittlung und wie können diese Prinzipien der „Curation" für eine Plattform genutzt werden? Um diese Frage zu beantworten, habe ich ein Expertengespräch mit der Vermittlungsagentur „Designerdock" durchgeführt.

Analyse und Erkenntnisse

Im Rahmen der Untersuchung werden Phänomene der Arbeitskulturen von Freelancern und KMUs bei organisierten Stammtischen qualitativ gesammelt und kategorisiert. Analytisch betrachtet lassen sich die kollaborativen Herausforderungen in zwei unterschiedlichen Ebenen zusammenfassen: eine Erwartungsebene und eine Kommunikationsebene. Ausgehend von den geschilderten Phänomenen in der Zusammenarbeit von Designern und Klein- und Mittelunternehmern entsteht ein Katalog an Bedürfnissen, die bei der Kollaboration erfüllt werden müssen, um Effizienz und Zufriedenheit zu erlangen. Zu den Bedürfnissen des KMU zählen Orientierung auf dem Designmarkt, ein Stilkatalog, ein visueller Zugang zu Design, Vermittlung des Preisgefühls sowie Beratung. Zu den Bedürfnissen des Designers hingegen Empathie, Wertschätzung seiner konzeptionellen Leistung, Verständigung über Aufwand und Kosten. Als Lösungsansatz und Antwort auf die kollaborativen Bedürfnisse sehen die Stammtischteilnehmer einen Hybrid aus Konfigurator und Übersetzer. Dieser ist primär ein Leistungskonfigurator und hat zusätzliche Erklärungsfunktionen zur Verbesserung der gegenseitigen Verständigung. Da eine Vielzahl an kollaborativen Schwierigkeiten bereits zu Beginn der Kollaboration auftreten, ist es notwendig, ein Tool zu entwickeln, welches diese präventiv löst. Die Herausforderung besteht darin, eine Kongruenz der Erwartungen zu Beginn der Kollaboration gewährleisten zu können. Individuelle Erwartungen sind bereits vor dem Kollaborieren vorhanden. Um sie zu verstehen, nachzuvollziehen und zu verorten, müssen sie sichtbar gemacht werden. Matching von Kollaborationspartnern funktioniert, sobald diese sichtbar sind.

Transfer ins Design

Wie lassen sich nun die Bedürfnisse und Erwartungen der Designerinnen sowie Klein- und Mittelunternehmer in ein Designkonzept übersetzen? Klein- und Mittelunternehmer äußern den Wunsch nach Orientierung auf dem Designmarkt. Hierfür muss das Designnetzwerk sichtbar gemacht werden: DESIGNMAT.CH ist eine offene Plattform, welche agile Freelance-Strukturen im digitalen Raum offenlegt. Hauptakteure der Plattform sind die Klein- und Mittelunternehmer und Design-Freelancer, die ihre Profile auf der Plattform erstellen und ihre Referenzprojekte hochladen. Die Designerinnen positionieren sich auf dem lokalen Markt und bauen ihren lokalen Kundenstamm aus. Die Klein- und Mittelunternehmer erhalten einen gewünschten Überblick über die lokale Designszene. Ein persönlicher Kontakt ist unverzichtbar und entscheidend für Empathie. Zudem fokussiert die Plattform den Schweizer Designmarkt zur effizienten Nutzung lokaler Ressourcen nach dem Motto „think global, act local". Der Schweizer Markt hat viel Potenzial und weist, wie bereits beschrieben, eine fortgeschrittene Freelance-Struktur bestehend aus Mikrobetrieben auf. Als Ausgangort eignet sich die Region rund um den Kanton Zürich. Hier kann man eine überdurchschnittliche Dichte an Beschäftigten dieser Branche feststellen. Daher wird im Kreativbericht Schweiz die Designwirtschaft in Zürich als „urbanes Phänomen" (Weckerle et al. 2016, S. 39) bezeichnet. DESIGNMAT.CH fokussiert sich auf Referenzprojekte und präsentiert den KMU eine Palette an Stilrichtungen. Mit Hilfe von Filteroptionen können KMUs nach Produktart, Thema oder Stilistik zugreifen. Wichtig ist dabei, dass der Designer seine Referenzprojekte mit Informationen zu Produkt, Thema und Stilistik in Form von Hashtags kennzeichnet. Der Stilkatalog dient dem Klein- und Mittelunternehmer als Inspiration und Entscheidungshilfe für die Umsetzung des eigenen Projekts. Sie präferieren einen visuellen Zugang, um ihre Wünsche zu artikulieren – also ein visuelles Briefing. Das Moodboard ist ein essentieller Teil des visuellen Briefings. Sobald der Klein- und Mittelunternehmer seine Favoriten auf der Plattform ausgewählt hat, wird daraus automatisch ein Moodboard generiert, das als Trigger für weitere Diskussion mit dem Designer fungiert.

Reflexion
Mit dem Projekt ist eine Peer-to-Peer-Plattform entwickelt worden, die Kollaborationen zwischen lokalen Designern und KMU im Sinne eines „Mindful Business" auf Basis gegenseitiger Erwartungen effizient und transparent macht. Von Vorteil erwiesen sich dabei Stammtische, bei denen die Partizipanten sich gegenseitig austauschen konnten. Das Forschungsprojekt hat zum Beispiel gezeigt, dass sich – sobald ein Proband in einer homogenen Gruppe von Gleichgesinnten ein Pain Point anspricht – alle Beteiligten angesprochen fühlen und anfangen, ihre persönliche Geschichte zu erzählen. Je mehr Probleme angesprochen waren, entwickelte sich automatisch bei den Designern sowie den Repräsentanten von KMUs der Drang, Lösungen zu suchen. Daher leitete ich den Austausch sehr natürlich in die nächste Phase der Corporate Creation über. Mit der Visualisierung an Erwartungen und Rahmenbedingungen in der pre-kollaborativen Phase wird die Vermittlung effektiver, was zur Vermeidung von Frustration und Ressourcenverschwendung führt. Gleichzeitig schafft das Tool einen visuellen Überblick und Orientierung. Der lokale Designmarkt wird transparent. Das fluide Konzept kann durch weitere Funktionalitäten und Konfiguratoren erweitert werden. Auch die bis dahin konzipierte

Zielgruppenkonstellation ist ausbaufähig und erweiterbar. DESIGNMAT.CH kann nicht nur interdisziplinäre Kollaborationen, sondern auch Kreative untereinander vernetzen zur Umsetzung von komplexen Projekten. Auf der Produktionsebene wäre die Erweiterung der Kollaboration mit lokalen Druckereien, Werkstätten und Fab-Labs erstrebenswert. Mit der stetigen Beschleunigung der Arbeitsprozesse wächst die Intensität der Aufgaben, die ein Designfreelancer übernehmen und verantworten muss. Um ihm dabei die Möglichkeit zu geben sich auf sein Kerngeschäft zu fokussieren gestaltet DESIGNMAT.CH Projektmanagementaufgaben einfacher oder übernimmt diese sogar. Dazu gehören gültige Lizenzen der Designprogramme, Inkassoservices für verstärkte Finanzsicherheit, automatisierte Abrechnungen sowie Steuerhilfen. Durch diese enge Art der Kollaboration auf der Plattform würden die Teilnehmer viele Daten der Plattform anvertrauen, welche wiederum für Analysen und Optimierung genutzt werden können. Aus den lebendigen Datenströmen schöpfen die User der Plattform bereichernde Informationen über Trends auf dem Markt und können sich stetig persönlich weiterentwickeln.

Bibliografie

Gaver, Bill, Tony Dune und Elena Pacenti: Cultural Probes. interactions, 6/1, January+February 1999, S. 21–29.
Hopf, Christel 2008: Qualitative Interviews – ein Überblick, in: Uwe Flick, Ernst von Kardoff und Ines Steinke (Hrsg.): Qualitative Forschung. Ein Handbuch. Reinbek bei Hamburg: Rowohlt, S. 349–360.
KMU Portal: Firmen und Beschäftigte. Schweizerische Eidgenossenschaft. https://www.kmu.admin.ch/kmu/de/home/kmu-politik/kmu-politik-zahlen-und-fakten/kmu-in-zahlen/firmen-und-beschaeftigte.html (25. November 2017).
Schulz, Marlen 2012: Quick and easy!? Fokusgruppen in den empirischen Sozialwissenschaften, in: Marlen Schulz, Birgit Mack und Ortwin Renn (Hrsg.): Fokusgruppen in der empirischen Sozialwissenschaft. Von der Konzeption bis zur Auswertung. Wiesbaden: VS Verlag für Sozialwissenschaften, S. 9–22.
Strauss, Anselm 1974: Spiegel und Masken. Die Suche nach Identität. Frankfurt a. M.: Suhrkamp.
Rashid, Brian: The Rise Of The Freelancer Economy, in: Forbes, 26. Januar 2016, https://www.forbes.com/sites/brianrashid/2016/01/26/the-rise-of-the-freelancer-economy/#6065ec413bdf (Zugriff am: 4. Dezember 2017).
Weckerle, Christoph, Roman Page und Simon Grand 2016: Von der Kreativwirtschaft zu den Creative Economies – Kreativwirtschaftsbericht Schweiz 2016, Zürich: Zürcher Hochschule der Künste, http://www.creativeeconomies.com/downloads/creative-economy-report-2016.pdf (Zugriff am: 4. Dezember 2017).

Mehr Informationen:
http://master.design.diplome.zhdk.ch/2017/weiss-maria

Ein Cultural-Probes-Toolkit, mit dem Empathie, Beziehungen und Aktionen bei interdisziplinären Kollaborationen untersucht werden. © Foto: Maria Weiss

The manufacturer's authorised representative in the EU is Springer Nature Customer Service Centre GmbH, Europaplatz 3, 69115 Heidelberg, Germany. If you have any concerns regarding our products, please contact ProductSafety@springernature.com

Printed and bound by CPI Group (UK) Ltd, Croydon, CR0 4YY

25/03/2026

02078186-0006